Somos así 2

James F. Funston

Dolores M. Koch

Alejandro Vargas Bonilla

Consultants

Mary A. Dahle
White Bear Lake Area Schools
White Bear Lake, Minnesota

Mary E. Kuettner
Rosemount High School
Rosemount, Minnesota

Ivy J. Montoya
Miami Central High School
Miami, Florida

Katherine R. Olson-Studler
St. Paul Academy
St. Paul, Minnesota

Emily S. Peel
Wethersfield High School
Wethersfield, Connecticut

Fernando Persico
La Universidad de Buenos Aires
Buenos Aires, Argentina

María J. Fierro-Treviño
Northside I.S.D.
San Antonio, Texas

EMC Publishing, Saint Paul, Minnesota

We have attempted to locate owners of copyright materials used
in this book. If an error or omission has occurred, EMC Publishing
will acknowledge the contribution in subsequent printings.

ISBN 0-8219-0993-2

© 1994 by EMC Corporation

Published by EMC Publishing
300 York Avenue
St. Paul, Minnesota 55101

Printed in the United States of America
 2 3 4 5 6 7 8 9 10 XXX 99 98 97 96 95

Introducción

Amigos y amigas:

Do you recall how you felt when you first decided to take a class in Spanish? If you were fearful of the unknown, or if you were uncertain whether you would be successful, you certainly were not alone. However, having completed *Somos así 1*, you have grappled with and overcome those initial concerns. Take pride in your accomplishment because you now have a solid foundation for communicating with others in Spanish. You have learned to use expressions, structures and gestures that allow you to talk with others about various different subjects. In addition to listening, speaking, reading and writing skills, you have increased your knowledge of geography and you have developed a greater awareness of what people are like throughout the world where Spanish is spoken.

Somos así 2, the second-level textbook, will broaden and add to the skills and knowledge you already have acquired. This year you will improve your ability to express personal interests, hopes and dreams, and to interact with others in real-life situations as you learn more about the world. For example, you will plan a trip to a Spanish-speaking country and you will learn survival skills that are useful when you travel there.

The format of this book is similar to *Somos así 1*. The introductory chapter (*Introducción*) reviews what you learned in the first-level book. The following eight thematic chapters combine new and review material in numerous formats, allowing you to further develop your ability to interact with others in authentic Spanish and to enhance all your language skills. You will notice that you are using Spanish more in *Somos así 2*. Many exercises provide an opportunity for creative self-expression. The final three chapters contain literary selections adapted from works of well-known Spanish authors. Through these readings you will gain a deeper insight into life in the Spanish-speaking world.

During the coming year, you will have an opportunity to greatly improve your ability to communicate with others in another language. There will be challenges throughout the year, just as there were when you began *Somos así 1*. Remember, however, your efforts will provide you with a tremendous sense of accomplishment as your abilities and knowledge increase each week.

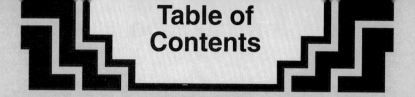

Table of Contents

Introducción   1

Lección A
Me llamo Francisco Dragonetti   2
Repaso rápido Los cognados   3
A propósito El negativo con *no*   4
Repaso rápido El presente del indicativo I   5
Todos somos diferentes   7
A propósito Hablando del tiempo   8
Repaso rápido El presente del indicativo II   9
A propósito ¿Cuánto tiempo hace que...?   12
¡La práctica hace al maestro!   13

Lección B
Soy de México, D.F.   14
A propósito La quinceañera   15
Los parientes de Carmen María   16
A propósito Conectando frases con *que*   18
En la casa de Carmen María   23
¡La práctica hace al maestro!   25

Lección C   **De compras en el supermercado**   **26**
A propósito El presente para hablar del futuro   **27**
Repaso rápido *Acabar de/ir a* + infinitivo   **28**
Repaso rápido El comparativo y el superlativo   **30**
A propósito El comparativo y el superlativo: un poco más   **31**
A propósito El comparativo y el superlativo (continuación)   **32**
¡La práctica hace al maestro!   **33**

Lección D   **Estoy estudiando ahora, pero....**   **34**
Repaso rápido El presente progresivo   **35**
Repaso rápido La palabra *a*   **39**
¡La práctica hace al maestro!   **41**

Lección E   **¿Qué hiciste el verano pasado?**   **42**
Repaso rápido El pretérito   **42**
Repaso rápido Más sobre el pretérito   **44**
Repaso rápido Afirmativos y negativos   **48**
¡La práctica hace al maestro!   **51**

Lección F   **¿Me pueden ayudar?**   **52**
Repaso rápido El complemento directo   **53**
A propósito Más sobre el complemento directo   **55**
Repaso rápido El complemento indirecto   **56**
Repaso rápido Los dos complementos   **58**
¡La práctica hace al maestro!   **59**

Capítulo 1

La vida diaria 61

Lección 1

En Lapaz, pero no en paz 62
A propósito Singular a plural 63
A propósito Lugares geográficos con nombres en español 64
Estructura Los verbos reflexivos 66
A propósito La vida diaria 68
A propósito Los verbos reflexivos: un poco más 70
A propósito El artículo definido con verbos reflexivos 71
A propósito El pretérito de los verbos reflexivos 73
Estructura La palabra *se* 74
A propósito Las tres comidas 75
En el baño 77
Repaso rápido Los adjetivos demostrativos 78
Estructura Los pronombres demostrativos 79
¡La práctica hace al maestro! 82
Vocabulario 83

Lección 2   **En la oficina de la doctora Pino**   84
A propósito *Pescar*   85
A propósito Aquí se habla español   86
El cuerpo   88
A propósito ¿Qué oyes en la oficina del médico?;
   ¿qué puedes contestar?   90
Estructura Otras construcciones reflexivas   91
A propósito Más sobre los verbos reflexivos   93
Una cita con el médico   95
A propósito Verbos parecidos   97
Repaso rápido Las preposiciones   99
Estructura Los verbos después de las preposiciones   99
¡La práctica hace al maestro!   102
Vocabulario   103
Lectura ¡Ay, Miguel!   104
Repaso A   106

Capítulo 2   **La ciudad   115**

Lección 3   **En el centro   116**
A propósito Las tiendas con -*ería*   **117**
En el centro (continuación)   119
A propósito México   **120**
Estructura El mandato afirmativo informal   **122**
En un restaurante en la ciudad   126
A propósito Las comidas nacionales   **128**
Estructura El mandato afirmativo formal y el mandato plural   **130**
A propósito Los cambios ortográficos   **134**
Estructura El mandato con *nosotros/as*   **136**
¡La práctica hace al maestro!   138
Vocabulario   139

Lección 4   **En el barrio   140**
A propósito Los puntos cardinales   **141**
A propósito México hoy   **142**
Estructura Los verbos *conocer* y *saber*   **145**
A propósito Otros verbos como *conocer*   **148**
En casa de David   150
Estructura El mandato negativo   **151**
A propósito El mandato negativo: un poco más   **154**
En la exhibición de coches   157
Las señales de tráfico   159
¡La práctica hace al maestro!   160
Vocabulario   161
Lectura ¡Conozca México!   162
Repaso B   164

Capítulo **3** ¿Qué hacías? 173

Lección 5 **En el parque de atracciones** 174
A propósito El Salvador 176
Estructura El imperfecto de los verbos regulares 177
A propósito Los usos del imperfecto 180
En el jardín zoológico 182
A propósito ¿Qué es *América*? 183
A propósito ¿Los nombres de animales o de personas? 183
Estructura El imperfecto de los verbos *ser*, *ir* y *ver* 184
A propósito Los usos del imperfecto: un poco más 185
A propósito *Más de....* 189
A propósito ¿Cuál es tu nacionalidad? 190
Repaso rápido *Ser* vs. *estar* 192
¡La práctica hace al maestro! 194
Vocabulario 195

Lección 6   **En el circo   196**
A propósito Honduras   **198**
Estructura ¡Buenísimo/a!   **199**
Repaso rápido *-ito* e *-ita*   **202**
Estructura Los adjetivos y su posición   **203**
Repaso rápido Los adjetivos como sustantivos   **207**
En la finca   208
¿Qué dicen los animales?   210
A propósito ¿Qué hacen algunos de los animales?   **210**
Estructura Los adjetivos posesivos: formas largas   **211**
A propósito Los pronombres posesivos   **213**
A propósito *Lo* con adjetivos/adverbios   **214**
A propósito ¡Qué toro tan grande!   **215**
¡La práctica hace al maestro!   216
Vocabulario   217
Lectura ¡El gran Circo de los Hermanos Suárez!   **218**
Repaso C   220

Capítulo 4   ¿Te acuerdas?   227

Lección 7   **Estábamos en el supermercado**   228
A propósito Cuba   230
Repaso rápido El pretérito   232
A propósito El pretérito de *conocer*   233
Estructura El pretérito y el imperfecto   234
A propósito *Hay, había* o *hubo*   236
¿Por qué te ríes?   236
Estructura El presente de los verbos *reír* y *freír*   238
A propósito El sistema métrico   239
Estructura Más verbos irregulares en el pretérito   240
El menú   243
¡La práctica hace al maestro!   246
Vocabulario   247

Lección 8   **El vestido para la cena**   248
A propósito El Caribe   250
Estructura El imperfecto progresivo   251
A propósito El progresivo: un poco más   253
El vestido para la cena (continuación)   255
A propósito *Lo:* un poco más   256
Estructura Los adverbios terminados en *-mente*   257
La cena   258
Repaso rápido Hace (+ *time*) que   259
La cena (continuación)   260
Estructura Hacía (+ *time*) que   262
¡La práctica hace al maestro!   264
Vocabulario   265
Lectura El Caribe   266
Repaso D   268

Capítulo **5** **Hogar, dulce hogar** **275**

Lección 9   **En la casa de Ramiro** **276**
A propósito ¿Qué recuerdas? **277**
A propósito Bolivia **278**
Estructura El subjuntivo **280**
A propósito El subjuntivo con mandatos indirectos **283**
Estructura El subjuntivo con mandatos indirectos: *decir* y *querer* **284**
En la casa de Ramiro (continuación) **286**
A propósito Los miembros de la familia: un poco más **287**
Estructura Verbos irregulares en el subjuntivo **288**
Cosas por hacer **289**
A propósito El subjuntivo con mandatos indirectos: un poco más **291**
Cosas por hacer (continuación) **292**
A propósito Verbos de causa sin el subjuntivo **293**
En el hogar **295**
A propósito La arquitectura hispana **296**
¡La práctica hace al maestro! **298**
Vocabulario **299**

Lección 10 **Tienes que regresar temprano 300**
A propósito Los países bolivarianos **302**
Estructura El subjuntivo con verbos de emoción y duda **303**
A propósito Otros verbos de emoción **305**
A propósito El subjuntivo con expresiones impersonales **307**
El cumpleaños de la abuela 309
Algunos aparatos del hogar 311
Estructura El subjuntivo en cláusulas adverbiales **312**
Estructura El subjuntivo en cláusulas adjetivales **314**
¡La práctica hace al maestro! 316
Vocabulario 317
Lectura La familia hispana 318
Repaso E 322

Capítulo 6

¿Qué ha pasado?   329

Lección 11 **¿Qué ha pasado? 330**
A propósito El Uruguay **331**
¿Qué ha pasado? (continuación) 332
A propósito ¿Qué ha pasado en las noticias? **333**
Estructura El pretérito perfecto y el participio pasivo **334**
A propósito Participios pasivos irregulares **337**
Los programas de la televisión 340
A propósito El pretérito perfecto: los verbos reflexivos **341**
Los programas de la televisión (continuación) 343
A propósito El participio pasivo como adjetivo **344**
¡La práctica hace al maestro! 346
Vocabulario 347

Lección 12 **Yo había visto el periódico 348**
A propósito En los periódicos y en las revistas **349**
A propósito Paraguay **351**
Estructura El pretérito pluscuamperfecto **352**
Las noticias se escuchan por Radio Nacional 355
A propósito Los prefijos **356**
Repaso rápido La voz pasiva **357**
Estructura La voz pasiva: un poco más **358**
El partido de fútbol 360
A propósito El fútbol: un poco más **361**
¡La práctica hace al maestro! 362
Vocabulario 363
Lectura Infancia 364
Repaso F 368

Capítulo **7**

Haciendo planes 375

Lección 13 **¿Adónde irás de vacaciones?** 376
A propósito Un domingo por la tarde 377
A propósito La tortilla española 378
¿Adónde irás de vacaciones? (continuación) 379
Repaso rápido El futuro con *ir a* 380
Estructura El futuro 382
A propósito El futuro de probabilidad 385
¿Saldremos temprano? 386
A propósito El futuro: los verbos reflexivos 387
Estructura El futuro de los verbos irregulares 389
En la agencia de viajes 391
¡La práctica hace al maestro! 392
Vocabulario 393

Lección 14 **En el aeropuerto   394**
A propósito La hora en algunos horarios   **395**
A propósito España   **397**
Estructura El condicional   **398**
En el avión   401
A propósito El condicional de los verbos irregulares   **402**
Al hotel   403
A propósito ¿A qué hora?   **404**
En la recepción   405
A propósito La diversidad cultural española   **406**
A propósito Los hoteles   **407**
A propósito El condicional de probabilidad   **409**
¡La práctica hace al maestro!   410
Vocabulario   411
Lectura Lázaro cuenta su vida y de quién fue hijo   **412**
Repaso G   418

Capítulo **8**   **Sueños y aspiraciones**   **425**

Lección 15   **Espero que hayas decidido qué estudiar** 426
Los empleos 427
A propósito Los empleos: un poco más **428**
Repaso rápido Usos de haber **432**
Estructura El pretérito perfecto del subjuntivo **434**
Una amiga por correspondencia 437
Estructura Más sobre el subjuntivo **439**
¡La práctica hace al maestro! 442
Vocabulario 443

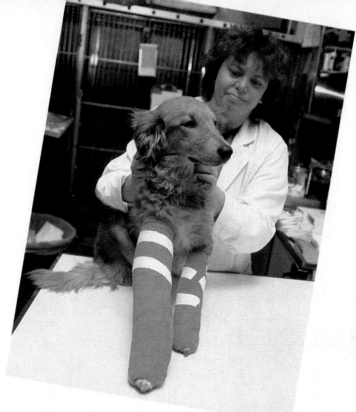

Lección 16   **Mi gran sueño** **444**
El lenguaje del cuerpo **445**
Repaso rápido El futuro **446**
Estructura El subjuntivo: un resumen **448**
El mundo **452**
A propósito ¿Adónde te gustaría viajar?; algunos países del mundo **454**
A propósito Para ser más natural **457**
¡La práctica hace al maestro! **458**
Vocabulario **459**
Lectura Lázaro cuenta su vida y de quién fue hijo (continuación) **460**
Repaso H **468**

Appendices   **Appendix A** Grammar **474**
Appendix B Verbs **478**
Appendix C Numbers **497**
Appendix D Syllabification **498**
Appendix E Accentuation **499**
Vocabulary   **Spanish-English** **500**
English-Spanish **520**
Index **538**
Credits **542**

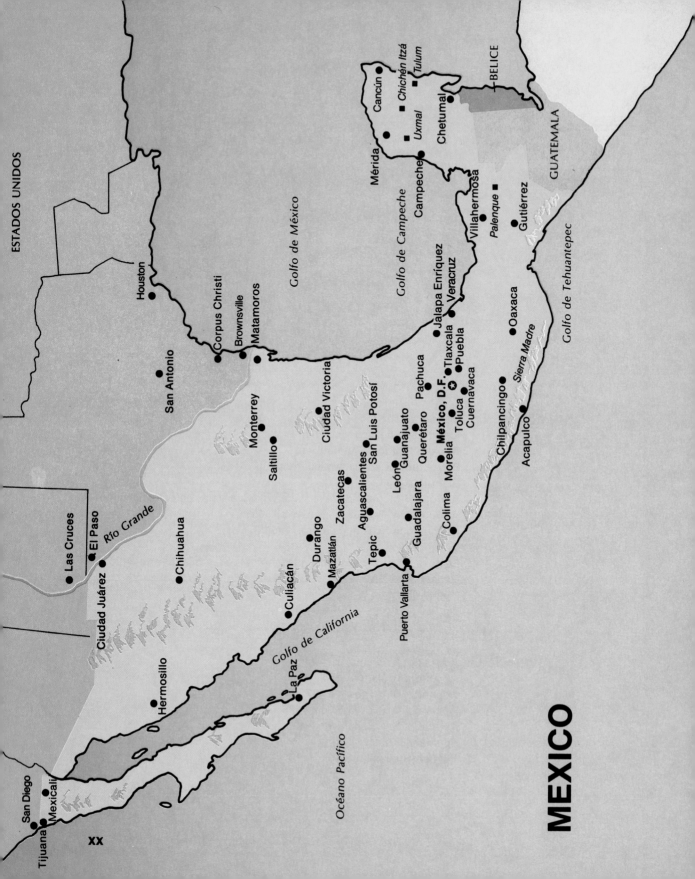

MEXICO

xx

ESTADOS UNIDOS

San Diego
Tijuana
Mexicali
Las Cruces
El Paso
Ciudad Juárez
Río Grande
Chihuahua
Hermosillo
La Paz
Culiacán
Durango
Mazatlán
Zacatecas
Aguascalientes
Tepic
Puerto Vallarta
León
Guadalajara
Guanajuato
Querétaro
Colima
Morelia
Toluca
Cuernavaca
Chilpancingo
Acapulco
Sierra Madre
Oaxaca
México, D.F.
Tlaxcala
Puebla
Pachuca
San Luis Potosí
Saltillo
Monterrey
Ciudad Victoria
San Antonio
Houston
Corpus Christi
Brownsville
Matamoros

Golfo de México

Golfo de Campeche
Mérida
Campeche
Cancún
Chichén Itzá
Uxmal
Tulum
Chetumal
BELICE
GUATEMALA

Jalapa Enríquez
Veracruz
Villahermosa
Palenque
Gutiérrez

Golfo de Tehuantepec

Golfo de California

Océano Pacífico

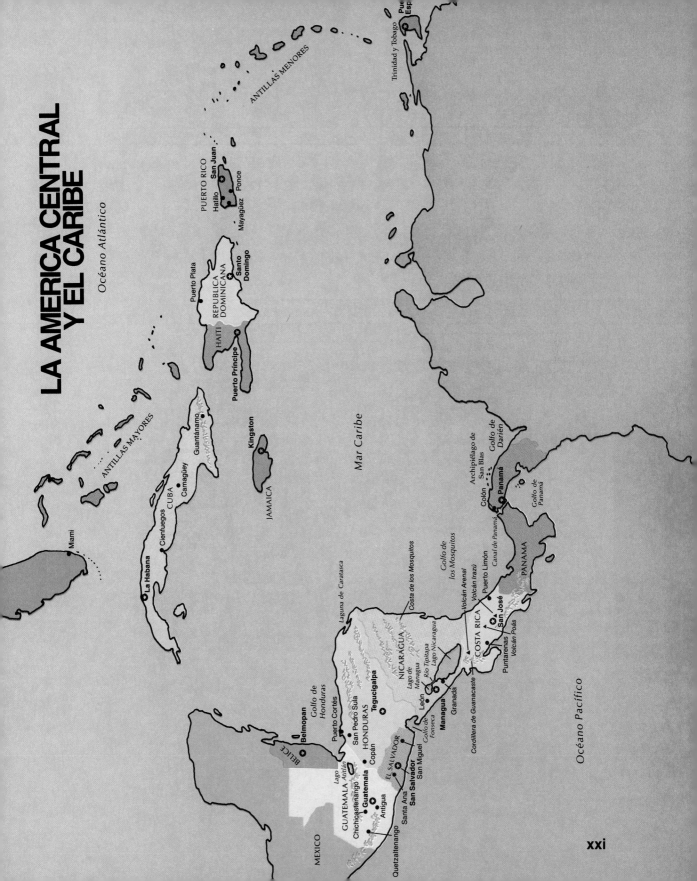

LA AMERICA CENTRAL Y EL CARIBE

Océano Atlántico

Miami

MEXICO

ANTILLAS MAYORES

CUBA

La Habana
Cienfuegos
Camagüey
Guantánamo

JAMAICA

Kingston

HAITÍ

Puerto Príncipe

REPUBLICA DOMINICANA

Puerto Plata

Santo Domingo

PUERTO RICO

Hatillo   San Juan
          Ponce
Mayagüez

ANTILLAS MENORES

Trinidad y Tobago

Pue
Esp

Mar Caribe

Laguna de Caratasca

Costa de los Mosquitos

Golfo de los Mosquitos

Archipiélago de San Blas

Golfo de Darién

Colón   Panamá
        PANAMA

Golfo de Panamá

Canal de Panamá

Puerto Limón

Volcán Irazú
Volcán Arenal

COSTA RICA
San José
Volcán Poás
Puntarenas

NICARAGUA

Lago de Managua
Río Tipitapa
Lago Nicaragua

Managua
León
Granada

Cordillera de Guanacaste

Golfo de Fonseca

Tegucigalpa

HONDURAS

San Pedro Sula
Puerto Cortés
Copán

Golfo de Honduras

Belmopan

BELICE

Lago Atitlán

GUATEMALA
Chichicastenango
Guatemala
Antigua
Santa Ana
Quetzaltenango

EL SALVADOR
San Salvador
San Miguel

Océano Pacífico

xxi

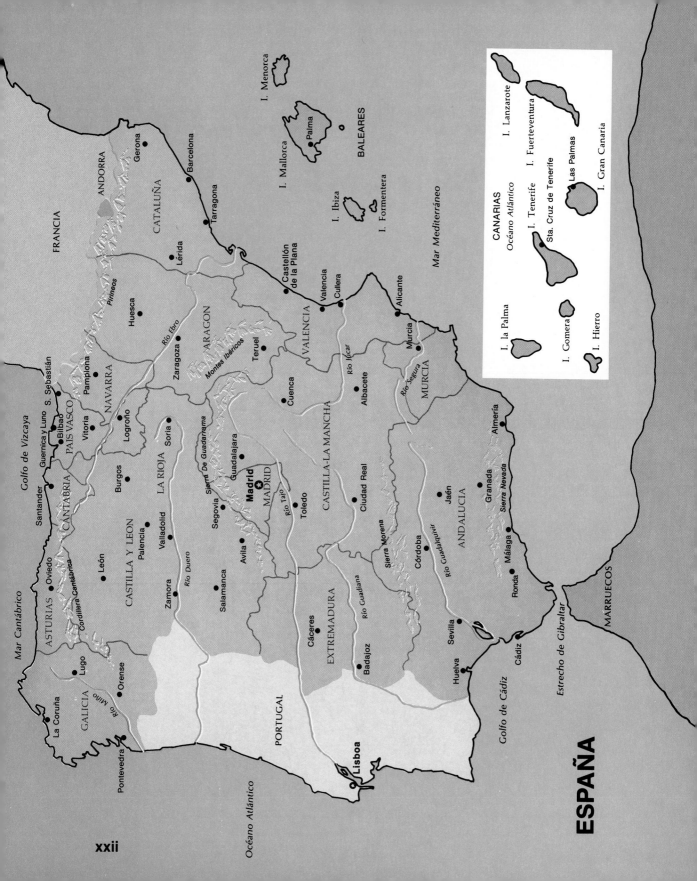

ESPAÑA

CANARIAS
Océano Atlántico

I. Lanzarote
I. Fuerteventura
I. Tenerife
Sta. Cruz de Tenerife
Las Palmas
I. Gran Canaria
I. la Palma
I. Gomera
I. Hierro

I. Menorca
BALEARES
I. Mallorca
Palma
I. Ibiza
I. Formentera
Mar Mediterráneo

FRANCIA
ANDORRA
Pirineos
Gerona
Barcelona
Tarragona
CATALUÑA
Lérida
Castellón de la Plana
Valencia
Cullera
Alicante
VALENCIA

ARAGON
Huesca
Río Ebro
Zaragoza
Montes Ibéricos
Teruel
Cuenca
Albacete
Río Júcar
Murcia
MURCIA
Río Segura

NAVARRA
Pamplona
PAIS VASCO
Guernica y Luno S. Sebastián
Bilbao
Vitoria
Logroño
LA RIOJA
Soria

Golfo de Vizcaya
Santander
CANTABRIA
ASTURIAS
Oviedo
Cordillera Cantábrica
Mar Cantábrico

Burgos
CASTILLA Y LEON
Palencia
Valladolid
Río Duero
Zamora
Salamanca
León

Segovia
Sierra De Guadarrama
Guadalajara
Madrid
MADRID
Avila
Río Tajo
Toledo
CASTILLA-LA MANCHA
Ciudad Real

Sierra Morena
Río Guadiana
Córdoba
Río Guadalquivir
Jaén
Granada
Sierra Nevada
Almería
ANDALUCIA
Málaga
Ronda
Sevilla
Huelva
Cádiz
Golfo de Cádiz
Estrecho de Gibraltar
MARRUECOS

GALICIA
La Coruña
Lugo
Orense
Río Miño
Pontevedra
Océano Atlántico

PORTUGAL
EXTREMADURA
Cáceres
Badajoz
Lisboa

xxii

Mar Caribe

Riohacha
Barranquilla
Cartagena
Maracaibo
Lago de Maricaibo
Caracas
Isla de Margarita

R. Magdalena
Mérida
Bucaramanga
Medellín
Arauca
Santa Fe de Bogotá
Villavicencio
Cali
COLOMBIA

R. Orinoco
Ciudad Bolívar
VENEZUELA
El Salto del Ángel
Georgetown
Paramaribo
GUYANA
SURINAM
GUAYANA FRANCESA
Cayena

Ecuador

Islas Galápagos

Quito
Cotopaxi
ECUADOR
Guayaquil
Cuenca
Iquitos
Leticia

R. Amazonas

PERU
Los Andes
R. Urubamba

BRASIL

Lima
■ *Machu Picchu*
Cuzco
Juliaca
Lago Titicaca
La Paz
Camaná
Tiahuanaco
BOLIVIA
Arica
Sucre
Potosí

Brasilia

Océano Pacífico

Isla de Pascua

Gran Chaco
R. Pilcomayo
R. Paraguay
Concepción
PARAGUAY
Asunción
Itaipú
Lago Ypacaraí
Las Cataratas del Iguazú
R. Iguazú
São Paulo
Río de Janeiro

Océano Atlántico

San Miguel de Tucumán
ARGENTINA
CHILE
Los Andes
R. Paraná
R. Uruguay

Islas de Juan Fernández

San Juan
▲*Aconcagua*
Viña del Mar
Valparaíso
Mendoza
Santiago
Portillo
Buenos Aires
La Plata
Río de la Plata
Pampas
Saltillo
URUGUAY
Colonia
Montevideo
Punta del Este

Concepción
Mar del Plata

LA AMERICA DEL SUR

Puerto Montt
San Carlos de Bariloche

Patagonia

Puerto Aysén

Balmaceda
Estrecho de Magallanes
Islas Malvinas

Punta Arenas
Tierra del Fuego
Cabo de Hornos

Introducción

COMMUNICATIVE FUNCTIONS

- Seeking and providing personal information
- Talking about everyday activities
- Describing the weather
- Indicating a length of time
- Talking about family and friends
- Using the numbers 0-999,999
- Talking about dates and special days
- Telling time
- Talking about the future
- Referring to what has just happened
- Comparing quantity, quality, age and size
- Discussing schedules
- Stating what is happening right now
- Talking about the past

Functions:
- Seeking and providing personal information
- Talking about everyday activities
- Describing the weather
- Indicating a length of time

Explain to students that many people have moved to Chile from throughout Europe. For this reason, it is not uncommon to find people and places in Chile with European names such as *Dragonetti*, which is Italian. Chile's national hero had an Irish name, Bernardo O'Higgins.

Me llamo Francisco Dragonetti

WB1

Detailed suggestions for using *Somos así 2* can be found in the Introduction to the Teacher's Edition.

Use this opportunity to remind students that many people use a nickname in Spanish. Some of the more common nicknames include the following: *Paco (Francisco), Quique (Enrique), Pepe (José), Lola (Dolores), Maruja (María)* and *Tere (Teresa)*.

Additional activity: Have students greet several classmates in Spanish. They should introduce themselves (being sure to shake hands!) and say they are pleased to meet one another. Then encourage students to ask one another about each other's interests and weekly activities.

This would be an appropriate point to review the sounds of the letters of the alphabet with students in Spanish.

Show students the locations of the places mentioned, using the maps in the front of the book or the transparencies that are part of this program.

¡Hola! Me llamo Francisco Dragonetti. Mi apodo es Paco. Soy de Santiago, Chile, y tengo diecisiete años. Este año tengo la oportunidad de estudiar en un colegio en los Estados Unidos. Quiero aprender inglés. Hace quince días que estoy aquí, pero ya veo que la vida del estudiante en los Estados Unidos es muy diferente de mi vida en Santiago. Me gustan mucho los deportes y pienso jugar al tenis en la primavera con el equipo del colegio, algo que no tenemos en mi colegio en Chile.

Lessons *A-F* are intended as a comprehensive review of the core content of *Somos así 1*. You may choose to scan the Scope and Sequence in the Teacher's Edition of *Somos así 2* in order to view the structures, vocabulary and themes that are included in these introductory lessons.

EE.UU is the abbreviation for Estados Unidos (the United States).

Repaso rápido: los cognados

Cognates are words that appear similar in two languages. You have learned to recognize many Spanish cognates already: *cero*, *personal*, *radio*, and so forth. You may have even noticed that English words that end in **-tion** often have Spanish cognates that end in *-ción*. Likewise, English words that end in **-ty** often have Spanish equivalents that end in *-dad*.

inglés	*español*
nation	*nación*
possibility	*posibilidad*

¿Vamos a bailar?
(Madrid, España)

¿Sabes qué es?
(Barcelona, España)

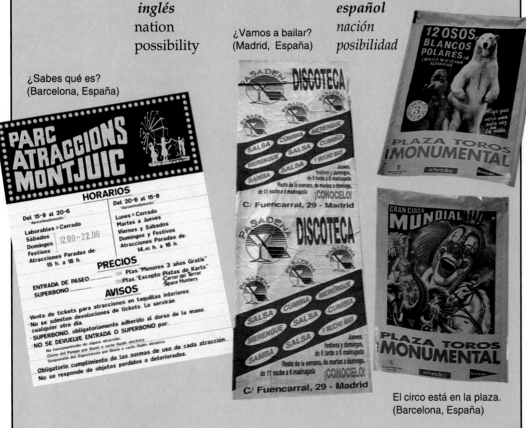

El circo está en la plaza.
(Barcelona, España)

Note: Remember that not all cognates are true cognates, however. Sometimes two words can look or sound similar, but they have totally different meanings: The English word **soap** in Spanish is not *sopa*, but rather *jabón*. *Sopa* is Spanish for the English word **soup.** As you can see, not recognizing a false cognate can lead to quite a bit of confusion if you are not careful.

The section *Repaso rápido* is intended as a quick review of previously learned information.

The blue cassette symbol indicates an activity that has been recorded by native speakers as part of the audiocassette program. Have students listen to the audiocassette recording of these sections first in order to practice listening skills and then to practice speaking Spanish.

Dialogs and narrative material in this Spanish series provide spoken exposure to authentic Spanish in specific contexts. Explain to students that they will hear Spanish speakers who have been recorded on audiocassette tape. They are not expected to understand everything they hear. However, students should listen carefully to the sounds, tone and rhythm of the language while trying to guess what topics are being discussed.

¿Qué comprendiste?

1. Se llama Francisco Dragonetti.
2. Es de Santiago, Chile.
3. Tiene diecisiete años.
4. Estudia en un colegio en los Estados Unidos.
5. Piensa que la vida del estudiante en los Estados Unidos es muy diferente de su vida en Chile.
6. Los cognados son oportunidad, estudiar, estudiante, diferente, tenis.
7. No. La palabra **colegio** no es un cognado porque no quiere decir *college*. Quiere decir *school*.

1. ¿Cómo se llama el muchacho?
2. ¿De dónde es él?
3. ¿Cuántos años tiene él?
4. ¿Dónde estudia él este año?
5. ¿Qué piensa de la vida del estudiante en los Estados Unidos?
6. ¿Qué cognados hay en la lectura *Me llamo Francisco Dragonetti*?
7. ¿Es la palabra **colegio** un cognado de la palabra *college?* Explica.

COPA Chile DE TENIS

10 al 15 DE DICIEMBRE

ESTADIO PALESTINO
AV. KENNEDY 9351

PARTICIPAN:
Los jugadores chilenos mejor ranqueados (Damas y Varones).

DIRECTOR DEL TORNEO PATRICIO CORNEJO

AUSPICIAN :
Diadora
El Mercurio
Mayonesa Hellman's
Pepsodent
Rexona
Universidad Mariano Egaña

Santiago, Chile.

Note for students that sports are not usually organized as a school event in South America, nor elsewhere in the Spanish-speaking parts of the world outside the United States.

WA2

A propósito

El negativo con *no*

It is possible to place the word *no* in front of a verb in order to make a sentence negative. Look at the following:

afirmativa	*negativa*
Me gusta el tenis.	*No me gustan los exámenes.*
Soy de Chile.	*No soy de los Estados Unidos.*

No soy de Estados Unidos. Soy de Chile.

Creatividad mental: Have students talk with the foreign exchange student(s) at your school, or have them locate someone from another country to ask for his/her impressions about how life in the person's home country is similar or different from life in the United States.

Charlando You may wish to have students present their findings to the class.

1. ¿Cómo te llamas? Answers will vary.
2. ¿Dónde estudias?
3. ¿Qué país te gustaría visitar? ¿Te gustaría estudiar en ese país? Explica.
4. ¿Qué diferencia hay entre tu vida y la vida de Francisco Dragonetti?

¿Te gustaría visitar Chichén Itzá?
(Yucatán, México)

Additional questions: *¿Tienes apodo? ¿Qué es?; ¿Cuántos años tienes?; ¿Juegas al tenis? ¿Juegas a otro deporte?; ¿Te gustaría estudiar en Chile? ¿Por qué sí o no?*

Repaso rápido: el presente del indicativo I

Verbos regulares

hablar: habl**o**, habl**as**, habl**a**, habl**amos**, habl**áis**, habl**an**
comer: com**o**, com**es**, com**e**, com**emos**, com**éis**, com**en**
vivir: viv**o**, viv**es**, viv**e**, viv**imos**, viv**ís**, viv**en**

Verbos con formas irregulares para *yo*

hacer: **hago,** haces, hace, hacemos, hacéis, hacen
poner: **pongo,** pones, pone, ponemos, ponéis, ponen
saber: **sé,** sabes, sabe, sabemos, sabéis, saben
salir: **salgo,** sales, sale, salimos, salís, salen
traer: **traigo,** traes, trae, traemos, traéis, traen

Verbos con formas irregulares para *yo* y con cambios en la raíz

decir: **digo,** dices, dice, decimos, decís, dicen
tener: **tengo, tie**nes, **tie**ne, tenemos, tenéis, **tie**nen
venir: **vengo, vie**nes, **vie**ne, venimos, venís, **vie**nen

Verbos con más de una forma irregular

dar: **doy,** das, da, damos, **dais,** dan
estar: **estoy, estás, está,** estamos, estáis, **están**
ir: **voy, vas, va, vamos, vais, van**
oír: **oigo, oyes, oye, oímos,** oís, **oyen**
ser: **soy, eres, es, somos, sois, son**
ver: **veo,** ves, ve, vemos, **veis,** ven

Las flores son para Ud.

WB2, LA1

A comprehensive review of important structures can be found in the Appendices at the end of this book. You may wish to use this handy reference anytime you cover a structure that causes problems for students.

1. **¿Dónde?** Usa la forma apropiada de los siguientes verbos para decir dónde haces diez cosas durante una semana típica: *arreglar, barrer, caminar, cantar, comer, correr, escribir, estudiar, hablar, hacer, leer, nadar, poner, preparar, salir, subir, tocar, trabajar, traer, vender.*

> **Modelo:** Vendo camisas en una tienda de ropa en el centro.

1. Creative self-expression.

Toco la guitarra en el parque.

2. **Una entrevista.** Completa las siguientes oraciones con la forma apropiada del verbo indicado.

2.
1. Vives
2. vivo
3. sales
4. salgo
5. Vas
6. voy
7. Caminan
8. toman
9. caminamos
10. llegan
11. van

ENTREVISTADOR:	¿1. *(Vivir)* tú lejos del colegio?
ESTUDIANTE:	No. Yo 2. *(vivir)* muy cerca de aquí.
ENTREVISTADOR:	¿A qué hora 3. *(salir)* tú de la casa por las mañanas para ir al colegio?
ESTUDIANTE:	Yo 4. *(salir)* a las siete y cuarto.
ENTREVISTADOR:	¿5. *(Ir)* tú al colegio con alguien?
ESTUDIANTE:	Sí, yo 6. *(ir)* al colegio con una amiga.
ENTREVISTADOR:	¿7. *(Caminar)* Uds. o 8. *(tomar)* Uds. el autobús?
ESTUDIANTE:	Mi amiga y yo 9. *(caminar)* al colegio casi todas las mañanas.
ENTREVISTADOR:	¿Todos tus amigos 10. *(llegar)* al colegio a pie?
ESTUDIANTE:	Pues, muchos 11. *(ir)* en autobús, pero no todos.
ENTREVISTADOR:	Gracias por tu tiempo.
ESTUDIANTE:	De nada.

3. **¡Hola!** Trabajando en parejas, haz el papel de una de las personas del diálogo de la actividad 2.   3. Role-playing activity.

Todos somos diferentes

PAULA: Me gusta el invierno. Nieva y puedo esquiar o patinar sobre hielo. Cuando vuelvo a casa siempre puedo encender el televisor y poner una película para ver con mi familia o con algunos amigos.

ELENA: Vivo en Reñaca, Chile, no lejos de Viña del Mar. Son ciudades lindas en la primavera. Hace fresco y todo parece ser nuevo y limpio. También llueve mucho y es bonito dormir con el sonido de la lluvia. ¿No les gusta la primavera?

JOSE: Pues, sí, pero prefiero el verano. En enero y en febrero hace buen tiempo y hay más tiempo libre para hacer deportes. Me gustan mucho los deportes. Este año pienso jugar al fútbol todos los días posibles.

DAVID: A mí me gusta mucho el otoño porque empieza a hacer fresco. Este año sigo con mis estudios de español aquí en Santiago.

¿Qué comprendiste?

1. A Paula le gusta el invierno porque *(answers will vary)*; a Elena le gusta más la primavera porque *(answers will vary)*; José prefiere el verano porque *(answers will vary)*; a David le gusta el otoño porque *(answers will vary)*.
2. Puede patinar, esquiar o ver una película.

1. ¿Cuáles son las estaciones favoritas de cada uno de los cuatro estudiantes? ¿Por qué?
2. ¿Qué puede hacer Paula en el invierno?
3. ¿Dónde vive Elena?
4. ¿Cómo son Reñaca y Viña del Mar en la primavera?
5. ¿Qué piensa hacer José este año?
6. ¿Qué hace David este año?
7. ¿Dónde están los chicos en el diálogo anterior? ¿Cómo lo sabes?

3. Vive en Reñaca, Chile.
4. Son lindas y todo parece ser nuevo y limpio.
5. Piensa jugar al fútbol todos los días posibles.
6. Sigue con sus estudios de español en Santiago.
7. Answers will vary.

A propósito

Hablando del tiempo

Estamos en otoño/invierno/
   primavera/verano.
Es enero/febrero/marzo/
   abril/mayo/junio/julio/
   agosto/septiembre/
   octubre/noviembre/
   diciembre.
¿Qué tiempo hace?
   Hay neblina.
   Hace buen (mal) tiempo.
   Hace frío/sol/calor/fresco/
      viento.
   Está soleado/nublado.
   Llueve.
   Nieva.
¿Qué temperatura hace?
   Hace *(number)* grados.

Aquí hace cero grados
centígrados.

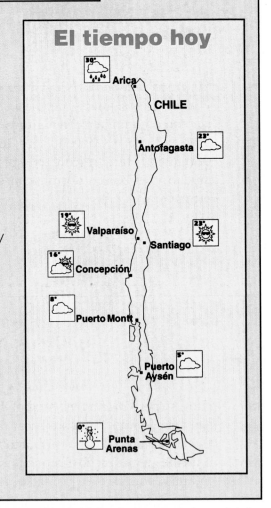

El tiempo hoy

Arica
CHILE
Antofagasta
Valparaíso
Santiago
Concepción
Puerto Montt
Puerto Aysén
Punta Arenas

Ask students several questions based upon this weather report for Chile: *¿Qué tiempo hace en Arica?; ¿Qué temperatura hace en Arica?; ¿Qué tiempo hace en Santiago?; ¿Hace quince grados en Santiago?; ¿Hace mucho sol en Puerto Montt?; ¿Dónde está nevando?*

Charlando

1. ¿Cuál es tu estación favorita? ¿Por qué? Answers will vary.
2. ¿Cuáles son cinco o seis de tus pasatiempos favoritos?
3. ¿Puedes participar en todos tus pasatiempos favoritos durante todo el año? Explica.
4. ¿Cómo está el día hoy donde vives?

Additional questions: *¿Hace buen tiempo hoy?; Cuando es invierno en los Estados Unidos, ¿qué estación es en Viña del Mar, Chile?; ¿Cuándo hace mucho frío y nieva?; ¿Cuándo hace mucho calor?; ¿Cuándo hace un poco de frío y viento?; ¿Cuándo hay muchas flores?; ¿Cuándo hay mucha nieve?; ¿Cómo sabes cuando va a llover?; ¿Nieva en tu ciudad? ¿Hay mucha nieve o poca?; ¿En qué meses hace frío en Chile?; ¿Qué haces cuando llueve?*

Repaso rápido: el presente del indicativo II   WB5, WA3

Verbos con cambios en la raíz

cerrar: c**ie**rro, c**ie**rras, c**ie**rra, cerramos, cerráis, c**ie**rran
(Verbos similares: empezar, encender, nevar, pensar, preferir, querer, sentir)

pedir: p**i**do, p**i**des, p**i**de, pedimos, pedís, p**i**den
(Verbos similares: conseguir, repetir, seguir)

poder: p**ue**do, p**ue**des, p**ue**de, podemos, podéis, p**ue**den
(Verbos similares: colgar, contar, costar, dormir, encontrar, llover, volver)

jugar: j**ue**go, j**ue**gas, j**ue**ga, jugamos, jugáis, j**ue**gan

Tres verbos con acento

esquiar: esqu**í**o, esqu**í**as, esqu**í**a, esquiamos, esqui**á**is, esqu**í**an
enviar: env**í**o, env**í**as, env**í**a, enviamos, envi**á**is, env**í**an
continuar: contin**ú**o, contin**ú**as, contin**ú**a, continuamos, continu**á**is, contin**ú**an

El esquía muy bien.

---

4. **¿Qué tiempo hace? Describe el tiempo que hace en cada mes donde tú vives.** WB6

Modelo: En enero hace frío y nieva.   4. Answers will vary.

Cuando nieva nos gusta ver la televisión.

5. El tiempo libre. Trabajando en parejas, hablen de lo que Uds. hacen en su tiempo libre durante cada estación del año.

5. Creative self-expression.

Modelo: A: ¿Qué haces en el invierno cuando nieva?
B: Cuando nieva esquío. ¿Qué haces tú en el invierno cuando nieva?
A: Prefiero estar en casa cuando nieva.

WB7

6. Un día en clase. Usando las pistas, haz oraciones completas en el presente diciendo lo que hacen las personas indicadas.

6. Possible answers:
1. Yo consigo mis libros antes de ir a la clase.
2. Ana cuelga su chaqueta antes de entrar.
3. El profesor repite las instrucciones antes de empezar.
4. El empieza a leer la lectura.
5. Mis compañeros de clase piensan antes de contestar las preguntas de la profesora.
6. Tomás vuelve a su silla después de escribir la respuesta en la pizarra.
7. El profesor continúa con la lectura.
8. Nosotros empezamos a comprender el problema.

Modelo: estudiantes/cerrar/puerta/entrar/clase
Los estudiantes cierran la puerta después de entrar en la clase.

1. yo/conseguir/libros/ir/clase
2. Ana/colgar/chaqueta/entrar
3. profesor/repetir/instrucciones/empezar
4. él/empezar/leer/lectura
5. compañeros/clase/pensar/contestar/preguntas/profesora
6. Tomás/volver/silla/escribir/respuesta/pizarra
7. profesor/continuar con/lectura
8. nosotros/empezar/comprender/problema

¿Empiezas a comprender?

7. **Un día típico.** Trabajando en parejas, alterna con tu compañero/a de clase en preguntar y contestar qué hacen diez personas durante un día típico. Puedes inventar *(make up)* respuestas si quieres.

7. Creative self-expression.

   Modelos: A: ¿Qué hace tu hermana?
   B: Mi hermana hace su tarea.

   A: ¿Qué hace Gabriela Sabatini?
   B: Gabriela Sabatini juega al tenis.

8. **¿Qué haces en...?** Trabajando en parejas, alterna con tu compañero/a de clase en preguntar y contestar lo que Uds. hacen en cada estación del año.

   Modelo: A: ¿Qué haces en la primavera?

   8. Creative self-expression.

   B: Corro en el parque.

A propósito

¿Cuánto tiempo hace que...?

The expression *hace* (+ quantity of time) *que* is frequently used in Spanish when saying how long something has been happening. Look at these examples:

¿Cuánto tiempo hace que llueve?   How long has it been raining?
Hace dos horas que llueve.   It has been raining for two hours.

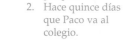

9. Hace.... Usando las siguientes palabras, escribe oraciones completas para indicar por cuánto tiempo algo ocurre *(has been occurring)*.

Modelo: 1 año/yo/estudiar/español
Hace un año que estudio español.

1. 10 minutos/ellos/dar un paseo por el parque
2. 15 días/Paco/ir al colegio
3. 3 horas/nosotros/oír la radio
4. 2 minutos/Julián/estar aquí
5. 20 minutos/tú/ver televisión
6. mucho tiempo/la familia García/pensar comprar una casa nueva

Hace seis meses que vivo en Estados Unidos.

9. 1. Hace diez minutos que ellos dan un paseo por el parque.
2. Hace quince días que Paco va al colegio.
3. Hace tres horas que nosotros oímos la radio.
4. Hace dos minutos que Julián está aquí.
5. Hace veinte minutos que tú ves televisión.
6. Hace mucho tiempo que la familia García piensa comprar una casa nueva.

10. 1. ¿Cuánto tiempo hace que ellos dan...?/Hace...que ellos dan....
2. ¿Cuánto tiempo hace que Paco va...?/Hace...que Paco va....
3. ¿Cuánto tiempo hace que Uds. oyen (nosotros/nosotras oímos)...?/Hace...que nosotros (nosotras) oímos....
4. ¿Cuánto tiempo hace que Julián está...?/Hace...que Julián está....
5. ¿Cuánto tiempo hace que yo veo...?/Hace...que tú ves....
6. ¿Cuánto tiempo hace que la familia García piensa comprar...?/Hace...que la familia García piensa comprar....

10. ¿Cuánto tiempo hace...? Trabajando en parejas, haz preguntas para las oraciones de la actividad 9. Luego, alterna con tu compañero/a, preguntando y contestando el uno al otro.

Modelo: A: ¿Cuánto tiempo hace que estudias español?
B: Hace un año que estudio español.

¡La práctica hace al maestro!

A. *Presentaciones.* **Working with a classmate in Spanish, practice asking each other's name, where each of you is from and what you do on a typical day in the fall** *(Parte A)***. Then each of you must tell a nearby pair of students what you found out** *(Parte B)***. Change partners and start over again. Continue the activity until you have met six or seven different people.**

¿Cuál es tu estación favorita? (Sevilla, España)

B. *A escribir.* **Write a short composition of at least eight sentences telling about your favorite time of the year. Name the time of year (month, season) and some of the reasons why this time of year is special (weather, activities).**

Functions:
- Seeking and providing personal information
- Talking about family and friends
- Talking about everyday activities
- Using the numbers 0-999,999
- Talking about dates and special days
- Telling time

WA1

Soy de México, D.F.

Explain that *México, D.F.*, in Mexico is the approximate equivalent of "Washington, D.C."

You may wish to elaborate on the *fiesta de quince años*, drawing upon your own or your students' background. The following information may be useful, as well: The *fiesta de quince años* consists of a very elaborate party, which often has a band or orchestra; the father commonly has the first dance with his daughter; the *quinceañera* customarily wears a long white or pastel-colored dress and may be accompanied by court of other girls; the family often hires a professional photographer or video camera operator to record the occasion; sometimes photographs of the event are published in the newspaper.

Yo me llamo Carmen María García Fernández. Soy de México, D.F.,° pero este año mi familia y yo vivimos en Guadalajara porque mi padre enseña aquí en la universidad. Ya sé que hoy no va a ser un sábado típico para mí porque cumplo quince años. Mis tíos de Barcelona, España, van a estar aquí por este fin de semana y por dos semanas más para celebrar mi fiesta de quince años con mis padres, mis hermanos, mis tíos, mis abuelos, otros parientes y casi todos mis amigos.

D.F. *abbreviation for* Distrito Federal (*the district where the federal government is located*)

A propósito

La quinceañera

Many families throughout the Spanish-speaking world consider a girl's fifteenth birthday to be a very special occasion. Traditionally, the celebration marks the time when a girl (called a *quinceañera*) becomes a young woman and may begin to take on more adult responsibilities, such as dating. The family often celebrates the day by having a party called *la fiesta de quince años* (sometimes referred to as *la fiesta de quinceañera* or simply as *la quinceañera*), which numerous relatives and friends attend.

Tengo quince años. Soy una quinceañera.

¿Qué comprendiste?

1. ¿De dónde es Carmen?
2. ¿Dónde vive ahora? ¿Por qué?
3. ¿Qué sabe ya?
4. ¿Qué día es?
5. ¿Cuántos años cumple Carmen?
6. ¿Por cuánto tiempo van a estar sus tíos de España en Guadalajara?

1. Es de México, D.F.
2. Vive en Guadalajara porque su padre enseña allí en la universidad.
3. Sabe que hoy no va a ser un día típico.
4. Es sábado.
5. Cumple quince años.
6. Van a estar en Guadalajara por el fin de semana y por dos semanas más.

Additional questions: *¿De dónde son los tíos de Carmen?; ¿Por qué están sus tíos en Guadalajara?*

Charlando

1. ¿Qué día es hoy? ¿Y mañana? ¿Y pasado mañana? Answers will vary.
2. ¿Cuántos años cumples este año?
3. ¿Con quién vives?
4. ¿Dónde vives tú?

Additional questions: *¿Dónde estudias español?; ¿Es hoy un día típico?*

Los parientes de Carmen María

Creatividad mental: Write the following on the chalkboard and have students unscramble the words to find the names of family: 1) o-o-r-s-i-b-n *(sobrino)*, 2) b-l-a-e-a-u *(abuela)*, 3) m-n-e-a-a-r-h *(hermana)*, 4) i-a-p-m-r *(prima)*, 5) o-t-n-e-i *(nieto)*, 6) s-s-e-a-o-p *(esposa)*, 7) d-e-m-r-a *(madre)*, 8) i-o-d-a-m-r *(marido)*, 9) j-i-o-h *(hijo)*, 10) í-a-t *(tía)*.

Additional family vocabulary: *madrastra, padrastro, hermanastro, hermanastra, cuñado, cuñada, suegro, suegra.*

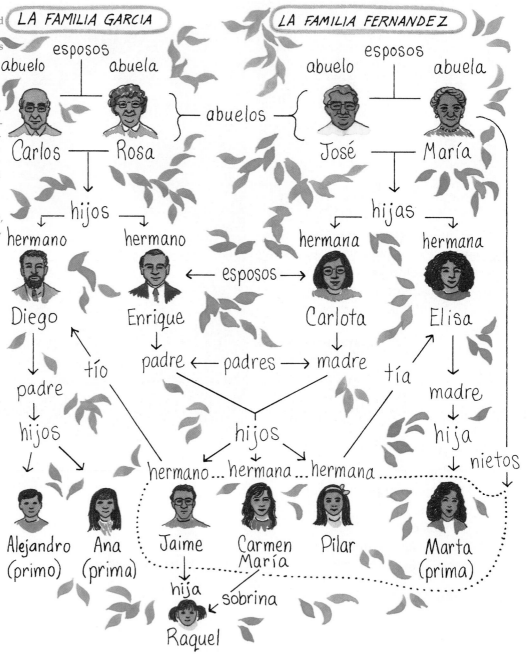

1. **Los parientes de Carmen María. Contesta las siguientes preguntas de acuerdo con el árbol genealógico de las familias García y Fernández.**

   Modelo: ¿Qué es Marta de Carmen María?
   Es su prima.

   1. ¿Qué es el señor Carlos García de Carmen María?
   2. ¿Qué es Carmen María de su abuelo?
   3. ¿Qué son el señor y la señora Fernández de Carmen María?
   4. ¿Qué es don Diego de Carmen María?
   5. ¿Qué son Alejandro, Ana y Marta de Carmen María?
   6. ¿Qué es doña Elisa de Carmen María?
   7. ¿Qué es Carmen María García Fernández de sus padres?
   8. ¿Cómo se llama la sobrina de Carmen María?
   9. ¿Quiénes son hijas únicas?
   10. ¿Cómo se llama el esposo de Carlota Fernández de García?

Interacción cooperativa: Students prepare a family tree. They should label the tree with family members' names and ages. Then have students work in pairs, asking and answering questions about their families. Finally, ask one or several students to summarize the information obtained to the class.

1. 1. Es su abuelo.
   2. Es su nieta.
   3. Son sus abuelos.
   4. Es su tío.
   5. Son sus primos.
   6. Es su tía.
   7. Es su hija.
   8. Se llama Raquel (García).
   9. Marta y Raquel son hijas únicas.
   10. Se llama Enrique (García).

¿Quiénes son los miembros de tu familia?

A propósito

Conectando frases con *que*

Two sentences in Spanish can sometimes be connected using the word *que*, as Carmen María does when she talks about her day.

> *Ya sé **que** hoy no va a ser un sábado típico.*

It is also possible to use *que* after a form of *decir* when reporting information. Look at these examples:

> *¿Qué dice Carmen María?*
> *Dice **que** es de México, D.F.*
> *Dice **que** no va a ser un sábado típico.*

Ella dice que es de México, D.F.

2. ¿Qué dicen todos? Haz oraciones completas, usando *que* para reportar qué dicen las siguientes personas.

Modelo: Carmen María/su padre/enseñar en la universidad
Carmen María dice que su padre enseña en la universidad.

1. Carmen María/ella/cumplir quince años
2. los tíos de Carmen María/Carmen María/ser inteligente
3. Uds./su profesor(a)/ser listo
4. nosotros/ellos/no poder estar aquí
5. tú/tú/también tener quince años
6. yo/la clase/ser interesante

¿Qué dices?
(Chiapas, México)

2.
1. Carmen María dice que ella cumple quince años.
2. Los tíos de Carmen María dicen que Carmen María es inteligente.
3. Uds. dicen que su profesor(a) es listo/a.
4. Nosotros decimos que ellos no pueden estar aquí.
5. Tú dices que (tú) también tienes quince años.
6. Digo que la clase es interesante.

Yo vivo con todos mis primos.

3. **Los miembros de tu familia. Trabajando en parejas, hablen de sus familias.**

> **Modelo:** **A:** ¿Con quién vives en tu casa?   3. Creative self-expression.
>
> **B:** Vivo con mi madre, mi padre y un hermano, Tomás.
>
> **A:** ¿Cuántos años tiene Tomás?
>
> **B:** Tiene diecisiete años. Estudia aquí en el colegio.

4. **¿Cuántos años tienen? Trabajando en parejas, alterna con tu compañero/a de clase en preguntar y contestar sobre la edad de las siguientes personas.**

WB4

Review the numbers 0-999,000 with students before doing the following two exercises. (See the Appendices at the back of this book.)

> **Modelo:** Carmen María/15
>
> **A:** ¿Cuántos años tiene Carmen María?
>
> **B:** Tiene quince años.

1. el señor García/51
2. la tía de Carmen María/39
3. el hermano de Carmen María/23
4. la hermana de Carmen María/17
5. la madre de Carmen María/46
6. Marta y Gloria/16 y 15
7. tú/?

4. 1. ...tiene el señor García?/Tiene cincuenta y un años.
   2. ...tiene la tía...?/Tiene treinta y nueve años.
   3. ...tiene el hermano...?/Tiene veintitrés años.
   4. ...tiene la hermana...?/Tiene diecisiete años.
   5. ...tiene la madre...?/Tiene cuarenta y seis años.
   6. ...tienen Marta y Gloria?/Marta tiene dieciséis años y Gloria tiene quince años.
   7. ¿...tienes tú?/Tengo (age) años.

Additional activity: Practice the numbers by trying the following: Say several numbers (*quince, cuarenta y cuatro, dos mil*) while students write the corresponding numerals (15, 44, 2.000). As an alternative, say several numbers while students spell the numbers on paper or aloud. For variety or to encourage more student interaction, have students do the activities in cooperative pairs.

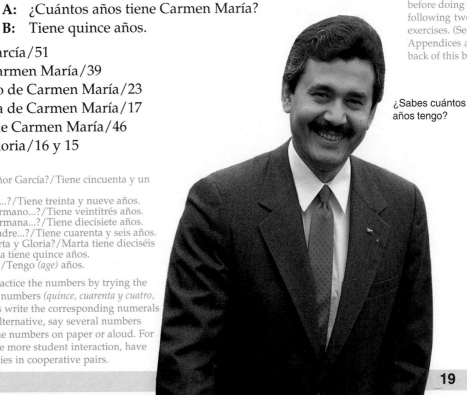

¿Sabes cuántos años tengo?

Están en la primera posición.

5. **La Liga Española. Durante el fin de semana que viene el tío de Carmen María no puede ver jugar a su equipo favorito de fútbol en España, el Barcelona. Va a estar con su sobrina, Carmen María, celebrando su cumpleaños, pero puede leer sobre su equipo en el periódico. Este artículo tiene información sobre su equipo. ¿Cuánto puedes comprender? Contesta las preguntas que siguen al artículo.** *J. = Juegos* (Games); *G. = Ganados* (Won); *E. = Empatados* (Tied); *P. = Perdidos* (Lost); *Pts. = Puntos* (Points).

Modelo: ¿Cuántos juegos en total tiene el *Barcelona?*
Tiene sesenta y un juegos en total.

1. ¿Cuántos juegos ganados tiene el *Barcelona?*
2. ¿Cuántos juegos empatados tiene el *Barcelona?*
3. ¿Cuántos juegos perdidos tiene el *Barcelona?*
4. ¿Cuántos juegos perdidos tiene el *Sabadell?*
5. ¿Cuántos juegos perdidos tiene el *Zaragoza?*
6. ¿Cuántos puntos tiene el *Sabadell?*
7. ¿Cuántos puntos tiene el *Real Madrid?*
8. ¿Cuántos puntos tiene el *Murcia?*
9. ¿Cuántos puntos tiene el *Barcelona?*
10. ¿Cuántos juegos en total tiene el *Valladolid?*

POSICIONES

Equipos	J.	G.	E.	P.	Pts.
Barcelona	61	41	20	0	102
Real Madrid	61	40	20	1	100
Español	61	40	13	8	93
Atlético Bilbao	61	36	13	12	85
Betis	61	34	14	13	82
Atlético de Madrid	61	30	17	14	77
Gijón	61	29	16	16	74
Mallorca	61	25	17	19	67
Sevilla	61	22	19	20	63
Valladolid	61	20	21	20	61
Real Sociedad	61	18	22	21	58
Cádiz	61	16	15	30	47
Murcia	61	14	4	43	32
Zaragoza	61	12	7	42	31
Las Palmas	61	10	6	45	26
Santander	61	8	2	51	18
Osasuna	61	7	3	51	17
Sabadell	61	5	1	55	11

5. 1. Tiene cuarenta y un juegos ganados.
2. Tiene veinte juegos empatados.
3. Tiene cero (No tiene) juegos perdidos.
4. Tiene cincuenta y cinco juegos perdidos.
5. Tiene cuarenta y dos juegos perdidos.

6. Tiene once puntos.
7. Tiene cien puntos.
8. Tiene treinta y dos puntos.
9. Tiene ciento dos puntos.
10. Tiene sesenta y un juegos en total.

6. **¿En qué posición está mi equipo?** Trabajando en parejas, alterna con tu compañero/a de clase en preguntar y contestar sobre la posición de los equipos de la Liga Española.

Review the ordinal numbers with students before doing this exercise. (See the Appendices at the back of this book.)

   Modelo: A: ¿En qué posición está el equipo del tío de Carmen María en puntos?

   B: Está en la primera posición en puntos.

6. Questions and answers will vary.

7. **Los días de fiesta.** Conecta lógicamente los días de fiesta de la columna *B* con las fechas de la columna *A*.

WB5, WA3

A		B		
	Remind students that ordinal numbers may be abbreviated by adding to the numeral a superscript *o* or *a* (to agree with the gender of the corresponding noun): $1°$ (*primero*), 1^a (*primera*), $2°$ (*segundo*), 2^a (*segunda*) and so forth.			

A

1. el primero de enero
2. el seis de enero
3. el catorce de febrero
4. el primero de mayo
5. el doce de octubre
6. el primero de noviembre
7. el veinticuatro de diciembre
8. el veinticinco de diciembre
9. el veintiocho de diciembre
10. el treinta y uno de diciembre

B

A. el Día de San Valentín
B. la Noche Vieja
C. el Día de los Reyes Magos
D. el Día de Año Nuevo
E. la Navidad
F. la Nochebuena
G. el Día del Trabajo
H. el Día de Todos los Santos
I. el Día de los Inocentes
J. el Día de la Raza

7. 1. D
2. C
3. A
4. G
5. J
6. H
7. F
8. E
9. I
10. B

La Semana Santa, México.

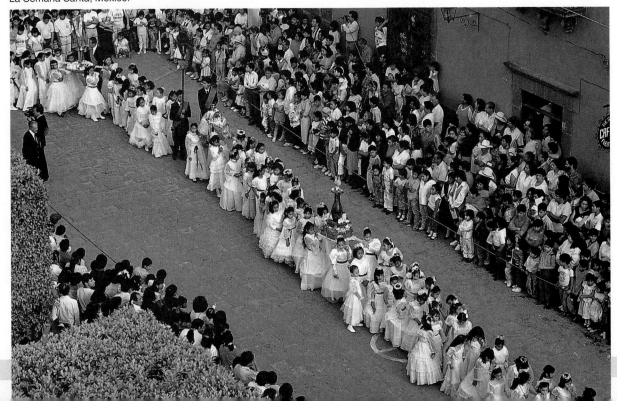

8. **¿Qué fiesta es...?** Trabajando en parejas, alterna con tu compañero/a de clase en preguntar en voz alta *(aloud)* la fiesta que corresponde a la fecha de algún día especial. Tu compañero/a debe escribir y decir el nombre de la fiesta que corresponde a esa fecha.

> **Modelo:** **A:** ¿Qué fiesta es el primero de mayo?
> **B:** *(Write* Es el Día del Trabajo.*)*
> **B:** Es el Día del Trabajo.

8. Creative self-expression.

9. **Días especiales.** Trabajando en parejas, alterna con tu compañero/a de clase en preguntar y contestar lo que piensa cada uno cuando oye mencionar *(you hear mentioned)* algunas de las fechas de los días de fiesta.

> **Modelo:** **A:** ¿En qué piensas cuando oyes el catorce de febrero?
> **B:** Pienso en el amor, en mi novio/a, en el color rojo.

9. Creative self-expression.

Hoy es el Día de San Valentín.

WB6

10. **Fechas importantes.** Da los siguientes años en español, primero en números y, luego, en palabras.

> **Modelo:** *(year Mexico declared independence)*
> 1810: mil ochocientos diez

1. *(year you were born)*
2. *(year your mother was born)*
3. *(year your father was born)*
4. *(year your best friend was born)*
5. *(year of your high school graduation)*
6. *(year Christopher Columbus traveled west in search of a shorter route to the East Indies)*
7. *(year you were in first grade)*

¿Cuándo es el día de tu graduación?

10. 1. Answers will vary.   5. Answers will vary.
    2. Answers will vary.   6. 1492: mil cuatrocientos
    3. Answers will vary.   noventa y dos.
    4. Answers will vary.   7. Answers will vary.

En la casa de Carmen María

de la mañana
de la tarde
de la noche
Es la una.
Son las dos.
Son las tres.
Son las tres y dos.
Es medianoche.
Es mediodía.

¿Qué hora es?

Son las cuatro y cuarto.

Son las dos y cuarto.
Son las cinco menos tres.
Son las seis menos cuarto.
Son las tres y media.

The expressions *de la mañana*, *de la tarde* and *de la noche* are not necessary if everyone involved in the conversation knows the time of day being referred to or when you use the expressions *es mediodía* or *es medianoche*.

11. ¿Qué hora es? Trabajando en parejas, alterna con tu compañero/a de clase en preguntar y contestar qué hora es, según los siguientes relojes.

LA2

Modelo: P.M.

A: ¿Qué hora es?
B: Son las dos y cuarto de la tarde.

11. 1. Es la una y cuarto (y quince) de la tarde.
2. Es el mediodía./ Son las doce.
3. Son las ocho menos cuarto (menos quince) de la mañana.
4. Son las seis menos cinco de la tarde.
5. Son las ocho y diez de la noche.
6. Son las doce y media de la tarde.

 P.M.

1.

 P.M.

2.

 A.M.

3.

 P.M.

4.

 P.M.

5.

 P.M.

6.

12. El horario de clases de Carmen María. Contesta las siguientes preguntas con una respuesta completa, según la información en este horario de clases.

HORARIO

8:30 A.M.	Matemáticas
9:15 A.M.	Biología
10:00 A.M.	Computadoras
10:45 A.M.	Música
11:30 A.M.	Almuerzo
12:30 P.M.	Historia
1:15 P.M.	Música
2:00 P.M.	Español
2:45 P.M.	Dibujo

12. 1. Su primera clase del día es la clase de matemáticas.
2. La clase de historia es después del almuerzo.
3. Son las nueve y cuarto (y quince) de la mañana.
4. La clase de computadoras es a las diez.
5. Tiene ocho clases.
6. Answers will vary.
7. Answers will vary.
8. Answers will vary.

1. ¿Cuál es su primera clase del día?
2. ¿Es la clase de historia antes o después del almuerzo?
3. Si la clase de biología de Carmen María empieza ahora, ¿qué hora es?
4. ¿A qué hora es la clase de computadoras?
5. ¿Cuántas clases tiene Carmen María?
6. ¿A qué hora es tu clase de español?
7. ¿Hay clase de dibujo en tu horario? ¿A qué hora?
8. ¿Cuál es la última clase que tú tienes los viernes?

Mi última clase los viernes es la de música.

¡La práctica hace al maestro!

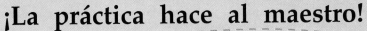

A. *La rutina diaria.* **Working in pairs
or small groups, discuss your daily routine
(*rutina diaria*) and your weekly schedule (*horario
de la semana*). You may wish to mention special events that occur at
various times during the year. Include in your discussion the names and
dates of specific holidays and celebrations, and why you like or dislike
each mentioned event.** Creative self-expression.

Creative writing
practice.

B. *A escribir.* **In Spanish write a short composition of eight to ten sentences
about yourself, answering the questions that follow. You may include any
additional information you choose, and you may make up any
information you wish:** *¿Cómo te llamas?; ¿cuántos
años tienes?; ¿cuándo es tu cumpleaños?; ¿quiénes
son los miembros de tu familia?; ¿cómo son?;
¿a qué colegio vas?; ¿qué asignaturas tienes?;
¿a qué hora empiezan tus clases?; ¿en qué
actividades tomas parte?; ¿qué haces
durante los fines de semana?*

Mi clase de computadoras
empieza a la una.

Functions:
- Comparing quantity, quality, age and size
- Referring to what has just happened
- Talking about the future
- Seeking and providing personal information
- Discussing schedules
- Talking about everyday activities

De compras en el supermercado

RODRIGO: Mira, estas naranjas son las mejores del supermercado. Vamos a llevarlas.

JAVIER: Sí, muy bien. Oye, Rodrigo, vamos a mirar. Parece que están mejores que los tomates del mercado.

RODRIGO: No, yo acabo de mirarlos y están peores.

JAVIER: Entonces, vamos a tener que comprarlos el fin de semana que viene porque hoy no tenemos más tiempo para ir a otro supermercado.

RODRIGO: Chico, el fin de semana que viene no puedo. Tengo que estudiar para mis exámenes.

JAVIER: Bueno, está bien. Yo vengo solo.

¿Qué comprendiste?

Additional questions: *¿Dónde están los muchachos?; ¿Qué hacen los muchachos?; ¿Qué le parece a Javier?; ¿Qué no puede hacer Rodrigo?*

1. ¿Quiénes están de compras en el supermercado?
2. ¿Qué fruta van a llevar los muchachos?
3. ¿Están los tomates del supermercado mejores que los tomates del mercado? ¿Cómo están?
4. ¿Quién acaba de mirar los tomates?
5. ¿Por qué no pueden comprar los tomates hoy?
6. ¿Qué tiene que hacer Rodrigo el fin de semana que viene?
7. ¿Con quién va a ir Javier el fin de semana que viene a comprar los tomates?

1. Rodrigo y Javier están de compras en el supermercado.
2. Van a llevar naranjas.
3. No. Los tomates del supermercado están peores que los tomates del mercado.
4. Rodrigo acaba de mirar los tomates.
5. No pueden comprarlos hoy porque no tienen más tiempo para ir a otro supermercado.
6. Tiene que estudiar para sus exámenes.
7. Va a ir solo.

A propósito

El presente para hablar del futuro

The present tense of a verb indicates what people are doing now or what people frequently do. In addition, the present tense of a verb may refer to the future.

*Mañana doña Marta **viene** a mi casa.*	Doña Marta **is coming** to my house tomorrow.
*Mañana **es** viernes.*	Tomorrow **is** Friday.
*¿**Estás** tú en casa mañana?*	**Will** you **be** home tomorrow?
*¿**Vamos** al mercado el domingo que viene?*	**Are** we **going** to the market this Sunday?

Vamos al mercado el domingo que viene.
(Oaxaca, México)

Charlando   Answers will vary.

1. ¿Cuándo vas a ir al supermercado?
2. ¿Adónde vas para comprar la comida?
3. ¿Con quién vas?
4. ¿Te gusta ir solo al supermercado?
5. ¿Tienes exámenes mañana?
6. ¿Qué haces el fin de semana que viene?

Additional questions: *¿Vas mucho al supermercado?; ¿Qué compras en el supermercado?; ¿Vas a ir al supermercado el fin de semana que viene?*

¿Vas al supermercado?

Repaso rápido: *acabar de/ir a* + infinitivo

It is possible to say what someone has just done recently by using the expression *acabar de* followed by an infinitive.

acabar de + infinitivo

Acabo de venir del mercado.

I just came (have just come) from the market.

Pedro **acaba de comprar** unos plátanos verdes.

Pedro **just bought (has just bought)** some green bananas.

Similarly, it is possible to say what is going to happen by using the expression *ir a* followed by an infinitive.

ir + a + infinitivo

¿Vamos a salir ahora?
No, **vamos a salir** a las dos.

Are we going to leave now?
No, **we are going to leave** at two.

1. **¿Qué acaban de hacer?** Haz oraciones completas para decir lo que las siguientes personas acaban de hacer, según las pistas.

   Modelo: tú/comprar/otros/discos compactos
   Acabas de comprar otros discos compactos.

   1. Gloria/ir/cine
   2. Uds./llegar/supermercado
   3. los estudiantes de música/tocar/piano
   4. yo/llamar/sobrina
   5. nosotros/hacer/tarea
   6. tú/escribir/carta

1. 1. Gloria acaba de ir al cine.
   2. (Uds.) Acaban de llegar del supermercado.
   3. Los estudiantes de música acaban de tocar el piano.
   4. Acabo de llamar a mi sobrina.
   5. Acabamos de hacer la tarea.
   6. Acabas de escribir una carta.

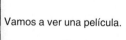

Acabo de empezar a estudiar.

Vamos a ver una película.

28

2. **¿Por qué van...?** Trabajando en parejas, alterna con tu compañero/a de clase en hacer y contestar preguntas, usando las indicaciones y las siguientes expresiones: *hace (mucho) calor/fresco/frío/mal (buen) tiempo/sol, llueve* o *nieva.*

Students may choose to ask questions that use other verb forms. Spot-check to be sure questions and answers make sense: *¿Por qué vas a tomar un refresco?/ Voy a tomar un refresco porque hace mucho calor.* Have students follow up the oral activity by asking them to write out the questions and answers to hand in for your review.

> **Modelo:** tomar un refresco
> **A:** ¿Por qué van a tomar un refresco?
> **B:** Vamos a tomar un refresco porque hace mucho calor.

1. llevar un paraguas
2. entrar a la casa
3. ir al parque
4. abrir las ventanas
5. usar botas

Voy a llevar un paraguas porque va a llover.

2. Possible answers:
1. ¿...van a llevar...?/Vamos a llevar...llueve.
2. ¿...van a entrar...?/Vamos a entrar...hace (mucho) frío.
3. ¿...van a ir...?/Vamos a ir...hace buen tiempo.
4. ¿...van a abrir...?/Vamos a abrir...hace (mucho) calor.
5. ¿...van a usar...?/Vamos a usar...nieva.

3. Pepita va a estar muy ocupada la semana que viene. Di qué va a hacer cada día, según el siguiente horario.

> **Modelo:** El lunes que viene va a ir al parque con sus amigas.

lunes	martes	miércoles	jueves	viernes	sábado	domingo
ir al parque con mis amigas	buscar un tocadiscos	tocar la guitarra en la clase de español	estudiar en la biblioteca para el examen de historia	cantar en la fiesta del colegio	ir al mercado con Carlos	comprar unos discos compactos

3. 1. El martes que viene va a buscar un tocadiscos.
2. El miércoles que viene va a tocar la guitarra en la clase de español.
3. El jueves que viene va a estudiar en la biblioteca para el examen de historia.
4. El viernes que viene va a cantar en la fiesta del colegio.
5. El sábado que viene va a ir al mercado con Carlos.
6. El domingo que viene va a comprar unos discos compactos.

4. Prepara tu horario para la semana que viene, usando el horario de Pepita como modelo (inventa la información si quieres). Luego, trabajando en parejas, alterna con tu compañero/a de clase en preguntar y contestar qué van a hacer, según sus horarios.

4. Creative self-expression.

> **Modelo:** **A:** ¿Qué vas a hacer el lunes que viene?
> **B:** Voy a comprar unos zapatos nuevos.

Repaso rápido: el comparativo y el superlativo

Use the following patterns when making comparisons in Spanish:

> **más/menos + noun/adjective/adverb + *que* + person/item**

*Hay **más/menos gente hoy que ayer.***
*Estos carros son **más pequeños que esos carros.***
*Puedo lavar los platos **más rápidamente que tú.***

> **tanto, -a, -os, -as + noun + *como* + person/item**

*No tengo **tanto dinero como tú.***

> ***tan* + adjective/adverb + *como* + person/item**

*Estas verduras no están **tan buenas como esas verduras.***
*Tú no puedes lavar las verduras **tan rápidamente como yo.***

> **verb + *tanto como* + person/item**

*Yo estoy **haciendo tanto como tú.***

Use the following patterns when singling out one person, group, object, group of objects or attribute as the best (most, least, and so on):

> **definite article (+ noun) + *más/menos* + adjective (+ *de* + person/item)**

*Mariluz es **la chica más alta (de la clase).***
*Mi cuarto es **el cuarto más grande (de la casa).***

> **verb + *lo* + *más/menos* + adverb + *posible***

*Debes llegar **lo más temprano posible.***

Hay más gente hoy
que ayer.

A propósito

El comparativo y el superlativo: un poco más

Some adjectives/adverbs may use these irregular forms:

adjetivo	forma comparativa	adverbio	forma comparativa
bueno,-a ➡	mejor	bien ➡	mejor
malo,-a ➡	peor	mal ➡	peor
grande ➡	mayor/más grande		
pequeño,-a ➡	menor/más pequeño,-a		
joven ➡	menor/más joven		
viejo,-a ➡	mayor/más viejo,-a		

*Ese carro es **bueno**, pero aquel carro es **mejor** y este carro es **el mejor** de todos.*

WB4, WA2

Este carro es el mejor de todos. (Buenos Aires, Argentina)

5. **En el supermercado. Haz oraciones completas, usando las indicaciones que se dan (*provided*).**

> **Modelo:** estos aguacates/ser/más grande/aquellos aguacates
> Estos aguacates son más grandes que aquellos aguacates.

1. las fresas/ser/más pequeño/las manzanas
2. no hay/tanto/frutas/verduras
3. aquellos plátanos/estar/tan maduro/estos plátanos
4. tú/no poder escoger las verduras tan rápidamente/yo
5. yo/estar comprando tanto/tú
6. estas lechugas/ser/la mejor de todo el mercado

5. 1. Las fresas son más pequeñas que las manzanas.
2. No hay tantas frutas como verduras.
3. Aquellos plátanos están tan maduros como estos plátanos.
4. Tú no puedes escoger las verduras tan rápidamente como yo.
5. Yo estoy comprando tanto como tú.
6. Estas lechugas son las mejores de todo el mercado.

6. **Los superlativos. Trabajando en parejas, alterna con tu compañero/a de clase en hacer y contestar preguntas, según las indicaciones que se dan.**   WB5

> **Modelo:** alto
> **A:** ¿Quién es la persona más alta de la clase?
> **B:** La persona más alta de la clase es (*name of the person*).

1. cómico
2. bajo
3. rubio
4. moreno
5. viejo
6. joven

6. Answers will vary.

A propósito

El comparativo y el superlativo (continuación)

The comparative forms of *pequeño* and *grande* become *menor* (lesser, smaller, fewer) and *mayor* (greater, larger) when referring to quantity.

*Hay un **menor número** de fresas **que** de uvas.*	There are **fewer (There is a lesser number of)** strawberries **than** grapes.

Use *menor* (younger) and *mayor* (older) to compare people's ages.

*Antonio es **mayor que** su amigo.*	Antonio is **older than** his friend.

However, forms of *más (menos) viejo/más (menos) joven* can be used when comparing two people who both are either old or young.

*Doña Marta es **más vieja que don Luis.***	Doña Marta is **older than don Luis.** (She is eighty years old and he is seventy-nine.)

In order to state that there are "fewer than" or "more than" the number of items indicated, use *menos de* or *más de* followed by a number.

*Veo **menos de/más de** cien carros.*	I see **fewer than/more than** one hundred cars.

¿Cuántos carros ves? (Buenos Aires, Argentina)

WB6

Interacción cooperativa: Activity 7 can be made oral by having students work in pairs asking and answering questions of one another, based upon the cues: *¿Quién es más alto, Gloria o Jorge?/Gloria es más alta que Jorge.*

7. **En la clase. Haz las siguientes comparaciones, usando las indicaciones que se dan.**

   Modelo: Gloria/más alto/Jorge
   Gloria es más alta que Jorge.

   1. María/menos bajo/Clara
   2. Antonio/más delgado/Ricardo
   3. los brazos de Marta/más corto/los brazos de Juanita
   4. las piernas de Rafael/menos largo/las piernas de Rodolfo
   5. las manos de Raquel/más pequeño/las manos de Carlos
   6. Antonio/mayor/Julia
   7. Angela/menor/Gabriela

7. 1. María es menos baja que Clara.
   2. Antonio es más delgado que Ricardo.
   3. Los brazos de Marta son más cortos que los brazos de Juanita.
   4. Las piernas de Rafael son menos largas que las piernas de Rodolfo.
   5. Las manos de Raquel son más pequeñas que las manos de Carlos.
   6. Antonio es mayor que Julia.
   7. Angela es menor que Gabriela.

8. **En tu clase. Usando como modelo la actividad anterior, haz seis comparaciones entre tus compañeros de clase.** 8. Creative self-expression.

¡La práctica hace al maestro!

A. *Una encuesta.* **Complete a survey in Spanish, asking other students in your class to name places where they are going to go during the next week. Limit your survey to four or five places. Then ask how each person is going to go to the named places. Use the model as a guide.** Creative self-expression.

Tell students to avoid any negative remarks about their classmates when preparing the comparisons: *Jorge es el muchacho más alto de la clase; Marta es tan inteligente como Alicia.*

Additional activity: Have students present the survey results orally to the class.

> **Modelo: A:** ¿Vas a ir al supermercado la semana que viene?
> **B:** Sí. Voy a ir al supermercado la semana que viene.
> **A:** ¿Cómo vas a ir?
> **B:** Voy a ir en carro.

B. *A escribir.* **Prepare a report about what you learned in your survey, summarizing where students are going to go and how they will arrive there. Compare which activities are more popular than others and which means of transportation are more popular. Include the number of students who are going to go to each place and how many people are going to use each of the various means of transportation. Conclude your report by stating which is the most popular means of transportation** (*el medio de transporte más popular*) **and the least popular means of transportation** (*el medio de transporte menos popular*). **Finally, compare your results with your classmates' results.**

Creative writing practice.

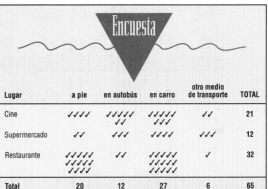

Encuesta

Lugar	a pie	en autobús	en carro	otro medio de transporte	TOTAL
Cine	✓✓✓✓	✓✓✓✓✓ ✓✓	✓✓✓✓✓ ✓✓✓	✓✓	21
Supermercado	✓✓	✓✓✓	✓✓✓✓	✓✓✓	12
Restaurante	✓✓✓✓✓ ✓✓✓✓✓ ✓✓✓	✓✓	✓✓✓✓✓ ✓✓✓✓✓ ✓✓✓✓✓	✓	32
Total	20	12	27	6	65

¿Es la motocicleta el medio de transporte más popular donde vives?

Functions:
- Seeking and providing personal information
- Talking about everyday activities
- Discussing schedules
- Stating what is happening right now
- Talking about the future

Estoy estudiando ahora, pero....

LA1

PAULA: ¿Qué haces hoy, Diana?

DIANA: Ahora estoy estudiando. Voy a tener un examen de español mañana, y tengo que estudiar.

PAULA: ¿Quieres ir conmigo al cine después? Quiero ver la película nueva en el Cinema Centro.

DIANA: Lo siento, Paula. Voy a estudiar toda la tarde y, luego, mi familia y yo vamos a la casa de mis abuelos a comer.

PAULA: Estudias demasiado. ¡Nunca hacemos nada juntas!

DIANA: Podemos ir al cine el martes o el miércoles que viene. ¿Qué crees?

¿Qué comprendiste?

1. ¿Qué está haciendo Diana cuando Paula llama?
2. ¿Qué hace Diana hoy?
3. ¿Qué quiere hacer Paula? ¿Dónde?
4. ¿Qué dice Paula que las dos amigas no hacen nunca?
5. ¿Qué contesta Diana?

1. Está estudiando.
2. Estudia para un examen y va con su familia a comer a la casa de sus abuelos.
3. Quiere ir a ver la película nueva en el Cinema Centro.
4. Dice que nunca hacen nada juntas.
5. Dice que pueden ir al cine el martes o el miércoles que viene.

Additional questions: *¿Qué están haciendo Paula y Diana?; ¿Qué tiene que hacer Diana? ¿Por qué?; ¿Por cuánto tiempo va a estudiar Diana?; ¿Qué dice Paula que Diana hace demasiado?*

Charlando

1. ¿Qué estás haciendo ahora?   Answers will vary.
2. ¿Tienes días cuando no puedes salir para hacer algo con tus amigos? ¿Qué les dices?
3. ¿Qué piensas de la solución que le da Diana a su amiga?
4. Cuando haces planes, ¿piensas primero si tienes algo para estudiar? Explica.

Repaso rápido: el presente progresivo

WB1, WB2, WB3, WB4, WA1, WA2, LA2

In Spanish the present progressive tense is used to indicate what is happening at this very moment. It is formed by combining the present tense of *estar* and the present participle (*gerundio*) of a verb: *estoy estudiando, estás comiendo, está viviendo.*

> **estar + gerundio**

The present participle of most Spanish verbs is formed by replacing the infinitive ending *-ar* with *-ando* and by replacing the infinitive endings *-er* or *-ir* with *-iendo.*

-ar	*-er*	*-ir*
estudiar ➡ *estudiando*	*comer* ➡ *comiendo*	*vivir* ➡ *viviendo*

Some stem-changing verbs require a different change in the present participle. This change is indicated by the second letter or set of letters shown in parentheses after infinitives in this book.

¿En qué está pensando Margarita?

verbo	*presente*	*gerundio*
dormir (ue, u)	*duermo*	*durmiendo*
sentir (ie, i)	*siento*	*sintiendo*

but:

pensar (ie)	*pienso*	*pensando*
volver (ue)	*vuelvo*	*volviendo*

The following are some irregular present participles:

decir	➡	*diciendo*	*poder* ➡	*pudiendo*
leer	➡	*leyendo*	*traer* ➡	*trayendo*
oír	➡	*oyendo*	*venir* ➡	*viniendo*

1. **Por teléfono.** Imagina que estás hablando por teléfono con tu amigo/a. Trabajando en parejas, alterna con tu compañero/a de clase en preguntar y contestar lo que están haciendo, según las pistas.

> **Modelo:** oír la radio
> **A:** ¿Qué estás haciendo?
> **B:** Estoy oyendo la radio.

1. 1. ...leyendo....
   2. ...comiendo....
   3. ...viendo....
   4. ...estudiando....
   5. ...pensando....

1. leer el periódico
2. comer una ensalada de frutas
3. ver televisión
4. estudiar para el examen de mañana
5. pensar en mis planes para las vacaciones

Estoy oyendo la radio.

2. **Todos hacen algo.** Haz oraciones completas para decir qué están haciendo las personas en las ilustraciones.

2. Possible answers:
1. Está leyendo un libro/estudiando.
2. Están viendo televisión.
3. Está jugando al ajedrez.
4. Está cantando.
5. Están bailando.
6. Estamos saliendo/diciendo "adiós".

> **Modelo:**  Está estudiando.
>
> Diana

Paula
1.

Pepe y Juan
2.

Francisco
3.

Silvia
4.

Mónica y Luis
5.

Adiós. Adiós.

nosotros
6.

3. **¡A escribir!** Escribe siete oraciones completas, combinando palabras de cada una de las tres columnas y usando el presente progresivo. Usa cada verbo una vez.

3. Answers will vary.

Modelo: La señorita García está leyendo un periódico.

A	B	C
tú	leer	de la cafetería
la señorita García	contestar	en español
Pepita	jugar	un periódico
yo	escribir	en la pizarra
los chicos	salir	al béisbol
nosotros	poner	el televisor
Uds.	pensar	el teléfono
Carlos	hablar	comprar un televisor

¿Qué están haciendo?

4. **Aló.** Trabajando en parejas, alterna con tu compañero/a de clase en tratar de hablar por teléfono con las siguientes personas.

Modelo:

Carmen

A: Hola. ¿Puedo hablar con Carmen, por favor?

B: Lo siento. Carmen está durmiendo ahora.

4. Possible answers:
1. ¿...Diego,...?/...está arreglando su carro ahora.
2. ¿...Clara,...?/...está nadando en la piscina ahora.
3. ¿...tu padre o tu madre,...?/...están caminando en el parque ahora.
4. ¿...tu hermana,...?/...está estudiando ahora.

1. Diego

2. Clara

3. tu padre o tu madre

4. tu hermana

5. **Un domingo.** Trabajando en parejas, alterna con tu compañero/a de clase en decir qué hace cada uno a diferentes horas del día durante un domingo.

Modelo: **A:** A las siete de la mañana estoy durmiendo, a las nueve y media estoy comiendo....

B: A las seis de la mañana estoy durmiendo, a las siete y cuarto estoy corriendo.... 5. Creative self-expression.

Ellas están corriendo en el Parque de Chapultepec.

Muchas veces los domingos estamos comiendo a las dos de la tarde. (San Diego, California)

Repaso rápido: la palabra *a*

In Spanish some infinitives may be used immediately after another verb. However, an untranslatable *a* must be used before infinitives that follow most verbs of motion, such as *ir, salir, venir* and *volver*, and after the verbs *aprender, ayudar, empezar* and *enseñar*.

¿Quieres ir de compras? — Do you want to go shopping?
Lo siento, pero no puedo ir ahora. — I am sorry, but I cannot go now.

but:

Voy a tener un examen. — I am going to have a test.
Estamos aprendiendo a hablar español. — We are learning to speak Spanish.

The word *a* is also required after a verb and before a direct object (*objeto directo*) when the direct object is a person. (The verb *tener* is an exception.)

personas
Veo a mis padres.
Está contestando a la profesora.

objetos
Veo la televisión.
Está contestando la pregunta.

but:

Tengo una hermana.

Tengo un televisor.

Estamos aprendiendo a hablar español.

6. **En el colegio. Di qué están haciendo ahora algunas personas en tu colegio. Haz oraciones completas en el presente progresivo, usando las pistas que se dan. Sigue el modelo.**

> **Modelo:** ellos/venir/estudiar conmigo
> (Ellos) Están viniendo a estudiar conmigo.

1. yo/aprender/hablar español
2. mis amigas/me/ayudar/escribir un informe
3. tú/salir/comprar un cuaderno y un bolígrafo
4. nosotros/empezar/comprender y hablar bien el español
5. el profesor/nos/enseñar/leer rápidamente

6. 1. (Yo) Estoy aprendiendo a hablar....
   2. Mis amigas me están ayudando a escribir....
   3. (Tú) Estás saliendo a comprar....
   4. (Nosotros) Estamos empezando a comprender y a hablar....
   5. El profesor nos está enseñando a leer....

7. **¿Qué están haciendo? Contesta las siguientes preguntas, usando las pistas entre paréntesis.**

> **Modelos:** ¿Qué están haciendo Uds.? (buscar/nuestros libros)
> Estamos buscando nuestros libros.
>
> ¿Qué está haciendo ella? (empezar/preparar la comida)
> Está empezando a preparar la comida.

1. ¿Qué están haciendo ellos? (llevar/sus hijos al colegio)
2. ¿Qué está haciendo Tomás? (hacer/la tarea)
3. ¿Qué estás haciendo? (ayudar/mis padres)
4. ¿Qué están haciendo Uds.? (empezar/estudiar)
5. ¿Qué está haciendo Ud.? (salir/jugar al parque)
6. ¿Qué están haciendo los chicos? (dormir/bien)

¿Qué están
haciendo Uds.?

7. 1. Están llevando a sus hijos al colegio.
    2. Está haciendo la tarea.
    3. Estoy ayudando a mis padres.
    4. Estamos empezando a estudiar.
    5. Estoy saliendo a jugar al parque.
    6. Están durmiendo bien.

8. **Un día típico de familia. Describe lo que están haciendo las personas en la ilustración.**   8. Creative self-expression.

¡La práctica hace al maestro!

A. *Invitaciones.* Working in pairs,
prepare a telephone conversation. Ask what
your partner is doing. The person must answer,
making up an appropriate activity. Next, even though your partner
already has plans, invite him/her to do something. Your partner should
refuse the invitation and must suggest another time when he/she can go
with you to do the activity.

> **Modelo:** **A:** ¿Qué estás haciendo?   Creative self-expression.
> **B:** Estoy estudiando química.
> **A:** ¿Puedes ir al cine a las ocho?
> **B:** No, no puedo ir hoy, pero el sábado puedo ir.

Miguel y Amalia están buscando
un libro en la biblioteca.

B. *A escribir.* Write a letter to a relative
(your grandfather or grandmother, for
example) telling what each member of
your family is doing right now
(including any pets). Be sure to use the
present progressive tense in your letter.
Make up any of the information you
wish.   Creative writing practice.

Mi perro está
jugando en mi
cuarto.

41

Functions:
- Talking about the past
- Talking about everyday activities
- Talking about family and friends
- Using the numbers 0-999,999
- Telling time
- Discussing schedules
- Seeking and providing personal information
- Talking about dates and special days

¿Qué hiciste el verano pasado?

Pilar

Estudié matemáticas en la universidad.

Ricardo

Trabajé en un restaurante vegetariano.

Luis

Mis padres, mi hermana y yo fuimos a Costa Rica.

Rosa

Leí veinticinco libros.

¿Qué comprendiste?

Additional questions: *¿Qué estudió Pilar el verano pasado?; ¿Dónde trabajo Ricardo?; ¿Quiénes fueron a Costa Rica?; ¿Cuántos libros leyó Rosa?*

1. ¿Qué hizo Pilar durante el verano pasado?
2. ¿Qué dice Ricardo que hizo?
3. ¿Qué hicieron Luis y su familia?
4. ¿Qué hizo Rosa?
5. ¿Qué hiciste tú?

1. Pilar estudió matemáticas en la universidad.
2. Ricardo dice que trabajó en un restaurante vegetariano.
3. Ellos fueron a Costa Rica.
4. Rosa leyó veinticinco libros.
5. Answers will vary.

WB1, WA1, LA1

Repaso rápido: el pretérito

Verbos regulares

hablar: habl**é**, habl**aste**, habl**ó**, habl**amos**, habl**asteis**, habl**aron**
comer: com**í**, com**iste**, com**ió**, com**imos**, com**isteis**, com**ieron**
vivir: viv**í**, viv**iste**, viv**ió**, viv**imos**, viv**isteis**, viv**ieron**

1. **Una fiesta.** Gaspar invitó a algunos amigos a una fiesta. Escribe oraciones completas para decir qué hicieron todos en la fiesta, usando las siguientes pistas. Añade las palabras que sean *(are)* necesarias.

For additional oral practice, have students do the activity in pairs, asking and answering questions based upon the cues.

Todos bailaron.

> **Modelo:** yo/arreglar/casa/5:15
> Yo arreglé la casa a las cinco y cuarto.

1. amigos/llegar/8:30
2. tú/preparar/refrescos
3. Jaime/tocar/guitarra
4. Luisa y Elena/tocar/piano
5. todos/cantar/canciones/popular
6. Sancho y Maritza/bailar

1. 1. Los amigos llegaron a las ocho y media.
   2. Tú preparaste refrescos.
   3. Jaime tocó la guitarra.
   4. Luisa y Elena tocaron el piano.
   5. Todos cantaron (cantamos) canciones populares.
   6. Sancho y Maritza bailaron.

2. **La fiesta de Pilar.** Pilar celebró sus quince años con una fiesta. Usando las siguientes pistas, describe lo que pasó. Recuerda poner los verbos en el tiempo pretérito y añadir las palabras que sean necesarias.

> **Modelo:** ayer/Pilar/celebrar/cumpleaños/quince/años
> Ayer Pilar celebró su cumpleaños de los quince años.

1. Pilar/recibir/amigos/cuando/ellos/llegar
2. yo/hablar/parientes/Pilar/en/fiesta
3. nosotros/comer mucho/y muchas personas/bailar
4. Pilar/abrir/muchos regalos
5. fiesta/terminar/cinco

2. 1. Pilar recibió a sus amigos cuando (ellos) llegaron.
   2. Yo hablé con los parientes de Pilar en la fiesta.
   3. Comimos mucho y muchas personas bailaron.
   4. Pilar abrió muchos regalos.
   5. La fiesta terminó a las cinco.

3. **El fin de semana pasado.** Trabajando en parejas, alterna con tu compañero/a de clase en decir el uno al otro cinco actividades que hicieron durante el fin de semana pasado. Puedes inventar la información, si quieres.

3. Creative self-expression.

> **Modelo:** El fin de semana pasado hablé con mis amigos por teléfono, preparé la comida, limpié mi cuarto, escribí una carta y alquilé una película.

El fin de semana pasado alquilé una película cómica.

Repaso rápido: más sobre el pretérito

Verbos con cambios radicales

sentir (ie, i): sentí, sentiste, sintió, sentimos, sentisteis, sintieron
dormir (ue, u): dormí, dormiste, durmió, dormimos, dormisteis,
  durmieron
pedir (i, i): pedí, pediste, pidió, pedimos, pedisteis, pidieron

Verbos con cambios ortográficos

buscar: **busqué,** buscaste, buscó, buscamos, buscasteis, buscaron
llegar: **llegué,** llegaste, llegó, llegamos, llegasteis, llegaron
empezar: **empecé,** empezaste, empezó, empezamos, empezasteis,
  empezaron

Verbos irregulares

dar: di, diste, dio, dimos, disteis, dieron
decir: dije, dijiste, dijo, dijimos, dijisteis, dijeron
estar: estuve, estuviste, estuvo, estuvimos, estuvisteis, estuvieron
hacer: hice, hiciste, hizo, hicimos, hicisteis, hicieron
ir: fui, fuiste, fue, fuimos, fuisteis, fueron
ser: fui, fuiste, fue, fuimos, fuisteis, fueron
tener: tuve, tuviste, tuvo, tuvimos, tuvisteis, tuvieron
ver: vi, viste, vio, vimos, visteis, vieron

Review with
students the
irregularities in
the forms of *leer
(leí, leíste, leyó,
leímos, leísteis,
leyeron)* and *oír
(oír: oí, oíste, oyó,
oímos, oísteis,
oyeron).*

IGUALADA 17
LLEIDA 109
MADRID 575

4. **Más acerca de la fiesta. Estas oraciones hablan de la fiesta de Pilar, pero están
   escritas en el tiempo presente. Cámbialas** (*Change them*) **al tiempo pretérito.**

   Modelo: Los papás de Pilar le *dan* una fiesta.
   Los papás de Pilar le *dieron* una fiesta.

4. 1. fue
   2. Vimos
   3. fueron
   4. dijeron/
      estuvo
   5. estuvieron
   6. Hicimos/
      comimos
   7. diste

   1. La fiesta *es* en casa de su tía.
   2. *Vemos* a Antonio y a Marta en la fiesta.
   3. Jorge y Pedro *van* con sus tías.
   4. Todos *dicen* que Pilar *está* muy bonita.
   5. Muchos parientes de Pilar *están* en la fiesta.
   6. *Hacemos* muchas cosas y *comemos* mucho también.
   7. Tú le *das* a Pilar un regalo muy bonito.

La fiesta fue en
esa casa.

Comimos en este restaurante.

Additional
activity: Call on a
student to tell what
he/she did last
summer (*¿Qué
hiciste el verano
pasado?*). Then
have that student
call on a classmate
to answer the same
question. Call on
enough students to
give students
sufficient opportu-
nities to hear
several preterite
tense verbs
conjugated
correctly in the first
person.

5. En un restaurante. Haz oraciones en el pasado para decir lo que les pasó ayer a las siguientes personas en el restaurante Bocallena.

> **Modelo:** entrar/en el restaurante (todos nosotros)
>
> Todos (nosotros) entramos en el restaurante.

1. leer/el menú (yo)
2. no darnos/agua (ellos)
3. me parecer/caliente (la sopa)
4. pedir/mantequilla/pan (mi mamá)
5. no ver/huevos/menú (nosotros)
6. no tener/ensalada de frutas (ellos)
7. tener que/pagar 200 pesos (tú)
8. tomar/su café/azúcar (mis abuelos)

5. 1. (Yo) Leí el menú.
   2. (Ellos) No nos dieron agua.
   3. La sopa me pareció caliente.
   4. Mi mamá pidió mantequilla para el pan.
   5. (Nosotros) No vimos huevos en el menú.
   6. (Ellos) No tuvieron ensalada de frutas.
   7. (Tú) Tuviste que pagar doscientos pesos.
   8. Mis abuelos tomaron su café con azúcar.

¿Viste algo que te gustaría pedir?

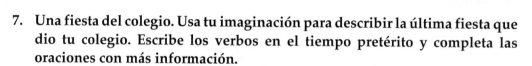

6. **Una investigación.** Un detective está haciendo una investigación en tu colegio por algo que pasó ayer. Contesta sus preguntas.

> **Modelo:** ¿A qué hora fuiste ayer para hablar con tu profesor de español?
> Fui a las nueve y media.

6. Answers will vary.

1. ¿Qué hiciste ayer a las siete de la mañana?
2. ¿A qué hora llegaste ayer al colegio?
3. ¿A qué hora llegó ayer al colegio tu mejor amigo/a?
4. ¿A qué hora tuvieron la clase de español ayer?
5. ¿Adónde fuiste ayer después de clases?
6. ¿Con quién estuviste ayer a la hora del almuerzo?
7. ¿Alguien te pidió ayer algo prestado? ¿Quién y qué?

¿Qué hizo Ud. ayer al mediodía?

7. **Una fiesta del colegio.** Usa tu imaginación para describir la última fiesta que dio tu colegio. Escribe los verbos en el tiempo pretérito y completa las oraciones con más información.

> **Modelo:** El colegio *dar* una fiesta....
> El colegio *dio* una fiesta fantástica para los estudiantes.

7. Possible answers:
1. ...fueron (a la fiesta).
2. ...comimos (mucho).
3. ...oímos (mucha música).
4. ...tocaron, fue (muy buena).
5. ...dijeron que (la fiesta fue divertida).
6. ...bailaron (muy bien).
7. ...salimos (para la casa).
8. ...llegué a mi casa (a la medianoche).

1. Muchos estudiantes *ir*....
2. En la fiesta nosotros *comer*....
3. Nosotros también *oír*....
4. La música que ellos *tocar*, *ser*....
5. Todos *decir* que....
6. Los profesores *bailar*....
7. A las once y media nosotros *salir*....
8. Yo *llegar* a mi casa....

Muchos estudiantes fueron a la fiesta.

8. **Una mujer misteriosa.** La familia de Julián está vendiendo su casa. Una mujer misteriosa vino *(came)* ayer para verla. Di lo que pasó, completando el siguiente párrafo con la forma apropiada del pretérito de los verbos entre paréntesis.

Una mujer 1. *(leer)* que vendemos nuestra casa. Ella 2. *(llegar)* a la casa y 3. *(caminar)* por todos los cuartos de la planta baja. 4. *(Hacer)* lo mismo por los cuartos del primer piso. 5. *(Decir)* que le gustaría tener una semana para pensar. Nosotros le 6. *(decir)* que muy bien. Luego, ella nos 7. *(contar)* que no 8. *(dormir)* muy bien la noche anterior. Mi mamá le 9. *(dar)* un café. Nos 10. *(preguntar)* si muchas personas 11. *(ver)* la casa ayer. Nosotros le 12. *(decir)* que algunas. Luego, ella 13. *(pensar)* por un segundo y 14. *(salir)* de la casa sin decir nada.

8. 1. leyó
   2. llegó
   3. caminó
   4. Hizo
   5. Dijo
   6. dijimos
   7. contó
   8. durmió
   9. dio
   10. preguntó
   11. vieron
   12. dijimos
   13. pensó
   14. salió

Repaso rápido: afirmativos y negativos

In Spanish it is possible to use two negatives in one sentence. Often *no* is used before the verb and another negative expression follows the verb. How many of the following do you recognize?

Expresiones afirmativas	Expresiones negativas
sí	no
algo	nada
alguien	nadie
siempre	nunca
también	tampoco
ya	todavía no
todavía	ya no

No hay nadie en este cuarto.

Note that *nada, nadie, nunca* and *tampoco* may precede the verb, and *no* may be omitted. However, when these words follow the verb, another negative is needed before the verb.

> *Nunca voy a la Plaza Paitilla.*

but:

> *No voy a la Plaza Paitilla nunca.*
> *No voy nunca a la Plaza Paitilla.*

¿Ves a alguien en este centro comercial?

Todavía is sometimes used at the beginning or at the end of a negative sentence when it is the equivalent of **yet.** When used without a verb, *todavía* must be used with the word *no,* which most commonly occurs after *todavía.*

> *Todavía no lo venden.*
> *Todavía no.*

➡ *No lo venden todavía.*

9. **De pocas palabras. A veces una persona no tiene ganas de hablar mucho. Trabajando en parejas, alterna con tu compañero/a de clase en preguntar y contestar en forma negativa las siguientes preguntas, usando** *nada, nadie, no, nunca* **o** *tampoco.*

> **Modelo: A:** ¿Quién te pidió prestado dinero la semana pasada?
> **B:** Nadie.

1. ¿Cuándo vas a comprarte un sombrero rosado?
2. ¿Qué le quieres dar a tu amigo/a de cumpleaños?
3. ¿Quién te llamó el sábado por la noche?
4. Yo no fui al centro anteayer. ¿Y tú?
5. ¿Ya alquilaste tu traje para la fiesta del colegio?
6. ¿Cuándo mientes a tus amigos?
7. ¿Qué compraste ayer?
8. ¿Ya cumpliste años?

9. 1. Nunca.
2. Nada.
3. Nadie.
4. Tampoco.
5. No.
6. Nunca.
7. Nada.
8. No.

10. **De otra forma. Repite con tu compañero/a la actividad anterior, pero ahora usando negativos dobles.**

> **Modelo: A:** ¿Quién te pidió prestado dinero la semana pasada?
> **B:** Nadie me pidió prestado nada.

10. 1. No voy a comprarme nunca un sombrero rosado.
2. No le quiero dar nada de cumpleaños.
3. No me llamó nadie.
4. No fui tampoco.
5. Todavía no.
6. No les miento nunca.
7. No compré nada.
8. Todavía no.

Nadie me pidió prestado nada.

Nunca vi esa casa grande cuando fui a Chiapas, México.

11. En la casa de Carlos. Algo pasa en la casa de Carlos cuando él y su amigo comen en el comedor. Completa el diálogo entre Carlos y Saúl para saber qué pasa, escogiendo las palabras apropiadas.

11. 1. alguien
2. nadie
3. siempre
4. nadie
5. también
6. algo
7. Todavía
8. algo
9. Siempre

CARLOS: Creo que hay 1. *(nada/alguien)* en el otro cuarto. ¿Quién es?

SAUL: No, no hay 2. *(algo/nadie)*. Creo que tú 3. *(siempre/nunca)* oyes cosas que 4. *(nada/nadie)* más oye. *(Saúl oye algo en el otro cuarto)* ¿Qué fue eso?

CARLOS: Sí, ves. Ahora 5. *(tampoco/también)* oyes lo que yo oigo.

SAUL: Bueno, voy a ver qué es.

CARLOS: Ay, Saúl, ¿te puedo decir 6. *(alguien/algo)*?

SAUL: 7. *(Todavía/Ya)* no. Primero debo mirar qué pasa en el otro cuarto.

CARLOS: ¡Pero es 8. *(alguien/algo)* importante!

SAUL: Bueno, ¿qué?

CARLOS: Yo sé quién está en el otro cuarto.

SAUL: ¿Quién?

CARLOS: Es mi perro. 9. *(Siempre/Todavía)* le gusta jugar.

SAUL: ¡Ay, qué bueno!

¡La práctica hace al maestro!

A. *En resumen.* With a classmate, create a
dialog using negative and affirmative
expressions and the preterite tense to talk about what you both did last
summer. Each person should prepare four to six sentences. Be as creative
as possible. Practice your dialog and then present it in class.

WB6

Creative self-expression.

Yo di un paseo grande en bicicleta
el verano pasado.

Esquié todos los fines de
semana el verano pasado.

B. *A escribir.* Write a composition of at least eight sentences stating what
members of your family, your friends and you did during a typical
weekend last year. A sample sentence has been provided for you. Be as
specific as possible, including places, times, people involved and events.

Additional activity:
Have several students
read their composi-
tions aloud to the
class.

Modelo: El sábado mi hermana salió con su amigo, David.

Creative writing practice.

Functions:
- Seeking and providing personal information
- Talking about everyday activities
- Talking about family and friends
- Talking about the future
- Referring to what has just happened
- Discussing schedules
- Stating what is happening right now
- Talking about dates and special days
- Talking about the past

LA1

¿Me pueden ayudar?

PABLO: Oigan, me pueden ayudar a arreglar mi casa. Mis padres llegan mañana de sus vacaciones y quiero tener la casa muy limpia.

TERESA: Claro que te ayudamos, ¿verdad, Isabel?

ISABEL: Sí, claro.

TERESA: Pero, si tú nos preparas algo de comer.

PABLO: Con gusto. Tengo una receta que les va a gustar.

ISABEL: Bueno, ¿qué debemos hacer?

PABLO: Tú me puedes ayudar a barrer la cocina, y Teresa, tú me puedes pasar la aspiradora por la sala. Yo acabo de recoger la ropa en mi cuarto y ahora voy a limpiar las ventanas.

¿Qué comprendiste?

Additional questions: *¿Qué quiere Pablo?; ¿Qué tiene que hacer Pablo?; ¿Qué les va a gustar a las chicas?*

1. ¿Qué quiere Pablo de Isabel y Teresa?
2. ¿Dónde están los padres de Pablo?
3. ¿Qué debe hacer Pablo para conseguir la ayuda de las chicas?
4. ¿Quién va a pasar la aspiradora por la sala?
5. ¿Quién le va a barrer la cocina a Pablo?

1. Quiere la ayuda de Isabel y Teresa para arreglar su casa.
2. Los padres de Pablo están de vacaciones.
3. Debe prepararles algo de comer.
4. Teresa va a pasar la aspiradora por la sala.
5. Isabel le va a barrer la cocina a Pablo.

Charlando   Answers will vary.

1. ¿Ayudas con los quehaceres de tu casa?
2. Si una persona te pide ayuda, ¿tú siempre la ayudas? Explica.
3. ¿A quién pides ayuda? ¿Cuándo?
4. ¿Cuál es la receta que más te gusta? ¿Por qué?

¿Qué quehaceres
haces tú en tu casa?

Repaso rápido: el complemento directo

A direct object is the person or thing that receives the action of the verb directly and answers the question **whom?** or **what?**

| Laura sees **whom?** | They see **what?** |
| Laura sees **her.** | They see **the pot.** |

los pronombres de complemento directo

me	*me*	nos	*us*
te	*you* (tú)	os	*you* (vosotros,-as)
lo	*him, it, you* (Ud.)	los	*them, you* (Uds.)
la	*her, it, you* (Ud.)	las	*them, you* (Uds.)

¿**Me** enseñas?	**Nos** prefieren.
Te llamo temprano.	**Os** comprendo.
Lo aprendo. (el español)	**Los** empiezo. (los libros)
La recuerdo. (a ella)	**Las** copio. (las tareas)

WB1, WA1, LA2

You may choose to expand the explanation of this grammar point by noting the following: A direct object pronoun is sometimes used instead of a noun to refer to the direct object. The direct object pronouns usually precede the conjugated form of the verb, and any negative expressions are placed before the object pronouns. In addition, since both objects and people may be either masculine or feminine, some direct object pronouns have different masculine and feminine forms: *La veo* (I see **her/it**); *Lo veo* (I see **him/it**).

1. **¿Qué hago ahora?** Las chicas le preguntan a Pablo qué más pueden hacer. Completa las siguientes oraciones, para decir lo que ellas van a hacer, usando los pronombres de complemento directo. Sigue el modelo.

   Modelo: ¿La sala? <u>La</u> voy a arreglar.

   1. ¿La mesa? <u>(1)</u> voy a recoger.
   2. ¿Las ollas? <u>(2)</u> voy a lavar.
   3. ¿El mantel? <u>(3)</u> voy a poner en la mesa.
   4. ¿La ropa? <u>(4)</u> voy a colgar.
   5. ¿Los pisos? <u>(5)</u> voy a limpiar.
   6. ¿Los platos? <u>(6)</u> voy a poner en su lugar.
   7. ¿Las camas? <u>(7)</u> voy a hacer.
   8. ¿La basura? <u>(8)</u> voy a sacar.

1. 1. La
   2. Las
   3. Lo
   4. La
   5. Los
   6. Los
   7. Las
   8. La

¿Los pisos? Ya los limpié.

2. **En el comedor.** Trabajando en parejas, alterna con tu compañero/a de clase en preguntar y contestar si ven o no las siguientes cosas en la ilustración, usando *lo, la, los* o *las.*

> **Modelos:** **A:** ¿Ves el abrigo?
> **B:** No, no lo veo.
>
> **B:** ¿Ves las ventanas?
> **A:** Sí, las veo.

2. 1. No, no la veo.
   2. Sí, las veo.
   3. No, no lo veo.
   4. Sí, la veo.
   5. Sí, las veo.
   6. Sí, lo veo.
   7. No, no las veo.
   8. Sí, los veo.
   9. No, no los veo.

1. ¿Ves la olla?
2. ¿Ves las servilletas?
3. ¿Ves el escritorio?
4. ¿Ves la mesa?
5. ¿Ves las sillas?

6. ¿Ves el reloj?
7. ¿Ves las cucharas?
8. ¿Ves los tenedores?
9. ¿Ves los cuchillos?

3. 1. me
   2. te
   3. te
   4. nos
   5. me
   6. lo

3. **Pablo pide ayuda.** Pablo prometió preparar algo para las chicas por su ayuda. Ahora él quiere la ayuda de su amigo, Juan, para preparar su receta. Completa el diálogo, usando los pronombres de complemento directo apropiados.

PABLO: Oye, Juan, ¿__(1)__ puedes ayudar a preparar una receta?

JUAN: ¿Cuándo __(2)__ puedo ayudar?

PABLO: Mañana por la noche, si es posible.

JUAN: Mañana por la noche no __(3)__ puedo ayudar. Mis padres y yo vamos a salir. Mi tía __(4)__ invitó a los tres a comer. Tú __(5)__ comprendes, ¿verdad?

PABLO: Sí, claro. ¿Qué te parece si __(6)__ hacemos pasado mañana?

JUAN: Me parece perfecto. ¡Adiós!

A propósito

Más sobre el complemento directo

Direct object pronouns usually precede conjugated verbs, but also may be attached to an infinitive or a present participle. However, it is then necessary to add an accent mark to the present participle in order to maintain the original stress of the present participle.

La *voy a terminar. (la tarea)*	➡ *Voy a terminar***la**.
Lo *quisiera ver. (a José)*	➡ *Quisiera ver***lo**.
Los *puedo llamar. (a ellos)*	➡ *Puedo llamar***los**.
¿**Lo** *estás dibujando? (el mapa)*	➡ ¿*Estás dibuján*d**olo**?
Lo *estamos leyendo. (el informe)*	➡ *Estamos leyén*d**olo**.
La *estoy terminando. (la lección)*	➡ *Estoy terminán*d**ola**.

¿Quisieras verme?

4. **¿Cuándo? Siempre hay muchas cosas por hacer. Contesta las siguientes preguntas, usando las pistas y cambiando (*changing*) los sustantivos a pronombres. Sigue el modelo.**

> **Modelo:** ¿Cuándo vas a lavar tu carro? (esta tarde)
> Lo voy a lavar esta tarde.

1. ¿Cuándo vas a arreglar tu cuarto? (el sábado)
2. ¿Cuándo vas a ver a tus amigos? (mañana)
3. ¿Cuándo vas a preparar la comida? (en una hora)
4. ¿Cuándo vas a sacar la basura? (esta noche)
5. ¿Cuándo vas a lavar los pantalones? (el fin de semana)
6. ¿Cuándo vas a llamar a tus amigas? (ahora mismo)

4.
1. Lo voy a arreglar el sábado.
2. Los voy a ver mañana.
3. La voy a preparar en una hora.
4. La voy a sacar esta noche.
5. Los voy a lavar el fin de semana.
6. Las voy a llamar ahora mismo.

5. **Otra vez. Haz la actividad anterior otra vez, cambiando (*changing*) la posición del objeto directo.**

> **Modelo:** ¿Cuándo vas a lavar tu carro? (esta tarde)
> Voy a lavarlo esta tarde.

5.
1. Voy a arreglarlo el sábado.
2. Voy a verlos mañana.
3. Voy a prepararla en una hora.
4. Voy a sacarla esta noche.
5. Voy a lavarlos el fin de semana.
6. Voy a llamarlas ahora mismo.

¿El carro? Lo está lavando ahora mismo.

6. **¿Qué están haciendo? Tus padres siempre preguntan qué están haciendo tú y otros miembros de la familia. Alterna con tu compañero/a de clase en hacer y contestar preguntas. Sigue el modelo.**

> **Modelo:** tu prima/sacar la basura
> **A:** ¿Está tu prima sacando la basura?
> **B:** Sí, (No, no) está sacándola.

1. tu hermano/pasar la aspiradora en su cuarto
2. tu tía/lavar los platos
3. tu tío/comprar el periódico
4. tus hermanas/poner la mesa
5. tus abuelos/buscar el pan
6. tú/barrer la cocina

6. 1. ¿Está...pasando...?/...está pasándola.
   2. ¿Está...lavando...?/...está lavándolos.
   3. ¿Está...comprando...?/...está comprándolo.
   4. ¿Están...poniendo...?/...están poniéndola.
   5. ¿Están...buscando...?/...están buscándolo.
   6. ¿Estás...barriendo...?/...estoy barriéndola.

WB4, WB5, LA3

For students who are having difficulty, explain the following: Sometimes an indirect object pronoun *(pronombre de complemento indirecto)* is used in place of an indirect object. You already have learned to use indirect object pronouns with the verb *gustar*. They look the same as direct object pronouns, except for *le* and *les*. In Spanish, the indirect object pronouns follow the same rules for placement in a sentence that you learned for the direct object pronouns:

▮ Repaso rápido: el complemento indirecto

Just as the direct object in a sentence answers the question **who?** or **what?**, the indirect object is the person in a sentence **to whom** or **for whom** something is said or done.

Gloria is talking **to whom?**
Gloria is talking **to him.**

He is cooking paella **for whom?**
He is cooking paella **for her.**

los pronombres de complemento indirecto	
me *to me, for me*	**nos** *to us, for us*
te *to you, for you* (tú)	**os** *to you, for you* (vosotros,-as)
le *to you, for you* (Ud.) *to him, for him* *to her, for her*	**les** *to you, for you* (Uds.) *to them, for them*

Luz **me** va a dar la receta.
Estoy hablándo**te**.
Pepe **le** da la lista. (a Ud./ a él/a ella)

Nunca **nos** recogen la mesa.
El **os** prepara la comida.
Ana **les** lava la ropa. (a Uds./ a ellos/a ellas)

- Indirect object pronouns usually precede the conjugated form of the verb, but they also may follow and may be attached to an infinitive or a present participle. (Add an accent mark to the present participle in order to maintain the original stress of the present participle without the pronoun.)

- Negative expressions (such as *no*) are placed before the indirect object pronouns.

7. **¿*Le* o *lo*?** Decide cuándo usar el pronombre de complemento indirecto *le* y cuándo usar el pronombre de complemento directo *lo*.

1. ¿<u>(1)</u> vas a colgar la ropa a tu hermano?
2. <u>(2)</u> estoy leyendo la receta a Daniel.
3. La paella no es dulce, <u>(3)</u> sé muy bien.
4. Yo preparo el postre, pero no <u>(4)</u> hago muy bien.
5. Voy a lavar el vestido y María va a colgar<u>(5).</u>
6. <u>(6)</u> estoy limpiando las ollas a él.

7.   1. Le
     2. Le
     3. lo
     4. lo
     5. lo
     6. Le

8. **La fiesta.** Esta noche tú das una fiesta a tus amigos y todos en tu casa hacen algo para ayudar. Haz oraciones, usando las siguientes pistas y los pronombres correspondientes.

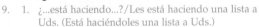

> **Modelo:** yo/preparar una fiesta/a ellos
> Les preparo una fiesta a ellos.

1. tú/decir cuál es el plan/a mí
2. Clara y Ana/acabar de conseguir la receta/a Uds.
3. Laura/arreglar el vestido/a ti
4. nosotros/ir a buscar el pan/a la abuela
5. papá/dar la lista/a nosotros
6. tú/recoger la ropa/a mí

8.   1. (Tú) Me dices a mí cuál es el plan.
     2. (Clara y Ana) Les acaban de conseguir la receta a Uds.
     3. (Laura) Te arregla el vestido a ti.
     4. (Nosotros) Le vamos a buscar el pan a la abuela.
     5. (Papá) Nos da la lista a nosotros.
     6. (Tú) Me recoges la ropa a mí.

9. **Todos están cooperando.** En la casa de Marta unos miembros de la familia ayudan a otros. Trabajando en parejas, alterna con tu compañero/a de clase en preguntar y contestar lo que las siguientes personas están haciendo. Contesta las preguntas añadiendo los pronombres de complemento indirecto de las dos maneras posibles. Sigue el modelo.

9.   1. ¿...está haciendo...?/Les está haciendo una lista a Uds. (Está haciéndoles una lista a Uds.)
     2. ¿...están haciendo...?/Les están arreglando el cuarto a ellas. (Están arreglándoles el cuarto a ellas.)
     3. ¿...está haciendo...?/Les está consiguiendo otra aspiradora a sus padres. (Está consiguiéndoles otra aspiradora a sus padres.)
     4. ¿...estamos haciendo...?/Te estamos adornando la casa a ti. (Estamos adornándote la casa a ti.)
     5. ¿...está haciendo...?/Me está sacando la basura a mí. (Está sacándome la basura a mí.)

> **Modelo:** tú/cocinar la comida/a ellos
> **A:** ¿Qué estás haciendo?
> **B:** Les estoy cocinando la comida a ellos. (Estoy cocinándoles la comida a ellos.)

1. Marta/hacer una lista/a Uds.
2. ellos/arreglar el cuarto/a ellas
3. Carlos/conseguir otra aspiradora/a sus padres
4. nosotros/adornar la casa/a ti
5. Daniel/sacar la basura/a mí

¿Están preparándome la comida?

Repaso rápido: los dos complementos

When using two object pronouns in one sentence in Spanish, the indirect object pronoun occurs first. When adding two object pronouns to an infinitive or a present participle, an accent mark must be added to the infinitive or present participle in order to maintain the correct pronunciation.

*¿**Me la** puedes lavar?*	Can you wash **it** (*la camisa*)
*¿Puedes lavár**mela**?*	**for me**?

The indirect object pronouns *le* and *les* become *se* when used together with *lo, la, los* or *las*.

¿Quieres colgarle el abrigo a tu madre? ➡ *¿Quieres colgár**selo**?/¿**Se lo** quieres colgar?*

---

10. Possible answers:
1. ¿...lavar los platos?/ ...lavármelos.
2. ¿...colgar el abrigo?/ ...colgármelo.
3. ¿...limpiar las ventanas?/ ...limpiármelas.
4. ¿...poner la mesa?/ ...ponérmela.

10. Siempre quieres ayudar. Trabajando en parejas, alterna con tu compañero/a de clase en preguntar y contestar afirmativamente lo que tú puedes hacer para ayudar, usando los dos complementos. Sigue el modelo.

Modelo:

A: ¿Te puedo barrer el piso?
B: Sí, puedes barrérmelo.

1.   2.   3.   4.

---

11. 1. Se lo lavo a ellos.
2. Se la cuelgas a ella.
3. Se las arreglan a Uds.
4. Se los saca a caminar a él.
5. Se la preparamos a ellas.
6. Se los ponen en la mesa a María.

11. Los quehaceres. Escribe de nuevo (*again*) las siguientes oraciones, usando *se* y el complemento directo apropiado.

Modelo: Yo les traigo la olla a ellos.
Se la traigo a ellos.

1. Yo les lavo el carro a ellos.
2. Tú le cuelgas la ropa a ella.
3. Ellos les arreglan las sillas a Uds.
4. Ella le saca los perros a caminar a él.
5. Nosotros les preparamos la paella a ellas.
6. Uds. le ponen los cubiertos en la mesa a María.

¡La práctica hace al maestro!

A. *Los quehaceres.* Working in pairs, talk with a classmate about the household chores you and other members in your family usually do in a typical week. Say when, with whom or for whom you do each chore. Try to use as many direct and indirect object pronouns as possible. You may make up any information you wish.

> Modelo: **A:** Bueno, los sábados yo limpio mi cuarto y también paso la aspiradora por la sala. Los domingos mi padre siempre lava el carro.
>
> **B:** ¿Tú nunca lo ayudas a lavarlo?
>
> **A:** Sí, cuando no tengo nada que hacer, se lo ayudo a lavar.

Creative self-expression.

B. *A escribir.* Imagine you are seven years old once again. Write a letter to Santa Claus *(Papá Noel)*, including at least eight sentences. Tell Santa all the good things you did during the year. Include when and for whom you did each good deed. Try to use as many direct and indirect object pronouns as possible in your letter. Be creative! The first two sentences have been done for you (although you may change them if you wish).

Creative writing practice.

Remind students that the rules for using the object pronouns are the same in the preterite tense as they are for the present tense.

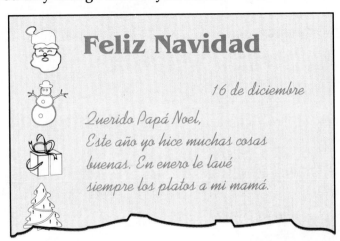

Feliz Navidad

16 de diciembre

Querido Papá Noel,
Este año yo hice muchas cosas
buenas. En enero le lavé
siempre los platos a mi mamá.

Capítulo 1

La vida diaria

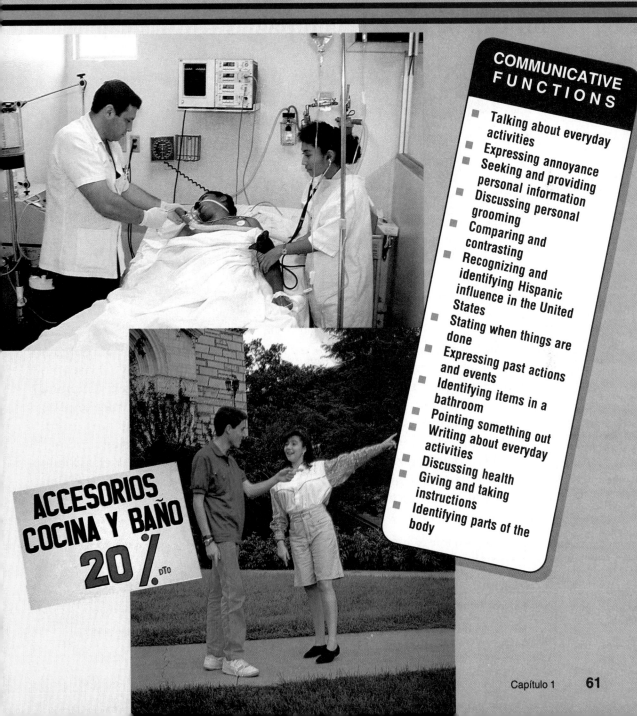

ACCESORIOS
COCINA Y BAÑO
20% DTO

COMMUNICATIVE FUNCTIONS

- Talking about everyday activities
- Expressing annoyance
- Seeking and providing personal information
- Discussing personal grooming
- Comparing and contrasting
- Recognizing and identifying Hispanic influence in the United States
- Stating when things are done
- Expressing past actions and events
- Identifying items in a bathroom
- Pointing something out
- Writing about everyday activities
- Discussing health
- Giving and taking instructions
- Identifying parts of the body

Functions:
- Talking about everyday activities
- Expressing annoyance
- Seeking and providing personal information
- Discussing personal grooming
- Comparing and contrasting
- Recognizing and identifying Hispanic influence in the United States
- Stating when things are done
- Expressing past actions and events
- Identifying items in a bathroom
- Pointing something out
- Writing about everyday activities

WB1, R1

Lapaz is a small town in Indiana. It is similar to many other geographical sites throughout the United States in that the town's name is Spanish. This would be an appropriate time to discuss the influence that Spanish has had in the United States *(Los Angeles, Santa Fe, El Paso, Colorado, Nevada, Río Grande, Sierra Madre, Alamo)*, and specifically in your community or state.

Point out the poster that Georgina has placed on the wall of her bedroom. Ask students if they can tell what the poster means. The use of *se* to express the passive voice will be explained later in this lesson.

Point out for students that the infinitive for *Me llamo* is the reflexive verb *llamarse*, which they already have learned to use as an expression in the present tense: *¿Cómo te llamas?* This and the other reflexive verbs shown here are explained later in this lesson.

En Lapaz, pero no en paz

Me llamo Georgina Gutiérrez. Vivo en Lapaz, Indiana, con mis padres y mi hermano, Jorge. Cuando Jorge y yo estamos juntos, no somos muy felices y no tenemos mucha **paz.°** Somos muy diferentes. A mí me gusta **acostarme°** temprano y **levantarme°** temprano; a él le gusta acostarse **tarde°** y levantarse tarde. Le gusta **quedarse°** en la cama. **Desde luego,°** cuando tenemos que salir juntos, es un problema. Yo **me despierto°** y en menos de veinte minutos **me baño,° me maquillo,° me cepillo°** el **pelo, me visto°** y voy a la cocina para **desayunarme.°** ¿Y él? ¿Dónde está? Está **afeitándose,° duchándose°** o **peinándose.°** Quizás está **quitándose°** una camisa que no le gustó para hoy, y **poniéndose°** otra. Yo estoy aquí, **esperándolo°** como siempre, y él **no se preocupa°** por nada. ¿Cómo puede él ser **así?°**

paz *peace* **acostarme** *to go to bed, to lie down* **levantarme** *to get up* **tarde** *late* **quedarse** *to remain, to stay* **Desde luego** *Of course* **me despierto** *I wake up* **me baño** *I bathe* **me maquillo** *I put on makeup* **me cepillo** *I brush* **me visto** *I get dressed* **desayunarme** *to have breakfast* **afeitándose** *shaving* **duchándose** *taking a shower* **peinándose** *combing (his hair)* **quitándose** *taking off* **poniéndose** *putting on* **esperándolo** *waiting for him* **no se preocupa** *he does not worry* **así** *thus, that way*

Note for students that *acostarme* comes from the infinitive *acostarse (ue)*, which has a change in its present-tense stem from *o* to *ue*. You may wish to compare this change to the change that occurs in the infinitive *volver (ue)*, which students already have learned.

Gloria se maquilla antes de salir.

¿Qué comprendiste?

1. ¿Cómo se llama la muchacha? ¿Y el muchacho?
2. ¿Qué no tienen mucho Georgina y Jorge?
3. ¿Cuándo le gusta acostarse a Georgina?
4. ¿Cuándo le gusta acostarse a Jorge?
5. ¿En cuánto tiempo se baña, se maquilla, se cepilla el pelo y se viste Georgina?
6. ¿Qué puede estar haciendo Jorge mientras Georgina está esperándolo?
7. ¿Qué piensa Georgina de Jorge?

A propósito

Singular a plural

Most Spanish adjectives have a masculine singular form that ends in *-o* and a feminine singular form that ends in *-a*, much like the nouns they describe. Make adjectives and nouns that end in a vowel plural by adding *-s* to the end of the word. Make adjectives and nouns that end in a consonant plural by adding *-es* to the end of the word. Note, however, for nouns that end in *-z*, change the *-z* to *-c* before adding *-es*.

feliz ➡ felices   luz ➡ luces

Charlando

Answers will vary.

1. ¿Te gusta acostarte temprano? ¿A qué hora?
2. ¿En cuánto tiempo te bañas y te vistes?
3. ¿Te gusta ducharte? Explica.
4. ¿Tienes tiempo para desayunarte?
5. Jorge no se preocupa por nada. ¿Hay alguien en tu casa que es así?
6. ¿Es tu vida diferente o similar a la vida de Georgina y Jorge? Explica.

Lugares geográficos con nombres en español

Georgina Gutiérrez vive en Lapaz, Indiana. El nombre *Lapaz* viene de dos palabras españolas: la paz *(peace)*. ¿Qué influencia tiene el español donde vives tú? Mira un mapa y vas a ver cuerpos de agua, ciudades, montañas *(mountains)* y otros lugares geográficos con nombres en español. Por ejemplo, los estados de

El Río Grande, Nuevo México.

La misión de San Juan Capistrano, California.

El Alamo está en San Antonio, Texas.

Note for students that there is a significant Hispanic influence in the states named in this *A propósito*, along with parts of New York, Illinois, Indiana, Ohio, New Jersey and several other states. In addition, there are considerable Spanish-speaking populations in these states, as well. This point will be covered more thoroughly in *Lección 2*.

Give the meanings and origins of the sites shown in this *A propósito*: *Arizona* (arid land), *Colorado* (red-colored, referring here to the earth), *Florida* (land of flowers), *Montana* (land of mountains), *Nevada* (snow-covered, referring to mountains) and *Nuevo México* (New Mexico).

Me llamo Juliana y soy de la Florida.

Soy Ramón y vivo en Colorado.

Arizona, Colorado, Florida, Montana, Nevada y Nuevo México todos tienen nombres con origen español. ¿Puedes ver esta influencia en tu comunidad o en tu estado *(state)?*

Una casa de adobe en Santa Fe, Nuevo México.

Marina del Rey, California.   La misión de San Xavier en Tucson, Arizona.

1. **Nombres en español.** Haz una lista de quince lugares o puntos geográficos con nombres en español en los Estados Unidos.

Modelos: Lapaz

Los Angeles

Estructura

Los verbos reflexivos

You have already learned that Spanish infinitives may end in *-ar, -er* or *-ir*. Some verbs have *se* attached to the end of the infinitive. The *se* is a reflexive pronoun *(pronombre reflexivo)* and the verb is called a reflexive verb *(verbo reflexivo)* because it reflects action back upon the subject of the sentence. For example, it is possible to add the reflexive pronoun *se* to the infinitive *peinar* (to comb another person's hair) to form the reflexive verb *peinarse* (to comb one's own hair).

Reflexive verbs are conjugated the same as nonreflexive verbs, with the exception that they are used with a corresponding reflexive pronoun. Observe how the reflexive pronouns are combined with the present-tense forms of the reflexive verb *peinarse*:

peinarse			
yo	**me** peino	nosotros nosotras	**nos** pein**amos**
tú	**te** peinas	vosotros vosotras	**os** pein**áis**
Ud. él ella	**se** peina	Uds. ellos ellas	**se** peinan

Reflexive pronouns may precede a verb, or they may be attached to the end of an infinitive or a present participle, much like the direct and indirect object pronouns you have already learned.

Se va a poner los zapatos. ➡ *Va a ponerse los zapatos.*

Se está poniendo los zapatos. ➡ *Está poniéndose los zapatos.*

2. **La vida diaria. Di cuáles de las siguientes oraciones o preguntas usan el reflexivo.** 2. Answers: B, D, E, F, I

C. Comemos juntos.

E. ¿A qué hora se acuestan Uds.?

J. ¿Estás esperándome?

B. Me levanté temprano ayer.

D. ¿No se va a duchar?

G. ¿No la viste ayer?

A. Tengo hambre.

I. ¿Te estás quitando los zapatos?

F. Nos desayunamos a las siete.

H. Los voy a despertar ahora.

As an oral warm-up activity before beginning the written activities, ask students several questions that employ the reflexive and nonreflexive verbs in the list. After practicing several verbs, have students ask the questions of

classmates in order to gain practice with the *tú* form of the verbs.

WB5, WB6, WA3, LA2, R3, R4

From this point forward, verbs that have been introduced previously in their nonreflexive form and verbs that have been introduced in their reflexive form will not be listed again as a new word unless the verb's meaning changes significantly.

These are only a few of the verbs that have both reflexive and nonreflexive forms. You may wish to give students practice making some already-learned nonreflexive verbs reflexive by reminding students that these verbs follow the pattern of *peinar (peinarse): arreglar (arreglarse), comprar (comprarse), lavar (lavarse), mirar (mirarse), preparar (prepararse), ver (verse)* and so forth.

Note for students the present-tense stem changes that occur for the verbs *acostar(se), despertar(se), sentar(se)* and *vestir(se)*.

A propósito

La vida diaria

Several common verbs that refer to everyday actions have both reflexive and nonreflexive forms. Compare the following:

no reflexivo	*reflexivo*
acostar (ue) to put (someone) in bed	*acostarse (ue)* to go to bed
afeitar to shave (someone)	*afeitarse* to shave (oneself)
bañar to bathe (someone)	*bañarse* to bathe (oneself)
calmar to calm (someone) down	*calmarse* to calm down
cepillar to brush (someone, something)	*cepillarse* to brush (one's teeth, hair)
despertar (ie) to wake (someone) up	*despertarse (ie)* to wake up
lavar to wash (clothes, dishes)	*lavarse* to wash (oneself)
levantar to raise, to lift (a hand)	*levantarse* to get up
llamar to call (someone)	*llamarse* to be called

Me llamo Mauricio.   ¿Cómo te llamas tú?

maquillar to put makeup on (someone)	*maquillarse* to put on makeup
mirar to look at (someone, something)	*mirarse* to look at (oneself)
peinar to comb (someone's hair)	*peinarse* to comb (one's own hair)
quemar to burn	*quemarse* to get burned
sentar (ie) to seat (someone)	*sentarse (ie)* to sit down
vestir (i, i) to dress (someone)	*vestirse (i, i)* to get dressed

No quiero quemarme las manos.

3. **¿Qué pasa?** Muchas cosas pasan ahora en la casa de Paco. Di lo que pasa, decidiendo qué oración describe mejor la acción en cada una de las siguientes ilustraciones.

Modelo:

A. Me despierto temprano.

B.) Lo despierto temprano.

1.

A. Ella le está lavando el pelo.

B. Ella está lavándose el pelo.

2.

A. Los cepillo antes de salir.

B. Me cepillo antes de salir.

3.

A. Estoy poniéndome los calcetines azules.

B. Estoy poniéndolos en la cama.

4.

A. Estoy acostándolo.

B. Me estoy acostando.

5.

A. Despierto temprano a mi hermano.

B. Me despierto muy temprano.

6.

A. El chico se calma.

B. El chico lo calma.

4. **¿A qué hora?** Alterna con tu compañero/a de clase en preguntar y en contestar a qué hora Uds. hacen las siguientes actividades en un sábado típico.

Modelo: despertarse

A: ¿A qué hora te despiertas?

B: Me despierto a las diez y media de la mañana.

1. levantarse
2. bañarse
3. vestirse
4. desayunarse
5. acostarse
6. sentarse para comer

María se desayuna
a las ocho.

5. **Un día de fiesta.** Haz oraciones completas, combinando palabras de cada una de las tres columnas y añadiendo más información para decir cómo es la rutina de los miembros de tu familia en un día de fiesta.

Modelo: Yo me despierto muy tarde.

A	B	C
yo	se	despertar
padres	me	levantar
papá	te	bañar
mamá	nos	afeitar
tus hermanos		lavar
tú y tus hermanos		vestir
tu hermana		poner
tu hermano		maquillar

A propósito

Los verbos reflexivos: un poco más

English often uses a form of **to get** where Spanish uses a reflexive verb. Compare the following:

levantarse	➡	*Ella se levanta.*	She gets up.
vestirse	➡	*El se viste.*	He gets dressed.

6. **Por la mañana.** En grupos de cuatro personas, hablen Uds. de las cinco primeras cosas que cada uno hace después de levantarse. Luego, un estudiante del grupo debe reportar la información a la clase, diciendo cuáles son las cosas más populares que los miembros del grupo hacen para empezar el día.

6. Creative self-expression.

A propósito

El artículo definido con verbos reflexivos

WA4, R5

In Spanish a definite article is generally used instead of a possessive adjective when talking about personal items, such as clothing and parts of the body.

*Me pongo **el** abrigo.*	I put on **my** coat.
*¿Quieres lavarte **las** manos?*	Do you want to wash **your** hands?

---

7. **¿Qué están haciendo?** Por la mañana todos se preparan para salir. Di lo que está haciendo cada una de las siguientes personas, según las ilustraciones. Sigue el modelo.

Modelo:

Ella se está maquillando.

7. Possible answers:
1. El se está poniendo los zapatos.
2. Ella se está cepillando el pelo.
3. El se está bañando.
4. Ella se está vistiendo.
5. El se está afeitando.
6. Ella se está quitando las botas.
7. Ellos se están desayunando.
8. El se está quitando el suéter.

¿Qué está haciendo?

8. **Otra vez.** Haz las oraciones de la actividad anterior de otra manera, siguiendo el modelo.

Modelo: Ella está maquillándose.

8. 1. El está poniéndose los zapatos.
2. Ella está cepillándose el pelo.
3. El está bañándose.
4. Ella está vistiéndose.
5. El está afeitándose.
6. Ella está quitándose las botas.
7. Ellos están desayunándose.
8. El está quitándose el suéter.

9. **¿Vas a...?** Imagina que varias personas de tu familia están preparándose para salir juntas. Trabajando en parejas, alterna con tu compañero/a de clase en hacer y contestar preguntas para decir cómo se preparan para salir. Sigue el modelo.

Modelo: ponerse el impermeable/ponerse el abrigo

A: ¿Vas a ponerte el impermeable? (¿Te vas a poner el impermeable?)

B: No, voy a ponerme el abrigo. (No, me voy a poner el abrigo.)

9. 1. ¿Vas a bañarte? (¿Te vas a bañar?)/No, voy a vestirme. (No, me voy a vestir.)
2. ¿Vas a afeitarte? (¿Te vas a afeitar?)/No, voy a peinarme. (No, me voy a peinar.)
3. ¿Vas a vestirte? (¿Te vas a vestir?)/No, voy a maquillarme. (No, me voy a maquillar.)
4. ¿Vas a quitarte las botas? (¿Te vas a quitar las botas?)/No, voy a ponerme otros calcetines. (No, me voy a poner otros calcetines.)
5. ¿Vas a cepillarte el pelo? (¿Te vas a cepillar el pelo?)/No, voy a lavarme el pelo. (No, me voy a lavar el pelo.)

1. bañarse/vestirse
2. afeitarse/peinarse
3. vestirse/maquillarse
4. quitarse las botas/ponerse otros calcetines
5. cepillarse el pelo/lavarse el pelo
6. desayunarse con café/desayunarse con chocolate y huevos
7. lavarse las manos/ponerse el abrigo

6. ¿Vas a desayunarte con café? (¿Te vas a desayunar con café?)/No, voy a desayunarme con chocolate y huevos. (No, me voy a desayunar con chocolate y huevos.)
7. ¿Vas a lavarte las manos? (¿Te vas a lavar las manos?)/No, voy a ponerme el abrigo. (No, me voy a poner el abrigo.)

10. **¿Necesitas algo?** Cuando estás en casa de tus tíos, ellos se preocupan mucho por ti y siempre te hacen muchas preguntas. Contesta las siguientes preguntas en forma afirmativa. Sigue el modelo.

Modelo: ¿Vas a levantarte temprano mañana?
Sí, voy a levantarme temprano mañana.

1. ¿Deseas bañarte con agua caliente?
2. ¿No crees que vas a quemarte con el agua caliente?
3. ¿Vas a lavarte el pelo?
4. ¿Quieres desayunarte ahora?
5. ¿Quieres quitarte el suéter?
6. ¿Debes ponerte un sombrero para salir?
7. ¿Prefieres ponerte unos guantes de lana?
8. ¿Quieres acostarte temprano esta noche?

10. 1. ...deseo bañarme....
2. ...creo que voy a quemarme....
3. ...voy a lavarme....
4. ...quiero desayunarme....
5. ...quiero quitarme....
6. ...debo ponerme....
7. ...prefiero ponerme....
8. ...quiero acostarme....

Point out that the preterite tense of *vestirse (i, i)* uses the second stem change indicated in parentheses, as is shown in this example: *vistió.*

A propósito

El pretérito de los verbos reflexivos

WB7, WA5, LA3, R6

Reflexive and nonreflexive verbs follow the same patterns you have learned for forming the preterite tense, with the exception that reflexive verbs require an appropriate reflexive pronoun. Compare the following:

no reflexivo		*reflexivo*	
Bañé al perro.	I gave the dog a bath.	*Me bañé.*	I took a bath.
Ella vistió a su hermanito.	She dressed her little brother.	*Ella se vistió.*	She got dressed.

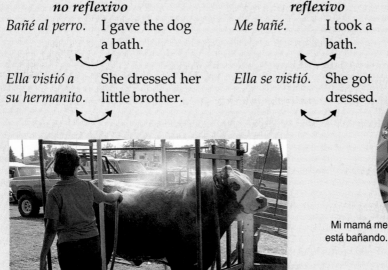

Mi mamá me está bañando.

Juan baña al animal.

11. **Ayer en la casa de Estela. Estela escribió un párrafo sobre lo que pasó ayer en su casa. Ayúdala a completar su párrafo, usando la forma apropiada del pretérito de los verbos entre paréntesis.**

Primero, yo 1. *(despertarse)* a las 6:30 y fui al baño donde 2. *(bañarse)* y 3. *(peinarse)*. Luego, yo 4. *(despertar)* a mi hermano Jorge. Entonces, él fue al baño y 5. *(afeitarse)* y 6. *(lavarse)* el pelo. Cuando Jorge estuvo listo, mi hermana, Josefina, 7. *(levantarse)* y entró en el baño donde 8. *(maquillarse)* y 9. *(cepillarse)* el pelo. A las 7:45, nosotros tres 10. *(desayunarse)* y, luego, nos fuimos para el colegio. Nosotros 11. *(quedarse)* en el colegio hasta las 3:00, que es cuando siempre regresamos a casa.

11. 1. me desperté
    2. me bañé
    3. me peiné
    4. desperté
    5. se afeitó
    6. se lavó
    7. se levantó
    8. se maquilló
    9. se cepilló
    10. nos desayunamos
    11. nos quedamos

12. ¿Aló? Imagina que tu madre te dejó a cargo de *(in charge of)* la casa y te llama desde la oficina para preguntarte por lo que pasó en la mañana. Trabajando en parejas, alterna con tu compañero/a de clase en hacer y contestar las preguntas.

> **Modelo:** tu hermana/ya/cepillarse el pelo
> **A:** ¿Ya se cepilló el pelo tu hermana?
> **B:** Sí, ya se lo cepilló.

1. tus hermanos/ya levantarse
2. Uds./ya/quitarse los pijamas
3. Uds./ya/bañarse
4. tú/ya/lavarse el pelo
5. tus primos/ya/vestirse
6. tu hermana/ya/quitarse la falda sucia
7. tu abuela/ya/desayunarse

12. 1. ¿Ya se levantaron tus hermanos?/Sí, ya se levantaron.
2. ¿Ya se quitaron los pijamas?/Sí, ya nos los quitamos.
3. ¿Ya se bañaron?/Sí, ya nos bañamos.
4. ¿Ya te lavaste el pelo?/Sí, ya me lo lavé.
5. ¿Ya se vistieron tus primos?/Sí, ya se vistieron.
6. ¿Ya se quitó la falda sucia tu hermana?/Sí, ya se la quitó.
7. ¿Ya se desayunó tu abuela?/Sí, ya se desayunó.

WB8, WB9, LA4, R7

Estructura

La palabra *se*

In Spanish, when the doer of an action is indefinite or unknown (where speakers of English often use "one," "people" or "they"), *se* is sometimes combined with the *él/ella/Ud.* form of a verb or with the *ellos/ellas/Uds.* form of a verb in order to express the action. In such cases the subject (which may precede or follow the verb) indicates whether the verb should be singular or plural. If the subject is singular, the verb is singular. Likewise, if the subject is plural, so is the verb.

¿Qué se vende?

Se habla español aquí.
Spanish **is spoken** here.
Las papas se comen muchas veces para el almuerzo.
People often **eat** potatoes for lunch.

13. Un sábado con los Peña. La familia Peña es una familia muy organizada. Las siguientes oraciones describen algunas de sus actividades de los sábados y la hora en que las hacen. Cámbialas, usando una construcción con *se*.

Modelo: Empiezan el día a las siete.
Se empieza el día a las siete./El día se empieza a las siete.

1. Arreglan la casa a las nueve.
2. Lavan el carro a las diez y media.
3. Preparan el almuerzo a las once.
4. Cepillan el perro a las tres.
5. Preparan la comida a las seis.
6. Ponen la mesa a las siete.
7. Comen la comida a las siete y cuarto.

13. 1. Se arregla la casa/La casa se arregla a las nueve.
2. Se lava el carro/El carro se lava a las diez y media.
3. Se prepara el almuerzo/El almuerzo se prepara a las once.
4. Se cepilla el perro/El perro se cepilla a las tres.
5. Se prepara la comida/La comida se prepara a las seis.
6. Se pone la mesa/La mesa se pone a las siete.
7. Se come la comida/La comida se come a las siete y cuarto.

A propósito

Las tres comidas

You have seen a number of different words in Spanish that refer to the same or similar items or activities. The words that refer to the everyday activity of eating also vary. For example, you already know *comida* (food, dinner) and *comer* (to eat). Many people use *la cena* in place of *la comida* and *cenar* is commonly used in place of *comer la comida*. Look at the following:

el desayuno	breakfast	*el almuerzo*	lunch	*la comida*	dinner
desayunarse	to have breakfast	*almorzar (ue)*	to have lunch	*comer (la comida)*	to have dinner

In many Spanish-speaking countries, *el almuerzo* is considered to be the main meal. Traditionally, this meal provided an opportunity for parents and children to gather together and chat informally about life's everyday events. In more recent years, changes in family structure and lifestyles have changed home life.

Today, *el almuerzo* remains an important meal on weekends when family members gather together to discuss important events. *La comida* (or *la cena*), which is a much lighter meal, is usually eaten around seven or eight o'clock. This affords family members an opportunity to gather at home on a daily basis throughout the work week. Dinner at a restaurant may be even later, beginning around ten o'clock and lasting until midnight or one in the morning.

WA6, LA5

Note for students that *almorzar* has a change in its present-tense stem from *o* to *ue*. This same change occurs in the infinitive *volver (ue)*, which students already have learned.

Interacción cooperativa: Have your students work in pairs to ask and answer questions about when they do several everyday activities on any typical weekday. Then modify the activity and have students answer the questions as if it were a typical Sunday: *¿A qué hora se empieza el día?; ¿A qué hora se desayuna?; ¿A qué hora se empieza a preparar el almuerzo?; ¿A qué hora se almuerza?; ¿A qué hora se empieza a preparar la comida?; ¿A qué hora se cena?*

14. La receta. La siguiente es la receta que la familia Peña prepara los sábados para el almuerzo. Haz una lista de todos los verbos que están en voz pasiva. No te preocupes si no sabes todos los significados.

14. Answers: se limpian, se lavan, se ponen, se cocinan, se sofríe, se (le) añade, se machacan, se agregan, se deja, se añade, se cocina, se cocina, se (le) añaden, se sirven

Frijoles negros cubanos

8 porciones

1 libra de frijoles negros
10 tazas de agua
1 ají (pimiento verde), a la mitad
2/3 taza de aceite de oliva
1 cebolla grande, finamente picada
4 dientes de ajo machacados y cortados
1 ají (pimiento verde), machacado
1 cucharada de sal
1/4 de cucharadita de orégano
1 hojita de laurel
2 cucharadas de azúcar
2 cucharadas de vinagre
2-4 cucharadas de aceite de oliva

Se limpian y se lavan los frijoles y se ponen a remojar con el pimiento verde. Una vez hayan crecido, se cocinan en la misma agua hasta que estén blandos, unos **45** minutos. Se sofríe el pimiento verde machacado en una cacerola con aceite caliente hasta que esté suave. Se le añade una taza de frijoles ya cocidos y se machacan. Se agregan los frijoles restantes con el caldo, junto con la sal, el orégano, la hojita de laurel y el azúcar. Se deja hervir por una hora y se añade el vinagre. Se cocina despacio por otra hora. Si todavía hay mucho líquido se cocina sin tapar por un rato. Un momento antes de servirlos se le añaden de **2** a **4** cucharadas de aceite de oliva y se sirven calientes.

15. Las tres comidas. Contesta las siguientes preguntas en español. Puedes inventar la información si quieres.

15. Answers will vary.

Inform students that mealtimes and foods eaten vary greatly from one country to another. For example, in Colombia people sometimes have a light snack around 10:30 A.M., called *las onces*, and a second one around 4:00 P.M., called *las medias nueves*. They consist of tea, coffee or hot chocolate, with bread, cookies or pastry.

1. ¿A qué hora te desayunas cuando vas al colegio?
2. ¿Qué comes para el desayuno?
3. ¿A qué hora almuerza tu familia los domingos?
4. ¿Quién prepara el almuerzo los domingos?
5. ¿A qué hora es la cena en tu casa?
6. ¿Con quién cenas?
7. ¿Dónde se sientan para cenar?
8. ¿Cuál de las tres comidas es la más importante en tu casa?

Nosotros cenamos en la cocina. (Madrid, España)

En el baño

The abbreviated form of *el cuarto de baño* is *el baño*.
Other expressions for *el baño* include *los servicios, el W.C*
and *el toilette*.

WB10,
WB11, LA6,
R8

Another word for *el lavabo* is *el lavamanos*. Some people use *el excusado*, while others prefer *el retrete* or *el W.C*. In addition, *el peine* is called *la peinilla* in some parts of the world.

Other items that students may wish to know include the following: *el secador* (hair dryer), *el lápiz de labios* (lipstick), *la máquina de afeitar* (shaver), *el esmalte de uñas* (nail polish), *la pasta de dientes* (toothpaste), *el cepillo de dientes* (toothbrush).

16. **¿Se venden...? Trabajando en parejas, alterna con tu compañero/a de clase en preguntar y contestar si las siguientes cosas se venden o no en la tienda de la ilustración.**

Modelos: toallas

    A: ¿Se venden toallas en la tienda?

    B: Sí, se venden toallas.

lámparas

    B: ¿Se venden lámparas en la tienda?

    A: No, no se venden lámparas.

1. desodorantes
2. grifos
3. peines
4. cepillos
5. tinas
6. champús
7. excusados
8. lavabos
9. cremas de afeitar
10. espejos

16. All questions follow this pattern: *¿Se venden (objects) en la tienda?*
1. Sí, se venden desodorantes.
2. No, no se venden grifos.
3. Sí, se venden peines.
4. Sí, se venden cepillos.
5. No no se venden tinas.
6. Sí, se venden champús.
7. No, no se venden excusados.
8. No, no se venden lavabos.
9. Sí, se venden cremas de afeitar.
10. Sí, se venden espejos.

17. ¿Qué necesitan? Trabajando en parejas, alterna con tu compañero/a de clase en hacer y contestar preguntas para decir lo que las siguientes personas necesitan, según lo que ellas van a hacer. Sigue el modelo.

17. 1. Rafael y Antonio se van a bañar. ¿Qué necesitan?/ Necesitan jabón.
2. Ud. se va a mirar.... ¿Qué necesita?/Necesito un espejo.
3. Yo me voy a afeitar. ¿Qué necesito?/ Necesitas la crema de afeitar.
4. Tú te vas a lavar el pelo. ¿Qué necesitas?/ Necesito el champú.
5. Gloria se va a cepillar el pelo. ¿Qué necesita?/ Necesita el cepillo.
6. Patricia y Mónica se van a maquillar. ¿Qué necesitan?/ Necesitan el maquillaje.

Modelo: Eloísa/peinarse

    A: Eloísa se va a peinar. ¿Qué necesita?

    B: Necesita un peine.

1. Rafael y Antonio/bañarse
2. Ud./mirarse su nuevo color de pelo
3. yo/afeitarse
4. tú/lavarse el pelo
5. Gloria/cepillarse el pelo
6. Patricia y Mónica/maquillarse

18. Un juego. Trabajando en grupos de cuatro estudiantes, un estudiante debe representar con un dibujo, en un tiempo máximo de medio minuto, una acción o un objeto nuevo de esta lección. Los otros deben adivinar *(to guess)* lo que está dibujando esa persona. El estudiante que primero adivina la acción o el objeto tiene un punto y tiene el turno para dibujar. La persona con más puntos después de un período de juego de diez minutos, es la ganadora *(winner).*

18. Creative self-expression.

Repaso rápido: los adjetivos demostrativos

Demonstrative adjectives draw attention to where someone or something is located in relation to the speaker. They include *este, esta, estos, estas, ese, esa, esos, esas, aquel, aquella, aquellos* and *aquellas.* Look at the following:

*No me gustan **estas** toallas.*	I do not like **these** towels.
*Tampoco me gustan **esas** toallas.*	I do not like **those** towels either.
*Prefiero **aquellas** toallas.*	I prefer **those** towels **over there.**

Estructura

When pointing out people or objects that are nearby, use *éste, ésta, éstos* or *éstas: Pienso comprar **uno de éstos*** (referring to *jabones*, for example). Use *ése, ésa, ésos* or *ésas* to call attention to people or objects that are farther away: *¿Qué piensas de **ésas*** (*toallas*, for example)? Draw attention to people or objects that are even farther away ("over there") by using the demonstrative pronouns *aquél, aquélla, aquéllos* or *aquéllas: **Aquéllas** (toallas) son bonitas.*

Los pronombres demostrativos

WB12, WB13, LA7, R9, R10

Demonstrative adjectives become demonstrative pronouns when they are used with a written accent mark and when they take the place of a noun.

Lengua en acción: Ask several students if they see various objects in the classroom. Students must ask for clarification by pointing at the object they presume you have named while asking you to clarify if that is the item, using a demonstrative pronoun: *¿Ves la ventana?/¿Esa?* (while pointing at the object). After several students have responded correctly, direct students to ask the questions of one another.

los pronombres demostrativos			
singular		**plural**	
masculino	femenino	masculino	femenino
éste	ésta	éstos	éstas
ése	ésa	ésos	ésas
aquél	aquélla	aquéllos	aquéllas

Observe how demonstrative pronouns are used in the following sentences:

*Creo que **ésta** es nueva
y **ésa** es vieja, pero **aquélla**
es la mejor de todas.*

I think **this one** is new and
that one is old, but **that one
over there** is best of all.

Three neuter demonstrative pronouns (*esto, eso, aquello*) refer to a set of circumstances or to very general nouns. The neuter demonstrative pronouns do not require an accent mark.

***Esto** no es verdad.
Me gustaría ver **eso**,
por favor.
Aquello fue imposible.*

This is not true.
I would like to see
that (stuff), please.
That was impossible.

¿Te gusta éste?

19. En la tienda. Imagina que trabajas en una tienda y unos clientes te preguntan por el precio de algunos objetos. Trabajando en parejas, alterna con tu compañero/a de clase en hacer y contestar preguntas, según las ilustraciones y las indicaciones. Sigue el modelo.

Modelo: champú/$1.95

A: ¿Cuánto cuesta ese champú?

B: ¿Ese champú?

A: Sí, ése.

B: Ese champú cuesta un dólar con noventa y cinco centavos.

19. 1. ¿...cuesta este jabón?/¿Este jabón?/Sí, éste./ Este jabón cuesta setenta y nueve centavos.

2. ¿...cuestan aquellos desodorantes?/ ¿Aquellos desodorantes?/Sí, aquéllos./Aquellos desodorantes cuestan dos dólares con cuarenta y nueve centavos.

3. ¿...cuestan esos peines?/¿Esos peines?/Sí, ésos./Esos peines cuestan noventa y nueve centavos.

4. ¿...cuesta esa crema de afeitar?/ ¿Esa crema de afeitar?/Sí, ésa./Esa crema de afeitar cuesta un dólar con cincuenta y ocho centavos.

5. ¿...cuesta aquel cepillo?/¿Aquel cepillo?/Sí, aquél./ Aquel cepillo cuesta dos dólares con noventa y siete centavos.

6. ¿...cuestan estos espejos?/¿Estos espejos?/Sí, éstos./ Estos espejos cuestan tres dólares con cincuenta y nueve centavos.

7. ¿...cuestan aquellas toallas?/¿Aquellas toallas?/Sí, aquéllas./Aquellas toallas cuestan seis dólares con noventa y cinco centavos.

1. jabón/$0.79
2. desodorantes/$2.49
3. peines/$0.99
4. crema de afeitar/$1.58
5. cepillo/$2.97
6. espejos/$3.59
7. toallas/$6.95

20. **Un viaje.** Todos en la casa de Jorge se preparan para salir de viaje. Completa las siguientes oraciones con los pronombres demostrativos apropiados para decir qué hacen para prepararse.

Modelo: Aquélla no es mi crema de afeitar; es <u>ésta</u>.

Jabón
Puro es
duro con
la mugre y
suave con
sus manos.

1. Necesito otra toalla; <u>(8)</u> está sucia.
2. Quiero otro jabón; <u>(2)</u> no me gusta.
3. Ese jabón no; yo quiero <u>(3)</u> que está allá.
4. ¿Es aquél tu desodorante? ¿Y <u>(4)</u> que está aquí?
5. ¡<u>(5)</u> es un desastre! Debes limpiar el baño ahora mismo.
6. ¿Dónde está mi champú? No es <u>(6)</u> que está aquí.
7. Y <u>(7)</u> champú que está allí es muy nuevo.
8. Mi toalla es roja; <u>(1)</u> es rosada.

20. Possible answers:
1. ésta
2. éste
3. aquél
4. éste
5. Esto
6. éste
7. ése
8. ésta

21. **¡Qué confusión!** A la hora de ir para la casa todos quieren recoger sus cosas. Alterna con cuatro compañeros/as de clase en preguntar y contestar de quiénes son cinco objetos o ropa que hay cerca de ti.

Modelo: A: ¿Es ése tu maquillaje?
　　　　　 B: No, es éste.

21. Answers will vary.

22. **¿De quién es?** Trabajando en parejas, alterna con tu compañero/a de clase en preguntar y contestar de quiénes son cinco cosas que tú señalas en la clase, sin mencionarlas. Sigue el modelo.

Modelo: A: ¿Es esto del profesor?
　　　　　 B: No, esto es de Marisol.

22. Answers will vary.

Draw attention to the importance of correct spelling and the proper use of accent marks by pointing out words in Spanish that appear to be alike but that actually have both different spellings and different uses: *esta* (this)/*ésta* (this one)/*está* (is).

¡La práctica hace al maestro!

A. *La rutina de todos los días.* Working in pairs, ask questions about one another's daily

routine. Compare how your schedules and activities vary on school days and over the weekend or during holidays. (You may wish to discuss how your routine varies for certain special holidays, for example.)

B. *A escribir.* Write eight to ten sentences about a typical school day. You may wish to include what time you wake up, what time you get out of

bed, what you do to prepare for the day, when and with whom you eat, at what time you go home and how you finish the day. Make up any of the information you wish.

¿Qué zapatos vas a llevar hoy?

¿Te cepillas antes de salir?

¿Te preocupas por algo?

Vocabulario

Adverbios

así
tarde

Pronombres

aquél, aquélla (aquéllos, aquéllas)
aquello
ése, ésa (ésos, ésas)
éste, ésta (éstos, éstas)
esto

Sustantivos

la cena
el cepillo
la comida
la crema de afeitar
el champú
el desayuno
el desodorante
la ducha
el espejo
el excusado
el grifo
el jabón
el lavabo
el maquillaje
la paz
el peine
el pelo
la tina
la toalla

Verbos

acostar(se) (ue)
afeitar(se)
almorzar (ue)
bañar(se)
calmar(se)
cenar
cepillar(se)
desayunar(se)
despertar(se) (ie)
duchar(se)
esperar
lavar(se)
levantar(se)
llamar(se)
maquillar(se)
peinar(se)
poner(se)
preocupar(se)
quedar(se)
quemar(se)
quitar(se)
sentar(se) (ie)
vestir(se) (i, i)

Expresiones

desde luego

Consider modeling the pronunciation of several words and phrases from the vocabulary lists for student repetition. Then select several words and phrases for individual students to use orally in sentences.

Mi papá y yo nos afeitamos todas las mañanas.

Functions:
- Seeking and providing personal information
- Discussing health
- Giving and taking instructions
- Talking about everyday activities
- Recognizing and identifying Hispanic influence in the United States
- Identifying parts of the body
- Stating when things are done
- Writing about everyday activities

En la oficina de la doctora Pino

WB1

Note for students that *doler* has a change in its present-tense stem from *o* to *ue*. This same change occurs in the infinitive *volver (ue)*, which students already have learned.

You may choose to note for students that *doler (ue)* follows the pattern of *gustar* and usually is used with an indirect object pronoun. This will be explained more thoroughly later in the lesson.

Explain that *me siento* comes from the infinitive *sentirse (ie, i)* and requires the same stem changes as *sentir (ie, i)*, which students already have learned. Similarly, *divertirnos* comes from the infinitive *divertirse (ie, i)* and requires the same stem changes as *sentir (ie, i)*.

The terms *médico* and *médica* usually are used to refer to a person's

DRA. PINO: ¿Qué te pasa? ¿Qué te **duele?°**

JORGE: Nada, **doctora...** bueno, me duele un poco la cabeza y **no me siento°** muy bien. Creo que tengo **gripe.°**

DRA. PINO: Vamos a ver.... **Abre** la **boca** y di *aaaaa*. Me parece que sólo tienes un **resfriado.°**

JORGE: ¡No puedo estar enfermo!

DRA. PINO: ¿Por qué no?

JORGE: Vamos a **irnos de viaje°** el sábado.

DRA. PINO: ¿Ah, sí? ¿Adónde van?

JORGE: Vamos a **visitar** a mis primos en Chicago y a **pescar** en el **Lago°** Michigan. ¡Vamos a **divertirnos°** mucho!

DRA. PINO: Bueno, debes **descansar°** por dos días. Si descansas un poco, no vas a tener ningún problema.

duele *hurts*   **no me siento** *I do not feel*   **gripe** *flu*   **resfriado** *cold*   **irnos de viaje** *go away on a trip*   **Lago** *Lake*   **divertirnos** *have fun*   **descansar** *to rest, to relax*

profession, whereas *doctor (Dr.)* and *doctora (Dra.)* are usually used as a term of address with the person's name. This custom is changing, however, and more and more people are beginning to use *doctor (Dr.)* and *doctora (Dra.)* interchangebly with *médico* and *médica*.

¿Qué comprendiste?

Note for students the interesting contrast between the masculine form of a noun (*médico*) when asking a general question and the more specific feminine form of the title (*la doctora Pino*) in the answer.

1. ¿Qué le duele a Jorge?
2. ¿A qué médico va a ver Jorge?
3. ¿Cómo se siente Jorge?
4. ¿Qué cree el chico que tiene?
5. ¿Qué cree la doctora Pino que tiene Jorge?
6. ¿Por qué Jorge no quiere estar enfermo?
7. ¿Adónde van Jorge y su familia?
8. ¿Qué debe hacer Jorge por dos días?

1. Le duele la cabeza.
2. Va a ver a la doctora Pino.
3. No se siente muy bien.
4. Cree que tiene gripe.
5. Le parece que sólo tiene un resfriado.
6. No quiere estar enfermo porque él y sus primos van a irse de viaje.
7. Van a visitar a sus primos en Chicago y a pescar en el Lago Michigan.
8. Debe descansar.

Additional questions: ¿Dónde está Jorge?; ¿Cómo se llama la médica?

A propósito

Pescar

The meaning and use of the word *pescar* (to fish) can vary, depending upon the context. Look at the following:

*Mañana, voy a **pescar** en ese lago.*

Tomorrow, I am going **to fish** in that lake.

*Voy a **pescar** un resfriado.*

I am going **to catch** a cold.

¿Qué están pescando?
(Montevideo, Uruguay)

Charlando   Answers will vary.

1. ¿Cuándo fue la última vez que pescaste un resfriado?
2. ¿Cómo te sientes ahora?
3. ¿Qué haces cuando estás enfermo/a?
4. ¿Cómo se llama tu médico/a?
5. ¿Qué crees que debes hacer cuando tienes gripe?

Additional questions: *¿Crees que descansar es bueno para una persona que no está enferma?; ¿Tienes familia en otras ciudades o países a quienes a veces vas a visitar? ¿Dónde?; ¿Te diviertes cuando sales o viajas con tu familia?; ¿Qué hacen para divertirse?*

Soy médica en San Juan, Puerto Rico.

WB2, WA1, R11

Discuss cultural pluralism in your community, particularly in the Spanish-speaking community. Try to develop the leadership and public-speaking skills of the Hispanic/Latin American/ bilingual students you may have in class by involving them in the discussion. Encourage them to talk about their family and community, allowing them to develop greater pride in their ancestry.

Aquí se habla español

¿Te gustaría visitar Nueva York?

En los Estados Unidos hay una población *(population)* grande de hispanohablantes *(Spanish-speaking people)*. Por ejemplo, hay muchas personas que hablan español en ciudades como Los Angeles, San Francisco, San Diego, Phoenix, Miami, Denver, Houston y San Antonio, entre otras. En los estados de California, Arizona, Florida, Colorado y Texas el número de hispanohablantes es grande, como también lo es la influencia hispana.

Se habla español en Chicago.

La celebración del Cinco de Mayo. (San Francisco, California)

Hablo español y soy de San Francisco.

San Antonio, Texas.

¿Hablan español en este supermercado en Houston, Texas?

Claro, otros estados también tienen ciudades donde el número de personas que hablan español es alto. Entre éstas están las ciudades de Chicago y Nueva York, dos de las ciudades más grandes del país y con mayor concentración de población hispana. ¿Hay personas que hablan español donde tú vives?

¿Hablan Uds. español?
(San Diego, California)

El centro de Miami de noche.

1. **El español en los Estados Unidos.** Trabajando en parejas, hagan una lista de por lo menos cinco personas hispanas famosas que viven en los Estados Unidos. Deben decir lo que hace cada una de estas personas. También deben decir de dónde son y dónde viven, si es posible.

El cuerpo

WB3, WB4, WA2, LA1, R12

Review previously learned parts of the body: *el cuerpo, la cabeza, el brazo, la mano, el dedo, la pierna, el pie.* You may decide to use this opportunity to remind students that just as some words in Spanish that end in -*a* require a masculine article (*el problema, el programa, el mapa, el día*), some words that end in -*o* are feminine and thus require a feminine article (*la mano*).

Lengua en acción: Use this Spanish version of *Simon Says,* entitled *El rey manda* (The King Orders) as a paired or group activity to practice the parts of the body. Say (or have a student say) "*El rey manda...* (name a verb and an appropriate part of the body)." The person making the statements should then watch to see that the other person does what "the king orders": *El rey manda (tocar la cabeza/cerrar los ojos/tocar la pierna derecha/*etc.).

2. **¿Cuál es la pareja?** Escoge en cada grupo las dos palabras que están relacionadas (*related*) de alguna manera.

1. lago	ojos	orejas	peine
2. boca	pescar	dientes	espalda
3. resfriado	irse	gripe	corazón
4. gripe	pierna	rodilla	cena
5. cabeza	cara	pie	cinturón
6. mano	doler	tina	dedo
7. izquierdo	niño	derecho	resfriado
8. enfermero	espejo	dedo	médico
9. niño	visitar	niña	sentirse
10. codo	brazo	lago	cita

3. ¿Cómo se conectan? Conecta lógicamente las frases de la columna *A* con las partes del cuerpo apropiadas de la columna *B*.

¿Qué ves? (Tikal, Guatemala)

A	B	
1. Comemos con...	A. ...los dedos.	3. 1. D
2. Caminamos con...	B. ...los ojos.	2. F
3. A mi amigo no le gusta cepillarse...	C. ...la cara.	3. E
4. Vemos con...	D. ...la boca.	4. B
5. Tocamos algo con...	E. ...el pelo.	5. A
6. A veces mi amiga se maquilla...	F. ...los pies.	6. C
7. Oímos con...	G. ...los oídos.	7. G
8. Mi amigo escribe con...	H. ...la mano izquierda.	8. H

4. Adivina, adivinador/a. ¿A qué partes del cuerpo se refieren (*are referred*) **las siguientes adivinanzas** (*riddles*)?

1. Son largas y las usas para correr.
2. Está entre la cabeza y los hombros.
3. Está en el pecho. No podemos vivir sin él.
4. Es de color rosado y está en la boca.
5. Son largos y los usas para dar abrazos.
6. Está entre los ojos.
7. Están en la cara y los usas para ver.
8. Están en los pies y las manos y son veinte en total.
9. Son de color blanco y están en la boca.
10. Está entre el hombro y la mano.

4. 1. Son las piernas.
2. Es el cuello.
3. Es el corazón.
4. Es la lengua.
5. Son los brazos.
6. Es la nariz.
7. Son los ojos.
8. Son los dedos.
9. Son los dientes.
10. Es el codo.

Additional activity: Have students work in pairs to invent their own *adivinanzas*.

¿De quién son estos dientes?

WB5, WA3, LA2, R13

Note that this *A propósito* preteaches commands, which are more thoroughly explained in *Lección 3*.

¿Qué oyes en la oficina del médico?

Siéntate.	*Sit down.*
Abre la boca.	*Open your mouth.*
Saca la lengua.	*Stick out your tongue.*
Di *aaaaa*.	*Say aaaaa.*
Toca la nariz.	*Touch your nose.*
¿Cómo te sientes?	*How do you feel?*
¿Qué te duele?	*What hurts?*

¿Qué puedes contestar?

Me siento cansado/a.	*I feel tired.*
No me siento bien.	*I do not feel well.*
Me duele/Me duelen....	*My...hurts/hurt.*

WB6

5. Creative self-expression.

5. En la oficina del médico. Trabajando en parejas, una persona hace el papel de un médico (una médica) y la otra hace el papel de un paciente (una paciente). El médico (La médica) debe preguntarle cómo se siente y qué le duele, debe decirle lo que debe hacer durante el examen y, por último, debe recomendarle lo que debe hacer para mejorarse *(to get better)*. Después deben cambiar los papeles.

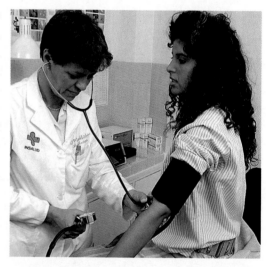

¿Cómo te sientes?

6. This is a TPR activity. Students should observe one another as they give their commands to be sure their classmates have responded correctly. Circulate and spot-check student work for problems. (You may wish to inform students that you will select two or three pairs of students to perform several commands for the class.)

6. Las partes del cuerpo. Trabajando en parejas, alterna con tu compañero/a en decirle a la otra persona qué parte del cuerpo debe tocar. Mira para ver si tu compañero/a toca la parte del cuerpo correcta. Cada estudiante debe mencionar ocho partes del cuerpo.

Modelo: A: Toca la nariz.
            B: *(Student B should touch his/her nose.)*

7. **A dibujar. Haz un dibujo de un monstruo** *(monster)*, **usando las siguientes indicaciones.**   7. Creative self-expression.

El monstruo tiene una cabeza grande y un corazón pequeño. En la cara, tiene un ojo grande y negro. La nariz es fea, y el monstruo tiene una boca grande con dos dientes y una lengua delgada y larga. A los lados de la cabeza tiene dos orejas pequeñas y sobre la cabeza tiene sólo tres pelos. El cuello es delgado y largo y el pecho es pequeño. Tiene tres brazos cortos y en cada brazo tiene una mano con seis dedos. Las piernas no son muy largas y tiene dos pies con tres dedos cada uno.

Estructura

Otras construcciones reflexivas

WB7, WA4, R14

Some verbs have both a reflexive and nonreflexive form but do not reflect any obvious action back upon the subject of the sentence. The meaning of these verbs changes considerably when they are used reflexively.

comer to eat	➡ *comerse* to eat up
dormir (ue, u) to sleep	➡ *dormirse (ue, u)* to fall asleep
ir to go	➡ *irse* to leave, to go away
llevar to take, to carry	➡ *llevarse* to take away, to get along
preguntar to ask	➡ *preguntarse* to wonder, to ask oneself

¿Para dónde se van?

Compare the following:

*Mario **duerme** mucho.*
*Muchas veces **me duermo** antes de las diez.*

Mario **sleeps** a lot.
I often **fall asleep** before ten.

8. **De visita. Completa las siguientes oraciones, escogiendo la forma apropiada del verbo.**

8. 1. se durmió
2. durmió
3. va
4. Se lleva
5. está comiendo
6. Se está
   preguntando
7. preguntarle
8. irse

1. Jorge *(durmió/se durmió)* temprano ayer.
2. No *(durmió/se durmió)* bien porque va a viajar hoy.
3. Hoy *(va/se va)* a estar muy contento porque va a ver a sus tíos en Chicago.
4. *(Lleva/Se lleva)* muy bien con sus tíos y sus primos.
5. Ahora *(está comiendo/se está comiendo)* antes de salir.
6. *(Está preguntando/Se está preguntando)* si va a poder pescar en el Lago Michigan, lo que le gustaría mucho.
7. Quiere llamar a su primo, Carlos, para *(preguntarle/preguntarse)* si van a ir a pescar.
8. Antes de *(ir/irse)* de la casa, va a pedirles dinero a sus padres.

Está comiendo churros y chocolate. (San Sebastian, España)

9. **En Chicago. Cuando Jorge visita a sus primos muchas cosas pasan. Di lo que pasa, completando las siguientes oraciones con la forma apropiada de los verbos entre paréntesis.**

> **Modelos:** Los primos de Jorge *(dormir)* muy poco.
> Los primos de Jorge *duermen* muy poco.
>
> Jorge *(dormirse)* temprano para despertarse temprano.
> Jorge *se duerme* temprano para despertarse temprano.

9. 1. van
2. se van
3. lleva
4. le pregunta
5. se lleva
6. comen
7. se pregunta
8. se comen

1. Todos *(ir)* al Lago Michigan a las cinco y media de la mañana.
2. Jorge y sus primos *(irse)* de la casa para pescar en el Lago Michigan bien temprano.
3. El tío de Jorge *(llevar)* a los chicos en su carro nuevo.
4. Carlos siempre *(preguntarle)* a él todo lo que Jorge sabe sobre cómo pescar.
5. Jorge *(llevarse)* muy bien con Carlos.
6. Ellos *(comer)* perros calientes.
7. La tía de Jorge siempre *(preguntarse)* a qué hora van a volver de pescar.
8. A la hora de la comida, Jorge y sus primos *(comerse)* todo el pescado.

10. **Tu viaje. Contesta las siguientes preguntas. Puedes inventar la información si quieres.**

1. ¿Cuándo piensas irte de viaje?   10. Answers will vary.
2. ¿Adónde vas a ir?
3. ¿Qué te divierte a ti cuando viajas?
4. ¿Qué tipo de comida comes cuando viajas?
5. Cuando en un viaje vas a un restaurante, ¿te comes siempre todo lo que pides? Explica.

Se despiden con un abrazo.

A propósito

Más sobre los verbos reflexivos

Some verbs are reflexive due to their own nature or meaning, although they might not be reflexive in English.

acostumbrarse	to get used to	*equivocarse*	to make a mistake
broncearse	to tan	*olvidarse*	to forget
caerse	to fall down	*reunirse*	to get together
despedirse (i, i)	to say good-bye	*sentirse (ie, i)*	to feel

Note: The verb *caer(se)* is regular in the present tense, except for the first-person singular form *(me) caigo*. The preterite tense of *caer(se)* is conjugated following the pattern of the verb *leer: caí, caíste, cayó, caímos, caísteis, cayeron.* The present participle of *caer (caerse)* is *cayendo (cayéndose).*

WB8, WA5, R15

In order to familiarize students with the present tense, the preterite tense and the present progressive forms of the verb *caer(se)*, try this simple rote practice: Name a verb tense; then give several students various subject pronouns (or people's names) that they must conjugate correctly in the named tense. Add a creative element by having students use *caer(se)* in a sentence. You may wish to give some examples: *¿Cuándo te caes? Yo me caigo cuando esquío.*

11. **En el viaje. Selecciona de la columna B una respuesta apropiada para cada una de las preguntas de la columna A.**

A	B
1. ¿Se divierten mucho o me equivoco?	A. No. Sólo tomo un poco de sol.
2. ¿Te bronceas?	B. No me preocupo de nada.
3. ¿De qué te preocupas?	C. Me siento muy bien.
4. ¿Me siento allí?	D. Te equivocas, estamos muy aburridos.
5. ¿Nos reunimos con nuestros abuelos después del viaje?	E. No. Siéntate aquí.
6. ¿Cómo te sientes?	F. Sí, los vamos a visitar a su casa.

11. 1. D
    2. A
    3. B
    4. E
    5. F
    6. C

Point out for students that *me siento* can mean "I feel" or "I sit down."
As is often the case, the context provides the clue as to the meaning here: *Me siento muy bien.* (I feel very well.)

12. La familia de Jorge. Jorge escribió una composición sobre los viajes con su familia. Completa el siguiente párrafo con la forma apropiada de los verbos entre paréntesis.

Mi familia y yo viajamos mucho. Antes de viajar, nosotros vamos al médico sólo para saber que estamos bien. También, antes de viajar, nos gusta ir de compras. Mis hermanos 1. (comprarse) algo para broncearse y mi hermana 2. (comprarse) algo para 3. (bañarse) en la playa. A la hora de salir, mi hermana 4. (despedirse) de su perro. Yo no puedo 5. (acostumbrarse) a eso. Mi padre siempre me pregunta si yo no 6. (olvidarse) de nada. El dice que nosotros siempre 7. (olvidarse) de algo. Es verdad, yo siempre 8. (olvidarse) de algo. El casi nunca 9. (equivocarse) cuando dice algo. Cuando vamos a una playa, mis hermanos 10. (broncearse) y yo 11. (irse) a nadar porque a mí no me gusta broncearme. Mi madre siempre 12. (preocuparse) cuando no estamos todos juntos, pero yo le digo que no debe preocuparse. Lo mejor de todo, cuando viajamos, es que nosotros 13. (divertirse) mucho.

13. ¿Quién? Imagina que tú y tu hermano fueron a Miami a visitar a tus tíos de la Florida y tus padres te hacen algunas preguntas acerca del viaje. Trabajando en parejas, alterna con tu compañero/a de clase en hacer y contestar preguntas.

> **Modelo:** reunirse con Uds./los amigos de mi tía
> **A:** ¿Quiénes se reunieron con Uds.?
> **B:** Los amigos de mi tía se reunieron con nosotros.

1. broncearse primero/Daniel y Mónica
2. olvidarse llevar traje de baño/Carlos
3. comprarse algo/yo
4. caerse a la piscina/Gloria
5. preocuparse más/tú
6. despedirse de la tía/él
7. divertirse mucho/todos

Se divierten mucho en la piscina.

13. 1. ¿...se broncearon...?/ ...se broncearon....
2. ¿...se olvidaron...?/...se olvidó....
3. ¿...se compraron...?/ ...me compré....
4. ¿...se cayeron...?/ ...se cayó....
5. ¿...se preocuparon...?/ ...te preocupaste....
6. ¿...se despidieron...?/ ...se despidió....
7. ¿...se divirtieron...?/ ...nos divertimos....

Una cita con el médico

el enfermero   la enfermera

LA3, R16
Take this opportunity to discuss with your students the hazards of smoking. You may wish to contact a school counselor for suggestions. In addition, you may be able to contact a local health organization and request materials in Spanish on the dangers of smoking.

In addition to *¿Qué tienes?*, *¿Qué te pasa?*, *¿Qué te duele, ¿Te duele algo?*, *¿No te sientes bien?* and *¿Te sientes mal?* are just some of the many expressions used to ask about another person's health.

No fume.

DR. ROA: ¿Qué tienes?
JAVIER: Bueno, doctor, algunas veces me duele el pecho y me siento mal.
DR. ROA: ¿Tú **fumas?°**
JAVIER: A veces.
DR. ROA: ¿Cuántos años tienes?
JAVIER: Tengo dieciocho años. ¿Qué me pasa, doctor?
DR. ROA: ¡Creo que tu problema son esos **cigarrillos** que estás fumando!
JAVIER: ¿Me va a dar alguna **medicina?**
DR. ROA: Sí. Antes de acostarte debes tomar esto y debes **dejar de°** fumar. Tienes que hacer más **ejercicio** y **cuidarte°** mejor. La **enfermera** te va a dar otra **cita.°** Quiero verte en un mes.
JAVIER: Muchas gracias, doctor. Adiós.

fumas *smoke*   **dejar de** *to stop, to quit*   **cuidarte** *take care of yourself*   **cita** *appointment*

¿Qué comprendiste?

1. ¿Qué le duele a Javier?
2. ¿Cómo se siente él algunas veces?
3. ¿Cuántos años tiene Javier?
4. ¿Qué debe dejar Javier?
5. ¿Cuándo debe tomar la medicina Javier?
6. ¿Quién le va a dar una cita a Javier?

1. A Javier le duele el pecho.
2. El se siente mal algunas veces.
3. Javier tiene dieciocho años.
4. Javier debe dejar de fumar.
5. Javier debe tomar la medicina antes de acostarse.
6. La enfermera le va a dar una cita a Javier.

Charlando

1. ¿Cuántos años tienes?   Answers will vary.
2. ¿Crees que fumar cigarrillos es malo para el corazón? Explica.
3. ¿Haces algún ejercicio? ¿Cuál?
4. ¿Qué haces para cuidarte?
5. ¿Cuándo tienes una cita con el/la médico/a?

Realia

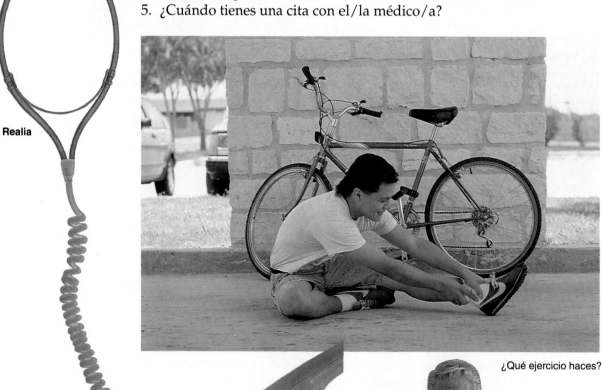

¿Qué ejercicio haces?

SERVICIOS MEDICOS COLPATRIA

¿Cuándo vas al médico?

A propósito

Verbos parecidos

Some verbs might seem like they should be reflexive, but they are not. They follow the pattern you have learned for *gustar* and are normally used with an indirect object pronoun.

- *doler (ue)* (to hurt, to suffer pain from)

    *A Javier **le duele** el pecho.*   Javier's chest hurts.

¿Qué le duele?

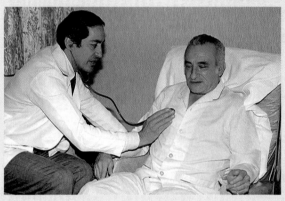

Me gusta pescar aquí. (México)

- *gustar* (to like, to be pleasing)

    ***Nos gusta** pescar mucho.*   We like to fish a lot.

- *hacer falta* (to be necessary, to be lacking)

    ***Les hace falta** descansar un poco.*   They need to rest a little.

- *importar* (to be important, to matter)

    *No **me importa.***   It does not matter to me.

- *quedar bien/mal* (to fit, to be becoming)

    *El azul **le queda** bien.*   Blue looks good on her.

- *parecer* (to seem)

    ***¿Te parece** fácil?*   Does it seem easy (to you)?

Remind students that in Spanish, a definite article usually is used instead of a possessive adjective with reflexive verbs, and with the verbs shown on this page, when referring to a part of the body or to clothing: *Le duele el hombro derecho.*

Additional activity: Have students give complete sentences, combining elements from the following three groups of words:

a ti, a papá, a mis tíos, a mi abuelo, a ellos, a mí, a nosotros; gustar, doler, parecer, importar, hacer falta, quedar; descansar más, bien los sombreros, ir al médico, pescar, el pecho, tener resfriado, dejar de fumar

14. ¿Qué dices? Imagina que tú tienes una reunión social en tu casa. Haz oraciones completas en el presente para decir algo sobre ti y otras personas de tu familia. Usa las siguientes pistas.

Modelo: yo/doler la cabeza por no comer bien
A mí me duele la cabeza por no comer bien.

1. Clarita/parecer que su abuela se siente bien
2. Uds./importar dejar de fumar
3. tú/hacerte falta tomar medicina para la gripe
4. niños/gustarles hacer ejercicio
5. nosotros/no/quedar bien fumar
6. ella/no/importar ir a la cita con el médico
7. ellos/parecerles que la causa del problema es fumar cigarrillos
8. yo/importar mucho hacer ejercicio

14. 1. A Clarita le parece que su abuela se siente bien.
2. A Uds. no les importa dejar de fumar.
3. A ti te hace falta tomar medicina para la gripe.
4. A los niños les gusta hacer ejercicio.
5. A nosotros no nos queda bien fumar.
6. A ella no le importa ir a la cita con el médico.
7. A ellos les parece que la causa del problema es por fumar cigarrillos.
8. A mí me importa mucho hacer ejercicio.

15. ¿Qué les duele? Trabajando en parejas, alterna con tu compañero/a de clase en preguntar y contestar lo que les duele a las siguientes personas.

15. 1. ¿...le duele a...?/Le duele el estómago.
2. ¿...le duele a...?/Le duele la pierna derecha.
3. ¿...les duele a...?/Les duelen las rodillas.
4. ¿...les duele a...?/Les duelen los pies.
5. ¿...te duele a ti?/Me duele el brazo izquierdo.
6. ¿...nos duele a...?/Nos duelen los oídos.
7. ¿...le duele a...?/Le duele la cabeza.
8. ¿...me duele a mí?/Te duele el hombro.

Modelo: Carlos
A: ¿Qué le duele a Carlos?
B: Le duele el dedo del pie.

 1. Laura

 2. Ricardo

 3. ellos

 4. Rogelio y Graciela

 5. tú

 6. nosotros

 7. Javier

 8. yo

16. Nadie se siente muy bien. Hoy todos se sienten enfermos en la familia de Javier. Completa el siguiente párrafo con la forma apropiada de *doler, hacer falta, importar* o *parecer* y el complemento directo o indirecto apropriado, según las indicaciones.

Nadie se siente muy bien hoy en mi familia. Yo tengo gripe y *1. (doler)* todo el cuerpo. Mi hermana cantó mucho ayer y hoy a ella *2. (doler)* la garganta. Pepe, mi hermano, también cree que está enfermo. A él *3. (parecer)* que tiene un resfriado. A mi padre *4. (doler)* la cabeza, pero dice que a él no *5. (importar)*, y a mi madre *6. (doler)* mucho los pies. Creo que a todos nosotros *7. (hacer falta)* descansar mucho. Y tú, ¿cómo estás? ¿*8. (parecer)* que hoy hay alguien enfermo en tu familia? ¿A ti *9.(hacer falta)* descansar?

16. 1. me duele
2. le duele
3. le parece
4. le duele
5. le importa
6. le duelen
7. nos hace falta
8. Te parece
9. Te hace falta

Repaso rápido: las preposiciones

Look at the following list of prepositions in Spanish and see how many you remember. Look up any you do not recognize.

a	de	lejos de
al lado de	desde	para
antes de	después de	por
cerca de	en	sin
con	hasta	sobre

Una tienda sin límites. (Ciudad de México, México)

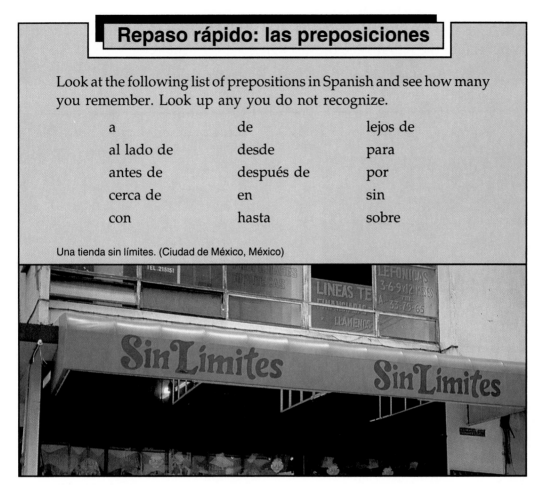

Estructura

Los verbos después de las preposiciones

WB11, WA6, LA6, R17

An infinitive (the form of the verb that ends in *-ar, -er* or *-ir*) is the only form of a verb that can be used after a preposition in Spanish.

*Voy a salir **después de esperar** cinco minutos.*	I am going to leave **after waiting** for five minutes.
*Jorge nunca va a Chicago **sin pescar** en el Lago Michigan.*	Jorge never goes to Chicago **without fishing** in Lake Michigan.

If the verb after the preposition is reflexive, the reflexive pronoun must be attached to the end of the infinitive and must agree with the subject.

***Antes de acostarte,** debes cepillarte los dientes.*	**Before going to bed,** you should brush your teeth.
***Después de bañarme,** yo me visto.*	**After bathing,** I get dressed.
*Nosotros salimos **sin desayunarnos.***	We left **without having breakfast.**

Prefiero ponerme los calcetines
después de ponerme el pantalón.

17. Antes de salir. Escribe oraciones completas, diciendo qué va a hacer cada persona antes de salir. Sigue el modelo.

Modelo: mi hermana y yo/despedirse de doña Angela
Mi hermana y yo vamos a salir después de despedirnos de doña Angela.

1. yo/reunirse con los abuelos
2. mi padre/afeitarse
3. mi madre/maquillarse
4. Marta y su amiga/descansar
5. Alejandro y Jaime/divertirse
6. Mario/almorzar
7. mis primos/ducharse
8. nosotros/lavarse las manos

¿Qué vas a hacer
después de almorzar?

17. 1. (Yo) voy a salir después de reunirme con los abuelos.
2. Mi padre va a salir después de afeitarse.
3. Mi madre va a salir después de maquillarse.
4. Marta y su amiga van a salir después de descansar.
5. Alejandro y Jaime van a salir después de divertirse.
6. Mario va a salir después de almorzar.
7. Mis primos van a salir después de ducharse.
8. Nosotros vamos a salir después de lavarnos las manos.

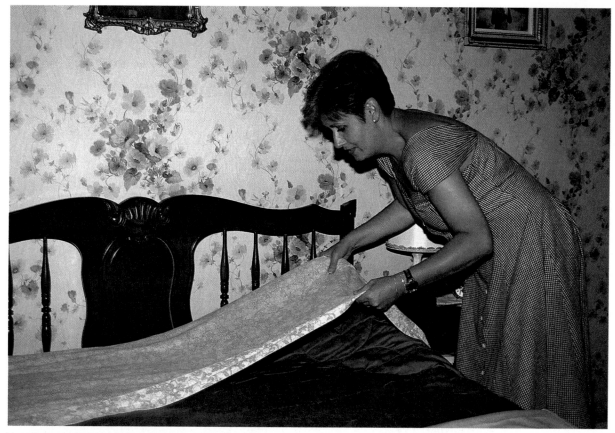

Hago la cama después de levantarme.

18. **¿Qué haces?** Contesta las preguntas para decir lo que haces los sábados antes o después de las siguientes situaciones. Puedes inventar la información si quieres.

1. ¿Qué haces después de levantarte?
2. ¿Qué haces antes de bañarte?
3. ¿Qué haces después de vestirte?
4. ¿Qué haces después de desayunarte?
5. ¿Qué haces antes de acostarte?

18. The second part of each of the following answers will vary:
1. Después de levantarme, yo....
2. Antes de bañarme, yo....
3. Después de vestirme, yo....
4. Después de desayunarme, yo....
5. Antes de acostarme, yo....

19. **¿Qué hacen a veces?** Trabajando en parejas, habla de lo que hacen varios miembros de tu familia los domingos por la mañana, usando las preposiciones *antes de*, *después de* y *sin*, y el infinitivo apropiado para esa situación. Trata de usar algunos verbos reflexivos, si es posible.

19. Creative self-expression.

   Modelo: A: ¿Qué hace tu madre?
           B: A veces mi madre sale para el mercado sin maquillarse.

¡La práctica hace al maestro!

A. *Nos vamos de viaje.*

WB12, R18, R19

Creative self-expression.

Working in groups of three or four students, prepare a dialog in which you discuss preparations for a trip to visit someone in California. Include whom you are going to visit, what things you are going to do before the trip (*ir al médico, comprarse algo, despedirse de alguien*), and how you are planning to have fun and relax during the trip (*pescar, broncearse, olvidarse del colegio por unos días*). Try to use as much new vocabulary and as many new expressions from this lesson as you can. *¡Sean creativos!* (Be creative!)

¿Cómo te preparas para tu viaje a California? (San Francisco, California)

B. *A escribir.* Write a composition of at least ten sentences in Spanish, telling what you will do this Saturday. Include what time you will wake up, what you will do to prepare for the day, what you will do during the day and how you will finish the day. Indicate which activities will occur before or after others. Make up any of the information you wish.

Creative writing practice.

Mi amigo y yo nos reunimos este sábado para ir al cine.

Vocabulario

Adjetivos

derecho,-a
izquierdo,-a

Sustantivos

la boca
la cara
el cigarrillo
la cita
el codo
el corazón
el cuello
el diente
el doctor, la doctora
el ejercicio
el enfermero, la enfermera
la espalda
el estómago
la garganta
la gripe
el hombro
el lago
la lengua
la medicina
la nariz
el niño, la niña
el oído
el ojo
la oreja
el pecho
el resfriado
la rodilla

Verbos

abre *(command)*
acostumbrar(se)
broncear(se)
caer(se)
comer(se)
cuidar(se)
dejar (de)
descansar
despedir(se) (i, i)
di *(command)*
divertir(se) (ie, i)
doler (ue)
dormir(se) (ue, u)
equivocar(se)
fumar
ir(se)
llevar(se)
olvidar(se)
pescar
preguntar(se)
reunir(se)
saca *(command)*
sentir(se) (ie, i)
siéntate *(command)*
toca *(command)*
visitar

Expresiones

irse de viaje

Me gusta pescar en abril en el Río Madison.
(Montana)

Lectura

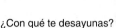
¿Con qué te desayunas?

Preparación

Contesta las siguientes preguntas como preparación para la lectura.

1. ¿A qué hora te despiertas? ¿Alguien tiene que despertarte? Explica.
2. ¿Cuáles son las primeras tres actividades que haces después de levantarte?
3. ¿Quién en tu casa se baña y se viste rápidamente?
4. ¿Con qué te desayunas?
5. ¿Cuántos cognados hay en la lectura *¡Ay, Miguel!*? ¿Cuáles son?

Answers will vary.

¡Ay, Miguel!

Todas las mañanas, cuando Miguel se despierta, no se levanta. Le gusta quedarse en la cama hasta el último momento, cuando su mamá va y lo despierta. Ella siempre piensa que Miguel va a llegar tarde al colegio si no va a despertarlo.

Miguel tiene dos hermanos que siempre se levantan temprano. Ellos le dicen a él, "Nosotros nos bañamos y nos vestimos en cinco minutos". Miguel, desde luego, sabe que eso no es verdad. El les dice, "Nadie se baña y se viste en tan poco tiempo". Entonces, ellos le dicen, "¡Ay, Miguel!, tú nunca estás listo a tiempo. Siempre tenemos que esperarte".

Cuando Miguel va para ducharse, por ser el último, nunca encuentra una toalla limpia y muchas veces no tiene ni jabón para bañarse. ¡Qué problema! Pero él no se preocupa. A veces prefiere no bañarse, y así sale para el colegio. ¡Qué desastre!

Miguel nunca tiene tiempo para desayunarse, pero su mamá siempre le dice, "No puedes ir al colegio sin desayunarte". Ella quiere ver a sus hijos **sanos** y **fuertes,** pero no siempre es así. Hoy Miguel está un poco **débil**. Ayer pescó un resfriado y esta tarde tiene una cita con el doctor. ¡Pobre Miguel!

sanos *healthy* **fuertes** *strong* **débil** *weak*

¡EN ESTA EPOCA DE FRIO TU TE DEBES DE CUIDAR!

Te debes de cuidar cuando hace frío.
(Tucson, Arizona)

Additional questions: ¿Cuántos hermanos tiene Miguel?; ¿Qué tienen que hacer ellos siempre?; ¿Qué no encuentra nunca Miguel cuando va para ducharse?

¿Qué comprendiste?

1. ¿Cuándo se levanta Miguel?
2. ¿Por qué va su mamá a despertarlo?
3. ¿Se levantan tarde los hermanos de Miguel? Explica.
4. ¿En cuánto tiempo dicen los hermanos de Miguel que ellos se bañan y se visten?
5. ¿Cómo prefiere salir Miguel a veces para el colegio?
6. ¿Qué le dice siempre la mamá de Miguel a él a la hora de desayunarse?
7. ¿Por qué va Miguel al médico en la tarde?

Charlando

 Answers will vary.

1. ¿Te despiertas tarde o temprano?
2. ¿En cuánto tiempo te bañas?
3. ¿Te preocupas si tienes que salir para el colegio sin bañarte? Explica.
4. ¿Es importante desayunarse por las mañanas? ¿Por qué?

Additional questions: ¿Tiene que venir alguien a despertarte?; ¿Quién siempre es el último en estar listo en tu casa?; ¿Cuándo tienes una cita con el doctor?

1. El se levanta cuando su mamá lo viene a despertar, no cuando él se despierta.
2. Porque ella piensa que él va a llegar tarde al colegio si ella no va a despertarlo.
3. No. Siempre se levantan temprano.
4. Ellos dicen que se bañan y se visten en cinco minutos.
5. Prefiere salir sin bañarse.
6. Siempre le dice que no puede irse al colegio sin desayunarse.
7. Porque pescó un resfriado y está un poco débil.

1. Todos los días. Completa las siguientes oraciones lógicamente. Usa información personal si quieres.

1. Me gusta acostarme....
2. Me despierto a las....
3. Me gusta levantarme....
4. Me visto en....
5. Me gusta desayunarme con....

1. Answers will vary.

2. ¿De qué color se visten? Haz oraciones, usando la forma apropiada del verbo *vestirse* y las pistas indicadas para decir de qué color se visten hoy tú y tus amigos.

2. 1. Yo me visto de blanco.
2. Verónica y Susi se visten de rojo.
3. Pepe se viste de verde y café.
4. Tú te vistes de negro.
5. Nosotros nos vestimos de azul y rojo.
6. Enrique se viste de gris.
7. Luis se viste de amarillo.
8. Uds. se visten de anaranjado.

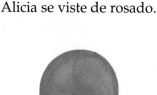

Modelo: Alicia
Alicia se viste de rosado.

1. yo 2. Verónica y Susi 3. Pepe 4. tú

5. nosotros 6. Enrique 7. Luis 8. Uds.

3. **La vida diaria. Trabajando en parejas, alterna con tu compañero/a de clase en hacer y contestar preguntas, usando las pistas.**

> **Modelo:** bañarse todos los días
> **A:** ¿Te bañas todos los días?
> **B:** Sí, (No, no) me baño todos los días.

Me baño todos los días.

1. acostarse tarde
2. cepillarse el pelo por las mañanas
3. lavarse el pelo todos los días
4. despertarse temprano los sábados
5. levantarse tarde los domingos
6. vestirse rápidamente
7. sentarse a comer a las ocho

3. 1. ¿Te acuestas...?/...me acuesto....
    2. ¿Te cepillas...?/...me cepillo....
    3. ¿Te lavas...?/...me lavo....
    4. ¿Te despiertas...?/...me despierto....
    5. ¿Te levantas...?/...me levanto....
    6. ¿Te vistes...?/...me visto....
    7. ¿Te sientas...?/...me siento....

4. **El sábado por la mañana. Todos hacen algo en casa el sábado por la mañana. Haz oraciones completas para decir lo que está pasando. Sigue el modelo.**

> **Modelo:** papá/afeitarse
> Papá se está afeitando./Papá está afeitándose.

1. mamá/maquillarse
2. tío Víctor/bañarse
3. tía Carmen/quemarse la mano cuando prepara unos huevos
4. mis abuelos/ponerse los abrigos antes de salir
5. mi hermana Georgina/quitarse el collar de perlas
6. mis primos/sentarse a la mesa para comer
7. el gato/no calmarse después de ver mi perro

4. 1. ...se está maquillando./...está maquillándose.
    2. ...se está bañando./...está bañándose.
    3. ...se está quemando..../...está quemándose....
    4. ...se están poniendo..../...están poniéndose....
    5. ...se está quitando..../...está quitándose....
    6. ...se están sentando..../...están sentándose....
    7. ...no se está calmando..../...no está calmándose....

5. **Hay que ser cortés. Si invitas a otras personas a tu casa, tienes que ser cortés (courteous). Completa las siguientes oraciones, escogiendo la palabra apropiada.**

> **Modelo:** ¿Puedo llevarte (el/tu) abrigo para el cuarto?
> ¿Puedo llevarte el abrigo para el cuarto?

1. Tienes frío. ¿Deseas ponerte (tu/la) chaqueta?
2. ¿Quieres ir a lavarte (tus/las) manos antes de comer?
3. ¿Quisieras esperar a (los/tus) hermanos?
4. Por favor, ¿puedes quitarte (los/tus) zapatos?
5. ¿Te gustaría desayunarte con (la/mi) prima?
6. ¿Te gustaría quitarte (tu/el) suéter?

5. 1. la
    2. las
    3. tus
    4. los
    5. mi
    6. el

6. **Ayer. Tu amigo/a está muy curioso/a (*curious*) hoy y te pregunta sobre algunas cosas que pasaron ayer. Trabajando en parejas, alterna con tu compañero/a de clase en hacer y contestar preguntas, usando las pistas indicadas. Sigue el modelo.**

> **Modelo:** tú/lavarse el pelo ayer
> **A:** ¿Te lavaste el pelo ayer?
> **B:** Sí, (No, no) me lo lavé ayer.

1. tus padres/despertarse ayer a las cinco de la mañana
2. tú/quedarse ayer en la cama hasta que mamá vino para despertarte
3. tu mamá/cepillarse el pelo ayer por la mañana
4. tu hermana/maquillarse ayer por la mañana
5. Uds./desayunarse ayer con huevos y chocolate
6. tu papá/afeitarse ayer después de desayunarse
7. nosotros/vestirse ayer con el mismo color de pantalón
8. tú/peinarse ayer antes de salir para el colegio
9. tu hermano/bañarse ayer por la noche
10. él/quemarse con agua caliente

7. **Los hermanos gemelos. Javier y Daniel son hermanos gemelos (*twins*) y siempre les gusta hacer todo igual (*the same*). Las siguientes son algunas actividades que ellos hacen los sábados. Cambia (*change*) cada oración de acuerdo con los modelos.**

> **Modelos:** Limpian la casa temprano.
> Se limpia la casa/La casa se limpia temprano.
>
> Hacen las camas después de levantarse.
> Se hacen las camas/Las camas se hacen después de levantarse.

1. Preparan huevos y chocolate a las diez.
2. Lavan los platos después de comer.
3. Ven la televisión en la tarde.
4. Hacen las tareas a las seis.
5. Preparan la comida después de hacer las tareas.

Primero, se prepara
la ensalada.

8. **En el baño.** Haz oraciones completas para decir cuáles son los objetos en este baño.

8. 1. Es un jabón.
2. Es un peine.
3. Es un espejo.
4. Es un excusado.
5. Es un lavabo.
6. Es una ducha.
7. Es un grifo.
8. Es una tina.

Modelo: Es una toalla.

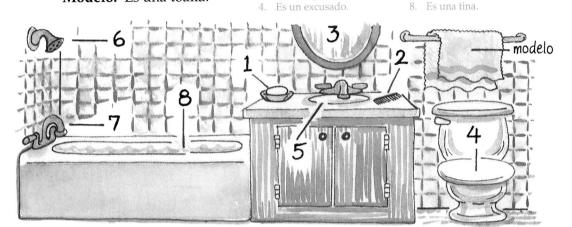

9. **En la tienda.** Imagina que estás en una tienda de compras. Di algo de cada uno de los objetos que hay en la tienda. Sigue el modelo.

Modelo: Pues, este peine es muy grande y tiene bonitos colores; ese peine es pequeño, pero bonito; y aquel peine es feo.

9. Possible answers:
1. ...estos cepillos...; esos cepillos...; aquellos cepillos....
2. ...este espejo...; ese cepillo...; aquel cepillo....
3. ...estas toallas...; esas toallas...; aquellas toallas....
4. ...esta tina...; esa tina...; aquella tina....

10. **Otra vez.** Haz la actividad anterior, usando los pronombres demostrativos. Sigue el modelo.

Modelo: Pues, éste es muy grande y tiene bonitos colores; ése es pequeño, pero bonito; y aquél es feo.

10. Possible answers:
1. ...éstos...; ésos...; aquéllos....
2. ...éste...; ése...; aquél....
3. ...éstas...; ésas...; aquéllas....
4. ...ésta...; ésa...; aquélla....

11. **Aquí se habla español.** En cinco minutos, haz una lista de lugares geográficos en los Estados Unidos con nombres en español. Trata de incluir por lo menos quince lugares. Sigue el modelo. 11. Answers will vary.

Modelo:

Cuerpos de agua	Ciudades	Estados	Otros lugares
Río Grande	Lapaz	Arizona	Sierra Nevada

12. **El cuerpo.** Paquito está en la oficina de la doctora para un examen. Identifica las siguientes partes del cuerpo.

12. Possible answers:
1. el ojo
2. la nariz
3. la pierna derecha
4. la garganta
5. la espalda
6. el hombro
7. el brazo izquierdo
8. el estómago
9. el codo
10. el corazón

Modelo: la lengua

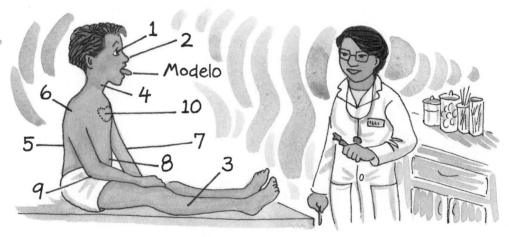

13. **Una visita al médico.** Laura fue a visitar al médico. Completa el siguiente diálogo de una manera lógica.

13. Possible answers:
1. Siéntate
2. duele
3. garganta
4. Abre
5. Saca
6. Di
7. resfriado
8. descansar

LAURA: ¡Hola, doctor Rojas!

MEDICO: ¡Hola, Laura! (1), por favor.

LAURA: Muchas gracias, doctor.

MEDICO: ¿Qué te (2)?

LAURA: Me duele mucho la (3).

MEDICO: Bueno, vamos a mirar. (4) la boca. (5) la lengua. (6) *aaaaa*. Parece que tienes un (7).

LAURA: ¿Qué debo hacer?

MEDICO: Debes (8) y tomar mucha agua.

14. **De vacaciones.** Imagina que tú ya tienes planes para tus vacaciones y tu compañero/a te hace preguntas sobre tus planes. Trabajando en parejas, alterna con tu compañero/a de clase en hacer y contestar preguntas, según las indicaciones. Sigue el modelo.

> **Modelo:** irse de vacaciones a Nueva York/Miami
> **A:** ¿Vas a irte de vacaciones a Nueva York?
> **B:** No, voy a irme de vacaciones a Miami.

1. ir con tus hermanos/mis amigos
2. llevarse mal con tus amigos/bien
3. llevar mucha ropa/poca ropa
4. dormirse temprano/tarde
5. dormir mucho/poco
6. comer poco en el viaje/mucho
7. comerse todo en el viaje/casi todo

¿Vas a irte de vacaciones a Nueva York?

14. 1. ¿Vas a ir con tus hermanos?/ No, voy a ir con mis amigos.
2. ¿Vas a llevarte mal con tus amigos?/No, voy a llevarme bien con mis amigos.
3. ¿Vas a llevar mucha ropa?/No, voy a llevar poca ropa.
4. ¿Vas a dormirte temprano?/No, voy a dormirme tarde.
5. ¿Vas a dormir mucho?/No, voy a dormir poco.
6. ¿Vas a comer poco en el viaje?/ No, voy a comer mucho.
7. ¿Vas a comerte todo en el viaje?/ No, voy a comerme casi todo.

15. **De vacaciones en Los Angeles.** Imagina que tú y tu familia fueron de vacaciones a Los Angeles el verano pasado. Haz oraciones completas con las indicaciones que se dan para decir lo que pasó.

> **Modelo:** mi mamá/no/acostumbrarse a tantos carros.
> Mi mamá no se acostumbró a tantos carros.

1. nosotros/reunirse con nuestros parientes en Los Angeles
2. mi papá/olvidarse de llevar ropa de verano
3. mis hermanas/no/broncearse mucho en la playa
4. yo/sentirse un poco resfriado el primer día
5. mi tía/no/equivocarse al decir que la ciudad es bonita
6. nosotros/despedirse de nuestros tíos el último día

15. 1. Nos reunimos con nuestros parientes en Los Angeles.
2. Mi papá se olvidó de llevar ropa de verano.
3. Mis hermanas no se broncearon mucho en la playa.
4. Yo me sentí un poco resfriado el primer día.
5. Mi tía no se equivocó al decir que la ciudad es bonita.
6. Nos despedimos de nuestros tíos el último día.

16. **El doctor Roa. Imagina que vas al médico y las siguientes son algunas preguntas que te hace. Contesta sus preguntas.**

16.
1. Mi última cita fue....
2. Me siento....
3. ...fumo.
4. Tengo....
5. Sí, (No, no) estoy tomando medicina.
6. Sí, (No, no) hago ejercicio.
7. Sí, algunas veces/ No, nunca dejo de tomar el desayuno.

MEDICO: ¿Cuándo fue tu última cita?
TU: (1)
MEDICO: ¿Cómo te sientes?
TU: (2)
MEDICO: ¿Tú fumas?
TU: (3)
MEDICO: ¿Cuántos años tienes?
TU: (4)
MEDICO: ¿Estás tomando alguna medicina?
TU: (5)
MEDICO: ¿Haces ejercicio?
TU: (6)
MEDICO: ¿Algunas veces dejas de tomar el desayuno?
TU: (7)

Les gusta hacer ejercicio en el Parque de Chapultepec en la Ciudad de México.

17. **Por la mañana. Escribe oraciones completas, diciendo qué va a hacer cada persona después de levantarse. Sigue el modelo.**

Modelo: yo/desayunar
Yo voy a desayunar después de levantarme.

1. mi madre/preparar el desayuno
2. mis hermanos/afeitarse
3. mi hermana/maquillarse
4. nosotros/ducharse
5. tú/leer el periódico
6. mi abuela/hacer la cama
7. mis tías/cepillarse el pelo
8. mi papá y mi tío/vestirse

17.
1. Mi madre va a preparar el desayuno después de levantarse.
2. Mis hermanos van a afeitarse después de levantarse.
3. Mi hermana va a maquillarse después de levantarse.
4. Nosotros vamos a ducharnos después de levantarnos.
5. Tú vas a leer el periódico después de levantarte.
6. Mi abuela va a hacer la cama después de levantarse.
7. Mis tías van a cepillarse el pelo después de levantarse.
8. Mi papá y mi tío van a vestirse después de levantarse.

La vida diaria

This section provides a visually interesting thematic review of some expressions that students already have learned to use. As a self-test, have students determine how many of the expressions they recognize and know how to use. You may decide to have students find unknown words in previously studied lessons, or you may choose to have them find expressions they may have forgotten in the vocabulary section at the end of the book.

bañarse · vestirse · feliz · desayunarse · desayuno · Los Angeles · cenar · Se habla español. · desodorante · tina · aquél · cepillo · enfermero · estómago · ésas · grifo · importar · aquello · ¿Qué te duele? · irse · olvidarse · Abre la boca. · descansar · corazón · cara

18. *Expresiones comunes.* **Review the previous expressions, testing yourself on how many you remember. Then, working in pairs or in groups of three, add other related expressions.**

18. This is a self-test. Circulate and help students who are having problems.

19. *A crear.* **Working in groups of three, practice speaking Spanish. Use as many new expressions as possible, beginning with the theme** *la vida diaria* **and continuing on any topic you can discuss in Spanish for at least five minutes.**

19. Creative self-expression.

COMMUNICATIVE FUNCTIONS

- Asking for and giving directions
- Identifying places in the city
- Discussing what is sold in specific stores
- Telling someone what to do
- Ordering from a menu in a restaurant
- Advising and suggesting
- Discussing who and what people know
- Talking about everyday activities
- Telling others what not to do
- Identifying parts of a car
- Advising others in writing

Functions:
- Asking for and giving directions
- Identifying places in the city
- Discussing what is sold in specific stores
- Telling someone what to do
- Ordering from a menu in a restaurant
- Advising and suggesting

WB1, WA1, LA1, R1

En el centro

Encourage your students to guess the meaning of the command forms: *sigue* (continue, keep on), *ve* (go) and *camina* (walk). The informal affirmative commands are explained later in this lesson.

Show students where some of the places mentioned in *Capítulo 2* are located using the maps in the front of the book or the transparencies that are part of this program.

Note that, whereas in *Lección 2* the adjective *derecho* was the equivalent of "right," here *derecho* is the equivalent of "straight ahead" or "straight."

Pedrito, un muchacho **mexicano** *del D.F., está pidiendo* **direcciones** *a un* **policía**....

PEDRITO: Perdón, señor, ¿sabe Ud. dónde hay una **dulcería** en el centro? Quiero comprar unos **dulces.**°

POLICIA: Sí, hay dos dulcerías que están cerca de aquí. Sigue **derecho°** hasta **la próxima° esquina.°** Luego, ve **a la izquierda,°** no, perdón, **a la derecha°** y camina un poco. Hay una al lado izquierdo y si caminas un poco más **adelante,°** hay otra al lado derecho.

PEDRITO: Ah, muchas gracias.

dulces *candy (candies)* **derecho** *straight ahead* **próxima** *next* **esquina** *corner* **a la izquierda** *to the left* **a la derecha** *to the right* **adelante** *ahead, farther on*

¿Qué comprendiste?

Additional questions: *¿A quién le pide direcciones Pedrito?; ¿Dónde están?; Si Pedrito es mexicano, ¿de qué país es él?; ¿Qué es el D.F.?*

1. ¿De qué ciudad es Pedrito?
2. ¿Con quién está hablando?
3. ¿Qué está pidiendo?
4. ¿Qué busca? ¿Qué venden allí?
5. ¿Qué debe hacer el chico para llegar a la dulcería?
6. ¿Cuántas dulcerías hay? ¿Dónde están?
7. ¿Dónde está la iglesia?
8. ¿Qué venden o qué hacen en los diferentes edificios que ves en el dibujo?
9. ¿Qué hay en el edificio alto al lado de la florería?
10. ¿Cuándo tienes que pedir direcciones? ¿A quién se las pides?

¿Dónde compras dulces?

1. Es de México, D.F.
2. Está hablando con un policía.
3. Está pidiendo direcciones.
4. Busca una dulcería. Venden dulces.
5. Debe seguir derecho hasta la próxima esquina. Luego, debe ir a la derecha y caminar un poco.
6. Hay dos dulcerías. Una está al lado izquierdo y hay otra más adelante al lado derecho.
7. Answers will vary.
8. Answers will vary.
9. Hay un(os) apartamento(s).
10. Answers will vary.

WB2, WA2, LA2, R2

Explain that students may sometimes hear regional variations of these words, such as *floristería (florería)*. Other specialty shops include the following: *huevería (huevos), chorrizería (chorrizos), corbatería (corbatas), pollería (pollos), relojería (relojes)*.

A propósito

Las tiendas con *-ería*

In Spanish it is often possible to know what is sold in a store by the store's name alone. For example, in a *librería* you can buy books *(libros)*. In a *cafetería* you will find *café* (coffee). The following is a list of other specialty stores that you will encounter in Spanish-speaking parts of the world. Can you find a connection between the name of the store and what is sold there?

la **florería** *(flores)*   la **papelería** *(papel)*
la **frutería** *(fruta)*   la **zapatería** *(zapatos)*
la **heladería** *(helados)*   la **sombrerería** *(sombreros)*
la **dulcería** *(dulces)*   la **lechería** *(leche)*
la **panadería** *(pan)*   la **carnicería** *(carne)*

La Cevichería

Ceviche de camarón, Langostino, Bombas, Ostras, Palmitos de cangrejo, Cazuelas, Ensaladas de fruta,
Servicio a domicilio:
Tel: 2156508 Cra. 7 No. 121-09

These words have been grouped so students can see a logical pattern for some of the specialty shops: words that end in a consonant add *-ería*; words that end in *-a* and *-o* drop the vowel before adding *-ería*; words that end in *-e* add *ría*. Explain that some words may follow no apparent rule at all.

Have students repeat Activity 1, attaching the direct object pronoun to the infinitive: *Puedo conseguirlas en la florería.*

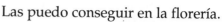

1. ¿En qué tienda lo puedes conseguir? Di en qué tiendas puedes conseguir las siguientes cosas.

1. 1. Los puedo
conseguir en la
sombrerería.
2. Lo puedo
conseguir en la
heladería.
3. Las puedo
conseguir en la
frutería.
4. La puedo
conseguir en la
lechería.
5. La puedo
conseguir en la
carnicería.
6. Los puedo
conseguir en la
papelería.

Modelo:

Las puedo conseguir en la florería.

Lengua en acción:
Working in pairs,
Student A asks
Student B to touch
the store that
Student A names:
Toca la florería.
Have students
alternate between
asking the
question and
responding.

1.   2.   3.

4.   5.   6.

2. Unas tiendas. Trabajando en parejas, alterna con tu compañero/a en hacer y en contestar preguntas, según las indicaciones. Sigue el modelo.

2. 1. ¿Dónde se venden
zapatos?/Se
venden en una
zapatería.
2. ¿Dónde se hace
pan?/Se hace en
una panadería.
3. ¿Dónde se compra
fruta?/Se compra
en una frutería.
4. ¿Dónde se
consiguen
libros?/Se
consiguen en una
librería.
5. ¿Dónde se buscan
flores?/Se buscan
en una florería.
6. ¿Dónde se venden
dulces?/Se
venden en una
dulcería.
7. ¿Dónde se compra
leche?/Se compra
en una lechería.

Modelo: vender/papel
   A: ¿Dónde se vende papel?
   B: Se vende en una papelería.

1. vender/zapatos
2. hacer/pan
3. comprar/fruta
4. conseguir/libros
5. buscar/flores
6. vender/dulces
7. comprar/leche

¿Dónde puedes
comprar papel?

Esta es mi dulcería.
(Oaxaca, México)

En el centro (continuación)

See if students can
guess the meaning
of the command
forms: *hazlo* (do it),
mira (look) and
préstame (lend me).

la moneda

ADRIANA: María, **para°** un segundo. ¿Vas a llamar a tu apartamento?

MARIA: Sí, pero no sé cuándo.

ADRIANA: Bueno, hazlo ahora. Mira, en la otra **cuadra°** hay un teléfono público al
lado de la florería.

MARIA: Está bien. Préstame una **moneda°** porque no tengo ninguna.

ADRIANA: Espera, aquí tienes una. ¡Vamos!

para *stop*   **cuadra** *city block*   **moneda** *coin, money*

¿Qué comprendiste?

1. ¿Quién va a llamar a su apartamento?
2. ¿Cuándo lo va a hacer?
3. ¿Cuándo le dice Adriana a María que debe llamar?
4. ¿Por qué dice eso Adriana?
5. ¿Dónde está el teléfono público?
6. ¿Qué pide prestado María?

1. María va a llamar a su
   apartamento.
2. Ella no sabe cuándo va a
   llamar.
3. Ella le dice que debe llamar
   ahora.
4. Porque ella ve un teléfono
   público en la otra cuadra.
5. Está al lado de la florería.
6. Pide prestada una moneda.

Additional
questions: *¿Qué
hay al lado de la
florería?; ¿Qué no
tiene María?*

Charlando   Answers will vary.

1. ¿Qué tiendas hay en el centro de tu ciudad?
2. ¿Hay almacenes cerca de tu casa? ¿De qué tipo?
3. ¿Qué otros edificios hay en tu ciudad?
4. ¿Qué es lo que más te gusta de una ciudad? ¿Qué te gusta de tu ciudad?
5. ¿Qué es lo que menos te gusta de una ciudad? ¿Qué no te gusta de tu
   ciudad?
6. ¿Vives en un apartamento o en una casa?

Additional questions: *¿Cómo
se llaman unas tiendas cerca de
tu casa?; ¿Qué se vende en esas
tiendas?; ¿Cuál es tu tienda
favorita? ¿Por qué?; ¿Te gusta ir
al centro de la ciudad? Explica;
¿Cómo llegas al centro de la
ciudad?; ¿Prefieres ir de compras
solo/a o con amigos?; ¿Vives
cerca o lejos del colegio?; ¿Hay
muchos edificios donde vives?*

The Mayan influence can be seen in the ruins at *Chichén Itzá, Tulum* and *Uxmal.*

WB3, LA3

Prereading activity: Prepare students for this cultural reading in Spanish by preparing a list of information that students know about Mexico. Write the list on the chalkboard for students to add to after they have read the *A propósito.* Next, show students a map of Mexico and surrounding countries and bodies of water and discuss where the named countries and cities are located.

The exact dates when these civilizations originated in Mexico are uncertain. Approximate dates are as follows: *la olmeca, 1500-1000 a.C.* (B.C.); *la maya, 100-500 d.C.* (A.D.); and *la tolteca, 900 d.C.*

A propósito

México

México, cuyo *(whose)* nombre oficial es los Estados Unidos Mexicanos, es el segundo país más grande de todos los países de habla hispana, después de la Argentina. Está ubicado *(located)* entre los Estados Unidos al norte, los países de Guatemala y Belice al sur, el Océano Pacífico al suroeste y el Golfo de México al este. La Ciudad de México, *D.F.,* también conocida *(known)* como el *D.F.,* es la capital del país. Otras ciudades principales son Guadalajara, Monterrey, Puebla y Ciudad Juárez.

La Ciudad de México, D.F.

La historia de México es vasta. Sus primeros habitantes estuvieron en la región hace más de doce mil años. Civilizaciones importantes llegaron después, como la olmeca, la maya y la tolteca.

Puebla es una ciudad importante en México.

El arte olmeca en el Museo Antropológico Nacional. (México, D.F.)

Un templo maya. (Chichén Itzá, México)

120

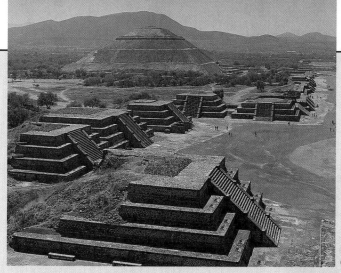

La influencia española se ve en la arquitectura colonial de la ciudad de Taxco.

La Pirámide del Sol. (Teotihuacán, México)

Más tarde vinieron los aztecas (o mexicas). Fundaron *(They founded)* la ciudad de Tenochtitlán en 1325, lo que hoy es la Ciudad de México. Al noreste de la capital está Teotihuacán, donde los aztecas construyeron *(constructed)* dos grandes pirámides, la del Sol y la de la Luna *(Moon)*.

El conquistador español, Hernán Cortés, llegó a la costa del Golfo de México en 1519. Luego, tomó control de la ciudad de Tenochtitlán en 1521, empezando así el período de colonización por los españoles. México consiguió su independencia de España en 1821. La revolución mexicana de 1910 continuó la evolución cultural e histórica del país.

Como las ruinas de las civilizaciones antiguas, las pirámides de los aztecas y la arquitectura colonial española, las obras *(works)* de artistas como Diego Rivera (1886-1957), Frida Kahlo (1910-1954), José Clemente Orozco (1883-1949) y David Alfaro Siqueiros (1898-1974) mantienen *(maintain)* hoy viva *(alive)* la historia de México.

El arte de Diego Rivera mantiene hoy viva la historia de México en el Palacio de Cortés. (Cuernavaca, México)

Ruinas mayas en el Yucatán. (Tulum, México)

The Mexican town of Taxco is well known for its silver mines and its colonial architecture.

3. México. Contesta las siguientes preguntas sobre México.

1. ¿Cuál es el nombre oficial de México?
2. ¿De qué otra forma se llama a la Ciudad de México? ¿Qué quieren decir estas letras?
3. ¿Cuáles son algunas ciudades principales de México?
4. ¿Qué civilizaciones importantes estuvieron en México?
5. ¿Quiénes fundaron la ciudad de Tenochtitlán?
6. ¿Qué construyeron los aztecas en Teotihuacán?
7. ¿En qué año consiguió México su independencia?
8. ¿Quiénes son algunos artistas mexicanos importantes?

As enrichment, consider having one or more students do a report on a topic of interest that was mentioned in this *A Propósito*.

As an alternative activity, have artistically inclined students create a hanging mural, a poster or other artwork that depicts some aspect of what they have learned about Mexico.

3. 1. El nombre oficial de México es los Estados Unidos Mexicanos.
2. Se llama a la Ciudad de México el *D.F.* Quieren decir *Distrito Federal.*
3. Algunas ciudades principales de México son Guadalajara, Monterrey, Puebla y Ciudad Juárez.
4. Las civilizaciones olmeca, maya, tolteca y azteca estuvieron en México.
5. Los aztecas fundaron la ciudad de Tenochtitlán.
6. Construyeron la pirámide del Sol y la pirámide de la Luna.
7. México consiguió su independencia en 1821.
8. Diego Rivera, Frida Kahlo, José Clemente Orozco y David Alfaro Siqueiros son importantes artistas de México.

Un mural de David Alfaro Siqueiros. (México, D.F.)

WB4, WB5, WB6,
WA3, WA4, LA4, R3,
R4, R5

Estructura

El mandato afirmativo informal

Point out that the subject pronouns are not usually used with the *tú* commands.

Use a command (*el imperativo*) to give advice and to tell people what you would like them to do. In Spanish, commands may be either informal or formal, singular or plural. Singular informal affirmative commands normally use the present-tense *él/ella* form of a verb. Verbs that require a spelling change and verbs with changes in their stem in the present tense usually have the same change in the informal singular command. The following are just some of the singular informal commands you already have heard or seen.

Note for students that the stem change that is required for singular informal affirmative commands is denoted by the first set of letters shown in parentheses after listed infinitives in *Somos así 2: pedir (i, i)* ➡ *pide; cerrar (ie)* ➡ *cierra.*

***Habla** en español.*	Speak in Spanish.
***Escribe** en la pizarra.*	Write on the blackboard.
***Abre** la puerta.*	Open the door.

and:

***Cierra** la puerta.*	Close the door.
***Continúa** leyendo.*	Continue reading.
***Sigue** caminando derecho.*	Keep walking straight ahead.

A few verbs have irregular *tú* commands. This would be a good place to review syllabification and accentuation. (See the Appendices.)

| decir | **di** | ir | **ve** | salir | **sal** | tener | **ten** |
| hacer | **haz** | poner | **pon** | ser | **sé** | venir | **ven** |

Object and reflexive pronouns follow and are attached to affirmative informal commands: *dime* (tell me). Add an accent mark to commands with more than one syllable that have an attached pronoun: *siéntate* (sit down). When using two object pronouns with the same verb, remember that the indirect object pronoun occurs first: *préstamelo* (lend it to me).

4. De viaje. Lee el siguiente aviso *(advertisement)* y trata de encontrar cinco mandatos informales.

4. Answers: *planifica, revisa, lleva, examina, conduce.*

Review some of the commands students have learned to recognize in activity instructions. For example, point out to students that in Activity 4, *lee* (read) and *trata* (try) are singular, informal *(tú)* commands.

5. ¿Necesitan un acento? Pon los acentos en los siguientes mandatos sólo si son necesarios.

5. hazla, cómpraselas, ábremelos, espéranos, sé, dímelo, háblame, cierra, sigue, continúa

hazla	compraselas	abremelos	esperanos	se
dimelo	hablame	cierra	sigue	continua

6. ¿Qué recuerdas? Conecta lógicamente los mandatos con las ilustraciones apropiadas.

6. 1. F
2. E
3. C
4. G
5. H
6. A
7. B
8. D

A.

B.

C.

D.

E.

F.

G.

H.

1. Abre la ventana.
2. Ciérrala.
3. Escribe en el cuaderno.
4. Léelo.
5. Dibuja un puente.
6. Siéntate.
7. Dime tu nombre.
8. Ve a la zapatería.

7. Dando órdenes. Da el mandato informal para los siguientes verbos.

7. 1. Para.
2. Come.
3. Escribe.
4. Baila.
5. Escoge.
6. Promete.
7. Continúa.
8. Duerme.
9. Vuelve.
10. Sigue.
11. Repite.
12. Piensa.

Modelo: hablar
Habla.

1. parar
2. comer
3. escribir
4. bailar
5. escoger
6. prometer
7. continuar
8. dormir
9. volver
10. seguir
11. repetir
12. pensar

Pili, come. (Torreón, México)

8. **En la ciudad.** Imagina que estás visitando la ciudad con un grupo de niños. Usa las siguientes indicaciones para decirles lo que deben hacer.

> **Modelo:** Pedrito, <u>espera</u> más adelante al lado del teléfono público. *(esperar)*

1. Anita, <u>(1)</u> en la esquina cerca de la iglesia. *(parar)*
2. Pablito, <u>(2)</u> conmigo. *(venir)*
3. Danielito, <u>(3)</u> las manos en aquel baño. *(lavarse)*
4. Rosita, <u>(4)</u> a la derecha aquí. *(ir)*
5. Juanita, <u>(5)</u> buena. *(ser)*
6. Paquito, <u>(6)</u> direcciones a ese policía. *(pedir)*
7. Alejandro, <u>(7)</u> derecho hasta la estación de autobuses. *(continuar)*
8. Carmen, <u>(8)</u> este mapa. *(tener)*
9. Quique, <u>(9)</u> esa vitrina. *(mirar)*
10. Clarita, <u>(10)</u> el suéter. *(ponerse)*
11. María, <u>(11)</u> de esa tienda. *(salir)*
12. Mario, ¡<u>(12)</u>! *(cuidarse)*

Pide direcciones a ese policía, por favor.

8. 1. ...para....
   2. ...ven....
   3. ...lávate....
   4. ...ve....
   5. ...sé....
   6. ...pide....
   7. ...continúa....
   8. ...ten....
   9. ...mira....
  10. ...ponte....
  11. ...sal....
  12. cuídate

Imagina and *usa* are *tú* commands.

As a variation of Activity 8, you may ask students to imagine the commands their parents give them at home. They should then give these commands to classmates who will act out the activity (examples: *saca la basura, lava los platos, arregla tu cuarto*, and so on).

9. **¿Qué hago?** Trabajando en parejas, alterna con tu compañero/a de clase en hacer y en contestar las siguientes preguntas con mandatos informales, según el modelo y las indicaciones que se dan.

> **Modelo:** **A:** ¿A quién le leo la lista? (a Marta)
> **B:** Léela a Marta.

1. ¿Qué te cierro? (la puerta del carro)
2. ¿A quiénes les limpio las vitrinas? (a los abuelos)
3. ¿Qué les doy a Uds.? (el mapa de la ciudad)
4. ¿Dónde te compro el sombrero? (en la sombrerería)
5. ¿Qué le recuerdo a Julio? (visitar el monumento)
6. ¿Qué te digo? (cuánto dinero necesitas)
7. ¿A quién le pido ayuda? (al policía)

Have students repeat Activity 9, responding with two object pronouns (*Ciérramela, Límpiaselas,* etc.).

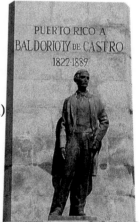

¿Qué le recuerdo a Julio? (San Juan, Puerto Rico)

PUERTO RICO A BALDORIOTY DE CASTRO 1822-1889

9. 1. Ciérrame la puerta del carro.
  2. Límpialas a los abuelos.
  3. Danos el mapa de la ciudad.
  4. Cómprame el sombrero en la sombrerería.
  5. Recuérdale visitar el monumento.
  6. Dime cuánto dinero necesitas.
  7. Pídela al policía.

10. **¡Ahora mismo!** Trabajando en parejas, alterna con tu compañero/a en dar mandatos sobre actividades en la clase. Cada estudiante debe dar cinco mandatos, usando los complementos directos e indirectos apropiados. La otra persona debe hacer los mandatos.

Modelos: **A:** *(Hand a closed book to* **B.***)* Abrelo.   10. Creative self-expression.
B: *(Open the book.)*

B: *(Point at a window.)* Ciérrala.
A: *(Close the window.)*

En un restaurante en la ciudad

el camarero

CARLOS:	¿Qué comemos?
ADRIANA:	Comamos comida mexicana.
CAMARERO:	¿Qué le gustaría **ordenar,**° señorita?
ADRIANA:	Pues, yo quiero unas **tortillas**° y una **enchilada** de pollo.
CAMARERO:	¿Algo de tomar?
ADRIANA:	Sí. Por favor, tráigame un **jugo**° de naranja.
CAMARERO:	¿Y el señor?
CARLOS:	Yo quiero unos **tacos,** una ensalada de aguacate y un vaso con agua.

CAMARERO: ¿Algo más?

CARLOS: Sí, **camarero.** Por favor, dígame, ¿dónde hay un baño?

CAMARERO: Siga derecho hasta esa puerta. Luego, vaya a la derecha por el **corredor,** y allí está el baño de los **caballeros.**°

CARLOS: Muchas gracias.

ordenar *to order*   **tortillas** *cornmeal pancakes*   **jugo** *juice*   **caballeros** *gentlemen*

¿Qué comprendiste?

1. ¿Dónde están los muchachos?
2. ¿Qué ordena la señorita?
3. ¿Qué quiere tomar Adriana?
4. ¿Qué pide Carlos?
5. ¿Qué más quiere saber Carlos?
6. ¿Qué debe hacer Carlos para llegar al baño de los caballeros?

1. Están en un restaurante.
2. La señorita ordena unas tortillas y una enchilada de pollo.
3. Quiere tomar un jugo de naranja.
4. Carlos pide unos tacos, una ensalada de aguacate y un vaso con agua.
5. Quiere saber dónde hay un baño.
6. Debe seguir derecho hasta la puerta. Luego, debe ir a la derecha por el corredor.

Additional questions: *¿Cómo se lama la señorita?; ¿Quiere tomar Adriana un vaso con agua?; ¿Qué quiere tomar Carlos?*

Camarero, tráigame jugo de naranja y unos tacos, por favor.

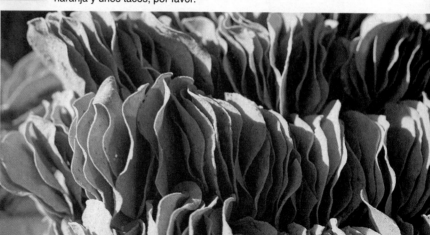

A propósito

WB7, WA5, R6

Las comidas nacionales

The foods that are popular in one part of the world are often totally different from what is enjoyed elsewhere. For example, *tacos* and *enchiladas* are two foods that have their origins in Mexico. You already may have eaten one of these foods since they are also popular throughout the United States. However, you would be wrong to presume that these foods are the daily fare for everyone who speaks Spanish. Every country has its own unique cuisine.

¿Qué te gustaría comer?

The *tortilla* is almost a national food in Mexico. Although usually made from cornmeal *(masa de maíz)*, *tortillas* also may be made from wheat flour *(masa de trigo)*. This thin, breadlike pancake frequently is wrapped around various meats and vegetables to make tacos and other popular dishes. *Tortillas* are popular in Spain also, but there the word refers to an omelet. The traditional *tortilla española* is, in fact, a cold omelet with potatoes that may also contain vegetables *(verduras)*, cheese *(queso)* and a type of meat, such as ham *(jamón)*.

Un plato de frijoles con queso.

Other common foods in Mexico include *tamales*, which consist of seasoned cornmeal *(masa)* that is wrapped and cooked in corn husks *(hojas de maíz)*, a popular Mexican corn-based stew called *pozole* and *mole* (turkey or chicken that is cooked in a spicy, bittersweet chocolate sauce). Many Mexican foods are served with *salsa picante* (a spicy sauce made of hot peppers, tomatoes and onions).

¿Son tortillas de maíz o de trigo? (Ixmiquilpan, México)

¿Cómo te gusta comer
el maíz?

As a prereading
activity have
students present
reports on
Hispanic foods, or
have them prepare
foods and discuss
them in class. Some
of the more
unusual foods that
students may find
interesting include
menudo ("cow
intestine soup"—a
broth made with
beef entrails) and
hormigas fritas
(large deep-fried
ants), which are
popular in the
Santander region
of northeast
Colombia.

Sometimes foods with the same name in two countries may be prepared very differently. In Central America, corn serves as the main ingredient in several foods, much like in Mexico. However, *tamales* in Central America are made with plantain leaves *(hojas de plátano)* instead of corn husks, and *pozole* is a sweetened corn-based drink instead of a stew.

Popular foods vary elsewhere, too. In Cuba, *picadillo* is popular. This dish is made from ground beef *(carne molida)*, black beans *(frijoles negros)* and ripe bananas. In Puerto Rico, rice with beans *(arroz con habichuelas)* is a favorite food. In Colombia and Venezuela, *arepas* (similar to thin English muffins) are common. A favorite food of Argentineans is meat, especially beef *(carne de res)*. Meat turnovers

Rocoto Relleno es una
comida del Perú.

¿Vamos a comer carne de res en este restaurante?

(empanadas) are popular throughout South America, and each country offers its own variety and favorite ingredients. If you should travel to Peru, you will become familiar with the word *ceviche*, which is a typical dish made from cold raw fish, onions and many different spices.

Every country in the Hispanic world offers many different and delicious foods. Dining out in any Spanish-speaking country can be a fascinating experience that can further broaden your understanding of Hispanic culture.

Estamos haciendo tortillas. (Los Angeles, Estados Unidos)

Charlando
Answers will vary.

1. ¿Te gusta comer en los restaurantes de la ciudad? ¿Por qué?
2. ¿Te gusta la comida mexicana? Explica.
3. ¿Qué ordenas de comer cuando vas a un restaurante mexicano?
4. ¿Qué pides de tomar?
5. ¿Te gustaría trabajar como camarero/a en algún restaurante? ¿En cuál?
6. ¿Pides ayuda cuando necesitas encontrar el baño o tratas de encontrarlo sin ayuda?

Additional questions: ¿Te gusta la comida mexicana? Explica; En tu opinión, ¿cuál es comida americana típica?; ¿Hay muchos restaurantes mexicanos en tu ciudad? ¿Te gustan?; ¿Hay restaurantes españoles o hispanoamericanos donde vives? ¿Sabes qué sirven?; ¿Te gustaría comer ceviche? ¿Por qué sí o no?; ¿Quieres comer empanadas?; ¿Cuál plato prefieres, la tortilla española o la tortilla mexicana?; ¿Qué diferencia hay entre los dos tipos de tortilla?

WB8, WB9, WA6, LA5, LA6, R7, R8

Some spelling changes that students will need to use include the following: *c → qu* before the letter *e (buscar: busque Ud.); g → gu* before the letter *e (apagar: apague Ud.); z → c* before the letter *e (empezar: empiece Ud.); g → j* before the letter *a (escoger: escoja Ud.).*

Estructura

El mandato afirmativo formal y el mandato plural

To form an affirmative formal command, substitute the *-o* of the present-tense *yo* form of a verb with an *-e* for *-ar* verbs, or with an *-a* for *-er* and *-ir* verbs. Make the plural *(Uds.)* command by adding the letter *-n* to the singular formal command. Verbs with changes in their stem in the present tense usually have the same change in the formal command.

Note: Although *tú* is omitted from singular informal commands, *usted (Ud.)* or *ustedes (Uds.)* commonly follow formal/plural commands, except in spoken Spanish.

infinitive	*yo* form	stem	singular formal command	plural commands
hablar	hablo	habl	Hable Ud.	Hablen Uds.
comer	como	com	Coma Ud.	Coman Uds.
escribir	escribo	escrib	Escriba Ud.	Escriban Uds.
cerrar	cierro	cierr	Cierre Ud.	Cierren Uds.
volver	vuelvo	vuelv	Vuelva Ud.	Vuelvan Uds.
seguir	sigo	sig	Siga Ud.	Sigan Uds.

Look at the following:

***Mire Ud. (Miren Uds.)** la pizarra.*	Look at the blackboard.
***Lea Ud. (Lean Uds.)** en español.*	Read in Spanish.
***Repita Ud. (Repitan Uds.)** la palabra papelería.*	Repeat the word *papelería.*
***Cierre Ud. (Cierren Uds.)** la puerta.*	Close the door.
***Vuelva Ud. (Vuelvan Uds.)** mañana.*	Come back tomorrow.
***Siga Ud. (Sigan Uds.)** caminando derecho.*	Keep walking straight ahead.

Note for students that the verbs with irregular formal and plural commands have present-tense *yo* forms that end in a letter other than *o.*

Sigan Uds. caminando
hasta la esquina.

A few verbs have irregular formal and plural commands.

infinitive	*Ud.* command	*Uds.* command
dar	dé Ud.	den Uds.
estar	esté Ud.	estén Uds.
ir	vaya Ud.	vayan Uds.
saber	sepa Ud.	sepan Uds.
ser	sea Ud.	sean Uds.

The following explanation may be useful if you wish to teach the *vosotros/as* command: Form the affirmative *vosotros/as* command by dropping -*r* from the infinitive and by adding -*d* (hablar: hablad; comer: comed; escribir: escribid).

Object and reflexive pronouns follow and are attached to **affirmative formal commands**. A written accent mark may be required in order to maintain the original stress of the verb: *dígame Ud.* (tell me), *escríbanlas Uds.* (write them), *levántense Uds.* (stand up).

Point out that the accent on *dé Ud.* will help students distinguish the command from the preposition *de.*

11. **Mousse de chile poblano. En la siguiente receta hay siete mandatos formales. ¿Cuáles son?**

11. Answers: *quíteles, déjelos, añada, cocínelas, quite, haga, pase.*

MOUSSE DE CHILE POBLANO
Del menú de Rosa Mexicano
6 porciones

6 chiles poblanos
1 diente de ajo
1 cebolla blanca
1 taza de crema de leche de batir
aceite vegetal
agua suficiente

Preparación de los chiles:
Pre-caliente el horno a 350°F. Ase los chiles poblanos sobre la llama del gas o el asador hasta que se les ennegrezca la piel. "Súdelos" por 5 minutos en una bolsa y pélelos. Córtelos a la mitad y quíteles las semillas y la membrana. Enjuáguelos bien. Córtelos en rajas y métalos dentro de un bol con agua caliente con sal durante una hora. Para chiles menos picantes, cambie el agua varias veces. Déjelos reposar 12 horas.

Preparación del mousse:
Al día siguiente, en un sartén con aceite sofría las cebollas ligeramente. Añada las rajas de chile y cocínelas de 10 a 15 minutos sin dejar que se peguen. Quite el exceso de aceite y ponga el chile a un lado. Haga el mousse licuando las rajas y la cebolla. Pase la mezcla por un colador fino para obtener un puré muy suave. Bata la crema de leche hasta que espese y mézclela con el puré. Se puede usar para cubrir pescados y servida por sí misma en un recipiente de cristal. En ambos casos se debe refrigerar.

12. De visita en la ciudad. Imagina que un amigo de tus padres está visitando a tu familia por dos semanas y quiere saber alguna información. Trabajando en parejas, alterna con tu compañero/a de clase en hacer y en contestar preguntas, usando las indicaciones que se dan. Sigue el modelo.

> **Modelo:** ¿dónde/deber/tomar el autobús para ir al centro?
> (en la Calle 1ª)
> **A:** ¿Dónde debo tomar el autobús para ir al centro?
> **B:** Tome (Ud.) el autobús en la Calle Primera.

1. ¿en qué panadería/poder/comprar pan? (en la panadería de la Avenida 5ª)
2. ¿a qué hora/deber/salir de casa para llegar al centro a las ocho? (a las siete)
3. ¿dónde/poder/correr? (en el parque de la esquina)
4. ¿cuándo/deber/visitar la catedral? (los martes por la mañana)
5. ¿dónde/poder/comer comida mexicana? (en el restaurante Las Américas)
6. ¿a quién/deber/escribir para conseguir información sobre el metro? (a la estación del metro)
7. ¿qué/poder/mirar en el centro? (el monumento del Angel de la Independencia)
8. ¿dónde/poder/enviar cartas? (en la oficina de correos de la Avenida Juárez)

13. Otra vez en la ciudad. Haz otra vez la Actividad 12 con tu compañero/a de clase, imaginando que estás hablando con dos amigos de tus padres. Sigue el modelo.

> **Modelo:** ¿dónde/deber/tomar el autobús para ir al centro?
> (en la Calle 1ª)
> **A:** ¿Dónde debemos tomar el autobús para ir al centro?
> **B:** Tomen (Uds.) el autobús en la Calle Primera.

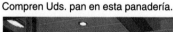

Compren Uds. pan en esta panadería.

14. Una visita a tu ciudad. Imagina que una familia de otro país (la familia Kraft) está visitando a ti y a tu familia y tú estás arreglando el horario. Usa el mandato apropiado para decirles a todos lo que deben hacer antes de visitar a tu ciudad mañana.

14. 1. Levántense (Uds.)....
2. Dúchese y aféitese (Ud.)....
3. Báñese (Ud.)....
4. Lean (Uds.)....
5. Despiértense (Uds.)....
6. Dúchate....
7. Báñate....
8. Desayúnense (Uds.)....
9. Tomen (Uds.)....

Be sure students are aware that sentences may require singular or plural informal commands as well as singular or plural formal commands.

Modelos: Heidi/leer/este libro sobre la ciudad
Lee este libro sobre la ciudad.

Sr. Kraft/mirar/este programa a las diez
Mire (Ud.) este programa a las diez.

Heidi y Marci/acostarse/temprano
Acuéstense (Uds.) temprano.

1. Sr. y Sra. Kraft/levantarse/a las 6:15
2. Sr. Kraft/ducharse/y/afeitarse/en este baño a las 6:20
3. Sra. Kraft/bañarse/en el otro baño a la misma hora
4. Sr. y Sra. Kraft/leer/el periódico en la sala después de estar listos
5. Heidi y Marci/despertarse/a las 7:00
6. Heidi/ducharse/en este baño a las 7:05
7. Marci/bañarse/en el otro baño a la misma hora
8. Uds./desayunarse/a las 8:00
9. Uds./tomar/nuestro carro para ir a la ciudad

A propósito

WB10

Los cambios ortográficos

Sometimes commands require a spelling change in order to maintain the original sound of the infinitive. Look at the following:

c	➡	*qu* before the letter *e* (buscar: busque Ud.)
g	➡	*gu* before the letter *e* (apagar: apague Ud.)
z	➡	*c* before the letter *e* (empezar: empiece Ud.)
g	➡	*j* before the letter *a* (escoger: escoja Ud.)

Busque Ud. el horario de autobuses para ir a Acapulco. (México, D.F.)

15. **Sí, señora.** Imagina que es tu primer día trabajando en una oficina de turismo y tu jefa *(boss)* te está diciendo todo lo que debes hacer hoy. Haz oraciones completas, usando los complementos apropiados y los mandatos formales para saber lo que tú tienes que hacer.

> **Modelo:** escoger/a la señora Smith/un hotel
> Escójale un hotel.

1. comprar/a mí/papel en la papelería
2. conseguir/a ellos/unos mapas de la ciudad
3. explicar/al señor Torres/cómo llegar al aeropuerto
4. enseñar/a ellas/la ciudad
5. decir/a Marta y a Julia/dónde están los monumentos
6. traer/a mí/dinero del banco
7. ordenar/a nosotros/la comida por teléfono
8. buscar/a mí/un bolígrafo
9. apagar/a mí/las luces antes de salir

Tráigame dinero de este banco, por favor.

15. 1. Cómpreme (Ud.) papel en la papelería.
2. Consígales (Ud.) unos mapas de la ciudad.
3. Explíquele (Ud.) cómo llegar al aeropuerto.
4. Enséñeles (Ud.) la ciudad.
5. Dígales (Ud.) dónde están los monumentos.
6. Tráigame (Ud.) dinero del banco.
7. Ordénenos (Ud.) la comida por teléfono.
8. Búsqueme (Ud.) un bolígrafo.
9. Apágueme (Ud.) las luces antes de salir.

16. **Organizando una fiesta.** Imagina que trabajas en un hotel del centro de la ciudad y tienes que arreglar un lugar para la fiesta de un cliente. Diles a las personas que trabajan contigo lo que tienen que hacer, usando los mandatos formales.

> **Modelo:** Ud./cerrar todas las ventanas
> Cierre (Ud.) todas las ventanas.

1. Ud./empezar a barrer allá
2. Uds./conseguir sillas para las mesas
3. Uds./buscar los manteles para las mesas
4. Ud./recoger esa basura
5. Ud./apagar esas luces
6. Uds./volver a pasar la aspiradora
7. Ud./escoger la música para la fiesta

16. 1. Empiece (Ud.)....
2. Consigan (Uds.)....
3. Busquen (Uds.)....
4. Recoja (Ud.)....
5. Apague (Ud.)....
6. Vuelvan (Uds.)....
7. Escoja (Ud.)....

17. **Trabajando en grupos de tres, alternen Uds. en decirles a sus compañeros de grupo qué deben hacer. Miren Uds. para ver si los compañeros pueden hacer cada mandato. Cada estudiante debe decir tres mandatos.** 17. Answers will vary.

> **Modelo:** Abran Uds. el libro de español en la página diez.

Estructura

WB11, WB12,
WA7, LA7, R9

El mandato con *nosotros/as*

¡Vamos más rápidamente!

Another form of the command allows you to suggest that others do some activity with you. This command is equivalent to "Let's (do something)" in English, and is formed by substituting the *-o* of the present-tense *yo* form of a verb with an *-emos* for most *-ar* verbs, or *-amos* for most *-er* and *-ir* verbs. Stem-changing *-ar* and *-er* verbs do not require a stem change for the *nosotros/as* command. Stem-changing *-ir* verbs require a stem change that uses the second letter shown in parentheses after infinitives in *Somos así 2*. The affirmative *nosotros/as* command for the verb *ir* is irregular: *Vamos*. (Let's go.)

infinitive	*yo* form	*nosotros/as* command
hablar	hablo	Hab**lemos**....
comer	como	Com**amos**....
escribir	escribo	Escrib**amos**....
cerrar **(ie)**	c**ie**rro	C**erremos**....
volver **(ue)**	v**ue**lvo	V**olvamos**....
divertir **(ie, i)**	div**ie**rto	Div**irtamos**....

Object and reflexive pronouns follow and are attached to affirmative *nosotros/as* commands. However, when combining a direct object pronoun with the indirect object pronoun *se*, and for reflexive verbs, drop the final consonant *-s* before attaching the pronouns.

¿Cuándo vamos a comer los tacos? ➡ *Comámos**los** ahora.*

but:

¿Vamos a escribir la carta a nuestros abuelos? ➡ *Sí. Escribámo**se**la.*

¿Cuándo podemos sentarnos a comer? ➡ *Sentémo**nos** ahora.*

The *nosotros/as* command is interchangeable with the construction "*Vamos a* (+ infinitive)."

Vamos a hablar en español. ➡ *Hablemos en español.*

18. **Vamos.** Escribe las siguientes oraciones de otra manera, usando los mandatos con nosotros/as. Sigue el modelo.

> **Modelo:** Vamos a visitar la catedral.
> Visitemos la catedral.

1. Vamos a visitar el centro.
2. Vamos a mirar vitrinas.
3. Vamos a caminar por la carretera.
4. Vamos a correr hasta la esquina.
5. Vamos a tomar un refresco.
6. Vamos a ver los aviones en el aeropuerto.
7. Vamos a subir a la torre.
8. Vamos a abrir el almacén.

18. 1. Visitemos....
    2. Miremos....
    3. Caminemos....
    4. Corramos....
    5. Tomemos....
    6. Veamos....
    7. Subamos....
    8. Abramos....

Visitemos la catedral de Cuernavaca, México.

19. **¿Lo hacemos?** Imagina que tú y tu amigo/a van en carro por la ciudad buscando la estación del tren, pero no saben muy bien cómo llegar. Trabajando en parejas, alterna con tu compañero/a en hacer y en contestar preguntas en forma afirmativa, usando las indicaciones. Sigue el modelo.

> **Modelo:** preguntar al policía/dónde está la estación del tren
> **A:** ¿Le preguntamos al policía dónde está la estación del tren?
> **B:** Sí, preguntémoselo.

1. tomar/esa carretera
2. seguir/hasta la próxima cuadra
3. parar/en la esquina
4. ir/a la derecha
5. irse/ahora
6. volver/a preguntarle dónde está
7. empezar/otra vez a buscar la estación
8. buscar/la estación del tren en el mapa

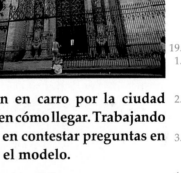

Vamos a la derecha aquí.

19. Possible answers:
1. ¿Tomamos esa carretera?/Sí, tomémosla.
2. ¿Seguimos hasta la próxima cuadra?/Sí, sigamos....
3. ¿Paramos en la esquina?/Sí, paremos....
4. ¿Vamos a la derecha?/Sí, vamos....
5. ¿Nos vamos ahora?/Sí, vámonos.
6. ¿Volvemos a preguntarle dónde está?/Sí, volvamos....
7. ¿Empezamos otra vez a buscar la estación?/Sí, empecemos....
8. ¿Buscamos la estación del tren en el mapa?/Sí, busquémosla....

¡La práctica hace al maestro!

A. *En el centro.*
Prepare a list of eight or
ten commands, telling another
person something you would like that
person to do. Include four or five informal commands and four or five
formal commands. Then, working in pairs, take turns telling one another
your commands, watching to see if your partner does what you have
requested.

B. *A escribir.* Write a one- or two-paragraph description of an area of the city
or town where you live. Name several stores and what each one sells.
Mention how often and with whom you go there. Add any other details
you wish, using as much new vocabulary from this lesson as you can.

La Plaza de la
Constitución y la Torre
Latinoamericana.
(México, D.F.)

Un puente bonito en Sevilla, España.

Vocabulario

Adjetivos

mexicano,-a
próximo,-a

Adverbios

adelante
derecho

Sustantivos

el aeropuerto
el almacén
el apartamento
el caballero
el camarero, la camarera
la carnicería
la carretera
la catedral
el corredor
la cuadra
la derecha
la dirección
el dulce
la dulcería
el edificio
la enchilada
la esquina

la estación (de
  autobuses/del metro/
  del tren)
la florería
la frutería
la heladería
la iglesia
la izquierda
el jugo
la lechería
la moneda
el monumento
la oficina de correos
la panadería
la papelería
el policía, la policía
el puente
la sombrerería
el taco
la tortilla
la torre
la vitrina
la zapatería

Verbos

ordenar
parar

Expresiones

a la derecha (izquierda)

¿Te gustaría tomar un jugo
de naranja? (San Francisco,
Estados Unidos)

Functions:
- Asking for and giving directions
- Identifying places in the city
- Telling someone what to do
- Discussing who and what people know
- Talking about everyday activities
- Telling others what not to do
- Advising and suggesting
- Identifying parts of a car
- Advising others in writing

En el barrio

WB1, LA1

Note for students
that the infinitive for
maneje is *manejar*.

el vecino

¡Hola, vecina!

M-6719-EZ

la acera

el césped

DAVID: Perdón, señora. ¿Sabe Ud. dónde está la oficina de correos? No **conozco°** muy bien este **barrio°** y no tengo la **dirección°** de la oficina. Un señor me dijo que está **hacia°** el **norte,** pero no la encuentro.

SEÑORA: Pues, no siga en esa **dirección** porque no hay ninguna oficina de correos hacia el norte. Ud. debe ir hacia el **sur.**

DAVID: ¿Hacia el sur? Entonces, ¿dónde está?

SEÑORA: Mire, **maneje°** seis cuadras hacia el sur por esta calle hasta donde da la **curva.** No tome la curva, **sino°** siga derecho por una cuadra más hasta la **señal°** de **alto.°** Luego, **doble°** a la derecha y la oficina está en la esquina.

DAVID: Muchas gracias. Perdón, señora, ¿tiene dónde **tirar°** esta lata?

conozco *I know* **barrio** *neighborhood* **dirección** *address* **hacia** *toward* **maneje** *drive* **sino** *but (on the contrary)* **señal** *sign* **alto** *stop* **doble** *turn (a corner)* **tirar** *to throw away*

¿Qué comprendiste?

Additional questions: *¿Qué está haciendo la señora en la calle?; ¿Hacia qué dirección dice la señora que David debe ir?; ¿Dónde está la oficina de correos?*

1. ¿Vive la señora en el barrio donde está David?
2. ¿Qué busca David?
3. ¿Qué no tiene David?
4. ¿Qué le dijo un señor a David?
5. ¿Cuántas cuadras hacia el sur debe manejar David?
6. ¿Debe David tomar la curva? ¿Qué debe hacer?
7. ¿Qué quiere tirar David a la basura?

WB2, LA2, R10

1. Sí, vive en el barrio donde está David.
2. Busca la oficina de correos.
3. No tiene la dirección de la oficina de correos.
4. Le dijo que la oficina de correos está hacia el norte.
5. Debe manejar seis cuadras hacia el sur.
6. No, no debe tomar la curva, sino debe seguir derecho por una cuadra más hasta la señal de alto donde dobla a la derecha.
7. Quiere tirar una lata a la basura.

A propósito

Los puntos cardinales

It is possible to tell someone how to go somewhere using the directions *(los puntos cardinales)* north *(el norte)*, south *(el sur)*, east *(el este)* and west *(el oeste)*.

Siga derecho al norte.   Go straight (ahead) north.
Ve dos cuadras al sur.   Go two blocks to the south.

To be even more exact, these directions can be combined as shown:

¿En qué dirección está?

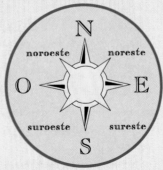

Some people prefer the following for referring to directions: *oriente* (east); *occidente* (west); *nororiente* or *nordeste* (northeast); *suroriente* or *sudeste* (southeast); *noroccidente* (northwest); *suroccidente* or *sudoeste* (southwest).

Charlando   Answers will vary.

1. ¿Hace cuánto tiempo que vives en tu barrio?
2. ¿Sabes dónde está la oficina de correos en tu barrio? Explica.
3. Desde tu casa (o apartamento), ¿en qué dirección está la oficina de correos?
4. ¿Qué tiendas hay en tu barrio?

Additional questions: *¿Cuál es la dirección de tu casa?; Desde tu casa, ¿en qué dirección está el centro comercial? ¿Y el colegio? ¿Y la iglesia?; ¿Cuál es la dirección de la oficina de correos que está más cerca de tu casa?*

DESVIO!

AL BANCO DE COLOMBIA

SOLO ES NECESARIO UN PEQUEÑO DESVIO DESDE LA **OFICINA OCCIDENTE**, PARA PODER ATENDERLO MAS COMODAMENTE EN NUESTRA NUEVA SEDE.

LO ESPERAMOS A PARTIR DEL 2 DE ENERO, EN NUESTRA **NUEVA OFICINA CALLE 13 N° 68C-78.**

Banco de Colombia
Siempre adelante!

A propósito

México hoy

México es hoy un país muy moderno, de buen desarrollo *(development)* económico y con una geografía muy variada *(diverse)*. Es también un país de muchos contrastes en donde se combinan la historia, la cultura y la vida moderna.

El Zócalo es la plaza principal de la capital.

La Catedral Nacional está en el Zócalo.

México, *D.F.*, la capital del país, es una de las ciudades más grandes del mundo con veinte millones de habitantes. La vida moderna se ve en sus sistemas de transporte y en sus imponentes *(majestic)* rascacielos. En cada calle, museo y universidad está presente su vida cultural y su historia.

La biblioteca de la Universidad Autónoma de México (UNAM).

Cuernavaca es la ciudad de la eterna primavera.

El Palacio de Bellas Artes es un centro de cultura e historia.

Ask your students if they are familiar with the North American Free Trade Agreement (NAFTA) that took effect on January 1, 1994. It was signed in 1993 by the governments of Mexico, United States, and Canada. You may want to make a general presentation of the pros and cons of the trade agreement that were considered before it was approved and then discuss them in relation to the present situation of the

Hacia el sur de la capital está Cuernavaca. Es una ciudad muy bonita con un clima excelente todo el año. Al este, en la península del Yucatán, está Mérida, un centro económico y comercial del país. Al noroeste está Guadalajara, una ciudad grande y cosmopolita. Un poco más lejos al noroeste está la península de Baja California. Esta región tiene espectaculares costas, grandes desiertos y lindas montañas.

economy. (Cons) NAFTA will lead American businesses to Mexico to hire less expensive Mexican workers. Unemployment will increase dramatically. The United States will

México también tiene ciudades importantes por su turismo internacional. Entre las más populares, especialmente por sus playas bonitas, están las ciudades de Acapulco, Puerto Vallarta y Mazatlán en el Pacífico, y Cancún en el Mar Caribe.

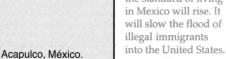

La economía de México es muy variada. Su mayor producto de exportación es el petróleo. Otros productos de exportación son el maíz, los tomates y el gas natural. La importancia internacional de la economía mexicana se ve hoy en iniciativas como la del tratado de libre comercio (*free trade agreement*) entre México, los Estados Unidos y el Canadá.

Cancún, México.

lose the ability to govern its own affairs. (Pros) NAFTA will create new jobs from industries that export goods and services to Mexico and Canada. Trade will help the Mexican economy to grow and prosper so the standard of living in Mexico will rise. It will slow the flood of illegal immigrants into the United States.

Acapulco, México.

El México de hoy disfruta (*enjoys*) de muchas cosas buenas, pero también tiene los problemas de todos los países modernos. La contaminación y el crimen son comunes hoy en sus grandes ciudades, pero también lo son sus grandes esfuerzos (*efforts*) para solucionar estos problemas.

El tomate es un producto importante de exportación en México.

1. **México hoy. Completa las siguientes oraciones sobre México, escogiendo la letra de la respuesta correcta.**

1. El *D.F.* es una de las ciudades...
    A. más pequeñas del mundo.
    B. importantes de la América Central.
    C. más grandes del mundo.
2. UNAM quiere decir...
    A. Universidad Actual de México.
    B. Universidad Autónoma de México.
    C. Universidad Azteca de México.
3. La ciudad de la eterna primavera es...
    A. Mérida.
    B. Acapulco.
    C. Cuernavaca.
4. La ciudad de Mérida está...
    A. al sur del país.
    B. al este del país.
    C. al oeste del país.
5. Baja California es...
    A. un golfo con mucho petróleo y desiertos.
    B. una ciudad importante de México.
    C. una península con espectaculares costas y desiertos.
6. Las playas son muy bonitas en...
    A. Puerto Vallarta, Mazatlán y Cancún.
    B. Acapulco, Guanajuato y Cuernavaca.
    C. Puebla, Monterrey y Ciudad Juárez.
7. El mayor producto de exportación de México es...
    A. el maíz.
    B. el gas natural.
    C. el petróleo.
8. Guadalajara está...
    A. al noroeste de la capital.
    B. al sureste de la capital.
    C. al suroeste de la capital.

PLAYAS DE MAZATLAN

OLAS ALTAS
Se encuentra ubicado en el paseo del mismo nombre. Es un paseo tradicional, donde se puede disfrutar de incomparables puestas del sol.

PLAYA NORTE
Se extiende a lo largo de la Avenida del Mar, donde está el monumento al "Pescador". Desde aquí se llevó a cabo la resistencia contra los franceses(1864).

PLAYA GAVIOTAS Y CAMARON
Comprende lo correspondiente a la zona hotelera moderna. Ahí se encuentran las playas más arenosas de Mazatlán.

PLAYA SABALO- BRUJAS-CERRITOS
Las más alejadas del centro. Se encuentran ubicadas al extremo Norte de la zona hotelera; son extensas, poco concurridas y seguras de nadar.

Las playas son muy bonitas en Cancún.

Estructura

Los verbos *conocer* y *saber*

Just as you have learned to use *ser* and *estar* in different situations as the English equivalent of "to be," the Spanish verbs *saber* and *conocer* are used in very different situations for "to know." Both verbs are irregular in the present tense.

WB4, WB5, WA1, R12, R13

Conozca la nueva forma de la duración.

conocer	
conozco	conocemos
conoces	conocéis
conoce	conocen

saber	
sé	sabemos
sabes	sabéis
sabe	saben

Give students several situations and have them state which of the two verbs should be used: You wish to say you know a famous person *(conocer)*; you are telling someone you know how to speak Spanish *(saber)*; you are saying you are familiar with the clock tower someone is giving you directions to find *(conocer)*; you are stating what you know about Mexico *(saber)*.

¿Sabes jugar al ajedrez?

Use *saber* to talk about facts that someone may or may not know. *Saber* followed by an infinitive indicates that someone knows how to do something.

Some native speakers of Spanish use the personal *a* after *conocer* when referring to cities and countries: *¿Conoces a México?*

*¿**Sabes** dónde se puede comprar papel?*	**Do you know** where one can buy paper?
***Sé** hablar español.*	**I know how** to speak Spanish.

Use *conocer* to discuss whether someone is familiar with (or acquainted with) people, places or things. Note that it is necessary to add the personal *a* after *conocer* when referring to people.

*¿**Conoces** a tu vecino?*	**Do you know** your neighbor?
***Conozco** una papelería cerca de la estación de autobuses.*	**I know (am familiar with)** a paper store near the bus station.

2. ¿Qué saben? Completa las siguientes oraciones con la forma apropiada de *saber*.

Modelo: ¿<u>Sabe</u> el profesor mucho sobre México?

2. 1. saben
   2. Sabe
   3. sé
   4. Sabe
   5. sabemos
   6. Saben
   7. Sabes
   8. Saben

1. ¿Qué <u>(1)</u> Uds. sobre México?
2. ¿<u>(2)</u> Ud. qué quieren decir las letras *D.F.?*
3. Yo <u>(3)</u> que la gente mexicana habla español.
4. ¿<u>(4)</u> tu amigo qué es la UNAM?
5. Nosotros <u>(5)</u> que Guadalajara está al noroeste de la capital.
6. ¿<u>(6)</u> ellos las direcciones para ir desde el Zócalo hasta el Palacio de Bellas Artes?
7. ¿<u>(7)</u> tú hablar español?
8. ¿<u>(8)</u> Uds. si la península de Baja California está al noroeste o al noreste de la Ciudad de México?

Palacio de Bellas Artes
presenta

ORQUESTA SINFONICA NACIONAL

Director artístico: Enrique Diemecke

3. ¿Quién conoce a quién? Haz oraciones completas para decir si las siguientes personas conocen o no a las personas indicadas, según las pistas. Sigue los modelos.

3. 1. El profesor no conoce a los abuelos de Mario.
   2. Tú no conoces a aquellas muchachas.
   3. Tus amigos conocen a la profesora de inglés.
   4. Nosotros conocemos a ese tenista famoso.
   5. Ellas no conocen a doña Mila.
   6. Yo conozco a ese hombre.

Modelos: Pablo/mi primo/sí
Pablo conoce a mi primo.

María/Pablo/no
María no conoce a Pablo.

1. el profesor/los abuelos de Mario/no
2. tú/aquellas muchachas/no
3. tus amigos/la profesora de inglés/sí
4. nosotros/ese tenista famoso/sí
5. ellas/doña Mila/no
6. yo/ese hombre/sí

Remind students to use the personal *a* after *conocer* when referring to people.

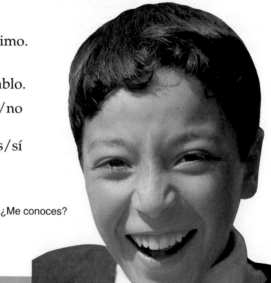

¿Me conoces?

4. **¿Los conocen?** Trabajando en parejas, alterna con tu compañero/a en hacer y en contestar preguntas, usando la información de la actividad anterior y siguiendo los modelos.

Modelos: Pablo/mi primo/sí
    A: ¿Conoce Pablo a mi primo?
    B: Sí, lo conoce.

    María/Pablo/no
    A: ¿Conoce María a Pablo?
    B: No, no lo conoce.

4. 1. ¿Conoce el profesor a tus abuelos?/No, no los conoce.
    2. ¿Conoces tú a aquellas muchachas?/No, no las conozco.
    3. ¿Conocen tus amigos a la profesora de inglés?/Sí, la conocen.
    4. ¿Conocen Uds. a ese tenista famoso? (¿Conocemos nosotros...?)/Sí, lo conocemos.
    5. ¿Conocen ellas a doña Mila?/No, no la conocen.
    6. ¿Conozco yo a ese hombre?/Sí, lo conoces.

5. **Completa el siguiente diálogo con las formas apropiadas de *conocer* y *saber*.**

A: Oye, ¿(1) tú a Marta, la estudiante nueva?
B: Sí, la (2). ¿(3) dónde vive?
A: No, yo no (4) exactamente, pero (5) que es cerca del colegio.
B: ¿(6) tú a su hermano, Felipe?
A: No, no lo (7), pero yo (8) que es muy simpático.
B: Yo no lo (9) tampoco pero quiero (10).
A: ¿(11) tú el número de teléfono de Marta y Felipe?
B: No, yo no lo (12), pero la profesora debe (13).

¿Conoces a la estudiante nueva?

5. 1. conoces
    2. conozco
    3. Sabes
    4. sé
    5. sé
    6. Conoces
    7. conozco
    8. sé
    9. conozco
    10. conocerlo
    11. Sabes
    12. sé
    13. saber(lo)

6. **Conoces tu ciudad.** Haz una lista de cinco lugares que conoces de tu ciudad y algo que sabes o no sabes sobre cada lugar.

Modelo: Conozco el museo de arte.
    Sé dónde está y sé que está abierto los domingos.

6. Answers will vary.

7. Escribe ocho oraciones diferentes, escogiendo elementos de cada columna y añadiendo las formas apropiadas de *saber* y *conocer*.

Modelos: Yo conozco la dirección de ese monumento.
Tú sabes llegar a la estación del tren.

A	B
el policía	dibujar un mapa de ese barrio
nosotros	la dirección de ese monumento
Pedrito	el aeropuerto de la Ciudad de México
Adriana y María	llegar a la estación del tren
tú	la historia de la torre del parque
Rafael y Mónica	sus vecinos
Uds.	todas las señales de alto en esta calle
yo	manejar

A propósito

Otros verbos como *conocer*

Other verbs like *conocer* that require the spelling change *c* ➡ *zc* for *yo* in the present tense include the following: *conducir* (to drive, to conduct), *ofrecer* (to offer) and *traducir* (to translate).

Nunca conduzco
cuando está lloviendo.

*Nunca **conduzco** en la ciudad cuando está lloviendo.*	I never **drive** in the city when it is raining.
*Siempre **ofrezco** ayuda a mis padres.*	I always **offer** help to my parents.
*Cuando estamos en Acapulco, **traduzco** de español a inglés para mi familia.*	When we are in Acapulco, I **translate** from Spanish to English for my family.

8. **En Mérida.** Imagina que tú y tus amigos son los traductores *(translators)* de un grupo de turistas de los Estados Unidos que van a Mérida. Haz las siguientes oraciones para decir quién debe servir como traductor a las personas indicadas. Sigue el modelo.

¿Quién les traduce a Uds.?

Modelo: Graciela/la familia Anderson
Graciela le traduce a la familia Anderson.

1. Cristina/doña Dolores
2. David y Roberto/el señor y la señora Newman
3. Uds./la familia Miller
4. Jaime/el señor Olson
5. tú/la señorita Larson
6. yo/la señora Vaillancourt
7. ellas/la familia Deyo
8. nosotros/las señoritas Clinton

8. 1. Cristina le traduce a doña Dolores.
2. David y Roberto les traducen al señor y a la señora Newman.
3. Uds. le traducen a la familia Miller.
4. Jaime le traduce al señor Olson.
5. Tú le traduces a la señorita Larson.
6. Yo le traduzco a la señora Vaillancourt.
7. Ellas le traducen a la familia Deyo.
8. Nosotros les traducimos a las señoritas Clinton.

9. **La excursión.** Imagina que estás en Guadalajara en una excursión con tus compañeros y algunos profesores del colegio. Haz oraciones completas para decir lo que pasa durante el viaje, usando las indicaciones que se dan.

Modelo: yo/conducir/por cuatro horas
Yo conduzco por cuatro horas.

9. 1. ...conozco....
2. ...le traduce....
3. ...conoce....
4. ...les ofrecen....
5. ...le ofrece....
6. ...conducen....
7. ...traducimos....
8. ...traduces....
9. ...les ofrezco....
10. ...conocemos....

1. yo/no/conocer/las carreteras muy bien
2. María/traducirle/las señales a David
3. Ana/conocer/la ciudad mejor que todos
4. los muchachos/ofrecerles/unos refrescos a las muchachas
5. Gustavo/ofrecerle/ayuda a su amiga
6. los profesores/conducir/cuando los estudiantes están cansados
7. nosotros/traducir/algunos periódicos y revistas
8. tú/traducir/lo que yo digo
9. yo/ofrecerles/unos dulces a los profesores
10. todos nosotros/conocer/lugares interesantes para visitar

CRUCE DE PEATONES

En casa de David

la galleta

Have students practice the dialog in small groups. They should exchange roles.

ROBERTO: Hola, señora Peña. ¿Está David?

SEÑORA: No, no está. Fue a la oficina de correos. ¿Les puedo ofrecer unas **galletas?**

ANGELA: No, gracias. No se preocupe.

SEÑORA: No, no es problema. Pueden comerlas **mientras que°** esperan. David **no va a tardar en°** llegar.

ANGELA: Roberto, espera. No comas con las manos sucias.

DAVID: Hola a todos. Perdón por la **demora,°** pero tuve problemas para encontrar la oficina de correos. Bueno, vamos a la **exhibición** de **coches.°** ¿Quién conduce?

ANGELA: Yo conduzco... pero, un segundo, David. No vayas tan rápidamente. Comamos primero estas galletas y, luego, nos vamos.

mientras que *while*   **no va a tardar en** *is not going to be long*   **demora** *delay*   **coches** *carros*

¿Qué comprendiste?

1. ¿Adónde fue David?
2. ¿Cuándo pueden los muchachos comer las galletas?
3. ¿Va a llegar pronto David o va a tardar en llegar?
4. ¿Quién dice que Roberto no debe comer con las manos sucias?
5. ¿Cuál fue la demora de David?
6. ¿Adónde van a ir los muchachos?

1. David fue a la oficina de correos.
2. Pueden comer las galletas mientras que esperan.
3. David va a llegar pronto.
4. Angela lo dice.
5. Tuvo problemas para encontrar la oficina de correos.
6. Van a ir a la exhibición de coches.

Additional questions: ¿Quiénes llegan a la casa de David?; ¿Está David en casa?; ¿Qué les ofrece la señora Peña a los muchachos?; ¿Quién va a conducir?; ¿Qué van a hacer primero Roberto y Angela?

Charlando   Answers will vary.

1. ¿Le ofreces algo de tomar o de comer a una persona cuando te visita en tu casa? ¿Qué le ofreces?
2. ¿Cuál fue la última demora que tuviste?
3. ¿Das alguna explicación cuando tienes una demora? ¿Qué dices?
4. ¿Te gustan las exhibiciones de coches? ¿Por qué sí o no?

Additional questions: *¿Te gusta ir a visitar a tus amigos o prefieres invitarlos a tu casa? ¿Por qué?; ¿En qué cuarto de la casa se sientan las personas que te visitan?; ¿Sabes de alguna exhibición en tu ciudad? ¿De qué tipo?*

Estructura

El mandato negativo

The formation of a negative *Ud.* or *Uds.* command or a negative *nosotros/as* command is the same as for an affirmative command, but with *no* before the verb. The negative *nosotros/as* command for *ir* is one exception: *¡Vamos!* ➡ *¡No vayamos!*

WB7, WB8, WB9, WA3, WA4, LA4, R15, R16, R17

Lengua en acción: Use Total Physical Response (TPR) to introduce the negative commands or to practice them after your introduction. For example, give a command orally. While the student is performing the action, interrupt or stop him/her with the negative of the same command.

Camine Ud. en la acera. (Walk on the sidewalk.)	➡	*No camine Ud. en el césped, por favor.* (Don't walk on the grass, please.)
Coman Uds. en la cafetería. (Eat in the cafeteria.)	➡	*No coman Uds. aquí.* (Don't eat here.)
¡Salgamos! (Let's leave!)	➡	*No salgamos todavía.* (Let's not leave yet.)

The negative *tú* command is different from the affirmative *tú* command. It is formed by adding an *-s* to the end of the formal *Ud.* command and by placing *no* before the verb.

If you are teaching the *vosotros/as* command, note the following: The negative *vosotros/as* command is formed by adding *-éis* to the formal command stem of *-ar* verbs, and by adding *-ais* to the formal command of *-er* and *-ir* verbs *(no habléis; no comáis; no escribáis).*

Marta, habla en español. (Marta, speak in Spanish.)	➡	*Marta, **no hables,** por favor.* (Marta, don't talk, please.)
Ve hasta la señal de alto. (Go to the stop sign.)	➡	*No vayas hasta la señal de alto.* (Don't go to the stop sign.)

10. Por favor, no.... Cambia los siguientes mandatos al negativo.

1. Habla con tu vecino.
2. Pare Ud. allí.
3. Ordenemos tacos.
4. Dobla a la derecha.
5. Suban Uds. ahora.
6. Traduce esa palabra.
7. Conduzca Ud.
8. Comamos tortillas.
9. Tomen Uds. el jugo.
10. Ve más adelante.
11. Consigue galletas.
12. Continúen Uds. derecho.
13. Cierre Ud. la puerta.
14. Volvamos mañana.
15. Estén Uds. aquí temprano.

10.
1. No hables con tu vecino.
2. No pare Ud. allí.
3. No ordenemos tacos.
4. No dobles a la derecha.
5. No suban Uds. ahora.
6. No traduzcas esa palabra.
7. No conduzca Ud.
8. No comamos tortillas.
9. No tomen Uds. el jugo.
10. No vayas más adelante.
11. No consigas galletas.
12. No continúen Uds. derecho.
13. No cierre Ud. la puerta.
14. No volvamos mañana.
15. No estén Uds. aquí temprano.

If you are teaching students to recognize or to use *vosotros/as*, provide them with opportunities to practice the *vosotros/as* commands by adapting exercises such as this one. For example, ask students to make all *tú* commands first plural using *vosotros/as*, and then have them make the plural *vosotros/as* command negative.

11. En el barrio. Imagina que caminas por tu barrio con un grupo de niños. Diles lo que no deben hacer, usando las indicaciones y mandatos informales.

Modelo: Carlos/correr por la calle
Carlos, no corras por la calle.

1. Juliana/caminar sobre el césped
2. Adolfo/tirar basura al piso
3. Pepe/ir tan rápidamente
4. Claudia/comer con las manos sucias
5. Jorgito/decir malas palabras
6. Pilar/ser mala con tu hermanito
7. José/recoger esa basura
8. Carmen/comprar galletas allí
9. Enrique/hacer eso

11.
1. ...no camines....
2. ...no tires....
3. ...no vayas....
4. ...no comas....
5. ...no digas....
6. ...no seas....
7. ...no recojas....
8. ...no compres....
9. ...no hagas....

12.
1. Quiere decir unas cortas vacaciones.
2. *Possible answers:* camino (carretera, calle); vehículo (coche, carro); conduzca (maneje).
3. *Possible answer:* Les debe importar a las personas que van a viajar en carro o en motocicleta.
4. Answers will vary.
5. El viaje más bonito es la vida.
6. Hay once mandatos. Son *disfrute, piense, siga, revise, abróchese, respete, mantenga, no adelante, no conduzca, póngase y siga* (por segunda vez).
7. Los mandatos negativos en el aviso son *no adelante* y *no conduzca.*

12. Este puente. Lee el siguiente aviso y, luego, contesta las preguntas en español.

1. ¿Qué quiere decir la palabra *puente* en este aviso?
2. ¿Qué otras palabras conoces que quieren decir lo mismo que *camino, vehículo* y *conduzca?*
3. ¿A quiénes les debe importar este aviso?
4. ¿Es este aviso importante para la gente que no tiene carro? Explica.
5. ¿Cuál es el viaje más bonito, según el aviso?
6. ¿Cúantos mandatos hay en el aviso? ¿Cuáles son?
7. ¿Cuáles son los dos mandatos negativos en el aviso?

You can ask one student or several to read the advertisement aloud.

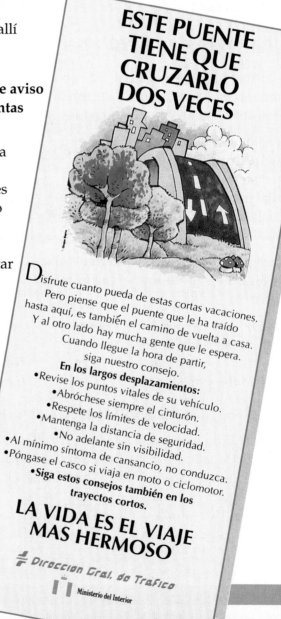

ESTE PUENTE TIENE QUE CRUZARLO DOS VECES

Disfrute cuanto pueda de estas cortas vacaciones. Pero piense que el puente que le ha traído hasta aquí, es también el camino de vuelta a casa. Y al otro lado hay mucha gente que le espera. Cuando llegue la hora de partir, siga nuestro consejo.

En los largos desplazamientos:
• Revise los puntos vitales de su vehículo.
• Abróchese siempre el cinturón.
• Respete los límites de velocidad.
• Mantenga la distancia de seguridad.
• No adelante sin visibilidad.
• Al mínimo síntoma de cansancio, no conduzca.
• Póngase el casco si viaja en moto o ciclomotor.
• Siga estos consejos también en los trayectos cortos.

LA VIDA ES EL VIAJE MAS HERMOSO

Dirección Gral. de Trafico

Ministerio del Interior

13. **Los vecinos.** Es un día de verano y tú y tus vecinos están en la calle de tu cuadra. Escoge la forma correcta del mandato en las siguientes oraciones para ver qué están diciendo todos.

1. Sra. Valenzuela, *(para/pare)* un momento, por favor.
2. Alicia y Clara, no *(juegan/jueguen)* en la calle.
3. No *(vayan/vamos)* Uds. ahora.
4. No *(siga/sigas)* Ud. en esa dirección.
5. Natalia, *(camines/camina)* por la acera.
6. Muchachos, no *(compren/compran)* helados en esa heladería.
7. *(Doblen/Doblan)* Uds. a la izquierda en la esquina.
8. No *(tardamos/tardemos)*. Quiero volver temprano.
9. Sr. León, no *(ofrece/ofrezca)* dulces a los niños, por favor.
10. No *(seguimos/sigamos)* por esta calle. Debemos continuar derecho.

13. 1. pare
    2. jueguen
    3. vayan
    4. siga
    5. camina
    6. compren
    7. Doblen
    8. tardemos
    9. ofrezca
    10. sigamos

No doblen Uds. a la derecha.
Doblen a la izquierda.

14. **Un/a turista.** Imagina que un/a turista mexicano/a está visitando tu ciudad. Haz una lista de ocho consejos que le puedes ofrecer. 14. Creative self-expression.

    Modelo: No use (Ud.) las monedas mexicanas en los teléfonos públicos.

WB10, WB11,
WA5, LA5, R18,
R19

El mandato negativo: un poco más

You have learned to attach object and reflexive pronouns to the end of affirmative commands. For negative commands, object and reflexive pronouns must precede the verb. When used together with the same verb, the indirect object pronoun precedes the direct object pronoun. Since their placement before the command does not affect the pronunciation of the word, it is not necessary to add a written accent mark to negative commands. Compare the following:

Tírala al cesto de papeles.	➡	*No la tires al cesto de papeles.*
Ordénelos Ud.	➡	*No los ordene Ud.*
Sentémonos ahora.	➡	*No nos sentemos ahora.*
Prepárenmelos Uds.	➡	*No me los preparen Uds.*
Cómanselas Uds.	➡	*No se las coman Uds.*

Prepárenmelos, por favor. (Ixmiquilpan, México)

15. No lo hagan, por favor. Cambia los siguientes mandatos al negativo.

1. Háblele Ud. en inglés.
2. Lávense Uds. las manos en el baño de los caballeros.
3. Ordenémoslos.
4. Díselo.
5. Pónganlas Uds. en el corredor.
6. Tradúcemela.
7. Condúzcalo Ud.
8. Comámoslas.
9. Tómenlo Uds.
10. Busquémoslos en la heladería.
11. Consígueselas.
12. Sentémonos a la izquierda.
13. Ciérrela Ud.
14. Manéjalo hasta el puente.
15. Pregúnteselo Ud. al camarero.

15.
1. No le hable Ud. en inglés.
2. No se laven Uds. las manos en el baño de los caballeros.
3. No los ordenemos.
4. No se lo digas.
5. No las pongan Uds. en el corredor.
6. No me la traduzcas.
7. No lo conduzca Ud.
8. No las comamos.
9. No lo tomen Uds.
10. No los busquemos en la heladería.
11. No se las consigas.
12. No nos sentemos a la izquierda.
13. No la cierre Ud.
14. No lo manejes hasta el puente.
15. No se lo pregunte Ud. al camarero.

Manéjelo hasta el puente, por favor.

16. Raúl y Ernesto están de vacaciones en Acapulco con su familia pero no están felices. Cada vez que dicen que van a hacer algo, sus padres se lo niegan (tell them not to do it). Haz mandatos negativos para ver qué les dicen sus padres.

Modelos: Voy a acostarme tarde esta noche.
No te acuestes tarde esta noche.

Vamos a desayunarnos en la playa mañana.
No se desayunen (Uds.) en la playa mañana.

16.
1. No se vayan (Uds.)....
2. No te despiertes....
3. No te quedes....
4. No te levantes....
5. No se bronceen (Uds.)....
6. No te duches....

Raúl

1. Vamos a irnos del hotel ahora.
2. Voy a despertarme tarde mañana.
3. Voy a quedarme en la cama toda la mañana.

Ernesto

4. Voy a levantarme tarde mañana.
5. Vamos a broncearnos en la playa todo el día.
6. Voy a ducharme ahora.

Repeat the activity, having students change the direct object nouns to pronouns:*¿Les preparo enchiladas?* ➡ *Sí, prepáranoslas./No, no nos las prepares.*

17. ¿Sí o no? Imagina que estás hablando con dos amigos que nunca están de acuerdo. Trabajando en grupos de tres, alternen Uds. en hacer preguntas y en contestarlas, usando las pistas que se dan y un mandato afirmativo o negativo. Sigue el modelo.

Modelo: yo/preparar/a Uds./enchiladas
    A: ¿Les preparo (a Uds.) enchiladas?
    B: Sí, prepáranos enchiladas.
    C: No, no nos prepares enchiladas.

1. yo/dar/a Uds./las monedas
2. nosotros/esperar/a ella/en la esquina
3. nosotros/comprar/unas enchiladas/a los vecinos
4. yo/leer/a Uds./las direcciones/para llegar/a la exhibición
5. yo/comprar/a Uds./unos helados/en esta heladería
6. yo/hacer/un mapa del barrio/a su amigo
7. nosotros/decir/la dirección/de ese edificio/a los vecinos

Cómpranos unos helados en esa heladería.

No les digamos la dirección de este edificio a los vecinos.

17. 1. ¿Les doy (a Uds.) las monedas?/...danos..../ ...no nos des....
2. ¿La esperamos (a ella) en la esquina?/ ...esperémosla..../...no la esperemos....
3. ¿Les compramos unas enchiladas a los vecinos?/...comprémosles..../...no les compremos....
4. ¿Les leo (a Uds.) las direcciones para llegar a la exhibición?/...léenos..../...no nos leas....
5. ¿Les compro (a Uds.) unos helados en esta heladería?/...cómpranos..../...no nos compres....
6. ¿Le hago un mapa del barrio a su amigo?/ ...hazle..../...no le hagas....
7. ¿Les decimos la dirección de ese edificio a los vecinos?/...digámosles..../...no les digamos....

En la exhibición de coches

WB12,
WB13, WA6,
R20

el coche

el volante

el limpiaparabrisas

el parabrisas

el freno

el claxon

el capó

el faro

la placa

M-0000-CM

el baúl

la puerta

el guardabarros   la llanta   la rueda

Note the use of the word *coche* in this dialog. Explain that *coche* is commonly used in Mexico instead of *carro*. In addition to *carro* and *coche* students may encounter the words *automóvil* and *vehículo*.

Other words that may be of interest to students include the following: *la llanta de repuesto* (spare tire), *el gato* (jack), *el filtro* (filter), *la barra de cambios* (stick shift), *la guantera* (glove compartment), *el tablero* (dashboard), *el espejo retrovisor* (rearview mirror), *la silla delantera* (front seat), *la silla trasera* (rear seat), *el aire acondicionado* (air conditioning).

Another word for *tráfico* is *tránsito*.

ANGELA: ¡Miren! ¡Qué coches!

DAVID: El coche que ves allí es mi favorito. Tiene un **motor** y unos **frenos°** excelentes. Vamos a verlo **de cerca.°**

ROBERTO: ¡Oigan! Allí hay una exhibición donde explican las señales de **tráfico.** Vamos a verla.

DAVID: Espera. No la veamos todavía. Miremos este coche primero. **¡Sube°** al coche, Angela!

ANGELA: No. Aquí estoy bien. Es un coche muy bonito.

ROBERTO: ¿Tiene **cinturones de seguridad?°**

DAVID: Sí, hombre. ¡Tiene de todo! Es muy **moderno.**

ROBERTO: No me gustan los espejos. No son muy **deportivos.°** Bueno, vamos allí.

ANGELA: ¡Qué **exigente°** eres!

DAVID: Sí, ¡eres muy exigente! ¡Vamos!

frenos *brakes* **de cerca** *close up, from a short distance* **Sube** *Get in* **cinturones de seguridad** *seat (safety) belts* **deportivos** *sporty* **exigente** *demanding*

1. Son excelentes.
2. Quiere ver de cerca el coche.
3. Quiere ver la exhibición donde explican las señales de tráfico.
4. Nadie sube al coche.
5. Los espejos no son muy deportivos.
6. Roberto es muy exigente.
7. Answers will vary.
8. Answers will vary.

1. ¿Cómo son el motor y los frenos del coche favorito de David?
2. ¿Qué quiere ver David de cerca?
3. ¿Qué exhibición quiere ver Roberto?
4. ¿Quién sube al coche?
5. ¿Qué no son muy deportivos, según Roberto?
6. ¿Quién es muy exigente?
7. ¿Qué es lo que más te gusta de un coche moderno?
8. ¿Por qué crees que son importantes los cinturones de seguridad en un coche? Explica.

Additional questions: ¿Dónde están los chicos?; ¿Qué quiere ver David primero?; ¿Tiene el coche cinturones de seguridad?; ¿Te gustan los coches deportivos?; ¿Eres exigente con los coches? Explica.

18. Creative self-expression. Check to be sure that students are able to properly identify the parts of the car in Spanish.

18. **Las partes del coche. En una hoja de papel, dibuja un coche. Luego, trabajando en parejas, alterna con tu compañero/a en decir las partes del coche mientras que tu compañero/a señala cada parte que mencionas.**

> Modelo: **A:** El parabrisas.
>
> **B:** *(Point to the named car part.)*

¿Qué partes de estos coches conoces tú?

You may wish to draw attention to the hidden clues in the sentences. Students can tell whether the car parts are masculine or feminine, according to the pronouns that are used with each command. You may wish to say the following to see how many students understand your advice: *Busca las pistas en los pronombres que hay en cada mandato.*

19. **¿Qué partes son? Di cuáles son las siguientes partes del coche, de acuerdo con sus usos (uses).**

> Modelo: Póntelo por seguridad antes de empezar a manejar.
> El citurón de seguridad.

1. Usalos para parar el coche.
2. Enciéndelos para quitar la lluvia cuando está lloviendo.
3. Usalo para darle dirección a las ruedas.
4. Enciéndelos por las noches para poder ver.
5. Abrelo para poder mirar el motor.
6. Usalo para llamar la atención a alguien que está en la carretera.
7. Límpialo para poder ver mejor.

19.
1. Los frenos.
2. Los limpiaparabrisas.
3. El volante.
4. Los faros.
5. El capó.
6. El claxon.
7. El parabrisas.

Las señales de tráfico

A.   B.   C.   D.

E.   F.   G.   H.

20. **¿Qué quieren decir las señales de tráfico? Conecta lógicamente los siguientes mandatos con las señales de la ilustración anterior.**

20. 1. D
    2. E
    3. H
    4. G
    5. F
    6. C
    7. A
    8. B

1. Vaya Ud. a la izquierda.
2. No doble Ud. a la derecha.
3. No entre Ud.
4. No vaya Ud. a más de cien kilómetros por hora.
5. No doble Ud. a la izquierda.
6. Vaya Ud. a la derecha.
7. Pare Ud.
8. Tome Ud. la curva.

Vayan Uds. derecho.
(México, D.F.)

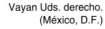

¡La práctica hace al maestro!

WB15, R21, R22

A. *Buscando el camino.* Look at this street map showing the route someone could follow to go from the word *aquí* to

Answers will vary.

the letter *X*. Prepare two similar maps, but without adding the dotted line. Then, plot your own route between the two points on one copy of the map. Next, give the blank copy to another student. After deciding who will go first, describe the route you plotted between the word *aquí* and the letter *X* as your partner plots the course on the blank map. When you have finished, compare the routes that appear on both maps to see if they are the same. Switch roles.

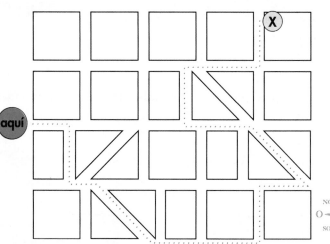

Modelo: Ve hacia el este una cuadra. Dobla a la derecha.

B. *A escribir.* Imagine you write a magazine column in which you provide helpful suggestions to people who are about to buy a car. Write an article consisting of at least ten lines in which you offer advice about what to do and what not to do when purchasing a new or used car. Be sure to use both

Creative writing practice. affirmative and negative formal commands in your article.

¿Vamos a Acapulco?

Vocabulario

Adjetivos

deportivo,-a
exigente
moderno,-a

Adverbio

de cerca

Conjunciones

mientras (que)
sino

Preposiciones

hacia

Sustantivos

la acera
el alto
el barrio
el baúl
el capó
el césped
el cinturón de seguridad
el claxon
el coche

la curva
la demora
la dirección
el este
la exhibición
el faro
el freno
la galleta
el guardabarros
el limpiaparabrisas
la llanta
el motor
el noreste
el noroeste
el norte
el oeste
el parabrisas
la placa
la rueda
la seguridad
la señal
el sur
el sureste
el suroeste
el tráfico
el vecino,
   la vecina
el volante

Verbos

conducir
conocer
doblar
manejar
ofrecer
subir
tardar
tirar
traducir

Expresiones

tardar en *(+ infinitive)*

¿Ves el monumento
del Angel de la
Independencia?
(México D.F.)

Preparación

Contesta las siguientes preguntas como preparación para la lectura.

1. ¿Usas folletos turísticos *(brochures)* para planear tus viajes? Explica.
2. ¿Conoces alguna ciudad de México? ¿Cuál conoces?
3. ¿Qué lugares te gustaría visitar en México? ¿Por qué?
4. ¿Te gustan los lugares con historia o los lugares modernos? Explica. Answers will vary.
5. ¿Cuántos cognados hay en la lectura *¡Conozca México!?* ¿Cuáles son?

¡Conozca México!

¡El mejor plan de excursiones a México!

Viajes Planeta

Viajes Planeta le ofrece cuatro rutas fascinantes para conocer México: La Ruta Indígena, La Ruta Colonial, La Ruta Moderna y La Ruta del Desierto

Ruta: *La Ruta Indígena*	**Ruta:** La Ruta Moderna
Duración: 15 días	**Duración:** 20 días
Lugares de visita:	**Lugares de visita:**

Ruta: *La Ruta Indígena*
Duración: 15 días
Lugares de visita:
· Ciudad de México
  (el Zócalo, el Palacio de
  Bellas Artes)
· Mérida (la catedral)
· Cancún (las playas)
· Chichén Itzá (las ruinas
  mayas)
· Tulum (las ruinas mayas)
· Uxmal (las ruinas mayas)

Ruta: La Ruta Colonial
Duración: 8 días
Lugares de visita:
· Ciudad de México (la
  Catedral, el Palacio
  Nacional)
· Puebla
· Cuernavaca (los Jardines
  de Borda, el Palacio de
  Cortés)
· Taxco
· Acapulco (playas)

Ruta: La Ruta Moderna
Duración: 20 días
Lugares de visita:
· Ciudad de México (la
  Zona Rosa, la Torre
  Latinoamericana, la
  UNAM, la estación
  del metro, el
  monumento del
  Angel de la
  Independencia)
· Guadalajara
· Puerto Vallarta (las
  playas)
· Monterrey
· Ciudad Juárez

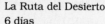

Ruta: La Ruta del Desierto
Duración: 6 días
Lugares de visita:
· Ciudad de México (el
  Parque de
  Chapultepec)
· Mazatlán (las playas)
· Baja California (el
  desierto, las
  montañas)

¿Qué comprendiste?

1. ¿Cuántos viajes diferentes ofrece este folleto turístico?
2. ¿Cuál es el viaje más largo?
3. ¿Cuántos días tiene el viaje más corto?
4. ¿Cuál es la única ciudad que está en todos los viajes?
5. ¿En qué ruta hay ruinas mayas y playas?
6. ¿En qué ruta puede la gente bañarse en la playa?
7. ¿Qué lugar ofrece desiertos?

1. Ofrece cuatro viajes diferentes.
2. El viaje más largo es La Ruta Moderna.
3. El viaje más corto tiene seis días.
4. México es la única ciudad qué está en todos los viajes.
5. En la Ruta Indígena hay ruinas y playas.
6. En todas las rutas la gente puede bañarse en la playa.
7. Baja California ofrece desiertos.

Charlando   Answers will vary.

1. ¿Cuál de las rutas que ofrece *Viajes Planeta* te gustaría tomar? ¿Por qué?
2. ¿Te gustan los viajes cortos o largos? Explica.
3. ¿Qué lugares te gusta visitar cuando vas a una ciudad?
4. ¿Te gusta visitar ciudades grandes o pequeñas? Explica.
5. ¿Cuáles son los lugares más importantes para visitar donde tú vives?

1. **En la ciudad. ¿Qué hacen las siguientes personas en el centro de la ciudad? Haz seis oraciones completas, usando elementos de cada columna.**

   Modelo: Yo busco dulces en la dulcería.

   1. Answers will vary.

A	B	C
yo	comprar flores	el aeropuerto
ellos	tomar el avión	la estación del tren
Uds.	enviar cartas	la florería
María y Pedro	tomar el autobús	la carnicería
Andrés	comprar carne	la dulcería
nosotros	buscar dulces	la estación de autobuses
don Juan	tomar el tren	los monumentos
Carmen y Alicia	mirar	la oficina de correos

2. **¿Qué puedes conseguir allí? Di qué puedes conseguir en los siguientes lugares.**

   2. Answers will vary.

   1. el almacén de ropa
   2. la biblioteca
   3. la cafetería
   4. la carnicería
   5. el banco
   6. la dulcería
   7. la florería
   8. la frutería
   9. la lechería
   10. la librería
   11. el mercado
   12. la panadería
   13. la papelería
   14. la heladería
   15. el restaurante
   16. la relojería
   17. la sombrerería
   18. el supermercado
   19. la tienda de música
   20. la zapatería
   21. la refresquería

¿Dónde se venden sombreros?

La panadería

Zapatería

El Mercado Central

La florería

3. **La estación del metro.** Mónica le dice a su amigo Rafael cómo llegar a la estación del metro. Completa el siguiente diálogo con los mandatos informales de los verbos entre paréntesis.

Dime cómo llegar a la estación del metro, por favor.

RAFAEL: ¿Tú sabes si la estación del metro está cerca de aquí?

MONICA: Sí, está cerca.

RAFAEL: Bueno, por favor, *1. (decirme)* cómo llegar a la estación del metro.

MONICA: Sí, claro. Bueno, *2. (hacer)* lo siguiente: Primero, *3. (salir)* del edificio. Luego, *4. (ir)* a la derecha y *5. (caminar)* tres cuadras hasta la esquina donde está la iglesia. Luego, ve a la izquierda y *6. (continuar)* derecho hasta pasar el puente. Al final del puente vas a ver la estación a la derecha. *7. (Tener)* el dinero listo para pagar.

RAFAEL: Muy bien. Muchas gracias, Mónica. *8. (Venir)* a visitarme esta tarde.

MONICA: Bueno, no sé si puedo ir pero voy a ver.

RAFAEL: Está bien. Hasta luego. *9. (Ser)* buena.

MONICA: Siempre lo soy. Adiós, Rafael.

3. 1. dime
2. haz
3. sal
4. ve
5. camina
6. continúa
7. Ten
8. Ven
9. Sé

4. **¿Tienes un perro?** Imagina que tienes un perro. Escribe cinco mandatos que puedes darle a tu perro. ¡Sé creativo/a!

Modelo: Napoleón, tráeme el periódico.

4. Creative self-expression.

5. **¿Qué hago?** Trabajando en parejas, usa dos complementos con mandatos informales para decirles a varios compañeros/as de clase lo que deben hacer. Sigue el modelo.

Modelo: enseñar/la tarea
A: ¿Tienes la tarea?
B: Sí, la tengo.
A: Enséñamela.
B: *(Show A your homework.)*

1. leer/el libro
2. dar/la revista
3. enseñar/el mapa
4. pasar/el borrador
5. escribir/las instrucciones
6. dar/la tiza

5. 1. ¿Tienes el libro?/Sí, lo tengo./Léemelo.
2. ¿Tienes la revista?/Sí, la tengo./Dámela.
3. ¿Tienes el mapa?/Sí, lo tengo./Enséñamelo.
4. ¿Tienes el borrador?/Sí, lo tengo./Pásamelo.
5. ¿Tienes las instrucciones?/Sí, las tengo./Escríbemelas.
6. ¿Tienes la tiza?/Sí, la tengo./Dámela.

6. Las comidas. En grupos de tres, hagan una lista de comidas hispanas que hay en los restaurantes o en los supermercados de su ciudad. Luego, un representante del grupo debe reportar la información a la clase.

Ask who can prepare one of these dishes. Then ask students if they know the ingredients for one of the foods.

7. Algunos mandatos formales singulares. Da el mandato formal para los siguientes verbos.

> **Modelo:** parar en la siguiente cuadra
> Pare (Ud.) en la siguiente cuadra.

1. leer el horario del tren
2. subir esa escalera
3. continuar caminando
4. volver a la lechería
5. estar en el aeropuerto a las cinco
6. ser generoso
7. seguir más adelante
8. ir a la izquierda
9. dar un paseo por el centro
10. repetir las direcciones

7. 1. Lea (Ud.) el horario del tren.
   2. Suba (Ud.) esa escalera.
   3. Continúe (Ud.) caminando.
   4. Vuelva (Ud.) a la lechería.
   5. Esté (Ud.) en el aeropuerto a las cinco.
   6. Sea (Ud.) generoso.
   7. Siga (Ud.) más adelante.
   8. Vaya (Ud.) a la izquierda.
   9. Dé (Ud.) un paseo por el centro.
   10. Repita (Ud.) las direcciones.

8. Ahora en el plural. Haz otra vez la actividad anterior en el plural.

> **Modelo:** parar en la siguiente cuadra
> Paren (Uds.) en la siguiente cuadra.

8. 1. Lean (Uds.) el horario del tren.
   2. Suban (Uds.) esa escalera.
   3. Continúen (Uds.) caminando.
   4. Vuelvan (Uds.) a la lechería.
   5. Estén (Uds.) en el aeropuerto a las cinco.
   6. Sean (Uds.) generosos.
   7. Sigan (Uds.) más adelante.
   8. Vayan (Uds.) a la izquierda.
   9. Den (Uds.) un paseo por el centro.
   10. Repitan (Uds.) las direcciones.

Suban Uds. esa escalera.
(Oaxaca, México)

9. El horario. Imagina que tú y tu hermano están de viaje por la ciudad de Guadalajara y están haciendo el horario para mañana. Trabajando en parejas, alterna con tu compañero/a de clase en hacer preguntas y en contestarlas, usando mandatos y las indicaciones que se dan.

Modelos: levantarnos/6:30

A: ¿A qué hora nos levantamos mañana?

B: Levantémonos a las seis y media.

tomar el desayuno/7:30

A: ¿A qué hora tomamos el desayuno mañana?

B: Tomémoslo a las siete y media.

Visitemos la catedral a las once menos cuarto.

1. bañarnos/6:45
2. salir del apartamento/8:00
3. reunirnos con nuestros amigos/9:10
4. comprar los regalos para la familia/10:00
5. visitar la catedral/10:45
6. almorzar/12:00
7. conocer el monumento/3:30
8. ir a la oficina de correos/4:10
9. cenar/6:00
10. acostarnos/9:30

9.
1. ¿...nos bañamos...?/Bañémonos....
2. ¿...salimos...?/Salgamos....
3. ¿...nos reunimos...?/Reunámonos....
4. ¿...compramos...?/Comprémoslos....
5. ¿...visitamos...?/Visitémosla....
6. ¿...almorzamos...?/Almorcemos....
7. ¿...conocemos...?/Conozcámoslo....
8. ¿...vamos...?/Vamos....
9. ¿...cenamos...?/Cenemos....
10. ¿...nos acostamos...?/Acostémonos....

10. This activity involves Total Physical Response. Observe to be sure that students are using correct Spanish and that they are able to perform the requested actions. Offer help where it is needed.

10. **¿Adónde vas? Trabajando en grupos pequeños, alterna con tus compañeros/as de clase en dar direcciones para ir a tres lugares donde vives, sin nombrar (*without naming*) los lugares. Tus compañeros/as tienen que adivinar el nombre de cada lugar.**

Modelo: Sal del colegio y dobla a la derecha. Sigue derecho hacia el norte por tres cuadras. Dobla a la izquierda en la esquina donde está la señal de alto y camina cinco cuadras más al este. ¿Dónde estás ahora?

11. **México. Lee las siguientes oraciones sobre México. Luego, di si cada oración es *verdad* o *falsa*.**

11.
| 1. falsa | 3. verdad | 5. verdad | 7. falsa |
| 2. verdad | 4. falsa | 6. falsa | 8. verdad |

1. México está en la América Central, al norte de Guatemala.
2. El *D.F.* es la capital de México.
3. La azteca fue una importante civilización que estuvo en México.
4. Frida Kahlo conquistó México en 1519.
5. La UNAM es una universidad muy importante en la Ciudad de México.
6. Guadalajara, Mérida y Santa Fe de Bogotá son ciudades importantes de México.
7. El mayor producto de exportación de México es el maíz para hacer tortillas y tacos.
8. México tiene problemas de contaminación que busca solucionar.

Este mural de Diego Rivera está en la UNAM.

12. ¿Quién conoce estos lugares? Trabajando en parejas, alterna con tu compañero/a en preguntar y en contestar quién conoce los siguientes lugares. Sigue el modelo.

> **Modelo:** la nueva heladería/Claudia
> **A:** ¿Quién conoce la nueva heladería?
> **B:** Claudia la conoce.

1. el nuevo almacén/Daniel
2. la nueva carretera/Julia y Javier
3. la torre del reloj/nosotros
4. el aeropuerto/tú
5. la estación del tren/Gloria
6. el apartamento del profesor/ellos
7. la vitrina del nuevo almacén/yo

12. 1. ¿...conoce...?/ Daniel lo conoce.
2. ¿...conoce...?/ Julia y Javier la conocen.
3. ¿...conoce...?/ Nosotros la conocemos.
4. ¿...conoce...?/Tú lo conoces.
5. ¿...conoce...?/ Gloria la conoce.
6. ¿...conoce...?/ Ellos lo conocen.
7. ¿...conoce...?/Yo la conozco.

13. ¿*Saber* o *conocer*? Completa los siguientes mini-diálogos con la forma apropiada del verbo correcto.

13. 1. Conoces
2. conozco
3. sé
4. Sabes
5. sé
6. conocen
7. Conocen
8. conozco
9. conocemos
10. saben
11. sabemos

A: ¿(1) tú a Sarita?
B: Sí, la (2), pero no (3) dónde vive. ¿(4) tú dónde está su casa?
A: Sí, yo (5) que vive en un apartamento en Puebla. Hace mucho tiempo que mis padres (6) a su familia y la visitamos muchas veces.

•••

A: ¿(7) Uds. a mucha gente importante?
B: Pues, yo no (8) a ninguna persona famosa.
C: Pues, chico, ¿qué estás diciendo? Tú y yo (9) a Luis Miguel, el primo de tu amigo, José.

•••

A: ¿Qué (10) Uds. de sus parientes?
B: Nosotros no (11) mucho.

14. Ferrocarriles del Estado. Lee el siguiente aviso y, luego, contesta las preguntas en español.

TIENE 1.000 KMS. MAS DE DIVERSION.

Desde el 13 de Diciembre nuestras rutas llegarán hasta Puerto Montt. Para que usted y su familia cuenten con más kilómetros de entretenimiento y más ciudades para visitar.
Si desea darse un "paseito" a Pucón, ningún problema: hemos incluído una combinación con buses desde Temuco.

ESTE VERANO EL TREN ES MAS LARGO:

Ferrocarriles del Estado

INFORMACIONES Y RESERVAS : SANTIAGO: Teléfonos 6895401 - 6895718 - 6895199 - 6891682. PROVINCIAS : Estación de Ferrocarriles más cercana.

1. ¿Qué tipo de transporte ofrecen?
2. ¿Qué ofrecen los Ferrocarriles del Estado?
3. ¿Desde cuándo ofrecen más kilómetros?
4. ¿Adónde te conducen desde diciembre?
5. ¿Ofrecen una ruta a Pucón?
6. ¿Crees que los Ferrocarriles del Estado le van a gustar a más gente ahora?
7. ¿Conoces algún lugar del aviso? ¿Cuál?
8. ¿Sabes algo de los lugares que están en el aviso? ¿Qué sabes?

14. Possible answers:
1. Ofrecen el tren.
2. Ofrecen más kilómetros de entretenimiento y más ciudades para visitar.
3. Ofrecen más kilómetros desde el verano (el trece de diciembre).
4. Me conducen hasta puerto Montt.
5. Sí, ofrecen una ruta a Pucón.
6. Answers will vary.
7. Answers will vary.
8. Answers will vary.

15. **En el restaurante Tres Picos. Imagina que llevas a comer a unos niños que estás cuidando. Diles lo que no deben hacer mientras que están en el restaurante.**

> **Modelo:** Carlos/jugar en la mesa
> Carlos, no juegues en la mesa.

1. chicos/pedir mucha comida
2. Rosita/comer la carne con las manos
3. Carlos/regañar a tu hermano
4. Consuelo/ir al baño de las damas todavía
5. Pedrito/correr por ese corredor
6. Rosita/tirar la comida al piso
7. Consuelo/escribir nada sobre la mesa
8. Pablo y Carlos/ir al baño de los caballeros ahora
9. Pedrito/hablar mientras que comes
10. Pablo/tardar en venir

15. 1. Chicos, no pidan....
2. Rosita, no comas....
3. Carlos, no regañes....
4. Consuelo, no vayas....
5. Pedrito, no corras....
6. Rosita, no tires....
7. Consuelo, no escribas....
8. Pablo y Carlos, no vayan....
9. Pedrito, no hables....
10. Pablo, no tardes en venir....

16. **Unos mandatos. Imagina que trabajas en el restaurante Tres Picos. Haz mandatos afirmativos y negativos para ver qué te está diciendo tu jefe acerca de lo que debes o no debes hacer.**

> **Modelo:** no llegar tarde a trabajar
> No llegue (Ud.) tarde a trabajar.

1. nunca tirar las latas en el cesto de papeles
2. no conducir el coche del restaurante
3. no comer las galletas en la cocina
4. ofrecer ayuda al camarero
5. no tardar mucho en lavar los platos
6. nunca subir la escalera sin poner la luz
7. recoger las mesas cada quince minutos
8. no jugar en los corredores

16. 1. Nunca tire (Ud.)....
2. No conduzca (Ud.)....
3. No coma (Ud.)....
4. Ofrezca (Ud.)....
5. No tarde (Ud.)....
6. Nunca suba (Ud.)....
7. Recoja (Ud.)....
8. No juegue (Ud.)....

¿Qué debo hacer?

17. **Conduciendo en la ciudad.** Imagina que tú y tres amigos alquilaron un carro. Van a dar un paseo por la ciudad y están tratando de decidir qué dirección van a tomar. Trabajando en grupos de cuatro, hagan mini-diálogos con las indicaciones que se dan. Sigan el modelo.

> **Modelo:** seguir/derecho
> **A:** ¿Sigo derecho?
> **B:** Sí, sigamos derecho.
> **C:** Sí, sigue derecho.
> **D:** ¡No! No sigas derecho.

1. conducir a la izquierda
2. ir al sur
3. buscar la carretera principal
4. doblar en la próxima calle
5. parar en la esquina
6. seguir hasta la señal de alto

17. 1. ¿Conduzco...?/...conduzcamos..../...conduce..../No conduzcas....
2. ¿Voy...?/...vamos..../...ve..../No vayas....
3. ¿Busco...?/...busquemos..../...busca..../No busques....
4. ¿Doblo...?/...doblemos..../...dobla..../No dobles....
5. ¿Paro...?/...paremos..../...para..../No pares....
6. ¿Sigo...?/...sigamos..../...sigue..../No sigas....

Some students may ask about *espere* (the present-tense subjunctive of *esperar*) in the instructions for Activity 18. The subjunctive mood will be taught beginning in *Lección 9* of *Somos así 2.*

18. **Ahora no.** Estas personas quieren hacer las siguientes actividades pero tú prefieres que esperen para hacerlas. ¿Qué mandato puedes usar para expresar tu deseo? Sigue el modelo.

> **Modelo:** Quiero ponerme la camisa nueva.
> No te la pongas todavía.

1. Quiero quitarme el abrigo.
2. Debo afeitarme.
3. Deseo maquillarme.
4. Tengo que quitarme el anillo.
5. Prefiero ponerme unos guantes.
6. Voy a lavarme el pelo.

18. 1. No te lo quites....
2. No te afeites....
3. No te maquilles....
4. No te lo quites....
5. No te los pongas....
6. No te lo laves....

19. Trabajando en parejas, escribe un diálogo con tu compañero/a de clase de por lo menos ocho líneas, usando pronombres y mandatos afirmativos y negativos. Luego, tú y tu compañero/a deben presentar el diálogo a la clase.

> **Modelo:** **A:** Oye, ¿puedo manejar el carro de la casa ahora?
> **B:** No, no lo manejes. Papá lo va a usar para ir al aeropuerto para recoger a mamá.

19. Creative self-expression.

20. **Tu carro (coche) ideal.** Trabajando en parejas, describe a tu compañero/a tu carro ideal. Luego, tu compañero/a debe hacer lo mismo.

20. Creative self-expression.

La ciudad

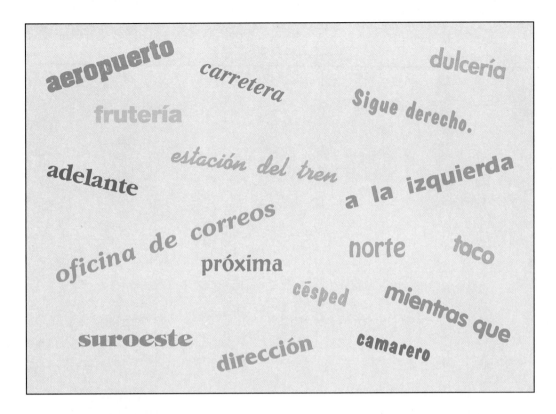

aeropuerto

carretera

dulcería

frutería

Sigue derecho.

estación del tren

adelante

a la izquierda

oficina de correos

próxima

norte

taco

césped

mientras que

suroeste

dirección

camarero

21. **Expresiones comunes.** Repasa las expresiones anteriores para probar cuántas puedes recordar. Luego, trabajando en grupos de tres, añadan otras expresiones relacionadas.

21. This is a self-test. Circulate and help students who are having problems.

22. **A crear.** Trabajando en grupos de tres, practiquen el español hablando entre ustedes mismos. Usen tantas expresiones como sea posible, empezando con el tema *la ciudad* y continuando con cualquier otro tópico. Hablen por cinco minutos. 22. Creative self-expression.

La Avenida Juárez en México, D.F.

¿Qué hacías?

ZOOLÓGICO
zoofari

GRAN CIRCO MUNDIAL
10 AMERICANO
V FESTIVAL
MUNDIAL CIRCO
50 NUEVAS ATRACCIONES
100 ANIMALES Y FIERAS
30 CIRCOS PARTICIPANTES

COMMUNICATIVE FUNCTIONS

- Seeking and providing personal information
- Describing in the past
- Talking about activities at a special event
- Identifying animals
- Expressing quantities
- Providing background information about the past
- Indicating past intentions
- Discussing nationality
- Adding emphasis to a description
- Recognizing and expressing size
- Stating possession
- Identifying sounds that animals make

Functions:
- Seeking and providing personal information
- Describing in the past
- Talking about activities at a special event
- Identifying animals
- Expressing quantities
- Providing background information about the past
- Indicating past intentions
- Discussing nationality

WB1, LA1

En el parque de atracciones

el globo

la montaña

los fuegos artificiales

el carro antiguo

la montaña rusa

la atracción

la serpiente

el desfile

Válido por 1 día.

Boleto de Entrada

Parque de Atracciones

PANORAMA

Válido por 1 día.

Parque de Atracciones

Parque de Atracciones

PANORAMA

*Rocío, una chica **salvadoreña**, habla con Juan sobre lo que hizo en sus últimas vacaciones.*

ROCIO: Oye, Juan, ¿sabes que mi familia y yo fuimos de vacaciones a un parque de **atracciones** en los Estados Unidos?

JUAN: ¡Qué bueno! Y, ¿cómo les fue?

ROCIO: Bueno, el parque es **fascinante** y **maravilloso. Había°** mucho para ver y hacer, **como° fuegos artificiales,** carros **antiguos,°** atracciones.... Bueno, ya puedes **imaginarte.** También había mucho para comer y para tomar, como **golosinas,°** helados y refrescos.

JUAN: Pero, dime, ¿te pasó algo interesante?

ROCIO: Bueno, algo **chistoso°** pasó una vez cuando yo comía un helado. Oí que algunas personas **gritaban°** y yo miré para todos lados para ver qué pasaba.

JUAN: Y, ¿qué pasaba?

ROCIO: Bueno, mi hermano menor **molestaba°** con una **serpiente** de **plástico** a unas chicas que miraban el **desfile.**

JUAN: ¡Qué chistoso es tu hermano!

Show students where El Salvador is located using the maps in the front of the book or the transparencies that are part of this program.

Some native speakers use *habían* as a plural form of the impersonal expression *había*.

Había *There (was) were* **como** *like, such as* **antiguos** *antique, ancient, old* **golosinas** *tidbits, little food items* **chistoso** *funny* **gritaban** *were shouting* **molestaba** *was bothering*

¿Qué comprendiste?

1. Rocío es salvadoreña. ¿De qué país es ella?
2. ¿Adónde fueron de vacaciones Rocío y su familia?
3. ¿Cómo es el lugar donde ellos fueron, según Rocío?
4. ¿Qué había allí para ver y hacer?
5. ¿Qué comía Rocío cuando algo chistoso pasó?
6. ¿Qué oyó Rocío?
7. ¿Quién molestaba a unas chicas?
8. ¿Con qué las molestaba?
9. ¿Qué miraban las chicas?

1. Ella es de El Salvador.
2. Fueron a un parque de atracciones.
3. Es fascinante y maravilloso.
4. Había mucho para ver y hacer, como fuegos artificiales, carros antiguos y atracciones.
5. Comía un helado.
6. Oyó que algunas personas gritaban.
7. El hermano menor de Rocío molestaba a unas chicas.
8. Las molestaba con una serpiente de plástico.
9. Miraban el desfile.

Additional questions: *¿En dónde está el parque de atracciones al que Rocío fue?; ¿Qué había de tomar en el parque?; ¿Adonde miraba Rocío cuando oía que algunas personas gritaban?*

¿Comes muchas golosinas?

Charlando Answers will vary.

1. ¿Te gustan los parques de atracciones? Explica.
2. ¿Te gusta montar en la montaña rusa? Explica.
3. ¿Comes muchas golosinas?
4. ¿Hay alguien chistoso en tu familia? ¿Quién?
5. ¿Te puedes imaginar montando en globo? Explica.

1. **En el parque de atracciones. Trabajando en parejas, haz el papel de una de las personas del diálogo anterior.**   1. Role-playing activity.

Additional questions: *¿Cuándo fue la última vez que fuiste a un parque de atracciones? ¿En dónde?; ¿Te pasó algo chistoso? ¿Qué?; ¿Te gusta ver fuegos artificiales?; ¿Qué comes cuando vas a un parque de atracciones?; ¿Compras globos cuando vas al parque?*

A propósito

El Salvador

El Salvador es un pequeño país de habla hispana de la América Central. Está ubicado *(located)* entre Honduras y Guatemala al norte, el Océano Pacífico al sur, Honduras y el Golfo de Fonseca al este, y Guatemala al oeste. La capital, San Salvador, es la ciudad más grande del país, con más de 500,000 habitantes. Otras ciudades principales son Santa Ana y San Miguel.

Antes de la llegada de los españoles en el siglo XVI, la región era parte del territorio maya. En 1524, empezaron a llegar los conquistadores españoles, quienes lucharon *(fought)* con la población indígena *(native)* para tomar posesión de las tierras *(land)* que hoy son El Salvador. En 1525, el conquistador español, Diego Alvarado, fundó la ciudad de San Salvador en el Valle de las Hamacas *(Valley of the Hammocks)*. El Salvador consiguió su independencia de España en 1821.

En la historia reciente de esta nación hay mucha violencia y problemas sociales a causa de una guerra civil *(civil war)*. Hoy El Salvador está tratando de solucionar estos problemas y de mejorar *(improve)* sus sistemas político y económico para dar a su gente un mejor futuro.

San Salvador, El Salvador.

Somos salvadoreños.

El Salvador está buscando una solución a sus problemas. (San Salvador, El Salvador)

El lago Ilopango es un lugar muy bonito, ¿no crees?

2. **El Salvador.** Prepara un aviso publicitario para dar a conocer a la gente de otros países las cosas buenas y los puntos geográficos importantes de El Salvador. Busca información sobre El Salvador en la biblioteca, si es necesario.

2. Creative self-expression.

La educación es importante para el futuro de El Salvador.

Estructura

El imperfecto de los verbos regulares

WB3, WB4, WA1, LA3, R1, R2

Past events in Spanish usually are expressed using one of two tenses. You already have learned the *pretérito*, which expresses completed past actions. A second tense, the *pretérito imperfecto* (usually referred to as *el imperfecto*), also refers to the past, but without indicating specifically when the event or condition begins or ends.

Form the imperfect tense of regular verbs by dropping the *-ar, -er* or *-ir* ending from the infinitive and by adding the endings indicated in bold in the following chart. All verbs in Spanish follow this pattern except for *ir, ser* and *ver*, which you will learn later in this lesson.

el imperfecto de *hablar, comer* y *vivir*					
hablar					
yo	hablaba	*I was speaking (I used to speak)*	nosotros nosotras	hablábamos	*we were speaking (we used to speak)*
tú	hablabas	*you were speaking (you used to speak)*	vosotros vosotras	hablábais	*you were speaking (you used to speak)*
Ud.		*you were speaking (you used to speak)*	Uds.		*you were speaking (you used to speak)*
él	hablaba	*he was speaking (he used to speak)*	ellos	hablaban	*they were speaking (they used to speak)*
ella		*she was speaking (she used to speak)*	ellas		*they were speaking (they used to speak)*
comer					
yo	comía	*I was eating (I used to eat)*	nosotros nosotras	comíamos	*we were eating (we used to eat)*
tú	comías	*you were eating (you used to eat)*	vosotros vosotras	comíais	*you were eating (you used to eat)*
Ud.		*you were eating (you used to eat)*	Uds.		*you were eating (you used to eat)*
él	comía	*he was eating (he used to eat)*	ellos	comían	*they were eating (they used to eat)*
ella		*she was eating (she used to eat)*	ellas		*they were eating (they used to eat)*
vivir					
yo	vivía	*I was living (I used to live)*	nosotros nosotras	vivíamos	*we were living (we used to live)*
tú	vivías	*you were living (you used to live)*	vosotros vosotras	vivíais	*you were living (you used to live)*
Ud.		*you were living (you used to live)*	Uds.		*you were living (you used to live)*
él	vivía	*he was living (he used to live)*	ellos	vivían	*they were living (they used to live)*
ella		*she was living (she used to live)*	ellas		*they were living (they used to live)*

Remind your students that they already have learned to use an informal form of the verb *haber: hay*. Students will learn other impersonal forms of *haber* in lesson 7. The use of *haber* as an auxiliary verb will be presented in chapter 6 of *Somos así 2*.

Note: The impersonal expression *había* is the imperfect tense of *haber* (to have) and is the equivalent of **there was/there were.**

3. **Di lo que tú hacías ayer a diferentes horas, usando los siguientes verbos y pistas:** *dormir, levantarse, bañarse, vestirse, desayunarse, salir de la casa, llegar a la escuela, almorzar, estudiar español, hacer la tarea, acostarse, dormirse.*

> **Modelos:** Dormía a las cinco.
> Me levantaba a las seis y media.

3. Times may vary. Verbs are as follows:
*Dormía..., Me levantaba..., Me bañaba...,
Me vestía..., Me desayunaba..., Salía...,
Llegaba..., Almorzaba..., Estudiaba...,
Hacía..., Me acostaba..., Me dormía....*

Hacía la tarea a las
siete y cuarto.

4. 1. hablaban
2. oíamos
3. jugaban
4. comía
5. miraba
6. molestaba
7. subían
8. dormía
9. pedía
10. pasábamos

4. **Todo el día.** Imagina que fuiste con la familia de un vecino a un parque de atracciones el fin de semana pasado. Completa las siguientes oraciones con el imperfecto de los verbos indicados para decir qué hacía cada persona todo el día.

> **Modelo:** La hermana mayor de mi vecino <u>montaba</u> en la montaña rusa. (montar)

1. Sus padres <u>(1)</u> con todo el mundo. (hablar)
2. Todos nosotros <u>(2)</u> música popular. (oír)
3. Sus hermanas menores <u>(3)</u> con globos. (jugar)
4. Su prima <u>(4)</u> golosinas. (comer)
5. Su abuela <u>(5)</u> a la gente. (mirar)
6. Yo <u>(6)</u> a todo el mundo. (molestar)
7. Sus primos <u>(7)</u> a una montaña artificial. (subir)
8. Su abuelo <u>(8)</u>. (dormir)
9. Su hermano menor <u>(9)</u> monedas para montar en las atracciones. (pedir)
10. Nosotros <u>(10)</u> un día maravilloso. (pasar)

¿Para qué pedía monedas su
hermano menor?

A propósito

Los usos del imperfecto

The imperfect tense is used to describe an ongoing past action, a repeated (habitual) past action or a long-standing situation.

Hablaba con mi vecina
(cuando...).

I was talking to my
neighbor (when...).

Comíamos al mediodía todos
los domingos.

**We used to/would
eat** at noon
every Sunday.

Vivíamos en San Salvador.

We were living in
San Salvador.

Hablaba con mi vecina
en el parque.

Comíamos al mediodía todos los domingos.

5. **En la ciudad.** Imagina que Rocío y su familia vivían en otra ciudad antes de vivir en San Salvador. Trabajando en parejas, alterna con tu compañero/a de clase en decir lo que las siguientes personas hacían cuando vivían en la otra ciudad, según las indicaciones.

> **Modelo:** el abuelo/visitar los museos de historia
> El abuelo visitaba los museos de historia.

1. don Ricardo/llamar a sus amigos todos los sábados
2. la abuela/comprar chocolates en la dulcería
3. los tíos/correr por el parque de atracciones
4. Rocío/salir a comer golosinas con sus amigas
5. tía Clara/mirar las vitrinas de los almacenes nuevos
6. doña Cecilia/comer los viernes en un restaurante mexicano
7. los padres de Rocío/leer el periódico todos los días
8. el hermano de Rocío/escribir a sus parientes en San Salvador

5. 1. ...llamaba....
   2. ...compraba....
   3. ...corrían....
   4. ...salía....
   5. ...miraba....
   6. ...comía....
   7. ...leían....
   8. ...escribía....

6. **En el parque de atracciones.** Completa el siguiente párrafo con las formas apropiadas del imperfecto de los verbos indicados para decir qué hacían Rocío y su hermano en el parque de atracciones cuando ella tenía ocho años.

Mi hermano y yo siempre *1. (visitar)* el parque de atracciones los fines de semana cuando yo *2. (tener)* ocho años. Nosotros *3. (caminar)* por el parque y *4. (hablar)* de nuestras vidas. Nosotros *5. (parar)* muchas veces para comer algo y para tomar unos refrescos. Me parece que él siempre *6. (comer)* en menos de cinco minutos. Yo *7. (tardar).* Cuando nosotros *8. (terminar)*, *9. (montar)* en la montaña rusa varias veces y, luego, *10. (salir)* para ir a casa. Mis padres también *11. (hacer)* lo mismo a los ocho años, pero ellos no *12. (poder)* comer en el parque porque sus padres siempre los *13. (esperar)* para comer en casa.

Parábamos muchas veces para tomar refrescos.

6. 1. visitábamos
   2. tenía
   3. caminábamos
   4. hablábamos
   5. parábamos
   6. comía
   7. tardaba
   8. terminábamos
   9. montábamos
   10. salíamos
   11. hacían
   12. podían
   13. esperaban

En el jardín zoológico

el zoológico

el flamenco

el hipopótamo
la iguana
la tortuga

Bienvenidos
al **zoológico.**

el camello

la cebra
el león
el gorila

la jirafa

el elefante

el tigre

la pantera

el mono

GUIA: Buenos días, amigos y amigas. **Bienvenidos°** al **zoológico.** Soy Fabiola León Ortiz y voy a ser su **guía** hoy. El zoológico tiene **más de°** tres mil **animales.** ¿Pueden imaginarse? Todos los animales que Uds. van a ver hoy aquí son **salvajes.°** Muchos de ellos son **feroces,°** y casi todos vienen de las **Américas** o de las **selvas°** del **Africa.** Por ejemplo, los **elefantes** que van a ver son **africanos** y los **monos** son americanos, de El Salvador. Bueno, tengan listas sus **cámaras** para tomarles fotos a estos fascinantes animales. Diviértanse en su **visita.** ¿Alguna pregunta?

In addition to tomar fotos *students may hear* sacar fotos *or* fotografiar.

SEÑOR: Perdón, señorita, ¿no íbamos a ver la película sobre el zoológico primero? Cuando entré al zoológico, yo veía que algunas personas iban a ver una película.

GUIA: Sí, señor. Vamos a ver una película primero.

Bienvenidos *Welcome*   **más de** *more than*   **salvajes** *wild*   **feroces** *fierce, ferocious*   **selvas** *jungles*

A propósito

¿Qué es *América*?

In the Spanish-speaking world, the word *América* refers to *la América del Sur*, *la América Central* and *la América del Norte*. Additionally, the adjective *americano,-a* refers to anyone from any part of *América*. For this reason, when traveling outside the United States, demonstrate good diplomacy and a knowledge of this cultural and linguistic difference by referring to yourself as a *norteamericano,-a* or *estadounidense*.

1. Se llama Fabiola León Ortiz.
2. Tiene más de tres mil animales.
3. Hay camellos, cebras, elefantes, flamencos, gorilas, hipopótamos, iguanas, jirafas, leones, monos, panteras, tigres y tortugas.
4. Son salvajes y feroces.
5. Casi todos vienen de la América del Sur, de la América del Norte, de la América Central o de las selvas del Africa.
6. Los monos son americanos, de El Salvador.
7. Deben tener listas las cámaras para tomarles fotos a los animales.
8. Iban a ver la película sobre el zoológico.

¿Qué comprendiste?

1. ¿Cómo se llama la guía?
2. ¿Cuántos animales tiene el zoológico?
3. ¿Qué animales hay en el zoológico?
4. ¿Cómo son los animales?
5. ¿De dónde vienen casi todos los animales?
6. ¿De dónde son los monos?
7. ¿Qué deben tener listas las personas? ¿Para qué?
8. ¿Qué iban a ver algunas personas?

¿De qué color es el flamenco?

Additional questions: *¿Quiénes son bienvenidos?; ¿De dónde son los elefantes de este zoológico?; ¿Quién dice que los animales son fascinates?; ¿Tiene alguien alguna pregunta? ¿Quién?; ¿Qué van a ver primero las personas que están de visita al zoológico?*

WA4

A propósito

¿Los nombres de animales o de personas?

Do you know any Birds? How about people who are named Wolf? In Spanish-speaking countries, it is fairly common to meet people with names that are the same as the names of animals. Do not be surprised, for example, if one day you are introduced to Mr. and Mrs. Lion (*el señor* and *la señora León*), or to their friend Miss Bull (*la señorita Toro*), whose first name is *Paloma* (Dove). For some people the use of an animal's name to refer to a person may seem odd. However, in many cultures you will find that animal names for people are quite common and very acceptable.

¿Te llamas Paloma?

Creatividad mental. As an interesting means of dealing with cultural pluralism, discuss the meanings and origins of several names: Sitting Bull (Native American), Johnson (a Scandinavian name that originally meant "son of John"), Du Pont (a French name that originally meant "of the bridge"), Alvar Núñez Cabeza de Vaca (a Spanish name that means "cow's head").

Charlando
Answers will vary.

Additional questions:
¿Cuál es tu animal salvaje favorito?; ¿Te gustaría visitar la selva? ¿Por qué?; ¿Te gusta tomar fotos de animales?; ¿Crees que los zoológicos son lugares buenos o malos para los animales?

1. ¿Te gustan los zoológicos? Explica.
2. ¿Cuándo fue la última vez que fuiste de visita a un zoológico?
3. ¿Qué animales había? ¿Eran africanos?
4. ¿Qué animales africanos conoces?
5. ¿Qué animales americanos conoces?
6. ¿Conoces alguna persona con un apellido de animal? ¿Cómo se llama?

Este gorila es africano.

Estas jirafas también son africanas.

WB9, WA5, LA5, R6

Estructura

El imperfecto de los verbos *ser, ir* y *ver*

The *vosotros,-as* verb endings are included for passive recognition. If you have decided to make these forms active, adapt the provided activities, as required.

There are only three irregular verbs in the imperfect tense in Spanish: *ser, ir* and *ver*.

ser	
era	éramos
eras	erais
era	eran

ir	
iba	íbamos
ibas	ibais
iba	iban

ver	
veía	veíamos
veías	veíais
veía	veían

WB10,
WB11,
WA6, LA6

Los usos del imperfecto: un poco más

In addition to describing an ongoing past action, a repeated (habitual) past action or a long-standing situation, the imperfect tense may be used in the following situations:

- to refer to a physical, mental or emotional characteristic or condition in the past

  Era guapo e inteligente.   **He was** handsome and intelligent.

  Tenían miedo a los fuegos artificiales.   **They were** afraid of fireworks.

- to describe or provide background information about the past

  Hacía mucho calor.   **It was** very hot.
  Había muchas atracciones.   **There were** many attractions.
  Eran las diez de la mañana.   **It was** 10:00 A.M.
  Yo tenía doce años.   **I was** twelve years old.

- to indicate past intentions

  Queríamos ver la película sobre el zoológico.   **We wanted to see** the movie about the zoo.
  Iba a ir al zoológico ayer.   **I was going to go** to the zoo yesterday.

Queríamos ver el elefante.

7. **Los animales. Imagina que fuiste al zoológico el fin de semana pasado. Describe los animales que viste, tomando elementos de cada columna y haciendo los cambios necesarios.**

Modelo: La cebra era rápida. 7. Answers will vary.

A	B	C
los gorilas		lento y viejo
la jirafa		largo
las serpientes	era	grande
el tigre	eran	alto
los flamencos		feroz
los elefantes		rosado y delgado
la tortuga		chistoso
los hipopótamos		rápido
la cebra		gordo y lento
la pantera		rápido y chistoso
los monos		rápido y negro

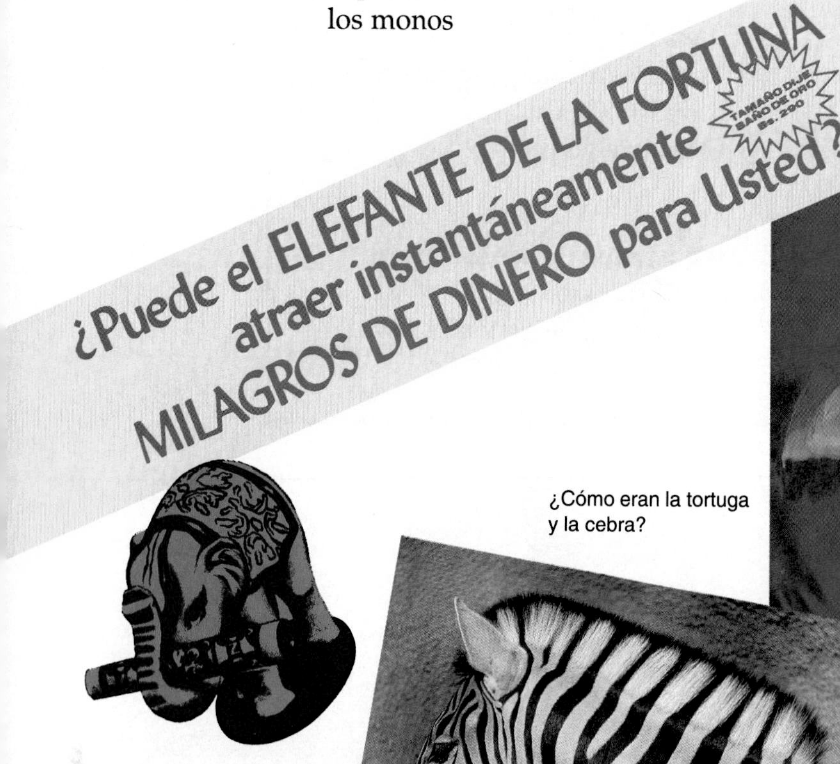
¿Puede el ELEFANTE DE LA FORTUNA
atraer instantáneamente
MILAGROS DE DINERO para Usted?
TAMAÑO DIJE
BAÑO DE ORO
Bs. 290

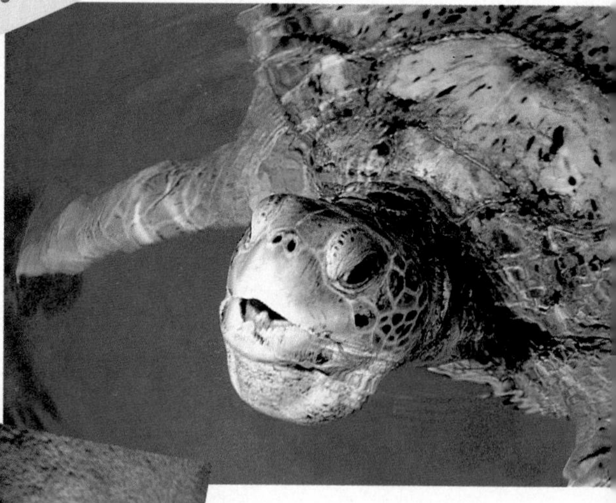

¿Cómo eran la tortuga y la cebra?

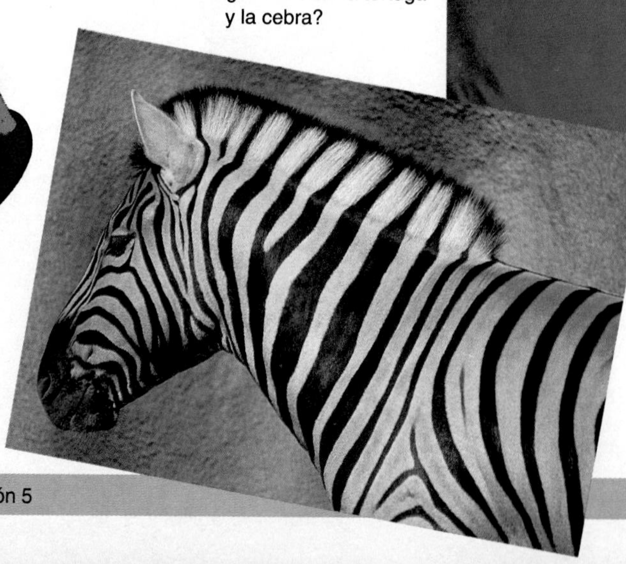

8. **¿A qué hora? Mira el siguiente horario del zoológico Zoofari. Luego, trabajando en parejas, alterna con tu compañero/a de clase en preguntar y en contestar la hora en que ocurrían diferentes actividades ayer en el zoológico.**

> **Modelo:** la exhibición de los monos de la América Central
> **A:** ¿A qué hora ayer era la exhibición de los monos de la América Central?
> **B:** Era a las diez y media.

8. 1. ¿...eran...?/Eran a las siete.
   2. ¿...eran...?/Eran a las nueve y media, a las dos y media y a las cinco y media.
   3. ¿...era...?/Era a las nueve.
   4. ¿...era...?/Era a la una y media.
   5. ¿...eran...?/Eran a las once y media y a las cuatro.
   6. ¿...era...?/Era al mediodía (a las doce).
   7. ¿...eran...?/Eran a las once, a las tres y a las cuatro y media.
   8. ¿...era...?/Era a las tres y media.

1. los fuegos artificiales
2. las exhibiciones de serpientes
3. la película sobre el zoológico
4. el desfile de la selva
5. las exhibiciones de animales salvajes africanos
6. la visita al mundo de los hipopótamos
7. las películas sobre los animales de las Américas
8. la exhibición de los tigres americanos

Este animal lo ves en la exhibición de animales africanos.

9. **¿Qué edad tenían?** Las siguientes personas fueron al zoológico por última vez el año pasado. Di cuántos años tenían cuando fueron al zoológico el año pasado, según la edad que tienen hoy.

9. 1. ...tenía 13....
    2. ...tenían 17....
    3. ...tenía 24....
    4. ...tenía 54....
    5. ...tenías 16....
    6. ...teníamos 18....
    7. ...tenían 20....
    8. ...tenía....

Modelo: Margarita tiene 16 años.
Margarita tenía 15 años el año pasado.

1. Juan tiene 14 años.
2. Rocío y Adriana tienen 18 años.
3. La señorita León tiene 25 años.
4. Doña Marta tiene 55 años.

5. Tú tienes 17 años.
6. Pedro y yo tenemos 19 años.
7. Uds. tienen 21 años.
8. Yo tengo....

10. **En el zoológico.** Imagina que tú ibas a ir con las siguientes personas al zoológico la semana pasada para ver sus animales favoritos. Di qué animales iban a ver, según las ilustraciones.

10. 1. Jorge iba...los leones.
     2. Rosa y Alvaro iban...las jirafas.
     3. Claudia iba...los gorilas.
     4. Pedro y Pablo iban...los hipopótamos.
     5. Uds. iban...las tortugas.
     6. Nosotros íbamos...los flamencos.
     7. Marcela y Natalia iban...las cebras.
     8. Yo iba...los monos.

Modelo: tú
Tu ibas a ver los tigres.

1. Jorge

2. Rosa y Alvaro

3. Claudia

4. Pedro y Pablo

5. Uds.

6. nosotros

7. Marcela y Natalia

8. yo

A propósito

Más de....

In order to express "more than" before a number in Spanish, use the expression *más de*.

¿Había **más de** cien animales?	Were there **more than** one hundred animals?
Ellos tenían **más de** quince años.	They were **more than** fifteen years old.

11. **En la visita al zoológico.** Haz oraciones completas en el imperfecto para decir lo que las siguientes personas hacían durante su visita al zoológico. Usa las indicaciones que se dan y la expresión *más de*.

> **Modelo:** yo/ver/diez elefantes
> Yo veía más de diez elefantes.

1. tú/comer/tres helados
2. mi amigo/tomar fotos de/veinte animales
3. los niños/comer/cinco golosinas
4. ellos/ver los flamencos/una vez
5. Uds./ir a ver los camellos/cinco veces
6. el guía/hablar por/una hora
7. tú/hacer/quince preguntas
8. mi amiga/ver/cien serpientes de plástico
9. nosotros/ver/doce tigres americanos

11. 1. Tú comías más de....
     2. Mi amigo tomaba fotos de más de....
     3. Los niños comían más de....
     4. Ellos veían los flamencos más de....
     5. Uds. iban a ver los camellos más de....
     6. El guía hablaba por más de....
     7. Tú hacías más de....
     8. Mi amiga veía más de....
     9. Nosotros veíamos más de....

12. **Cuando era pequeño/a.** Haz una lista de por lo menos cinco cosas que tú hacías cuando eras pequeño/a. Luego, trabajando en parejas, lean uno al otro lo que escribieron y hagan una lista de las actividades que los dos tienen en común en sus listas. Por último, da un reporte de estas actividades a otra pareja de estudiantes.

12. Creative self-expression.

> **Modelo:** **A:** Cuando era pequeño/a jugaba al fútbol con mis amigos del barrio y comía muchas galletas.
>
> **B:** Cuando era pequeño/a comía muchas galletas de chocolate y molestaba a mis hermanos.
>
> **A/B:** Cuando A/B y yo éramos pequeños/as comíamos muchas galletas.

Additional activity: Have students bring in three or four photographs that depict some things they did or what they looked like when they were little. Then prepare a list of similarities and differences.

Cuando era pequeño/a:
1. Jugaba al fútbol con mis amigos del barrio.
2. Comía muchas galletas.

Cuando era pequeño/a:
1. Comía muchas galletas de chocolate.
2. Molestaba a mis hermanos.

WB13, WA7, LA7, R7

Ask students if they can guess the nationality of people from Equatorial Guinea: *guineano, -a.*

Point out the dieresis *(diéresis)* on the word *nicaragüense.* This linguistic point is explained for students in *Somos así 3.* You may wish to note for interested students that for the letter combinations *gue* and *gui,* the *u* is not usually pronounced. The two dots, or dieresis, over the *u* indicate that the letter should be pronounced, as happens here with *nicaragüense.*

Many Uruguayans refer to themselves as *orientales.*

¿Cuál es tu nacionalidad?

Soy de...		Soy...
la	Argentina	argentino,-a
	Bolivia	boliviano,-a
	Colombia	colombiano,-a
	Costa Rica	costarricense
	Cuba	cubano,-a
	Chile	chileno,-a
el	Ecuador	ecuatoriano,-a
	El Salvador	salvadoreño,-a
	España	español/española
los	Estados Unidos	estadounidense
	Guatemala	guatemalteco,-a
	Honduras	hondureño,-a
	México	mexicano,-a
	Nicaragua	nicaragüense
	Panamá	panameño,-a
el	Paraguay	paraguayo,-a
el	Perú	peruano,-a
	Puerto Rico	puertorriqueño,-a
la	República Dominicana	dominicano,-a
el	Uruguay	uruguayo,-a
	Venezuela	venezolano,-a

Note: Singular masculine adjectives that end in -*o* have a feminine form that ends in -*a*, and most singular adjectives that end with an -*e* or with a consonant have only one singular form. However, for masculine adjectives of nationality that end with a consonant, add -*a* to make the feminine form: *español* ➡ *española.*

¿Cómo se llama esta taquería?

13. **¿Cuál es tu nacionalidad?** Trabajando en grupos de tres, cada miembro del grupo debe ir a preguntar el nombre y la nacionalidad de otros seis estudiantes. (Todos deben contestar con una de las nacionalidades de cualquiera de los países de habla hispana.) Luego, regresa a tu grupo y comparte *(share)* la información con tus compañeros/as. Un miembro del grupo debe preparar un resumen *(summary)* de toda la información. Por último, otro miembro del grupo debe presentar la información a la clase, señalando a las personas y diciendo su nacionalidad.

13. Answers will vary. Students in each group should speak Spanish and work cooperatively to prepare a single list of names and nationalities. Leaders of groups who have completed the activity successfully will be able to identify several students by name and nationality.

> **Modelo:** **A:** ¿Cómo te llamas?
> **B:** Me llamo David.
> **A:** ¿Cuál es tu nacionalidad?
> **B:** Soy uruguayo.

14. **La nacionalidad.** Trabajando en parejas, alterna con tu compañero/a en preguntar y en contestar de dónde eran las siguientes personas que Uds. conocieron *(met)* en la visita al zoológico. Sigue el modelo.

Ese señor era paraguayo también. (Asunción, Paraguay)

> **Modelo:** el señor Bravo/Asunción
> **A:** ¿De dónde era el señor Bravo?
> **B:** Era del Paraguay.
> **A:** Ah, ¿sí? No sabía que era paraguayo.
> **B:** Claro. Es de Asunción.

Check to be sure that students use the country name, the city and nationality of each person.

1. don Francisco/Santa Fe de Bogotá
2. Ana y Elena/Buenos Aires
3. la señora Acosta/La Habana
4. Olman y su hermana/San José
5. Roberto y su prima/Caracas
6. Pilar y su hermana/Madrid
7. Enrique/Managua
8. el señor y la señora García/La Paz
9. las amigas de Enrique/Quito
10. Mario/Tegucigalpa

14. 1. ¿...era...?/Era de Colombia./...colombiano./...Santa Fe de Bogotá.
2. ¿...eran...?/Eran de la Argentina./...argentinas./...Buenos Aires.
3. ¿...era...?/Era de Cuba./...cubana./...La Habana.
4. ¿...eran...?/Eran de Costa Rica./...costarricenses./...San José.
5. ¿...eran...?/Eran de Venezuela./...venezolanos./...Caracas.
6. ¿...eran...?/Eran de España./...españolas./...Madrid.
7. ¿...era...?/Era de Nicaragua./...nicaragüense./...Managua.
8. ¿...eran...?/Eran de Bolivia./...bolivianos./...La Paz.
9. ¿...eran...?/Eran del Ecuador./...ecuatorianas./...Quito.
10. ¿...era...?/Era de Honduras./...hondureño./...Tegucigalpa.

Interacción cooperativa: Review the countries by having students pretend to be from one of the Spanish-speaking countries. Then, working in groups of three, students try to find out the name and country of as many classmates as they can in five minutes by asking in Spanish *¿Cómo te llamas?* and *¿De dónde eres?* Students should then return to their respective groups to compile the information and to select one classmate to present the information to the class, adding each person's nationality: *Se llama Mario García y es de El Salvador. Es salvadoreño.*

Offer appropriate Total Physical Response (TPR) support, where possible: Have students point to the places they say or hear, using the maps at the front of the book or a classroom wall map, if one is available.

Repaso rápido: *ser* vs. *estar*

You already have learned that *ser* and *estar* are each used for very different situations. How much of the following do you recall?

- *Ser* may express origin.

Soy de (los) Estados Unidos.	**I am** from the United States.
Soy estadounidense.	**I am** American.

  No soy estadounidense, soy ecuatoriana.

- Sometimes *ser* expresses a characteristic that distinguishes people or objects from one another.

El parque **era** maravilloso.	The park **was** wonderful.
¡Qué chistoso **eres!**	How funny you **are!**

- *Estar* is used to express a temporary condition.

Estamos bien.	**We are** fine.
¡Qué delgado **estaba** el tigre!	How skinny the tiger **was!**

- *Estar* also may refer to location.

¿Dónde **está** el zoológico?	Where **is** the zoo?

Although *estar* generally is used to express location, note this exception: *Ser* can refer to the location of an event, in which case it is the equivalent of **to take place.**

¿Dónde **son** los fuegos artificiales?	Where do the fireworks **take place?**

¿A qué hora son los fuegos artificiales?

15. *Ser* o *estar.* **Completa las siguientes oraciones con la forma apropiada del presente o del imperfecto de *ser* o *estar*, según las situaciones.**

> **Modelos:** Este zoológico <u>es</u> muy grande. Tiene más de tres mil animales.
> Cuando fuimos al parque de atracciones el día <u>estaba</u> soleado.

1. El hipopótamo <u>(1)</u> un animal muy gordo. No conozco ninguno delgado.
2. Las golosinas no <u>(2)</u> muy buenas para tu cuerpo. No debes comerlas.
3. Mi amiga panameña <u>(3)</u> en San Salvador de vacaciones el mes pasado cuando la llamé.
4. El desfile <u>(4)</u> ayer a las dos de la tarde en el parque.
5. ¿<u>(5)</u> las tortugas ecuatorianas enfermas anteayer?
6. Las panteras americanas <u>(6)</u> salvajes y muy feroces. Nadie tiene una en su casa.
7. ¡La serpiente <u>(7)</u> sobre mi cámara cuando trataba de tomar una foto! ¡Qué miedo!
8. Juan <u>(8)</u> muy chistoso hoy. Ayer estaba muy triste.
9. El zoológico de San Diego <u>(9)</u> uno de los zoológicos estadounidenses más grandes.
10. ¡Las montañas que vimos en la América Central <u>(10)</u> fascinantes!

15.
1. es
2. son
3. estaba
4. era
5. Estaban
6. son
7. estaba
8. está
9. es
10. eran

16. **El zoológico. Imagina que eras veterinario/a y fuiste a un zoológico en El Salvador para hacer un estudio. Completa las observaciones que hiciste durante tu visita, usando las indicaciones que se dan. Sigue el modelo.**

> **Modelo:** zoológico/salvadoreño/maravilloso
> El zoológico salvadoreño era maravilloso.

1. monos/hondureño/contento/de verme
2. panteras/negro/feroz
3. elefantes/africano/cansado/por no dormir bien
4. leones/africano/salvaje
5. iguanas/mexicano/muy chistoso
6. camellos/nervioso/de ver a tanta gente
7. serpientes/americano/enfermo/por comer plástico

16.
1. Los monos hondureños estaban contentos de verme.
2. Las panteras negras eran feroces.
3. Los elefantes africanos estaban cansados por no dormir bien.
4. Los leones africanos eran salvajes.
5. Las iguanas mexicanas eran muy chistosas.
6. Los camellos estaban nerviosos de ver a tanta gente.
7. Las serpientes americanas estaban enfermas por comer plástico.

Son tan pequeños, tan pequeños, que su cola es más grande que ellos. Parecen bebés aun cuando son adultos.

¿Crees que esta iguana es chistosa?

¡La práctica hace al maestro!

A. *Encuesta.* **This activity has three parts.**
***Parte A:* Working in pairs, each student conducts a survey on the current emotional or physical condition of four different students in the class and then returns to his or her partner to compile the results. *Parte B:* One member of each pair reports the information to the class, while a student (or the teacher) makes a graph (*gráfica*) of the results on the chalkboard for the entire class. *Parte C:* Students then take turns asking one another questions in Spanish about the information on the graph.**

Modelo: Parte A:

A: ¿Cómo estás?

B: Estoy contento/a.

Parte B:

En nuestra encuesta, tres estudiantes estaban contentos, uno estaba triste, tres estaban cansados y uno estaba nervioso.

	contentos	apurados	cansados	enfemos	nerviosos	tristes
Pareja 1	|||		|||				
Pareja 2	|||	||					
Pareja 3	||	|||			||		
Pareja 4	||		||			||
TOTAL	10	5	6	2	4	5

Parte C:

A: ¿Cuántos estudiantes en la clase estaban contentos?

B: Siete estudiantes estaban contentos.

B. *A escribir.* **Write a summary of the survey results for the class. Include a chart like the one in the model to support your findings.**

Montábamos en la montaña rusa el verano pasado.

Vocabulario

Adjetivos

africano,-a
antiguo,-a
argentino,-a
bienvenido,-a
boliviano,-a
colombiano,-a
costarricense
cubano,-a
chileno,-a
chistoso,-a
dominicano,-a
ecuatoriano,-a
español, española
estadounidense
fascinante
feroz
guatemalteco,-a
hondureño,-a
maravilloso,-a
nicaragüense
panameño,-a
paraguayo,-a
peruano,-a
puertorriqueño,-a
salvadoreño,-a
salvaje
uruguayo,-a
venezolano,-a

Adverbios

como
más de

Sustantivos

el Africa
la América (Central/del
   Norte/del Sur)
el animal
la atracción
la cámara
el camello
la cebra
el desfile
el elefante
el flamenco
los fuegos artificiales
el globo
la golosina
el gorila
el guía, la guía
el hipopótamo
la iguana
el (jardín) zoológico
la jirafa
el león
el mono
la montaña

la montaña rusa
la pantera
el plástico
la selva
la serpiente
el tigre
la tortuga
la visita

Verbos

gritar
había
imaginar(se)
molestar

El león es un animal
salvaje y feroz.

Functions:
- Seeking and providing personal information
- Providing background information about the past
- Describing in the past
- Talking about activities at a special event
- Identifying animals
- Adding emphasis to a description
- Recognizing and expressing size
- Stating possession
- Identifying sounds that animals make

WB1, LA1

En el circo

Show students where Honduras is located using the maps in the front of the book or the transparencies that are part of this program.

el circo

el acróbata — la acróbata

la banda

el boleto

la taquilla

el rugido

el oso

el payaso

la jaula

la fila

ROCIO: Juan, ¿visitaste algún lugar interesante **durante°** tus vacaciones?

JUAN: Pues, mi familia y yo fuimos a un **circo** grande y buenísimo que estaba en Tegucigalpa. Había **acróbatas** con mucha ḍestreza,° una **banda** de música y **osos** blancos y negros muy grandes. Era un **gran°** circo.

ROCIO: ¿Cuáles osos te gustaron más, los osos blancos o los negros?

JUAN: Los blancos porque parecían muy cariñosos, como **ositos de peluche.°**

ROCIO: Y, ¿ qué fue lo más **emocionante?°**

JUAN: Lo más emocionante fue cuando yo estaba en la **jaula** con unos leones grandísimos. Todo el mundo gritaba cuando ellos **rugían.**

ROCIO: **¡Pobre°** muchacho! **¡Qué mentira tan°** grande! ¡Ja, ja, ja!

durante *during*   **destreza** *skill, expertise*   **gran** *great*   **ositos de peluche** *little teddy bears*   **emocionante** *exciting*   **Pobre** *Poor*   **¡Qué (mentira) tan (grande)!** *What a (big lie)!*

¿Qué comprendiste?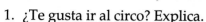

1. ¿Qué lugar visitó Juan y su familia durante las vacaciones?
2. ¿En dónde estaba el circo?
3. ¿Cómo era el lugar?
4. ¿Qué había allí?
5. ¿Quiénes tenían mucha destreza?
6. ¿Cómo parecían los osos blancos?
7. ¿Qué fue lo más emocionante?
8. ¿Cuándo gritaba todo el mundo?
9. ¿Qué dice Rocío sobre de Juan?
10. ¿Piensa Rocío que Juan dice la verdad?

Este oso parece de peluche.

1. Ellos visitaron el circo.
2. Estaba en Tegucigalpa.
3. Era un circo grande y buenísimo.
4. Había acróbatas, una banda de música y osos blancos y negros muy grandes.
5. Los acróbatas tenían mucha destreza.
6. Parecían muy cariñosos, como ositos de peluche.
7. Lo más emocionante fue cuando Juan estaba en la jaula con unos leones grandísimos.
8. Todo el mundo gritaba cuando los leones rugían.
9. Dice que es un pobre muchacho.
10. No, no piensa que Juan dice la verdad.

Additional questions: ¿En dónde está Tegucigalpa?; ¿Cuáles osos le gustaron más a Juan?; ¿Está diciendo Juan la verdad?; ¿Cuántas personas hay en la taquilla comprando boletos para el circo?; ¿En dónde están los leones?

Charlando   Answers will vary.

1. ¿Te gusta ir al circo? Explica.
2. ¿Fuiste a algún circo en tus últimas vacaciones? ¿Cómo era?
3. ¿Qué viste allí? ¿Qué fue lo más emocionante?
4. ¿Te gusta hacer fila en una taquilla para comprar boletos? Explica.
5. ¿Tuviste un oso de peluche cuando eras niño/a?

20% DE DESCUENTO
En la línea de peluches
EJEMPLO
Oso.
Normal S/. 25,00   20,00

Additional questions: ¿Hay un circo en tu ciudad? ¿En tu barrio?; ¿Te gustaría tocar en una banda de circo? ¿Por qué?; ¿Tuviste payasos en tus fiestas de cumpleaños cuando eras niño/a?; ¿Tienes destreza para hacer algo especial? ¿Qué puedes hacer?

1. **En el circo. Ana fue al circo ayer. Hoy está hablando con José sobre lo que ella vio. Completa el siguiente diálogo con las palabras de la lista para saber lo que dicen.**

fila	emocionante	taquilla	banda
destreza	boletos	rugían	peluche

JOSE: Oye, Ana, ¿qué había en el circo que viste ayer?
ANA: Había acróbatas con gran (1), payasos chistosos, una (2) de música y unos osos blancos que parecían ositos de (3).
JOSE: Y, ¿qué era lo más (4)?
ANA: Lo más emocionante eran los leones. Ellos (5) mucho.
JOSE: Y, ¿qué era lo más aburrido?
ANA: Lo más aburrido era la (6) que había en la (7) para comprar los (8). Había mucha gente.

1. 1. destreza
   2. banda
   3. peluche
   4. emocionante
   5. rugían
   6. fila
   7. taquilla
   8. boletos

A propósito

Honduras

Honduras es otro país importante de la América Central que tiene el español como su lengua oficial. El país está ubicado entre el Mar Caribe al norte, el Golfo de Fonseca al sur, Nicaragua al sureste, El Salvador al suroeste y Guatemala al oeste. La capital del país, y la ciudad más grande, es Tegucigalpa, con más de 650,000 habitantes.

El Parque Nacional de Pulhapanzak, Honduras.

Tegucigalpa, Honduras.

Este país tiene una larga historia y comparte *(shares)* con México y Guatemala la influencia del gran imperio maya. Los mayas fundaron la ciudad de Copán en el siglo V en la región que hoy es Honduras. Esta ciudad era un importante centro cultural y religioso. Cuando los españoles llegaron a Copán para empezar la colonización en el siglo XV, sólo encontraron ruinas del antiguo imperio maya. La colonización terminó cuando Honduras consiguió su independencia de España en 1821.

Honduras no es un país rico. Tiene una economía basada *(based)* en el café y los plátanos. Los problemas de sus países vecinos influyen *(influence)* mucho en su vida. Sin embargo, día a día, Honduras sigue buscando soluciones a sus problemas para encontrar el camino *(path)* a un futuro mejor.

Arte maya en la ciudad de Copán.

La economía de Honduras está basada en los plátanos.

2. **Honduras. Contesta las siguientes preguntas sobre Honduras.**

1. ¿En dónde está Honduras?
2. ¿Cuál es la lengua oficial de Honduras?
3. ¿Qué país está al oeste de Honduras?
4. ¿Cuál es la capital del país?
5. ¿Qué comparte Honduras con México y Guatemala?
6. ¿Qué ciudad maya era un importante centro cultural y religioso?
7. ¿En qué año consiguió Honduras su independencia de España?
8. ¿En qué está basada la economía de Honduras?

Somos hondureños.

2. 1. Está en la América Central.
2. La lengua oficial es el español.
3. Al oeste está Guatemala.
4. La capital del país es Tegucigalpa.
5. Comparte la influencia del gran imperio maya.
6. La ciudad de Copán era un importante centro cultural y religioso.
7. Consiguió la independencia de España en 1821.
8. Está basada en el café y los plátanos.

Estructura

¡Buenísimo/a!

Note for students that the accent mark for words with the *-ísimo* ending is invariable.

WB3, WB4, WA1, R9

The ending *-ísimo* (and the variations *-ísima*, *-ísimos* and *-ísimas*) often can be added to an adjective in Spanish in situations where "very," "most" or "extremely" are used with an adjective in English. For adjectives that end in a vowel, the appropriate *-ísimo* ending usually replaces the final vowel.

*Ese es un tigre **grande**.*	That is a **big** tiger.
*Ese es un tigre **grandísimo**.*	That is a **very big** tiger.

but:

*El oso estaba **sucio**.*	The bear was **dirty**.
*El oso estaba **sucísimo**.*	The bear was **very dirty**.

For adjectives that end in *-ble*, change the *-ble* to *-bil* before adding the *-ísimo* ending.

*Esa acróbata era **amable**.*	That acrobat was **nice**.
*Esa acróbata era **amabilísima**.*	That acrobat was **very nice**.

Adjectives with an accent mark lose the accent mark when an *-ísimo* ending is added.

*Sus caballos eran **rápidos**.*	Their horses were **fast**.
*Sus caballos eran **rapidísimos**.*	Their horses were **very fast**.

El payaso estaba tristísimo.

Attach the appropriate form of *-ísimo* directly to the end of adjectives that end in a consonant, except when the consonant makes the adjective plural.

*Era **fácil** hablar con los payasos.*	It was **easy** to talk to the clowns.
*Era **facilísimo** hablar con los payasos.*	It was **very easy** to talk to the clowns.

but:

*Los acróbatas hacían cosas **difíciles**.*	The acrobats did **difficult** things.
*Los acróbatas hacían cosas **dificilísimas**.*	The acrobats did **extremely difficult** things.

Adjectives that end in *-co/-ca*, *-go/-ga* or *-z* require a spelling change when a form of *-ísimo* is added.

c	➡	**qu**:	cómico	➡	comi**qu**ísimo
g	➡	**gu**:	larga	➡	lar**gu**ísima
z	➡	**c**:	feliz	➡	feli**c**ísimo

3. ¡Con más entusiasmo! Di lo mismo con más entusiasmo, usando la forma apropiada de *-ísimo*.

Modelo: Los boletos eran *muy baratos.*
¡Los boletos eran baratísimos!

1. La banda era *muy buena.*
2. El acróbata nuevo estaba *muy nervioso.*
3. La fila era *muy larga.*
4. Los osos eran *muy feroces.*
5. Las jaulas estaban *muy sucias.*
6. Los payasos chilenos eran *muy chistosos.*
7. Los ositos de peluche eran *muy lindos.*
8. Los rugidos eran *muy feos.*
9. Nosotros estábamos *muy cansados* al final del día.
10. El circo hondureño era *muy interesante.*

3. 1. ¡La banda era *buenísima!*
2. ¡El acróbata nuevo estaba *nerviosísimo!*
3. ¡La fila era *larguísima!*
4. ¡Los osos eran *ferocísimos!*
5. ¡Las jaulas estaban *sucísimas!*
6. ¡Los payasos chilenos eran *chistosísimos!*
7. ¡Los ositos de peluche eran *lindísimos!*
8. ¡Los rugidos eran *feísimos!*
9. ¡Nosotros estábamos *cansadísimos* al final del día!
10. ¡El circo hondureño era *interesantísimo!*

El mono estaba aburridísimo.

4. Juan y sus exageraciones. Juan tiene la tendencia de exagerar (*exagerate*) todo. Cambia los adjetivos indicados en su carta a la forma apropiada de *-ísimo*.

Querida familia:

En este momento estoy ocupado, pero también estoy contento de saludarlos. Esta va a ser una carta corta. ¿Cómo van las cosas en casa? Les cuento que ayer estuve en un circo bueno. Había unos osos grandes y unas panteras feroces. También había unos acróbatas hondureños, pero era difícil verlos pues ellos estaban muy alto. Todo lo que ellos hacían era fácil. Creo que yo puedo hacer todo lo que ellos hacían con los ojos cerrados. Fue una tarde divertida. Bueno, ya no les cuento más. Un saludo para todos.

Con mucho amor,

Juan

Había un oso grandísimo.

Several different endings can be added to a noun in order to show affection or to indicate that someone or something is small. The most common of these endings is a form of *-ito (-ita, -itos, -itas)*, which usually replaces the final vowel of a noun: *oso* ➡ *osito*. However, there are many exceptions to this rule: *animal* ➡ *animalito*. Other diminutive endings include *-cito (-cita, -citos, -citas)*, *-illo (-illa, -illos, -illas)*, *-uelo (-uela, -uelos, -uelas)* and *-ico (-ica, -icos, -icas)*. Try to become familiar with as many variations as you can since the endings vary from person to person and from country to country.

Los Ositos Cariñositos

En El País De Las Maravillas

En un Fantástico Viaje de Emoción y Aventuras

HABLADA EN ESPAÑOL

CC CONTACTO CINEMATOGRAFICO

Note that *hombre* retains the letter *e* before adding the ending *-cito*. In addition, be sure students understand why the *c* in *flamenco* changes to *qu*.

5. 1. unos globos
   2. un hombre
   3. Rosa y Carmen
   4. un papá
   5. unos pollos
   6. unos papeles
   7. Roberto
   8. unas flores
   9. una ventana
   10. unos flamencos

5. Los diminutivos. Escribe la forma original de las siguientes palabras diminutivas.

> **Modelo:** una casilla
> una casa

1. unos globitos
2. un hombrecito
3. Rosita y Carmencita
4. un papacito
5. unos polluelos
6. unos papelitos
7. Robertico
8. unas florcitas
9. una ventanilla
10. unos flamenquitos

Señor, ¿cuánto cuestan los globitos?

6. ¿Cómo diría Rocío la misma oración? Como Juan, Rocío es un poco exagerada, pero ella tiene la tendencia de usar las terminaciones *-ito* e *-ita*. Cambia las palabras en itálica a la forma apropiada de *-ito* o *-ita* para ver cómo Rocío diría (*would say*) las siguientes oraciones.

> **Modelo:** Ayer veíamos muchos *animales* en el circo.
> Ayer veíamos muchos *animalitos* en el circo.

Creo que veo un lindo elefantito.

1. Veíamos un *oso* muy bonito en una *jaula*.
2. Mis *amigas* veían unos *osos*.
3. La *banda* del circo tocaba buena música.
4. Los *payasos* eran muy chistosos.
5. A mis *amigos* no les gustaron los *caballos*.
6. Los *elefantes* hacían una *fila* muy simpática.

Note that the *g* in *amigas* changes to *gu*.

6. 1. ...osito...jaulita.
    2. ...amiguitas...ositos.
    3. ...bandita....
    4. ...payasitos....
    5. ...amiguitos...caballitos.
    6. ...elefantitos...filita....

Estructura

Los adjetivos y su posición

In Spanish, adjectives are masculine or feminine and singular or plural and usually follow the nouns they modify.

> *Era un circo **hondureño**.*   It was a **Honduran** circus.
> *Los osos **negros** eran muy grandes.*   The **black** bears were very big.

Some exceptions to this rule are demonstrative adjectives (*este, ese, aquel*), adjectives of quantity (*mucho, poco*), cardinal numbers (*dos, tres*), question-asking words (*¿cuál?*) and indefinite adjectives (*otro*). They precede the nouns they modify.

> *¿Conoces a **ese** payaso?*   Do you know **that** clown?
> *Vimos **muchos** animales.*   We saw **many** animals.
> *Había **tres** leones en el circo.*   There were **three** lions at the circus.
> *¿**Cuál** acróbata preferías?*   **Which** acrobat did you prefer?
> *El **otro** acróbata es salvadoreño.*   The **other** acrobat is Salvadoran.

Adjectives that describe a permanent characteristic often precede the noun they describe.

> *Los **feroces** leones rugían.*   The **ferocious** lions roared.
> *La **blanca** nieve caía.*   The **white** snow was falling.

WB5, WB6, WA3, LA3, R10

Be sure students are aware that the following adjectives drop the final *-o* when they precede a masculine singular noun: *alguno (algún), bueno (buen), malo (mal), ninguno (ningún), primero (primer)* and *tercero (tercer)*.

Ordinal numbers usually precede the noun, although they may sometimes be used after a noun, especially in headings and for titles. **Note:** Cardinal numbers precede ordinal numbers when both are used in one sentence to refer to the same noun.

*Este es el **primer** circo del año.*	This is the **first** circus of the year.
*Eran los **dos primeros** payasos en la fila.*	They were the **first two** clowns in the line.

but:

*Juan Carlos **I** (Juan Carlos **Primero**)*	Juan Carlos **I** (Juan Carlos **the First**)

Several common adjectives may be used before or after the nouns they describe. **Note:** Before a masculine singular noun, *bueno* changes to *buen* and *malo* changes to *mal*.

*Era un animal **pequeño**.*	It was a **small** animal.
*Era un **pequeño** animal.*	
*Era un **buen** circo.*	It was a **good** circus.
*Era un circo **bueno**.*	
*Ella no era una **mala** acróbata.*	She was not a **bad** acrobat.
*Ella no era una acróbata **mala**.*	

El Circo Mundial es un gran circo.

Ella es una buena acróbata.

The meanings of some adjectives actually change according to their placement before or after a noun. For example, placed before a noun, *grande* is the equivalent of **great**. (Before singular nouns, *grande* changes to *gran*.) Placed after a noun, a form of *grande* conveys that someone or something is **big**.

*Es un **gran** circo.*	It is a **great** circus.
*Es un circo **grande**.*	It is a **big** circus.

Es un viejo amigo
de la familia.

Here are some other adjectives that change their meanings depending upon their placement before or after a noun:

*un amigo **viejo***	an **old** (elderly) friend	*un **viejo** amigo*	an **old** (I have known him a long time) friend
*la chica **pobre***	the **poor** (without much money) girl	*la **pobre** chica*	the **poor** (pitiful) girl
*el **mismo** payaso*	the **same** clown	*el payaso **mismo***	the clown **himself**
*un coche **nuevo***	a (never-owned) **new** car	*un **nuevo** coche*	a new car (that is **new** to me, but that may have been previously owned)

If two or more adjectives describe a noun, they may be used as follows: place both (or all) after the noun, connecting the last two with the word *y;* or place one before and one (or more) after the noun, according to the preceding rules. (The shorter, more subjective adjective usually precedes the noun.)

*Era el **primer** circo **grande** y **bueno** del año.*

It was the **first good big** circus of the year.

7. **¿Cómo era el circo? Completa las siguientes oraciones con los adjetivos indicados, decidiendo la posición correcta para cada uno y haciendo los cambios necesarios.**

   Modelo: <u>Todos</u> nosotros ___ fuimos al circo. (todo)

   1. Era un (1) circo (1) en la ciudad. (nuevo)
   2. Los (2) osos (2) eran muy cariñosos. (blanco)
   3. Había una (3) banda (3). Tenía cincuenta personas. (grande)
   4. Tocaban (4) música (4). (bueno)
   5. Los (5) leones (5) eran lo mejor del circo. (africano)
   6. Había (6) payasos (6) muy chistosos. (cuatro)
   7. Los acróbatas tenían (7) destreza (7). (mucho)
   8. El muchacho más joven era un (8) acróbata (8). (bueno)
   9. Era un (9) circo (9) porque era buenísimo. (grande)

   7. 1. ...circo nuevo....
       2. ...osos blancos....
       3. ...banda grande....
       4. ...música buena./
          ...buena música.
       5. ...leones africanos....
       6. ...cuatro payasos....
       7. ...mucha destreza.
       8. ...acróbata bueno./
          ...buen acróbata.
       9. ...gran circo....

8. **¿Qué había en el circo?** Di qué había en el circo, usando las pistas entre paréntesis y haciendo los cambios necesarios. Sigue el modelo.

Modelo: banda/grande (La banda era pequeña pero fantástica.)
Había una gran banda.

1. acróbatas/hondureño (Los acróbatas eran de Honduras.)
2. payasos/malo (Los payasos no eran buenos.)
3. oso/blanco (El oso que vi no era negro.)
4. fila/largo (La fila no era corta.)
5. mujer/pobre (Una mujer con mucho dinero perdió su boleto y no podía entrar.)
6. ositos de peluche/mucho (Vi más de diez mil ositos de peluche.)
7. animales/mucho/pequeño
8. amigo/viejo (Vi a un amigo que conozco desde cuando yo era muy pequeño/a.)

9. **Un gran circo.** Mira el siguiente dibujo y escribe un párrafo de por lo menos ocho líneas describiendo todo lo que ves.

Repaso rápido: los adjetivos como sustantivos

Sometimes an adjective can be used in combination with an article to take the place of a noun. The article and adjective that remain must be masculine or feminine and singular or plural, according to the noun they replace.

*¿Te gustan los osos blancos
o **los** (osos) **negros**?*

Do you like the white bears
or **the black ones**?

Me gusta el blanco.

10. **En la fila. Trabajando en parejas, alterna con tu compañero/a en hacer y contestar las siguientes preguntas. Usen los adjetivos entre paréntesis para completar las preguntas y contestarlas. Hagan los cambios necesarios.**

> **Modelo:** ¿Hago la fila larga o...? (corto)
>
> **A:** ¿Hago la fila larga o la corta?
> **B:** Haz la larga./Haz la corta.

1. ¿Compro los boletos caros o...? (barato)
2. ¿Pregunto los precios al señor alto o...? (bajo)
3. ¿Quieres sentarte en las sillas pequeñas o en...? (grande)
4. ¿Les traigo a los niños unos globos amarillos o...? (rojo)
5. ¿Qué prefieres comer después del circo, la comida mexicana o...? (hondureño)

10.
1. ¿...o los baratos?/Compra los caros (los baratos).
2. ¿...o al bajo?/Pregunta los precios al alto (al bajo).
3. ¿...o en las grandes?/Quiero sentarme en las pequeñas (las grandes).
4. ¿...o unos rojos?/Tráeles a los niños unos amarillos (unos rojos).
5. ¿...o la hondureña?/Prefiero comer la hondureña (la mexicana).

Prefiero la mexicana.

En la finca

WB7, WA4, LA4, R11

la estrella • **el cielo** • **la luna**

el establo • **el pájaro** • **el bosque**

el cuerno • **el burro** • **el árbol** • **el gallo** • **el rabo**

la vaca

el toro • **el ratón** • **la oveja** • **la pata**

el pavo

el pato • **el conejo** • **el puerco** • **la gallina**

Other terms for *puerco* are *cochino* and *cerdo*. Another word for *rabo* is *cola*.

Other words that are commonly used to refer to a farm are *la granja* and *la hacienda*.

MANUEL: ¿Recuerdas lo chistoso que **ocurrió°** en la **finca°** de nuestra familia durante las vacaciones pasadas?

TERESA: Bueno, no sé. Ocurrieron muchas cosas chistosas.

MANUEL: Sí, pero la más chistosa pasó cuando la tía Carmen estaba recogiendo las **gallinas,** y una de ellas, la de **plumas°** rojas, se le **escapó°** cuando los perros empezaron a **ladrar.°**

TERESA: Ah, sí, lo recuerdo. Ella salió **detrás de°** la gallina, y como era de noche, no vio los **puercos** y **fue a parar°** **encima de°** uno de ellos. Fue muy divertido, pero ¿qué hay con eso?

MANUEL: Bueno, dime algo que no recuerdo. ¿Fue tu puerco o **el mío°** el que la tía cocinó el día siguiente?

ocurrió *occurred* **finca** *ranch, farm* **plumas** *feathers* **escapó** *escaped* **ladrar** *to bark* **detrás de** *behind, after* **fue a parar** *ended up* **encima de** *above, over, on top of* **el mío** *mine*

¿Qué comprendiste?

Additional questions: *¿Qué animales tienen cuernos?*; *¿Qué animales tienen rabo?*; *¿Qué animales tienen plumas?*; *¿Qué animales están en el establo?*; *¿En dónde hay muchos árboles?*; *¿Qué ves en el cielo?*

1. ¿Dónde ocurrió algo chistoso durante las vacaciones pasadas de Manuel y Teresa?
2. ¿Qué hacía Carmen con las gallinas?
3. ¿Qué gallina se le escapó a la tía Carmen?
4. ¿Cuándo se le escapó la gallina?
5. ¿Qué hizo la tía Carmen cuando la gallina se le escapó?
6. ¿Qué no vio la tía porque era de noche?
7. ¿Encima de qué fue a parar la tía Carmen?
8. ¿Qué preparó la tía de comer el día siguiente?

1. Algo chistoso ocurrió en la finca de la familia de Manuel y Teresa.
2. Carmen las estaba recogiendo.
3. Se le escapó la (gallina) de plumas rojas.
4. Se le escapó cuando los perros empezaron a ladrar.
5. Salió detrás de ella.
6. No vio los puercos.
7. Fue a parar encima de uno de los puercos.
8. Preparó puerco.

Charlando   Answers will vary.

1. ¿Te gustaría tener una finca? Explica.
2. ¿Qué animales te gustaría tener en tu finca?
3. ¿Te gusta mirar las estrellas en el cielo? Explica.
4. ¿Hay bosques donde vives? ¿Te gusta ir a los bosques?

29. FINCAS

15 a 40 manzanas terreno, cambio por propiedad esta capital o algún departamento. Informan teléfono 880078.   DC-0520931

23 caballerías: 12 bien empastadas, incluyo 350 vientres, 20 toros, total 500 reses, instalaciones ganaderas, localizado Poptún Petén. Ovigua 20563.   DC-0514567

FINCASSA vende finca 8 caballerías, zona Lanquín, apta coté, ganado 4,000 pies altura. Excelente precio. Buena tierra. Informan: 334032, 334037.   DC-0514479

EN buen clima sin problemas de plagas, vendo finca de 7 caballerías. Tiene café, cardamomo, bosques, nacimientos, potreros. 560688 noches.   DC-0517542

Additional questions: *¿Tiene tu familia una finca?*; *¿Tienes un perro? ¿Ladra mucho?*; *¿Qué es lo que más te gusta de una finca?*; *¿Prefieres la vida en una finca o la vida en una ciudad? ¿Por qué?*

11. **¿Dónde se encuentran los animales? Prepara tres listas de animales, según dónde se pueden encontrar. Usa *la casa, la finca* y *el jardín zoológico* para clasificarlos.**

11. Answers will vary.

Modelo: **casa**   **finca**   **jardín zoológico**
              el gato   el puerco   la jirafa

¿Qué dicen los animales?

Inform students that *vuelan* is the third-person plural present-tense form of the stem-changing verb *volar* (to fly) and requires the change *o* ➡ *ue*.

A propósito

¿Qué hacen algunos de los animales?

You already know how to say in Spanish many things that people do: *caminamos, hablamos, comemos.* Do you know what some animals do?

Todos los animales **comen.**   Los pájaros **vuelan.**

Los perros **ladran.**   Los tigres y los leones **rugen.**

Los caballos **corren.**   Los conejos **saltan.**

12. **¿Qué animales eran?** Imagina que tu sobrinito estuvo en una finca durante el fin de semana pasado. ¿Qué animales te está describiendo?

12. 1. Eran unos patos.
    2. Eran unas vacas.
    3. Era un conejo.
    4. Era un puerco.
    5. Era un caballo.
    6. Era un gallo.

Modelo: Decía *guau, guau.*
              Era un perro.

1. Decían *cua, cua* y volaban.
2. Decían *muuu, muuu.*
3. Tenía orejas largas y saltaba pero no decía nada.
4. Decía *oinc, oinc.*
5. Tenía cuatro patas y decía *jiii, jiii.*
6. Decía *quiquiriquí.*

Cecinas San Jorge S.A.

Miembro de ANIC

13. **¿Puedes adivinar qué animal estoy describiendo?**
Trabajando en parejas, alterna con tu compañero/a en
describir ocho animales y en adivinar qué animal es.

> Modelo: **A:** Tiene cuatro patas, un rabo y
> ladra. ¿Puedes adivinar qué
> animal estoy describiendo?
>
> **B:** Es un perro.

13. Creative self-expression.

Guau, guau.

Estructura

Los adjetivos posesivos: formas largas

WB8,
WB9,
WA5,
R12

You already have learned to show possession by using *de* + a noun/pronoun (*el caballo de mis tíos/de ellos*). You also have learned to show possession using the following short-form possessive adjectives, which are used before the noun they modify: *mi(s), tu(s), su(s), nuestro(s), nuestra(s), vuestro(s), vuestra(s)*. There are also long-form (or stressed) possessive adjectives.

los adjetivos posesivos (formas largas)			
mío(s), mía(s)	*my, (of) mine*	nuestro(s), nuestra(s)	*our, (of) ours*
tuyo(s), tuya(s)	*your, (of) yours*	vuestro(s), vuestra(s)	*your, (of) yours*
suyo(s), suya(s)	*your, (of) yours* (Ud.), *his, (of) his, her, (of) hers, its*	suyo(s), suya(s)	*your, (of) yours* (Uds.), *their, (of) theirs*

The long-form possessive adjectives agree with and usually follow the nouns they modify.

*Esa es la finca **mía**.*	That is **my** farm.
*¿Es ése el pavo **tuyo**?*	Is that **your** turkey?
*Este es el conejo **nuestro**.*	This is **our** rabbit.
*¿Son éstas las vacas **suyas**?*	Are these **your** cows?
*Todos ésos son animales **nuestros**.*	All of those are **our** animals.

However, the possessive adjectives also may be used immediately after a form of the verb *ser*.

¿Son suyos?   Are they **yours**?
Sí, son nuestros.   They are **ours**.

As you probably have noticed, the meaning of *suyo(s)*, *suya(s)* is not always clear. To clarify the meaning of a sentence, it may sometimes be necessary to substitute a phrase that uses *de* followed by a prepositional pronoun.

¿Son los animales suyos? ➡ *¿Son los animales de Ud./de él/de ella/ de Uds./de ellos/de ellas?*
(Are the animals **yours/his/hers/ yours/theirs?**)

Estas ovejas son mías.

14. **Aló. Javier llama a Andrea para invitarla a ver los animales de su finca. Completa su diálogo para saber lo que dicen, usando las siguientes palabras:** *de él, de ellas, mi, mío, mis, nuestros, tu, tus, tuyo.* **Cada palabra se usa sólo una vez.**

14. 1. nuestros
    2. tu
    3. mío
    4. de él
    5. de ellas
    6. tus
    7. mis
    8. tuyo
    9. mi

JAVIER: Hola, Andrea. Te llamo para ver si quieres venir a la finca de mi familia para ver *(1)* animales.

ANDREA: Claro. Me gustaría mucho. ¿Te importa si voy con Mauricio?

JAVIER: ¿Mauricio? ¿Quién es? ¿Es *(2)* novio?

ANDREA: No. Es un primo *(3)* que está visitándome de Honduras.

JAVIER: No, no hay problema.

ANDREA: ¿Puedo también ir con Diana y Julia, las hermanas menores *(4)*, y Clarita, una amiguita *(5)*?

JAVIER: Es mucha gente, ¿no?

ANDREA: Sí, pero a ellos les gustaría mucho ver *(6)* animales. Y ahora que lo pienso, a *(7)* padres también les gustaría verlos... y a Oscar también.

JAVIER: ¿Quién es? ¿Otro primo *(8)*? ¿Un vecino?

ANDREA: ¡Claro que no! ¡Es *(9)* perro!

15. **¿De quiénes son? Hoy hay una confusión con los animales de la finca. Trabajando en parejas, alterna con tu compañero/a en hacer y en contestar preguntas para decir si los siguientes animales son o no son de las personas indicadas. Sigue el modelo.**

¿Son tuyas esas vacas?

> **Modelo:** ellos/perro
>> **A:** ¿Es su perro?
>> **B:** Sí, (No, no) es el perro suyo.

1. él/vacas
2. ella/conejo
3. ellos/gallinas
4. yo/gallo
5. nosotros/animales

6. tú/toro
7. Uds./puerco
8. ellas/pavos
9. tú/patos

15. 1. ¿Son sus vacas?/...son las vacas suyas.
    2. ¿Es su conejo?/...es el conejo suyo.
    3. ¿Son sus gallinas?/...son las gallinas suyas.
    4. ¿Es mi gallo?/...es el gallo tuyo (suyo).
    5. ¿Son nuestros animales?/...son los animales suyos (nuestros).
    6. ¿Es tu toro?/...es el toro mío.
    7. ¿Es su puerco?/...es el puerco nuestro.
    8. ¿Son sus pavos?/...son los pavos suyos.
    9. ¿Son tus patos?/...son los patos míos.

16. **¡Otra vez, pero más claro! Haz otra vez las oraciones 1, 2, 3, 5, 7, y 8 de la Actividad 15, tratando de hacerlas más claras. Sigue el modelo.**

> **Modelo:** ellos/perro
>> **A:** ¿Es el perro *de ellos*?
>> **B:** Sí, (No, no) es el perro *de ellos*.

16. 1. ¿Son las vacas de él?/...son las vacas de él.
    2. ¿Es el conejo de ella?/...es el conejo de ella.
    3. ¿Son las gallinas de ellos?/...son las gallinas de ellos.
    5. ¿Son nuestros animales?/...son los animales de Uds.
    7. ¿Es el puerco de Uds.?/...es el puerco nuestro.
    8. ¿Son los pavos de ellas?/...son los pavos de ellas.

A propósito

Los pronombres posesivos

WB10, WA6, R13

Possessive pronouns frequently may be used in place of a possessive adjective and a noun. They are formed by placing a definite article in front of the long-form possessive adjectives.

¿Es este el gallo de Uds.?

Observe how possessive pronouns are used in the following sentences:

> *Veo tu vaca y **la mía** también.* — I see your cow and **mine,** too.
> *Mis puercos están gordos y también lo están **los tuyos.*** — My pigs are fat and so are **yours.**
> *¿Es ese gallo **el nuestro**?* — Is that rooster **ours?**
> *Nuestros burros son ésos y **los suyos** son éstos.* — Our donkeys are (those ones) over there and **yours** are (these ones) over here.

17. En la feria. Imagina que tú y tus amigos tienen sus animales en la feria agrícola *(4-H Fair)* de su comunidad. Di de quién es y dónde está cada uno de los animales, usando las pistas que se dan. Sigue el modelo.

Modelo: ese/toro/tú
Ese toro es el tuyo.

1. esas/gallinas/yo
2. aquel/pavo/nosotros
3. estos/puercos/Celia
4. ese/pájaro/él
5. este/conejo/ella
6. aquel/gallo/yo
7. estas/ovejas/Uds.
8. ese/burro/tú
9. aquellas/vacas/Paco

18. Cada uno tiene lo suyo. Los García, los Pérez y los Osorio tienen tres fincas vecinas. Sus animales se escaparon y se mezclaron *(became mixed)*. Ahora el señor García está haciendo un inventario *(inventory)* de los animales. Completa las siguientes oraciones para ver lo que dice durante el inventario.

1. Yo tengo mis animales y tú....
2. Graciela tiene sus gallinas y el señor Osorio....
3. Nosotros tenemos nuestros caballos y los Pérez y los Osorio....
4. Uds. tienen su pavo y nosotros....
5. Pedro tiene sus patos y María....
6. Ud. tiene su oveja y yo....
7. Tú tienes tus pájaros y Uds.....
8. Nosotros tenemos nuestro burro y el señor y la señora Pérez....

A propósito

Lo con adjetivos/adverbios

You already have learned to use the word *lo* as a direct object pronoun meaning **him, it** or **you.** *Lo* can also be used with an adjective or adverb as an equivalent for **how (+ adjective/adverb)** followed by the word *que*.

*¿Sabes **lo grandes** que son las estrellas?*	Do you know **how big** stars are?
*Uds. saben **lo mucho** que me gustan los árboles.*	You know **how much** I like trees.

Note: Although the form of the adjective may change, the word *lo* remains the same in each example.

19. **¡Lo mucho que sabemos!** Miguelita cree que esta actividad te va a ayudar a practicar el uso de la palabra *lo* con un adjetivo o un adverbio. Contesta sus preguntas, siguiendo el modelo.

> **Modelo:** ¿Son bonitas esas flores?
> ¡No sabes lo bonitas que son!

1. ¿Era emocionante la música?
2. ¿Era interesante tu visita a la finca?
3. ¿Eran salvajes los animales?
4. ¿Maneja bien Marta?
5. ¿Van a ser modernos los establos?
6. ¿Es chistoso tu ratón?
7. ¿Son bonitos los pájaros guatemaltecos?
8. ¿Está lejos tu finca?

19.
1. ¡No sabes lo emocionante que era!
2. ¡No sabes lo interesante que era!
3. ¡No sabes lo salvajes que eran!
4. ¡No sabes lo bien que maneja!
5. ¡No sabes lo modernos que van a ser!
6. ¡No sabes lo chistoso que es!
7. ¡No sabes lo bonitos que son!
8. ¡No sabes lo lejos que está!

A propósito

¡Qué toro tan grande!

WB13, LA6

You already have learned that the word *qué* can be combined with an adjective or a noun to express strong feelings about something you are experiencing: *¡Qué emocionante!* (How exciting!), *¡Qué destreza!* (What skill!). You can also express strong feelings using the following construction:

> **¡Qué** (+ *noun*) **tan** (+ *adjective*)!

| ¡Qué rugido tan feroz! | What a ferocious roar! |
| ¡Qué gato tan chistoso! | What a funny cat! |

---

20. **Expresando tu opinión.** Usa la construcción *¡Qué* (+ noun) *tan* (+ adjective)! para dar tu opinión sobre las siguientes situaciones.

> **Modelo:** Ves un perrito pequeño y blanco.
> ¡Qué perrito tan simpático!

20. Creative self-expression.

1. Hay una estrella muy bonita en el cielo.
2. Estás en un bosque grande con muchos árboles altos.
3. Unos pájaros de muchos colores vuelan sobre ti.
4. Hace buen tiempo y el cielo está muy azul.
5. Es la medianoche y se ve la luna.
6. Ves unos patos que fueron a parar en el lago.
7. Un conejo está saltando por el bosque.
8. Ves un toro con cuernos muy grandes y un rabo muy corto.

¡Qué playa tan bonita! (Honduras)

¡La práctica hace al maestro!

WB14

Before beginning the first activity, you may choose to review the section in *Lección C* on the comparative and the superlative of adjectives: *¿Es más grande que un ratón?*

A. *¿Qué animal es?* On a piece of paper, write the name in Spanish of an animal you have learned to identify in this chapter. Then, working in pairs, play this game: Take turns asking no more than ten questions in order to identify the other person's animal. Questions must have either *sí* or *no* for an answer. The winner is the person who guesses the name of the other person's animal first.

¿Qué animal es?

> **Modelo:** **A:** ¿Tiene cuatro patas?
> **B:** No.

Creative self-expression.

B. *A escribir.* In one or two paragraphs, describe a real or imaginary visit to a zoo or farm. Tell what you saw, and say some of the things you did. Name several animals that were at the zoo or farm that day, tell what you liked or did not like about the trip and conclude the composition with a statement that summarizes your feelings about the trip.

Creative writing practice.

¡Durante mi visita al zoológico veía unas cebras lindísimas!

Ratón con Lente
14 cms. $ 1.290

Perro con Lente
17 cms. $ 1.390

Oso con Corbata
38 cms. $ 6.890

Ratón rayado color Fosforecente
33 cms. $ 2.090

Conejo con Falda
30 cms. $ 3.590

Ratón
20 cms. $ 1.690

Oso Babero
27 cms. $ 3.790

Conejo come zanahoria
20 cms. $ 2.490

Vocabulario

Adjetivos

emocionante
gran
mío,-a
nuestro,-a
pobre
suyo,-a
tuyo,-a

Preposiciones

detrás de
durante
encima de

Sustantivos

el acróbata, la acróbata
el árbol
la banda
el boleto
el bosque
el burro
el cielo
el circo
el conejo

el cuerno
la destreza
el establo
la estrella
la fila
la finca
la gallina
el gallo
la jaula
la luna
el oso (de peluche)
la oveja
el pájaro
la pata
el pato
el pavo
el payaso
la pluma
el puerco
el rabo
el ratón
el rugido
la taquilla
el toro
la vaca

Verbos

escapar(se)
ladrar
ocurrir
rugir
saltar
volar (ue)

Expresiones

ir a parar
lo (+ *adjective/adverb*)
¡Qué (+ *noun*) tan
  (+ *adjective*)!

R14, R15

Estos payasos son unos
viejos amigos míos.

217

Lectura

¿Cuándo fue la última vez que fuiste al circo?

Preparación

Answers will vary.

Contesta las siguientes preguntas como preparación para la lectura.

1. ¿Cuándo fue la última vez que fuiste al circo?
2. ¿Cómo era ese circo? ¿Era grande o pequeño?
3. ¿Qué animales había? ¿Había animales salvajes?
4. ¿Qué es lo que más te gusta de un circo? Explica.
5. ¿Cuántos cognados hay en la lectura *¡El gran Circo de los Hermanos Suárez!*? ¿Cuáles son?

De México con cariño a
HONDURAS
EL CIRCO MAS GRANDE DE MEXICO

FUNDADO EN 1872

Circo Hnos

SUAREZ

LA MARAVILLA
HUMANA DEL SIGLO XX
Los únicos siameses vivos en el mundo
RONNIE & DONNIE

Atención
Tegucigalpa

EN GIGANTESCAS
CARPAS TIPO ESTADIO AZTECA
Desde el 9 de febrero.

FUNCIONES:
LUNES A VIERNES: 7:30 P.M.
SABADO: 4:00 - 7:30 P.M.
DOMINGO: 11:30 A.M. - 3:00 y 7:30 P.M.
DIAS FERIADOS:
4:00 P.M. y 7:30P.M.

HOY

La gran parada del Circo
el día 9 de febrero
a las 11:00 A.M.

Venta de boletos desde
las 10:30 am. en el Circo.

EL CIRCO QUE JAMAS OLVIDARA

¡El gran Circo de los Hermanos Suárez!

El año pasado visitaba a Honduras por primera vez, en su **gira** por la América Central, el gran Circo de los Hermanos Suárez con un éxito total. La gente decía que era lo mejor que visitaba a Honduras en muchos años. Pues, bien, este año está otra vez aquí y ya está divirtiendo al público hondureño. Con más de cincuenta presentaciones, el circo hace su gira más larga por el país. Este maravilloso circo, el más grande de México, tiene fascinantes atracciones para personas de todas las edades.

Ayer mi familia y yo visitábamos al circo en su primera presentación de este año en la ciudad. Todos estábamos muy emocionados y contentos. **Al principio** pensábamos que todo iba a ser un **dolor** de cabeza pues sabíamos que mucha gente iba para verlo, pero todo era diferente de lo que imaginábamos. La fila para comprar los boletos era corta y rápida. La gente entraba al circo en forma muy **organizada** y lo mejor de todo, el circo era excelente. En su gran **carpa** había acróbatas de gran destreza, payasos y muchos animales salvajes. Los feroces tigres y leones africanos hacían gritar a más de una persona. El desfile de los elefantes **sorprendía** a chicos y a grandes. Los payasos eran muy chistosos y hacían **morir de la risa** a todo el mundo. Los acróbatas nos hacían **poner los pelos de punta.** Al terminar la función todos **premiábamos** a los artistas con grandes aplausos.

Ud., si no tiene planes para la semana que viene, ya sabe adónde ir ahora. El circo va a estar en la ciudad por diez semanas más. Hay funciones todos los días y los boletos no son caros. Vaya con su familia y diviértase.

gira *tour*   **Al principio** *At the beginning*   **dolor** *pain*   **organizada** *organized*   **carpa** *tent*   **sorprendía** *surprised*   **morir de la risa** *die laughing*   **poner los pelos de punta** *our hair stand on end (with fear)*   **premiábamos** *rewarded*

Additional questions: *¿Es este un circo pequeño o grande?; ¿De dónde es el circo?; ¿Desde cuándo tiene presentaciones el circo?; ¿Por cuántas semanas va a estar el circo?; ¿A qué hora empiezan a vender los boletos?*

¿Qué comprendiste?

1. ¿Cómo se llama el circo que visitaba a Honduras el año pasado?
2. ¿Qué decía la gente de este circo?
3. ¿Cuántas presentaciones va a tener el circo?
4. ¿A qué hora son las funciones los sábados?
5. ¿Cómo era la fila para comprar los boletos?
6. ¿Qué animales había en este circo?

1. Se llama el Circo de los Hermanos Suárez.
2. La gente decía que era lo mejor que visitaba a Honduras en muchos años.
3. El circo va a tener más de cincuenta presentaciones.
4. Las funciones los sábados son a las cuatro y a las siete y media.
5. La fila era corta y rápida.
6. Había tigres y leones africanos.

Charlando   Answers will vary.

1. ¿Hay algún circo de visita en donde tú vives? ¿Cómo se llama?
2. ¿Por cuánto tiempo va a estar?
3. ¿Piensas que el Circo de los Hermanos Suárez es un circo bueno?
4. ¿Buscas información en el periódico de los eventos que quieres ver o visitar? Explica.

Additional questions: *¿Te gustaba ir al circo cuando eras niño?; ¿Con quién ibas al circo?; ¿Conoces a algún circo mexicano? ¿Cómo se llama?; ¿Tienes algún plan para ver un circo? ¿Cuándo?*

1. ¿Qué hacían? Haz preguntas, usando la forma apropiada del imperfecto de cada uno de los siguientes verbos y las pistas que se dan.

Modelo: hablar (tú)

¿Hablabas tú?

1. 1. ¿Gritaba él?
   2. ¿Escribíamos nosotros?
   3. ¿Entraban ellas?
   4. ¿Jugabas tú?
   5. ¿Corrías tú?
   6. ¿Dormía yo?
   7. ¿Volvía ella?
   8. ¿Viajábamos nosotros?
   9. ¿Trabajaban Uds.?
   10. ¿Traducía él?
   11. ¿Aprendían ellos?
   12. ¿Conducía yo?
   13. ¿Leía yo?
   14. ¿Se acostaba Ud.?
   15. ¿Se divertían Uds.?

1. gritar (él)	6. dormir (yo)	11. aprender (ellos)
2. escribir (nosotros)	7. volver (ella)	12. conducir (yo)
3. entrar (ellas)	8. viajar (nosotros)	13. leer (yo)
4. jugar (tú)	9. trabajar (Uds.)	14. acostarse (Ud.)
5. correr (tú)	10. traducir (él)	15. divertirse (Uds.)

2. Cuando yo montaba en la montaña rusa.... Usa el imperfecto de los verbos indicados para decir qué hacían las personas mencionadas cuando tú montabas en la montaña rusa.

Modelo: unas muchachas/maquillarse

Unas muchachas se maquillaban.

2. 1. ...comíamos....
   2. ...subían....
   3. ...mirabas....
   4. ...vendía....
   5. ...molestaba....
   6. ...gritaba....

1. nosotros/comer unas golosinas
2. cuatro muchachos/subir por una escalera al globo
3. tú/mirar un desfile de carros antiguos y pequeños
4. un hombre chistoso/vender globos rojos y amarillos
5. una niña/molestar a todo el mundo con una serpiente de plástico
6. yo/gritar hola a todo el mundo desde la montaña rusa

3. En las vacaciones. Raquel y toda su familia estaban de vacaciones la semana pasada. Cambia los verbos en itálica en las siguientes oraciones al tiempo imperfecto para decir qué hacían todos en su familia durante la semana.

Modelo: *Visitamos* el parque de atracciones todos los días.

Visitábamos el parque de atracciones todos los días.

3. 1. Se levantaban....
   2. ...leía....
   3. ...montaban....
   4. ...trabajaba....
   5. ...gritaba... montaba....
   6. ...molestaba... miraban....
   7. ...comían....
   8. Dormían. estaba....
   9. ...se acostaba....
   10. Se divertían....

1. *Se levantan* a las siete todos los días para ir al parque.
2. El papá de Raquel *lee* el periódico en el parque todas las mañanas.
3. Dos hermanos de Raquel *montan* en la montaña rusa todos los días.
4. El hermano de Raquel *trabaja* en el parque.
5. La mamá de Raquel *grita* cuando *monta* en las atracciones.

6. La hermanita de Raquel *molesta* a una niña cuando todos *miran* el desfile.
7. Raquel y su hermana *comen* golosinas todas las noches.
8. *Duermen* en un hotel que *está* cerca del parque.
9. Raquel *se acuesta* todas las noches a las once.
10. *Se divierten* mucho todos los días.

4. ¿Recuerdas cuando tenías siete años? Contesta las siguientes preguntas, usando el imperfecto.

1. ¿Dónde vivías cuando tenías siete años?
2. ¿Qué hacías durante el verano a los siete años?
3. ¿A qué jugabas con tus amigos/as?
4. ¿A qué horas podías ver televisión?
5. ¿Te gustaba molestar a otras personas? ¿A quién? ¿Cuándo?
6. ¿Qué hacías con tu familia los domingos?
7. ¿A qué hora comía tu familia los domingos?
8. ¿A qué hora tenías que acostarte?

4. Answers will vary.

5. En el zoológico. Indentifica los animales que ves en estas ilustraciones.

Modelo: Es un león.

5.
1. Es un elefante.
2. Es un tigre.
3. Es un camello.
4. Es una iguana.
5. Es una pantera.
6. Es una jirafa.

1.

2.

3.

4.

5.

6.

6. **Una visita al parque de atracciones.** Imagina que tú y tu familia visitaban un parque de atracciones ayer. Completa las siguientes oraciones con la forma apropiada del imperfecto de los verbos entre paréntesis para describir la visita.

> **Modelo:** El parque *(ser)* maravilloso.
> El parque era maravilloso.

6. 1. eran
   2. iban
   3. veía
   4. íbamos
   5. veías
   6. iba
   7. veíamos
   8. era
   9. salíamos/ eran
   10. eran

1. Las atracciones *(ser)* fascinantes.
2. Mis hermanas *(ir)* sólo para montar en la montaña rusa.
3. Mucha gente *(ver)* los fuegos artificiales.
4. Nosotros *(ir)* a montar en globo pero tuvimos miedo.
5. Tú *(ver)* un desfile por más de dos horas.
6. Yo *(ir)* a comprar una serpiente de plástico pero no tenía dinero.
7. Mi hermano y yo *(ver)* una exhibición de carros antiguos por la tarde.
8. Mi hermana menor *(ser)* la muchacha más simpática de todo el parque.
9. Cuando *(salir)* del parque *(ser)* las once de la noche.
10. Uds. *(ser)* los chicos más chistosos del parque.

7. **¿Cuál es su nacionalidad?** Conecta lógicamente las oraciones de la columna *B* con las oraciones de la columna *A* para decir de qué país eran algunas personas que te presentaron unos amigos la semana pasada.

7. 1. G
   2. I
   3. A
   4. C
   5. D
   6. B
   7. F
   8. E
   9. H
   10. J

A	B
1. Lola era del Perú.	A. Éramos estadounidenses.
2. Los señores León eran de España.	B. Eran panameñas.
3. Todos éramos de los Estados Unidos.	C. Eran dominicanos.
4. Eduardo y Esteban eran de la República Dominicana.	D. Era chileno.
5. Paco era de Chile.	E. Eran nicaragüenses.
6. Eliana y Dorotea eran de Panamá.	F. Era guatemalteca.
7. Marta era de Guatemala.	G. Era peruana.
8. Los amigos de Arturo eran de Nicaragua.	H. Era puertorriqueña.
9. La señorita Treviño era de Puerto Rico.	I. Eran españoles.
10. La señora Peña era de España también.	J. Era española.

8. **La América Central.** Haz un mapa de la América Central, en relación a los Estados Unidos, con El Salvador, Guatemala, Nicaragua, Costa Rica, Panamá y Honduras. Añade los nombres de las capitales de estos países.

8. Check maps for accuracy.

Additional activity: Have students write a composition on some aspect of El Salvador or Honduras.

9. **Te equivocas. Imagina que alguien te está haciendo las siguientes descripciones sobre algunas cosas que había en el circo, pero tú piensas lo opuesto. Haz oraciones para decir cómo piensas tú, usando una forma de -ísimo/a.**

> **Modelo:** La banda era buena.
> Te equivocas. ¡La banda era malísima!

1. La taquilla era grande.
2. Había muchos animales ese día.
3. Los acróbatas eran bajos.
4. Los monos eran lentos.
5. Los osos eran pequeños.
6. El payaso era aburrido.
7. Los elefantes eran delgados.
8. Todos nosotros estábamos tristes.

9. Possible answers:
1. ...pequeñísima.
2. ...poquísimos.
3. ...altísimos.
4. ...rapidísimos.
5. ...grandísimos.
6. ...comiquísimo.
7. ...gordísimos.
8. ...felicísimos.

10. **¿Cómo era? Imagina que estuviste ayer en un circo y ahora describes algunos aspectos de tu visita. Haz oraciones completas para describir las siguientes cosas, usando por lo menos dos adjetivos en cada descripción.**

> **Modelo:** el circo
> Era un gran circo con muchos animales.

10. Creative self-expression. Check answers for adjective-noun agreement and position.

1. los boletos
2. la fila para entrar al circo
3. el payaso
4. el coche del payaso
5. los elefantes
6. los acróbatas
7. el oso
8. la banda
9. la música que tocaba la banda
10. los leones
11. la jaula de los leones
12. la comida

11. **Adivinanzas. Di qué animales son los siguientes, según las descripciones.**

> **Modelo:** Tiene orejas pequeñas, le gusta la leche y dice *miau.*
> Es un gato.

1. Tiene cuatro patas, da leche y dice *muuu.*
2. Es pequeñito y gris, tiene un rabo delgado y largo y le gusta mucho el queso.
3. Es gordísimo, de color gris, y tiene una nariz muy larga y unas orejas muy grandes.
4. Tiene plumas, puede volar, le gusta nadar en el agua y dice *cua, cua.*
5. Se levanta muy temprano y dice *quiquiriquí.*
6. Es muy feroz, tiene una cabeza grande con mucho pelo, y ruge.
7. Es blanca y tiene mucha lana.
8. Es gordo, come de todo y dice *oinc, oinc.*
9. Tiene orejas largas, es blanco y salta.
10. Tiene cuatro patas y ladra.

11.
1. Es una vaca.
2. Es un ratón.
3. Es un elefante.
4. Es un pato.
5. Es un gallo.
6. Es un león.
7. Es una oveja.
8. Es un puerco.
9. Es un conejo.
10. Es un perro.

12. **Todos van a ir al circo. Di con quién van a ir las siguientes personas al circo, usando las indicaciones.**

12. 1. Yo voy...con una prima mía.
2. Tú vas...con unos compañeros tuyos.
3. Nosotros vamos...con unos parientes nuestros.
4. Tu amiga va...con una hermana suya.
5. Tus padres van ...con unos amigos suyos.
6. Uds. van...con unos sobrinos suyos.
7. Mi hermana va...con unas amigas suyas.
8. Ud. va...con una compañera suya.

Modelo: Mario/unos amigos
Mario va a ir al circo con unos amigos suyos.

1. yo/una prima
2. tú/unos compañeros
3. nosotros/unos parientes
4. tu amiga/una hermana
5. tus padres/unos amigos
6. Uds./unos sobrinos
7. mi hermana/unas amigas
8. Ud./una compañera

Voy a ir al circo con una prima mía.

13. **Hablando de pájaros. Imagina que estás visitando el jardín zoológico con unos estudiantes del colegio. Mientras que están mirando la exhibición de pájaros, todos están haciendo comparaciones. Haz oraciones con las pistas para ver qué dice cada persona sobre los pájaros. Sigue el modelo.**

13. 1. Los nuestros son pequeñitos y amarillos.
2. Los suyos tampoco pueden volar.
3. El tuyo es salvadoreño.
4. Sí, el mío tiene plumas en la cabeza.
5. No, el nuestro habla español.
6. Los míos viven en una jaula.
7. Los suyos también cantan.
8. El suyo es chistosísimo.

Modelo: Ese pájaro pequeño tiene plumas azules. ¿Cómo son los pájaros de María? (plumas rojas)
Los suyos tienen plumas rojas.

1. Aquel pájaro verde es muy grande. ¿Cómo son los pájaros de Uds.? (pequeñitos y amarillos)
2. Esos pájaros no pueden volar. ¿Pueden volar los pájaros de tus tías? (tampoco)
3. Ese pájaro es hondureño. ¿De dónde es mi pájaro? (salvadoreño)
4. Estos pájaros no tienen plumas en la cabeza. ¿Tiene el pájaro de Ud. plumas en la cabeza? (sí)
5. Este pájaro blanco habla inglés. ¿Habla el pájaro de Uds. inglés? (no/ español)
6. Aquellos pájaros viven en los árboles. ¿Dónde viven tus pájaros? (en una jaula)
7. Aquel pájaro canta. ¿Cantan los pájaros de tu hermana? (también)
8. ¡Este pájaro anaranjado es amabilísimo! ¿Cómo es el pájaro de tus abuelos? (chistosísimo)

¿Qué hacías?

jirafa

parque de atracciones

maravilloso

montaña rusa

gritar

hipopótamo

zoológico

tortuga

estadounidense

gallina

feroz

colombiano

salvaje

veíamos

circo

americano

facilísimo

acróbatas

suyo

osito

finca

era(n)

pato

tuyo

14. **Expresiones comunes.** Repasa las expresiones anteriores para probar cuántas puedes recordar. Luego, trabajando en grupos de tres, añadan otras expresiones relacionadas.

15. **A crear.** Trabajando en grupos de tres, hablen en español por cinco minutos. Usen tantas expresiones como sea posible, empezando con el tema *¿qué hacías?* y continuando con cualquier otro tópico.   15. Creative self-expression.

14. This is a self-test. Circulate and help students who are having problems.

¡Qué tortuga tan feroz!

¿Te acuerdas?

Capítulo 4

COMMUNICATIVE FUNCTIONS

- Talking about what someone remembers
- Seeking and providing personal information
- Describing clothing
- Reporting past actions and events
- Talking about everyday activities
- Identifying foods
- Using metric weights and measurements
- Reading and ordering from a menu
- Writing about the past
- Expressing opinions
- Asking for advice
- Stating what was happening at a specific time
- Describing how something was done
- Expressing length of time
- Discussing food preparation

cuba

alegre como su sol

Functions:
- Talking about what someone remembers
- Seeking and providing personal information
- Describing clothing
- Reporting past actions and events
- Talking about everyday activities
- Identifying foods
- Using metric weights and measurements
- Reading and ordering from a menu
- Writing about the past

LA1

Some native speakers use *hubieron* as a plural form of the impersonal expression *hubo*.

The verb *acordar(se)* requires the stem change *o* ➡ *ue* in the present tense.

Estábamos en el supermercado

Antonio y José, dos hermanos cubanos, hablan con sus novias, Graciela, de la República Dominicana, y Yolanda, de Puerto Rico.

GRACIELA: Oigan, chicos, ¿dónde estuvieron Uds. **anoche?°** Los llamamos a las siete y media y nadie contestó.

YOLANDA: ¿Fueron a alguna **parte°** especial y no nos dijeron?

ANTONIO: Lo sentimos. **No nos acordábamos de°** que Uds. iban a llamar. Era **probable** que cuando llamaron nosotros estábamos en...

GRACIELA: ...en alguna fiesta fantástica donde había música, baile y mucha gente... y me imagino que estaban en la casa de Carlos.

JOSE: ¿Qué estás **describiendo?°** ¡La noche no fue así! No **hubo°** ninguna fiesta en la casa de Carlos. Nosotros estábamos en el supermercado.

YOLANDA: ¿En el supermercado?

ANTONIO: Sí, comprábamos la comida **necesaria** para una cena **elegante** que les vamos a preparar el sábado.

GRACIELA: ¡Qué bueno! Entonces vamos a comprar algo elegante para ponernos. Adiós.

anoche *last night* **parte** *place, part* **No nos acordábamos (de)** *We did not remember* **describiendo** *describing* **hubo** *there was (were)*

¿Qué comprendiste?

1. ¿A qué hora llamaron las chicas a los chicos anoche?
2. ¿Sabían los chicos que las chicas iban a llamar?
3. ¿Adónde piensa Yolanda que fueron Antonio y José?
4. ¿Qué era probable, según Graciela?
5. ¿Cómo era la fiesta que Graciela describe?
6. ¿Hubo una fiesta anoche?
7. ¿Dónde estaban los chicos cuando las chicas llamaron?
8. ¿Qué hacían los chicos allí?

Additional questions: ¿Cómo se llaman los chicos?; ¿Cómo se llaman las chicas?; ¿De dónde son los chicos?; ¿De dónde es Graciela?; ¿De dónde es Yolanda?; ¿Son los chicos y las chicas hermanos?; ¿Estaban en casa los chicos anoche?; ¿Dónde dice Graciela que ellos estaban?; ¿Adónde van las chicas?

1. Ellas los llamaron a las siete y media.
2. Sí, sabían, pero no se acordaban que iban a llamar.
3. Piensa que ellos fueron a alguna parte especial.
4. Era probable que los muchachos estaban en una fiesta en la casa de Carlos.
5. Era una fiesta fantástica donde había música, baile y mucha gente.
6. No, no hubo una fiesta anoche.
7. Los chicos estaban en el supermercado cuando las chicas llamaron.
8. Compraban la comida necesaria para preparar una cena elegante para las chicas.

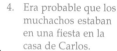

Cuando
necesite
una carne
de primera,
entre al
«primer»
supermercado

El primero que se ocupa de controlar la procedencia, el transporte refrigerado, la conservación y el empaque más higiénico de las carnes que van a su mesa. Primero en calidad, primero en implementar moderna tecnología. Carulla es el primero para usted, que es nuestro gran y único objetivo. Carulla el primer supermercado que nació en Colombia, es el supermercado de primera.

CARULLA
85
Años
Calidad de Vida

Estaba escuchando música anoche.

Charlando   *Answers will vary.*

1. ¿Dónde estuviste anoche a las siete y media?
2. ¿Qué hacías a esa hora?
3. ¿Te acuerdas siempre de lo que tienes que hacer?
4. ¿Fuiste a alguna parte especial el fin de semana pasado? Describe el lugar.

Additional questions: ¿Te gusta preparar la cena?; ¿Preparas la cena para tus amigos/as?; ¿Preparaste algo anoche para la cena?; ¿Quién te invitó la última vez a cenar?; ¿Cuándo fue la última fiesta elegante en donde estuviste?; ¿Dónde estabas la última vez que preparaste alguna comida?

As a cultural note, point out that many people believe Cuba produces some of the world's finest cigars. However, you also may wish to remind students of the hazards of smoking any kind of tobacco, regardless of the quality.

Students may need help with the meaning of the following words: *atravesada* (crossed), *cadenas* (chains), *compuesta* (composed), *arenas* (sands), *paisajes* (landscapes), *intrincadas* (intricate), *frente a* (facing), *puerto* (port), *resguardado por* (protected by), *Fortaleza* (Fort), *estrechas* (narrow), *bordeado de* (bordered by), *colinas* (hills), *En torno* (Around), *creció* (grew), *implica* (implies), *se destacan* (stand out), *faro* (light house), *cuartel* (military quarters), *montada* (raised, constructed).

CUBA: EL CARIBE A TODO SOL

La más grande de las islas del Caribe, Cuba es atravesada por tres cadenas de montañas: Organos, Escambray y la Sierra Maestra. Su población está compuesta en buena parte de descendientes de españoles, aunque hay también algún número de mulatos y africanos. Su lengua oficial es el español.

SITIOS DE INTERES:

Playas con magníficas arenas, paisajes tropicales, intrincadas sierras, bosques y ciudades coloniales, todo ello es Cuba.

La Habana, su capital, se levanta frente a un puerto natural resguardado por el Castillo del Morro (1587-1597) y la Fortaleza de la Punta (1598). El sector antiguo, la Habana Vieja, conserva la arquitectura típica española de estrechas callejuelas y está bordeado de colinas donde se ven también viejas mansiones.

La Habana, Cuba.

El Castillo del Morro.

En torno a la "Vieja", creció la Habana Nueva, la de grandes avenidas, edificios modernos y grandes hoteles. El viaje implica visitar lugares como El Morro, la catedral, las iglesias, el palacio, los museos, la Casa de Hemingway, el zoológico y el famosísimo Cabaret Tropicana. Entre sus monumentos arquitectónicos se destacan la antigua prisión de El Morro y su faro original de 1844; la Fortaleza de la Cabaña, que hoy es un cuartel; el Castillo de La Punta, del siglo XVI; y el Castillo de La Fuerza, que en realidad es la construcción más antigua de la isla, y la segunda del Nuevo Mundo, que fue montada con el objeto de defender la ciudad de los continuos ataques de los bucaneros.

[Sacado del artículo *El Caribe* de la revista *Viajar (El Tiempo)*; Santa Fe de Bogotá, Colombia; N° 16, Feb. 27, 1989; p. 13.]

Un carro antiguo
en La Habana,
Cuba.

1. **Cuba.** Lee las siguientes oraciones sobre Cuba. Luego, di si cada oración es *verdad* o *falsa*.

    1. Cuba está en el Caribe.
    2. Cuba es la isla más pequeña del Caribe.
    3. Las lenguas oficiales de Cuba son el español y el inglés.
    4. Las playas, las sierras, los bosques y las ciudades coloniales son lugares para visitar en Cuba.
    5. La capital de Cuba es la Habana.
    6. Las calles de la Habana Vieja no son estrechas.
    7. Algunos monumentos arquitectónicos de Cuba son El Morro, la Fortaleza de la Cabaña y el Castillo de La Punta.
    8. El Castillo de la Fuerza es una construcción nueva de la isla.

1. 1. verdad
    2. falsa
    3. falsa
    4. verdad
    5. verdad
    6. falsa
    7. verdad
    8. falsa

La educación es importante para el futuro de Cuba.

You already have learned to recognize and use the preterite tense in Spanish to express simple past actions. Review the formation of regular verbs for this frequently used verb tense in the chart that follows.

	comprar:	**vender:**	**subir:**
yo	compré	vendí	subí
tú	compraste	vendiste	subiste
Ud./él/ella	compró	vendió	subió
nosotros/nosotras	compramos	vendimos	subimos
vosotros/vosotras	comprasteis	vendisteis	subisteis
Uds./ellos/ellas	compraron	vendieron	subieron

Do you recall the spelling changes that occur in the preterite tense?

expli**c**ar	c ➡ qu	expli**qu**é
pa**g**ar	g ➡ gu	pa**gu**é
almor**z**ar	z ➡ c	almor**c**é

Do you remember that the verbs *conseguir (i, i), despedirse (i, i), divertirse (ie, i), dormir (ue, u), mentir (ie, i), pedir (i, i), preferir (ie, i), repetir (i, i), seguir (i, i), sentir (ie, i), sentirse (ie, i),* and *vestirse (i, i)* all require a stem change in the *Ud., él, ella, Uds., ellos* and *ellas* form of the preterite tense?

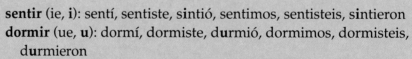

Pedimos una sopa para el almuerzo.

sentir (ie, i): sentí, sentiste, s**i**ntió, sentimos, sentisteis, s**i**ntieron
dormir (ue, u): dormí, dormiste, d**u**rmió, dormimos, dormisteis, d**u**rmieron
pedir (i, i): pedí, pediste, p**i**dió, pedimos, pedisteis, p**i**dieron

Finally, be sure you are able to form and use the following preterite-tense verbs, all of which have irregularities: *caer(se), dar, decir, estar, hacer, ir, leer, oír, ser, tener* and *ver*. If you have forgotten any of these forms, you may review them in the Appendices.

Estuve en este centro comercial.

2. **¿Qué hicieron anoche? Completa las oraciones con la forma apropiada del pretérito de los verbos entre paréntesis para decir lo que las siguientes personas hicieron anoche.**

> **Modelo:** Graciela *(llamar)* a sus amigos.
> Graciela *llamó* a sus amigos.

1. José y Antonio *(estar)* en el supermercado.
2. Rebeca *(ver)* una película sobre el Caribe.
3. Tú *(quedarte)* en tu cuarto.
4. Pablo *(leer)* el periódico.
5. Nosotros *(visitar)* a los abuelos.
6. Uds. *(comer)* comida cubana.
7. Ellas *(salir)* a correr.
8. Yo *(tocar)* la guitarra.
9. Ellos *(comprar)* la comida necesaria para una cena elegante.
10. Ud. *(conseguir)* un regalo para llevar a una fiesta de quince años.

2. 1. estuvieron
   2. vio
   3. te quedaste
   4. leyó
   5. visitamos
   6. comieron
   7. salieron
   8. toqué
   9. compraron
   10. consiguió

A propósito

El pretérito de *conocer*   WB4, WA1

You have learned to use *conocer* to indicate who someone knows or to state what someone is familiar with. In the preterite tense, *conocer* is the equivalent of **to meet.**

> *¿A quién **conocieron** Uds. anoche?*   Who **did you meet** last night?
> ***Conocimos** a la familia nueva*   **We met** the new family from
> *de Cuba.*   Cuba.

¿Te acordaste de ver este pájaro?

3. **Una visita al zoológico.** Imagina que fuiste al zoológico con una amiga y dos primos de otro estado *(state)*, Pepe y Ana. Ahora tus padres te hacen algunas preguntas sobre la visita. Contesta sus preguntas, usando la información entre paréntesis y la forma apropiada del pretérito.

Modelo: ¿Con quién fuiste al zoológico? (ir con Pepe, Ana y Teresita)
Fui con Pepe, Ana y Teresita.

1. ¿Cómo fueron Uds.? (ir en autobús)
2. ¿Dónde almorzaron Uds.? (almorzar en el restaurante Tres Palmas)
3. ¿Te acordaste de ver la exhibición especial de pájaros del Caribe? (sí/acordarme)
4. ¿Les gustó a tus primos la visita al zoológico? (sí/divertirse mucho)
5. ¿Compró Teresita algo para su hermanito, Felipe? (sí/conseguirle una serpiente de plástico)
6. ¿Qué más hicieron Uds.? (subir a un elefante)
7. ¿Te pasó otra cosa interesante? (sí/conocer/unos chicos del Caribe)
8. ¿Hasta qué hora se quedaron en el zoológico? (quedarse hasta las nueve)

3.
1. Fuimos en autobús.
2. Almorzamos en el restaurante Tres Palmas.
3. Sí, me acordé de ver la exhibición especial de pájaros del Caribe.
4. Sí, se divirtieron mucho.
5. Sí, le consiguió una serpiente de plástico.
6. Subimos a un elefante.
7. Sí, conocí a unos chicos del Caribe.
8. Nos quedamos hasta las nueve.

Estructura

WB5, WB6, WA2, LA4, R2, R3

El pretérito y el imperfecto

One sentence may contain various combinations of the two past tenses: *pretérito/pretérito, imperfecto/pretérito, pretérito/imperfecto, imperfecto/imperfecto.* For example, all verbs may be in the preterite tense if you are stating simple facts.

Fui al supermercado y compré la comida para nuestra cena.

I **went** to the supermarket and **bought** food for our supper.

In addition, a sentence may contain one verb that is in the imperfect tense and another that is in the preterite tense: Use the imperfect tense in a sentence to describe a repeated (habitual) past action or ongoing condition; use the preterite tense to state what happened during the repeated or ongoing action/condition.

Estábamos en el supermercado cuando Uds. llamaron.

We **were** at the supermarket when **you called.**

Finally, more than one verb may be in the imperfect tense when you are describing simultaneous ongoing actions or conditions.

Oía la radio mientras preparaba la cena.

I **was listening to** the radio while I **was preparing** supper.

4. **¿Te acuerdas de lo que hiciste la semana pasada? Haz una lista de dos cosas que hiciste cada día de la semana pasada.**

> **Modelo:** El lunes me desayuné a las siete y fui a las clases a las siete y media.
>
> 4. Creative self-expression. Each sentence should contain two preterite-tense verbs that indicate two actions students completed each day of the week.

5. **Anoche. Completa las siguientes oraciones lógicamente, escogiendo la palabra (o frase) apropiada.**

5. 1. llamaron
   2. te bañabas/llamaron
   3. Eran/pedimos
   4. salimos
   5. fueron
   6. estaba/llegaron
   7. iba/tenía
   8. compró
   9. Llovía/salimos
   10. Era/eran

1. Algunas compañeras *(llamaron/llamaban)* a las siete.
2. Tú *(te bañaste/te bañabas)* cuando ellas *(llamaron/llamaban)*.
3. *(Fueron/Eran)* las siete cuando nosotros les *(pedimos/pedíamos)* prestado a mis padres el dinero necesario para comprar la comida.
4. Nosotros *(salimos/salíamos)* a las seis y media para ir al supermercado.
5. Antonio y José también *(fueron/iban)* al supermercado anoche.
6. Yo *(estuve/estaba)* en el supermercado cuando Antonio y José *(llegaron/llegaban)* a hacer sus compras.
7. José *(fue/iba)* a comprar carne, pero no *(tuvo/tenía)* bastante dinero.
8. Una señora *(compró/compraba)* veinte libras de papas.
9. *(Llovió/Llovía)* cuando *(salimos/salíamos)* del supermercado.
10. *(Fue/Era)* probable que cuando llegamos a casa *(fueron/eran)* las diez.

¿Fue José a esta carnicería?

6. **¿Qué pasaba mientras...? Di qué hacían estas personas para preparar una cena elegante que van a tener esta noche en tu colegio. Sigue el modelo.**

> **Modelo:** dos amigos (preparar el pan)/otros dos amigos (limpiar las mesas)
>
> Dos amigos preparaban el pan mientras otros dos amigos limpiaban las mesas.

6. 1. Jorge limpiaba... Isabel y Juan lavaban....
   2. Rocío y Daniel ponían...Alfredo ponía....
   3. Tú barrías...yo arreglaba....
   4. Ellos compraban... Uds. cocinaban....
   5. Ud. sacaba... Graciela iba....
   6. Los profesores dirigían...nosotros hacíamos....

1. Jorge (limpiar los cubiertos)/Isabel y Juan (lavar los platos)
2. Rocío y Daniel (poner flores en las mesas)/Alfredo (poner los manteles y las servilletas)
3. tú (barrer el piso)/yo (arreglar las mesas)
4. ellos (comprar los refrescos necesarios)/Uds. (cocinar la comida necesaria)
5. Ud. (sacar la basura)/Graciela (ir a buscar más ayuda)
6. los profesores (dirigir el trabajo)/nosotros (hacer los quehaceres)

A propósito

Hay, había o hubo

The impersonal expressions *hay*, *había* and *hubo* are forms of the infinitive *haber* (to have). *Hay* is an irregular present-tense form of *haber* and is the equivalent of **there is/there are.** The imperfect tense of *haber*, *había*, and the irregular preterite-tense form of *haber*, *hubo*, are both equivalent to **there was/there were.**

7. ¿Cuál? Completa las siguientes oraciones con *hay*, *había* o *hubo*, según sea apropiado.

7. 1. hay
   2. había
   3. había
   4. hubo
   5. hubo
   6. hay

1. Hoy (1) una fiesta en la casa de Carlos y voy a ir.
2. La semana pasada (2) una cena elegante en la casa de unos amigos, pero nadie podía ir.
3. Ayer (3) una cena elegante en mi casa cuando yo llegué de la biblioteca.
4. El año pasado no (4) ninguna cena elegante en mi casa.
5. El año pasado (5) dos fiestas elegantes en mi colegio.
6. Mañana (6) una cena en la casa de un amigo, pero no es elegante.

LA5, R4

¿Por qué te ríes?

la piña · la costilla · la carne de res · el melón · la papaya · el durazno · 5 kilos

MADRE:	Chicos, ¿adónde fueron Uds. anoche?
ANTONIO:	Fuimos de compras. **Anduvimos°** por el supermercado buscando la comida para la cena del sábado, mamá.
MADRE:	¿Pudieron conseguir **todo?°**
JOSE:	Sí, y compramos tanto que casi **no cupo°** en el carro.
MADRE:	Antonio, ¿por qué **te ríes?°**
ANTONIO:	Me estoy riendo porque pienso que pusimos **demasiadas** cosas en la lista.
JOSE:	Sí, tantas cosas que casi necesitamos alquilar un **camión.°**
MADRE:	Pero, ¿qué compraron?
ANTONIO:	Compramos **duraznos,°** **papayas, melones°** y una **piña°** para la ensalada de frutas.
JOSE:	Y para el plato **principal** compramos **carne de res,°** **costillas,°** tres libras de arroz y cinco **kilogramos°** de papas para **freír.°**
MADRE:	Bueno, ahora van a tener comida para desayunar, almorzar y cenar por un año.
ANTONIO:	¡Qué mal **chiste,°** mamá!

Note for students that *anduvimos* is the preterite tense of *andar* and *cupo* is the preterite tense of *caber*. Both verbs are regular in the present tense. Point out that *te ríes* is the present tense of the reflexive verb *reírse*. Other irregular present-tense forms and the irregular preterite tense of *reírse* and *freír* are presented later in this lesson.

The verb *caber* is regular in all forms of the present tense except *yo quepo*. You may wish to tell your students that even children who are native speakers of Spanish sometimes make the error of using *cabo*.

Anduvimos *We walked*   **todo** *everything*   **no cupo** *it didn't fit*   **te ríes** *are you laughing*   **camión** *truck*
duraznos *peaches*   **melones** *melons, cantaloupes*   **piña** *pineapple*   **carne de res** *beef*   **costillas** *ribs*
kilogramos (kilos) *kilograms (1,000 grams or 2.205 pounds)*   **freír** *fry*   **chiste** *joke*

¿Qué comprendiste?

1. ¿Qué hicieron los chicos anoche?
2. ¿Consiguieron todo los chicos?
3. ¿Por qué a los chicos casi no les cupo en el carro todo lo que compraron?
4. ¿Qué dijo José que casi necesitaron alquilar?
5. ¿Qué frutas compraron para la ensalada?
6. ¿Qué comida compraron para el plato principal?
7. ¿Cuántos kilos de papas compraron?
8. ¿Qué van a hacer con las papas?
9. ¿Qué les dice la madre a los chicos como chiste?

1. Anduvieron por el supermercado buscando la comida para la cena del sábado.
2. Sí, consiguieron todo.
3. No les cupo porque compraron mucha comida.
4. Dijo que casi necesitaron alquilar un camión.
5. Compraron duraznos, papayas, melones y una piña para la ensalada de frutas.
6. Para el plato principal compraron carne de res, costillas, arroz y papas.
7. Compraron cinco kilos de papas.
8. Van a freírlas.
9. Les dice que van a tener comida para desayunar, almorzar y cenar por un año.

Additional questions: *¿Cuándo fueron los chicos al supermercado?; ¿Para qué fueron al supermercado?; ¿En dónde pusieron demasiadas cosas?*

José dijo que casi necesitaron alquilar un camión.

PIÑA EN RODAJAS
"Hoja Redonda"
I/. 1'250 000   790 MIL

ENSALADA DE FRUTAS
"Hoja Redonda"
I/. 1'250 000   790 MIL

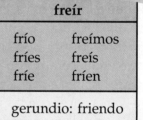

FRUTAS Y VERDURAS

Acelga manojo	Uva roja importada. lb.	Sandía redonda c/u	Limón criollo doc.	Aguacates c/u	Papa super lb.
19¢	7.69	1.95	35¢	59¢	75¢

Charlando

1. ¿A qué supermercado fuiste la última vez?
2. ¿Qué comida compraste?
3. ¿Compraste comida para toda la familia o sólo para ti?
4. ¿Te cupo todo lo que compraste en el baúl?
5. ¿Cuáles son tres de tus comidas favoritas?
6. Describe tu plato principal favorito.

Estructura

WB8, WB9, WA4, R5

El presente de los verbos *reír* y *freír*

The verbs *reír(se)* and *freír* are irregular in the present tense. However, both verbs are formed following the same pattern, so learning the conjugation of one will help you learn the conjugation of the other.

reír(se)	
(me) río	(nos) reímos
(te) ríes	(os) reís
(se) ríe	(se) ríen
gerundio: riendo (riéndose)	

freír	
frío	freímos
fríes	freís
fríe	fríen
gerundio: friendo	

8.
1. ¿Por qué se ríe Pablo?
2. ¿Por qué te ríes tú?
3. ¿Por qué se ríen Cristina y Sarita?
4. ¿Por qué se ríe él?
5. ¿Por qué se ríen ellos?
6. ¿Por qué se ríen Uds.?
7. ¿Por qué me río yo?
8. ¿Por qué nos reímos todos nosotros?

8. ¿Cuál es el chiste? Imagina que estás con las siguientes personas. Haz las preguntas necesarias para saber por qué se ríen.

> **Modelo:** Andrés
> ¿Por qué se ríe Andrés?

1. Pablo
2. tú
3. Cristina y Sarita
4. él
5. ellos
6. Uds.
7. yo
8. todos nosotros

¿Por qué te ríes?

El sistema métrico

WA5

Remind your students that they have already learned to convert degrees Fahrenheit: C°/5 x 9 + 32 = F°.

How far is it from home to school? How much do you weigh? What is the temperature today? Chances are you would answer these questions using the terms **miles, pounds** and **degrees Fahrenheit.** However, if you were in one of the Spanish-speaking parts of the world, you would most likely use the metric system and express miles as kilometers, pounds as kilograms and degrees Fahrenheit as degrees Celsius (or centigrade).

The metric system is quickly becoming the worldwide standard for weights and measures due to its ease of use. Metric measurements are based upon multiples of ten.

10 millimeters = 1 centimeter
10 centimeters = 1 decimeter
10 decimeters = 1 meter

Look at the following equivalents:

LENGTH/*LONGITUD*

1 centimeter/*centímetro*	=	0.3937 inches/*pulgadas*
1 meter/*metro*	=	1.094 yards/*yardas*
1 kilometer/*kilómetro*	=	0.621 miles/*millas*

WEIGHT/*PESO*

1 gram/*gramo*	=	0.035 ounces/*onzas*
1 kilogram/*kilogramo*	=	2.205 pounds/*libras*
1 metric ton/*tonelada larga*	=	2,204.6 pounds/*libras*

AREA/*AREA*

1 hectare/*hectárea* = 2.47 acres/*acres*

VOLUME/*VOLUMEN*

1 liter/*litro* = 1.057 quarts/*cuartos de galón*

MOUSSE DE CIRUELAS

Ingredientes:
1 caja de ciruelas pasas (300 grs. aprox.)
1/2 taza de agua
3/4 de taza de azúcar
5 claras batidas a la nieve
2 sobres de gelatina sin sabor
1 taza de crema de leche

Datos Nutritivos
Ciruela
Porción - una ciruela mediana (2¼ onzas)

Calorías	33
Proteínas	.5 gramo
Grasas	.4 gramo
Carbohidratos	8 gramos
Sodio	.3 miligramo
Potasio	102 miligramos
Fibras Naturales	1.3 gramos

9. En el sistema métrico, por favor. Contesta las siguientes preguntas en español, usando el sistema métrico.

1. ¿Cuántos kilómetros hay de tu casa al colegio?
2. ¿Cuál es tu estatura *(How tall are you)*?
3. ¿Cuál es tu peso?
4. ¿Cuántos milímetros hay en un centímetro?
5. ¿Cuántos litros de leche compró tu familia la semana pasada?
6. ¿Qué temperatura hace ahora?

9. 1. Hay *(answers will vary)* kilómetros de mi casa al colegio.
2. Es *(answers will vary)* metro(s) con *(answers will vary)* centímetro(s).
3. Es *(answers will vary)* kilos.
4. Hay diez milímetros en un centímetro.
5. Compró *(answers will vary)* litros la semana pasada.
6. Hace *(answers will vary)* grados.

WB10, WB11, WA6, LA6, R6, R7

Draw student attention to similarities in the conjugations of the verbs *reír* and *freír* and the verbs *conducir* and *traducir*.

Estructura

Más verbos irregulares en el pretérito

You already have learned how to use several irregular preterite-tense verbs in Spanish. The following chart provides some additional verbs that are irregular in the preterite tense. Learning them will improve your ability to talk about the past.

andar:	anduve anduviste anduvo anduvimos anduvisteis anduvieron
caber:	cupe cupiste cupo cupimos cupisteis cupieron
conducir:	conduje condujiste condujo condujimos condujisteis condujeron
freír:	freí freíste frió freímos freísteis frieron
leer:	leí leíste leyó leímos leísteis leyeron
poder:	pude pudiste pudo pudimos pudisteis pudieron
poner:	puse pusiste puso pusimos pusisteis pusieron
querer:	quise quisiste quiso quisimos quisisteis quisieron
reír:	reí reíste rió reímos reísteis rieron
saber:	supe supiste supo supimos supisteis supieron
traducir:	traduje tradujiste tradujo tradujimos tradujisteis tradujeron
traer:	traje trajiste trajo trajimos trajisteis trajeron
venir:	vine viniste vino vinimos vinisteis vinieron

Vine al colegio hoy en moto.

Point out that *caer* and *creer* follow the pattern of *leer*, adding accent marks and changing *i* → *y* for the third person: *leyó, leyeron, creyó, creyeron.*

In the preterite tense, *saber* is the equivalent of **to find out.** *Querer* may mean **to try** when used affirmatively in the preterite tense or **to refuse** when used negatively.

*¿Qué **supiste** ayer?*
Supe que hubo una cena elegante en la casa de Javier.
*Quise ir, pero mis padres **no quisieron** prestarme el carro.*

What **did you find out** yesterday?
I found out there was an elegant supper at Javier's house.
I tried to go, but my parents **refused** to lend me the car.

10. **¿Te acuerdas qué hicieron? Mira las ilustraciones y di lo que hacían las siguientes personas ayer por la tarde.**

Modelo:  Gloria/andar
Gloria anduvo por el supermercado.

1. Jorge y Pedro/ir   2. la familia Ruiz/conducir   3. los niños/andar

4. Cristina/poder ir   5. Uds./querer ir

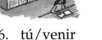      

6. tú/venir   7. yo/querer ir   8. nosotros/conducir

10. Possible answers:
1. ... fueron al banco.
2. ...condujo al parque de atracciones.
3. ...anduvieron por el zoológico.
4. ...pudo ir al centro.
5. ...quisieron ir al centro comercial.
6. ...viniste a la biblioteca.
7. ...quise ir al cine.
8. ...condujimos al parque.

11. 1. ¿Quién no pudo trabajar ayer?/Enrique no pudo....
2. ¿Quién tradujo el menú al español?/Yo traduje....
3. ¿Quién trajo demasiadas frutas del mercado?/ Norberto y Ximena trajeron....
4. ¿Dónde puso Carlos la carne de res?/Carlos puso....
5. ¿Qué no cupo en el refrigerador?/Todo cupo....
6. ¿Cuántas papas freíste?/ Freí....

11. **El tío estuvo enfermo ayer. Imagina que tú trabajas en el restaurante de tu tío y él te hace algunas preguntas sobre lo que pasó ayer. Trabajando en parejas, alterna con tu compañero/a de clase en hacer y en contestar las preguntas que te hace tu tío. Sigue el modelo.**

Enrique no pudo trabajar ayer, pero hoy sí trabaja.

Modelo: quién/venir al restaurante (muchas personas)
A: ¿Quién vino al restaurante ayer?
B: Muchas personas vinieron al restaurante ayer.

1. quién/no poder trabajar (Enrique)
2. quién/traducir el menú al español (yo)
3. quién/traer demasiadas frutas del mercado (Norberto y Ximena)
4. dónde/poner/Carlos/la carne de res (el refrigerador)
5. qué/no caber en el refrigerador (todo)
6. cuántas papas/freír/tú (10 kilogramos)

¿Quiénes fueron al supermercado?

12. Compraron mucho. Completa el siguiente párrafo o con el imperfecto o con el pretérito de los verbos indicados.

12. 1. fueron
    2. anduvieron
    3. compraron
    4. estaban
    5. pudieron
    6. Llevaron
    7. trajeron
    8. tenía
    9. cupieron
    10. quiso
    11. encontró
    12. vino
    13. dijo
    14. necesitaba
    15. puso
    16. supo
    17. hizo
    18. hizo

Antonio y José *1. (ir)* al supermercado ayer. Ellos *2. (andar)* por el supermercado por casi dos horas y *3. (comprar)* muchas cosas para la cena del sábado. Ellos *4. (estar)* muy felices porque *5. (poder)* conseguirlo todo. *6. (Llevar)* el carro sin nada y lo *7. (traer)* con demasiada comida. El carro *8. (tener)* tantas cosas que los muchachos casi no *9. (caber)*. José *10. (querer)* conseguir un camión, pero no *11. (encontrar)* ninguno. Un muchacho del supermercado *12. (venir)* para ayudarlos, pero Antonio *13. (decir)* que no *14. (necesitar)* ayuda ni tampoco un camión. El *15. (poner)* todo en el carro. José nunca *(16. saber)* cómo Antonio lo *17. (hacer)*, pero él cree que lo *18. (hacer)* muy bien.

13. De compras. Trabajando en parejas, hazle una entrevista de cinco minutos a tu compañero/a, preguntándole sobre la última vez que fue de compras. Usa el pretérito y el imperfecto en tus preguntas. Luego, tu compañero/a te hace una entrevista a ti.

13. Creative self-expression.

Modelo: A: ¿Por dónde anduviste de compras la última vez?
B: Anduve de compras por el centro.
A: ¿Querías comprar algo para ti o para otra persona?
B: Quería comprar algo para mí.

El menú

WB12, WB13, WA7, LA7, R8

14.
1. Tiene jugos de naranja, toronja, piña y papaya.
2. Preparan los huevos con tocino, con salchicha y con cebolla y tomate.
3. Puedo ordenar chocolate, café con leche, té o cereal.

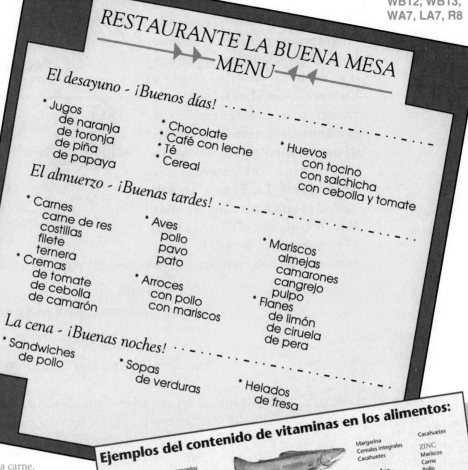

RESTAURANTE LA BUENA MESA
MENU

El desayuno - ¡Buenos días!

* Jugos
  de naranja
  de toronja
  de piña
  de papaya

* Chocolate
* Café con leche
* Té
* Cereal

* Huevos
  con tocino
  con salchicha
  con cebolla y tomate

El almuerzo - ¡Buenas tardes!

* Carnes
  carne de res
  costillas
  filete
  ternera
* Cremas
  de tomate
  de cebolla
  de camarón

* Aves
  pollo
  pavo
  pato

* Arroces
  con pollo
  con mariscos

* Mariscos
  almejas
  camarones
  cangrejo
  pulpo
* Flanes
  de limón
  de ciruela
  de pera

La cena - ¡Buenas noches!

* Sandwiches
  de pollo

* Sopas
  de verduras

* Helados
  de fresa

Ejemplos del contenido de vitaminas en los alimentos:

VITAMINA A
Zanahorias
Duraznos
Chabacanos
Calabazas
Brócoli
Hígado

VITAMINA B
Plátanos
Cereales integrales
Pollo
La mayoría de las verduras con hojas (como puede ser la lechuga)
La mayoría de los

pescados y los mariscos
Carnes, hígado y riñones
Cacahuetes y nueces
Papas y camotes
Ciruelas y pasas
Levadura

VITAMINA B12
Riñon
Hígado
Carne
Leche
Quesos
La mayoría de los pescados

Mariscos
Yema de huevo

VITAMINA C
Naranjas
Toronjas
Fresas
Col
Pimiento verde y rojo
Jitomates
Brócoli

VITAMINA D
Leche a la que se le agregó Vitamina D
Yema de huevo
Pescado de agua salada
Hígado

VITAMINA E
Aceites vegetales

Margarina
Cereales integrales
Cacahuetes

Entre los minerales tenemos:

MAGNESIO
Plátanos
Cereales integrales
Frijoles
Leche
La mayoría de las verduras
Nueces

Cacahuetes

ZINC
Mariscos
Carne
Pollo
Queso
Cereales integrales
Frijoles
Cocoa
Nueces
Calcio
Leche y productos lácteos
Queso
Yemas de huevo
Sardinas

4. No, no es un ave. Es una carne.
5. Hay almejas, camarones, cangrejo y pulpo.
6. No, no ofrecen cremas para la cena. Ofrecen sopas.
7. Para el almuerzo tienen flanes de limón, de ciruela y de pera.

14. En el restaurante. Contesta las siguientes preguntas sobre el restaurante La Buena Mesa.

1. ¿Qué jugos tiene este restaurante para el desayuno?
2. ¿Cómo preparan los huevos?
3. ¿Qué puedes ordenar para desayunar diferente de jugos y huevos?
4. ¿Es la ternera un ave? ¿Qué es?
5. ¿Qué mariscos hay?
6. ¿Ofrecen cremas para la cena? ¿Qué ofrecen?
7. ¿Qué flanes tienen para el almuerzo?

15. ¿Qué va a ordenar? Trabajando en grupos de tres, un estudiante hace el papel de un camarero, otro el de un cocinero (*cook*) y otro el de un cliente que va a comer a un restaurante. El camarero debe escribir y repetir lo que el cliente pide del menú (usen Uds. el menú del Restaurante La Buena Mesa). Luego, el camarero debe reportar al cocinero lo que el cliente pidió. El cocinero debe repetir lo que el camarero dice. Al terminar deben cambiar papeles (*change roles*).

Modelo:

CAMARERO:	¿Qué va a ordenar?
CLIENTE:	Quiero una crema de tomate y un arroz con mariscos.
CAMARERO:	(*Write down the order while saying it aloud in Spanish.*) Una crema de tomate y un arroz con mariscos.
COCINERO:	¿Qué ordenó el señor?
CAMARERO:	El señor ordenó una crema de tomate y un arroz con mariscos.
COCINERO:	Muy bien, una crema de tomate y un arroz con mariscos.

15. Creative self-expression.

16. ¿Cuál no va en la lista? Trabajando en parejas, alterna con tu compañero/a en decir la palabra de cada grupo que no corresponde lógicamente. Luego, explica por qué no corresponde.

1. toronja	crema	piña	pera
2. té	café	chocolate	sandwich
3. costilla	pato	pavo	pollo
4. almejas	cangrejo	carne de res	pulpo
5. filete	vainilla	ternera	costillas
6. tocino	salchicha	camarón	puerco
7. carne	cereal	ave	marisco
8. melón	camello	pantera	ratón
9. aeropuerto	camarón	tienda	lechería
10. galleta	ciruela	chiste	durazno

16. 1. crema (La crema no es una fruta.)
 2. sandwich (El sandwich no se puede tomar.)
 3. costilla (La costilla no es un ave.)
 4. carne de res (La carne de res no es un marisco.)
 5. vainilla (La vainilla no es una carne.)
 6. camarón (El camarón no viene del puerco.)
 7. cereal (El cereal no es una comida.)
 8. melón (El melón no es un animal.)
 9. camarón (El camarón o es un lugar.)
 10. chiste (El chiste no se come.)

Nosotros no sabíamos qué pedir cuando la camarera vino.

17. Fueron a un restaurante. Di lo que les pasó a las siguientes personas cuando fueron a un restaurante la semana pasada, usando la forma apropiada del pretérito o del imperfecto de los verbos indicados.

> **Modelo:** Cuando la gente *(llegar)*, los camareros *(poner)* las mesas.
> Cuando la gente <u>llegó</u>, los camareros <u>ponían</u> las mesas.

1. Cuando nosotros *(leer)* el menú, el camarero *(venir)* a la mesa.
2. Yo no *(saber)* qué pedir cuando el camarero me *(preguntar)* lo que yo *(querer)*.
3. Carlos y Clara no *(poder)* pedir las almejas porque *(ser)* muy caras.
4. Yo *(querer)* comer comida cubana, pero el restaurante no *(tener)* nada de Cuba.
5. A la hora de comer el postre, a Oscar no le *(caber)* nada porque *(comer)* mucha carne de res.
6. Tú no *(traer)* dinero y no *(poder)* pagar tu comida.

17. 1. ...leíamos... vino....
2. ...sabía... preguntó... quería.
3. ...pudieron... eran....
4. ...quería...tenía....
5. ...cabía...comió....
6. ...trajiste... podías....

¡La práctica hace al maestro!

A. *La semana pasada.* Working in pairs, take notes as you talk about what each of you did during the past week. Make up any of the information you wish. As you talk, list one thing your partner did each day. Be sure to add any possible details, based upon your partner's description. Finally, present the information to another pair of students.

WB14

Modelo: **A:** ¿Qué hiciste el lunes de la semana pasada?
B: Comí con el presidente.
A: ¿Verdad? Descríbeme cómo era la cena.
B: Era muy elegante y había mucha gente.
A: ¿Qué comieron?
B: Comimos pulpo, camarones y de postre comimos flan de papaya. Creative self-expression.

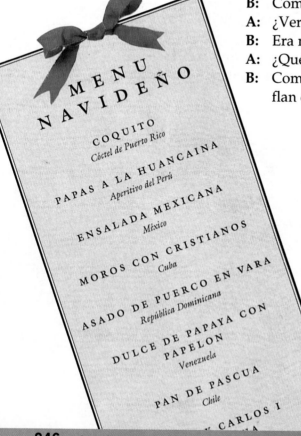

MENU NAVIDEÑO

COQUITO
Cóctel de Puerto Rico

PAPAS A LA HUANCAINA
Aperitivo del Perú

ENSALADA MEXICANA
México

MOROS CON CRISTIANOS
Cuba

ASADO DE PUERCO EN VARA
República Dominicana

DULCE DE PAPAYA CON PAPELON
Venezuela

PAN DE PASCUA
Chile

CARLOS I

B. *A escribir.* Write an eight- to ten-sentence summary based upon one of the days your partner described in the previous activity. Name the activity and include as many details as possible, being sure to use both the preterite tense and the imperfect tense in your composition. Return to your partner for additional details or add details of your own, if you wish.

Creative writing practice.

La fruta suPERA!

Vocabulario

Adjetivos

demasiado,-a
elegante
necesario,-a
principal
probable

Adverbios

anoche

Pronombres

todo

Sustantivos

la almeja
el ave
el camarón
el camión
el cangrejo
la carne de res
el cereal

la ciruela
la costilla
la crema
el chiste
el durazno
el filete
el flan
el kilo(gramo)
el limón
el marisco
el melón
el menú
la papaya
la parte
la pera
la piña
el pulpo
la salchicha
el sandwich
el té
la ternera
el tocino
la toronja
la vainilla

Verbos

acordar(se) (de) (ue)
andar
caber
describir
freír (i, i)
hubo
reír(se) (i, i)

¿Quién trajo estas papayas y estos plátanos?

Functions:
- Expressing opinions
- Talking about everyday activities
- Asking for advice
- Stating what was happening at a specific time
- Describing clothing
- Describing how something was done
- Expressing length of time
- Discussing food preparation
- Writing a description about the past

WB1, LA1

El vestido para la cena

The verb *probar(se)* requires the stem change *o* ➡ *ue* in the present tense.

GRACIELA:	El **surtido°** de vestidos que estaba mirando en la otra tienda era bueno.
YOLANDA:	Pero aquí también hay una buena **variedad** de vestidos. ¿Por qué no le pides un **consejo°** al **dependiente?°**
GRACIELA:	Perdón, señor, necesito un vestido para una cena elegante y no puedo **decidir** cuál comprar. ¿Qué me **aconseja?**
DEPENDIENTE:	Creo que uno de éstos de aquí puede quedarle bien. **¿Qué le parece°** este azul **a rayas?°**
GRACIELA:	Me parece feo y, **además,°** está **desteñido.°**
DEPENDIENTE:	¿Y este negro **a cuadros°** blancos? La **tela°** es de seda. ¿Quiere **probárselo?°** Allí está el **vestidor.**

surtido *assortment, supply, selection*   **consejo** *advice*   **dependiente** *clerk*   **¿Qué le parece...?** *What do you think...?*   **a rayas** *striped*   **además** *besides, furthermore*   **desteñido** *faded*   **a cuadros** *plaid, checkered* **tela** *fabric, cloth*   **probárselo** *to try it (on)*

Additional questions: *¿Qué está buscando Graciela?;*
¿Qué le aconseja el dependiente a Graciela?; ¿En qué mano
tiene el dependiente el vestido a cuadros? ¿De qué color es
el vestido a rayas?

¿Qué comprendiste?

1. ¿Cómo era el surtido de vestidos que Graciela estaba mirando en la otra tienda?
2. ¿Es mala la variedad de vestidos donde están Graciela y Yolanda ahora?
3. ¿En qué estaba pensando Graciela?
4. ¿Qué no puede decidir Graciela?
5. ¿Cómo le parece a Graciela el vestido a rayas?
6. ¿Cómo está el vestido azul a rayas?
7. ¿De qué tela es el vestido negro a cuadros?
8. ¿Hay un vestidor en la tienda? ¿Dónde?

1. El surtido que Graciela estaba mirando en la otra tienda era bueno.
2. La variedad no es mala, es buena.
3. Estaba pensando en pedirle un consejo al dependiente.
4. No puede decidir qué vestido comprar.
5. Le parece feo.
6. Está desteñido.
7. Es de seda.
8. Sí, hay uno. Está a la derecha.

Charlando   Answers will vary.

1. ¿Pides consejo cuando vas a comprar ropa? ¿A quién se lo pides?
2. ¿Aconsejas a tus amigos/as cuando vas de compras con ellos?
3. ¿Te pruebas la ropa que vas a comprar? Explica.
4. ¿Qué ropa tienes a rayas?
5. ¿Qué ropa tienes a cuadros?
6. ¿Te gusta llevar ropa desteñida? Explica.

Additional questions: *¿Qué tienda*
tiene buen surtido de ropa donde
vives?; ¿Qué tela es tu favorita?;
¿Pides ayuda a un dependiente
cuando necesitas consejo?; ¿Tienes
ropa para ir a cenas elegantes?

•J.H. COLLECTIBLES
En el Departamento de Colecciones.

Frescos modelos importados, para vivir una deliciosa Primavera...

Primavera

A.-Suéter tejido a cuadros en algodón 100%, varios colores, tallas 8 a 14. $ 339.000
B.-Bermuda con pinzas al frente, 100% rayón, color rojo. Tallas 8 a 14. $ 329.000
C.-Top liso sin manga con escote redondo, 100% poliéster, color rojo. Tallas 8 a 14. $ 139.000
D.-Falda tableada con estampado lunares, 100% poliéster multicolor, tallas 8 a 14. $ 379.000

Liverpool

1. **Comprando ropa para una cena. Trabajando en parejas, preparen Uds. un diálogo como el anterior. Decidan qué ropa quieren comprar y hagan los cambios necesarios.**

1. Role-playing activity.

A propósito

El Caribe

¡Sí... el Caribe es más!

Students may need help with the meaning of the following words: *históricamente* (historically), *se destacan* (stand out), *nivel* (level).

Inform students that José Martí is a national hero in Cuba, having been a leader in the battle for independence and the country's first president.

Puerto Rico, la República Dominicana y Cuba tienen mucho en común. Son países de habla hispana y están en el Caribe. Sus playas son bonitas y tienen un clima tropical todo el año. ¿Te acuerdas también de que estuvieron unidos históricamente? Pues, Cristóbal Colón los visitó durante sus viajes al continente americano en el siglo XV.

La playa Arecibo en Puerto Rico ofrece mucho para hacer.

Estas tres naciones tienen, además, una gran influencia en el mundo por sus contribuciones en los deportes, la música y la literatura. A nivel internacional, se destacan en deportes como el béisbol, el boxeo y el básquetbol. En la música, ritmos como el merengue de la República Dominicana, la salsa de Puerto Rico y el mambo de Cuba se bailan en todo el mundo. La literatura caribeña tiene un gran representante en el autor cubano, José Martí. Su libro de poemas, *Versos sencillos*, es muy famoso. Su poema, *Guantanamera*, hoy es una canción muy conocida.

Como ves, hay mucho para ver y conocer en el Caribe. ¿No te gustaría ir para explorarlo?

El béisbol es popular. (República Dominicana)

Playa Larga, Cuba.

2. **El Caribe.** Contesta las siguientes preguntas sobre las islas del Caribe.

1. ¿Cuáles son los países hispanos del Caribe?
2. ¿Cómo son las playas del Caribe?
3. ¿Cómo es el clima en el Caribe?
4. ¿Visitó Cristóbal Colón Puerto Rico? ¿Cuándo?
5. ¿Qué deportes son importantes en el Caribe?
6. ¿Bailan merengue en la República Dominicana?
7. ¿Quién fue un autor famoso de Cuba? ¿Qué escribió?
8. ¿Conoces a alguien que es del Caribe? ¿Quién?

Additional activity: Assign each student to return to the next class session with the name of a well-known person from each of these three Spanish-speaking Caribbean countries.

2. 1. Los países hispanos del Caribe son Puerto Rico, la República Dominicana y Cuba.
   2. Las playas del Caribe son bonitas.
   3. El clima en el Caribe es tropical.
   4. Sí, Cristóbal Colón visitó Puerto Rico en 1493.
   5. El béisbol, el boxeo y el básquetbol son importantes en el Caribe.
   6. Sí, bailan merengue en la República Dominicana.
   7. José Martí fue un autor famoso de Cuba. Escribió un libro de poemas, *Versos sencillos.*
   8. Answers will vary. **WB3, WB4, WA1, LA3**

Estructura

El imperfecto progresivo

Just as the present progressive tense describes something that is occurring right now, the imperfect progressive tense tells what was going on at a specific time in the past, often when something else happened. It is formed by combining the imperfect tense of *estar* with the present participle of a verb.

Review the formation of regular present participles with students: For *-ar* verbs, drop the *-ar* and add *-ando;* for *-er* and for *-ir* verbs, drop the *-er/-ir* ending and add *-iendo.* In addition, remind students that verbs in the imperfect progressive tense have the same spelling and stem changes as the present progressive tense, which they already have learned.

Yo **estaba pensando** en comprar una chaqueta nueva.	**I was thinking** about buying a new jacket.
Cuando los vi ayer **estaban comprando** unos zapatos negros.	When I saw them yesterday, **they were buying** some black shoes.

Object pronouns may precede the form of *estar* or may follow and be attached to the present participle, which may require a written accent mark in order to maintain the original stress of the present participle without the pronoun.

Lo estaba mirando.	➡	Estaba mirándo**lo.**
Nos estábamos divirtiendo.	➡	Estábamos divirtiéndo**nos.**

¿Por qué estaban riéndose?

251

3. ¿De qué te acuerdas? Di lo que estaban haciendo las siguientes personas cuando las viste ayer.

Modelo: Ricardo
Cuando lo vi, Ricardo estaba comiendo costillas.

3. Possible answers:
1. ...te vi, tú estabas friendo huevos con tocino.
2. ...lo vi, Camilo estaba probándose (se estaba probando) un nuevo suéter.
3. ...las vi, Margarita y Rocío estaban patinando en el parque.
4. ...los vi, Jaime y Susana estaban pescando.
5. ...nos vimos, nosotros estábamos leyendo en la biblioteca.
6. ...lo vi, mi hermano estaba durmiendo.
7. ...los vi, Felipe e Isabel estaban escuchando la radio.
8. ...la vi, Graciela estaba describiendo una tela a cuadros.

1. tú   2. Camilo   3. Margarita y Rocío   4. Jaime y Susana

5. tú y yo   6. mi hermano   7. Felipe e Isabel   8. Graciela

4. ¡Qué día! Sergio le cuenta a su amigo, Víctor, sobre su día. Completa su diálogo, usando la forma apropiada del imperfecto progresivo de los verbos indicados para saber lo que dicen.

VICTOR: Hola, Sergio. ¿Qué tal?

SERGIO: No muy bien.

VICTOR: ¿Por qué? ¿Qué pasó?

SERGIO: Bueno, todo empezó esta mañana muy temprano. Cuando yo
1. *(dormir)*, un camión pasó por mi cuadra y su claxon me despertó.
Después, cuando 2. *(ducharse)*, el agua caliente se acabó, y cuando
3. *(afeitarse)*, la luz se fue. Luego, cuando 4. *(desayunarse)*, se me
cayó el chocolate caliente en el pantalón nuevo.

4. 1. estaba durmiendo
   2. me estaba duchando
   3. me estaba afeitando
   4. me estaba desayunando
   5. estaba leyendo
   6. estábamos jugando
   7. estaba volviendo
   8. estaba viendo

VICTOR: ¡Qué día!

SERGIO: Espera, eso no es todo. Cuando la profesora 5. *(leer)* los poemas de
José Martí en la clase, me dormí. Después, cuando mis amigos y yo
6. *(jugar)* al béisbol, empezó a llover muy fuerte. Cuando 7. *(volver)*
a casa, vi que no tenía todos los libros para hacer mis tareas. ¿Y
sabes qué pasó ahora cuando 8. *(ver)* mi programa de televisión
favorito?

VICTOR: No, ¿qué?

SERGIO: ¡Llamaste tú!

5. **¿Anoche?** Imagina que llamaste anoche a un(a) amigo/a a las seis y media, pero nadie contestó el teléfono. Trabajando en parejas, alterna con tu compañero/a en hacer preguntas y contestarlas para saber qué estaban haciendo todos en ese momento.

> **Modelo:** Uds./hacer muchas cosas
> **A:** ¿Qué estaban haciendo Uds.?
> **B:** Estábamos haciendo muchas cosas.

1. tu hermana mayor/preparar la comida
2. tú/freír papas en la cocina
3. tu hermano mayor/pasar la aspiradora
4. tu madre y tu padre/leer el periódico
5. tu abuela/dormir
6. tus hermanos menores/andar por el parque

5. 1. ¿...estaba haciendo...?/Estaba preparando la comida.
    2. ¿...estabas haciendo...?/Estaba friendo papas en la cocina.
    3. ¿...estaba haciendo...?/Estaba pasando la aspiradora.
    4. ¿...estaban haciendo...?/Estaban leyendo el periódico.
    5. ¿...estaba haciendo...?/Estaba durmiendo.
    6. ¿...estaban haciendo...?/Estaban andando por el parque.

Mi hermana estaba friendo huevos.

A propósito

El progresivo: un poco más

WB5, WB6, WB7, R10

The two most commonly used progressive tenses are the present and the imperfect progressive, which usually consist of a form of the verb *estar* plus a present participle. In addition to *estar*, several other verbs can be used to form the progressive tenses. The most common of these are *seguir*, which you already have learned to use, *andar*, *continuar* and *venir*.

*Pepita y Miguelita **siguen** estudiando.*	Pepita and Miguelita **keep on** studying.
*(Yo) Sólo **andaba** por la calle pensando.*	I was only **walking** down the street thinking.
*El profesor **continuaba** enseñando.*	The teacher **kept on (continued)** teaching.
***Venían** corriendo.*	**They came** running.

6. En el centro comercial. Después de dos horas de estar en el centro comercial, las siguientes personas todavía no conseguían lo que estaban buscando. Haz oraciones completas para decir lo que buscaban.

6.
1. ...continuaba buscando unas....
2. ...seguían buscando una....
3. ...seguía buscando un....
4. ...continuaba buscando un....
5. ...continuaban buscando una....
6. ...seguíamos buscando un....
7. ...continuaban buscando un....
8. ...continuaba buscando unos....
9. ...seguías buscando una....

Modelo: Graciela/seguir/vestido a cuadros
Graciela seguía buscando un vestido a cuadros.

1. Juan Carlos/continuar/corbatas a rayas
2. Rosa y Clara/seguir/blusa a cuadros
3. doña Sonia/seguir/collar de perlas
4. Antonio/continuar/pantalón negro
5. Uds./continuar/tela de seda
6. nosotros/seguir/impermeable café
7. Francisco y Mónica/continuar/anillo de oro
8. yo/continuar/zapatos negros
9. tú/seguir/chaqueta

Yo continuaba buscando unos zapatos negros.

7. Todavía de compras. Cuando José fue ayer a visitar a Yolanda a las siete, ella todavía estaba de compras con Graciela. Ahora Yolanda le cuenta a José lo que estaban haciendo a cada momento. Completa las siguientes oraciones, usando la forma apropiada del imperfecto progresivo de los verbos indicados para ver lo que Yolanda le dice a José. Sigue el modelo.

7.
1. andábamos caminando
2. seguíamos entrando
3. seguía probándose
4. continuaba sacando
5. seguía dando
6. continuaba esperando
7. continuaban hablando
8. veníamos corriendo

Modelo: A las siete Graciela todavía (seguir/buscar) un vestido elegante.
A las siete Graciela todavía seguía buscando un vestido elegante.

1. A las siete y diez nosotras (andar/caminar) por todo el centro comercial.
2. A las siete y veinte nosotras (seguir/entrar) a las tiendas.
3. A las siete y media Graciela (seguir/probarse) zapatos.
4. A las ocho el dependiente (continuar/sacar) zapatos para Graciela.
5. A las ocho y cuarto el dependiente (seguir/dar) consejos a Graciela.
6. A las ocho y media yo (continuar/esperar) a Graciela.
7. A las nueve menos veinte Graciela y el dependiente (continuar/hablar).
8. A las nueve nosotras (venir/correr) para la casa.

El vestido para la cena (continuación)

DE MODA
Ropa para mujeres

el rubí

YOLANDA:	El vestido te queda excelente. Es muy **diferente.**
DEPENDIENTE:	Sí, no es **cualquier°** **prenda.°**
GRACIELA:	**Tienen razón.°** Me gusta mucho también. Lo llevo.
YOLANDA:	Graciela, debemos **apurarnos.°** Mira, va a **anochecer°** pronto y me imagino que quieres ir a la **joyería.°**
GRACIELA:	Sí, claro, pero lo importante es que ya tengo mi vestido.
YOLANDA:	¿Qué **tipo** de **joya** quieres comprar?
GRACIELA:	Un anillo con **rubí,** si es **posible.**
YOLANDA:	¿Un qué? ¿Estás loca? Tú no eres **rica.°**
GRACIELA:	No, pero posiblemente voy a serlo pronto.
DEPENDIENTE:	Este es su **recibo.°** El **cajero** le recibe el dinero.

Note for students that *rico* can also mean **rich** (or **delicious**) when referring to food.

cualquier *any* **prenda** *garment* **Tienen razón.** *You are right.* **apurarnos** *hurry up* **anochecer** *to get dark, to turn to dusk* **joyería** *jewelry store* **rica** *rich* **recibo** *receipt*

¿Qué comprendiste?

Additional questions: *¿Cómo le queda a Graciela el vestido, según Yolanda?; ¿Quiénes tienen razón?; ¿Va Graciela a comprar el vestido?; ¿Por qué dice Yolanda que Graciela está loca?*

1. ¿Qué vestido se prueba Graciela?
2. ¿Cómo es el vestido, según Yolanda?
3. ¿Qué dice el dependiente del vestido?
4. ¿Por qué dice Yolanda que deben apurarse?
5. ¿Qué es lo importante, según Graciela?
6. ¿Qué tipo de joya quiere comprar?
7. ¿Qué le da el dependiente a Graciela?
8. ¿Quién le va a recibir el dinero?

1. Se prueba el vestido negro a cuadros.
2. Es muy diferente.
3. Dice que no es cualquier prenda.
4. Dice que deben apurarse porque pronto va a anochecer y ella imagina que Graciela quiere ir a la joyería.
5. Lo importante es que ella ya tiene su vestido.
6. Quiere comprar un anillo con rubí, si es posible.
7. Le da un recibo.
8. El cajero le va a recibir el dinero.

JOYERIA Y RELOJERIA
"LA PRINCESA"

JOYERIA FINA EN 10K - 14K - 18K

* GRABADOS DE PLUMAS-NOMBRES-CHAROLAS
* REPARACIONES EN 10 MINUTOS
* JOYAS SOBRE DISEÑO
* AVALUOS GARANTIA PRACTICAMENTE DE POR VIDA

SERVICIO Y GARANTIA

AQUILES SERDAN No. 2115 NTE.

TEL. 81-00-35

Charlando
Answers will vary.

1. ¿Cómo te vistes para ir a una cena? ¿Llevas cualquier ropa?
2. ¿Cuántas blusas/camisas diferentes tienes?
3. ¿Crees que tienes que ser rico/a para comprar joyas? Explica.
4. ¿Tienes alguna joya? ¿De qué tipo?

A propósito

Lo: un poco más

You already have learned to use the word *lo* as a direct object pronoun or with an adjective or adverb followed by the word *que* as an equivalent for **how (+ adjective/adverb).** In addition, sometimes the word *lo* is followed by an adjective to create an abstract noun. Used in this way, the adjective does not change forms.

Lo malo fue....	**The bad (part)** was....
Lo chistoso es....	**The funny (thing)** is....
Lo más importante va a ser....	**The most important (thing)** is going to be....

Lo más chistoso fue este payaso.

8. **Así era la cena.** Imagina que tu hermana fue a una cena en la casa de unos amigos y ahora te describe cómo era todo. Di lo que ella te dice de otra manera, escogiendo la oración apropiada.

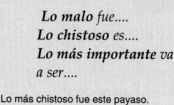

C. Lo chistoso eran mis chistes.

A. Lo feo eran los cubiertos.

B. Lo mejor eran los mariscos.

E. Lo bonito era el mantel.

H. Lo peor eran las verduras.

F. Lo elegante eran los platos.

D. Lo pequeño era el postre.

G. Lo grande eran las frutas.

8.
1. E
2. A
3. B
4. H
5. F
6. C
7. G
8. D

1. El mantel que había en la mesa era muy bonito.
2. Los tenedores y los cuchillos eran muy feos.
3. Lo que más me gustó fueron las almejas y los camarones.
4. Lo que menos me gustó fueron las habichuelas.
5. Los platos eran muy elegantes, pero las tazas no.
6. Mis chistes eran los más divertidos de la cena.
7. Las papayas y las piñas eran grandísimas.
8. El flan de ciruela que nos dieron era muy pequeñito.

Flan de Vainilla
Familiar e individual

9. **Lo bueno es.... Completa las siguientes oraciones con algo que sea verdad para ti.**

> **Modelos:** Lo feo *era el pulpo.*
> Lo mejor *es que estudio español.*

1. Lo bueno....
2. Lo elegante....
3. Lo malo....
4. Lo chistoso....
5. Lo bonito....
6. Lo probable....
7. Lo necesario....
8. Lo posible....

9. Creative self-expression.

Lo bueno eran las frutas.

Estructura

Los adverbios terminados en *-mente*

WB9, WA3, R11
Point out that adjectives retain their accent marks when adding *-mente.*

In Spanish, many adverbs end with *-mente*, which often corresponds to **-ly** in English: *rápidamente* (rapid**ly**). You can form many other Spanish adverbs by adding *-mente* to the end of the feminine form of an adjective.

adjective	feminine (+ mente) form		adverb
especial	especial (+ mente)	=	especialmente
fácil	fácil (+ mente)	=	fácilmente
feliz	feliz (+ mente)	=	felizmente
necesario	necesaria (+ mente)	=	necesariamente
probable	probable (+ mente)	=	probablemente
solo	sola (+ mente)	=	solamente

10. **José recuerda. Ahora José recuerda lo que hacían sus compañeros de infancia. Completa las siguientes oraciones con el adverbio apropiado, según el adjetivo entre paréntesis.**

> **Modelo:** Claudia siempre jugaba *(maravilloso)* al volibol.
> Claudia siempre jugaba *maravillosamente* al volibol.

10. 1. inteligentemente
2. rápidamente
3. cariñosamente
4. probablemente
5. amablemente
6. necesariamente

1. Rodolfo estudiaba mucho y hablaba *(inteligente)*.
2. Alicia siempre caminaba *(rápido)* porque siempre tenía mucha prisa.
3. Antonio hablaba *(cariñoso)* con su amiga, Rosario, porque la quería mucho.
4. Margarita era muy especial, *(probable)* ella era la mejor estudiante.
5. Alejandro siempre hablaba *(amable)* con todo el mundo porque era muy simpático.
6. Adriana estaba en el equipo de básquetbol y *(necesario)* tenía que jugar todos los días.

11. Mi amiga, Rosario. Antonio siempre salía de compras con una amiga muy especial de su escuela. Ahora ellos no salen juntos y él recuerda lo que ella hacía. Completa lógicamente el siguiente párrafo, escogiendo de las palabras de la lista y añadiendo la terminación -*mente*.

fácil   inteligente   solo

rápido   especial   feliz

11. Possible
 answers:
1. rápidamente
2. inteligentemente
3. felizmente
4. solamente
5. especialmente
6. fácilmente

Cuando entrábamos en una tienda, mi amiga, Rosario, caminaba (1) a las ofertas especiales porque siempre sabía dónde encontrarlas. Me gustaba ir con ella porque ella sabía comprar muy (2). Ella iba de un piso a otro, de una tienda a otra, (3), como en una fiesta. A ella no le gustaba comprar (4) para ella. También compraba para otros, (5) para personas como yo. Como conocía tan bien a la gente escogía (6) los mejores regalos para cada persona. A todo el mundo le gustaba recibir regalos de Rosario.

WA4

La cena

el mesero

el cocinero

The verb *servir* requires the stem change *e* ➡ *i* in all forms of the present tense except *nosotros* and *vosotros*. The third-person preterite tense requires the same change (*sirvió, sirvieron*). In addition, this same change occurs in the commands and in the present participle.

JOSE: Hola, chicas. Sigan, por favor. ¡Qué elegantes están!

ANTONIO: Sí. Hace mucho tiempo que no veo a unas chicas tan elegantes.

GRACIELA: Muchas gracias. Uds. también están muy guapos.

YOLANDA: Bueno, ¿y quién cocinó todo?

ANTONIO: Yo fui el **cocinero°** y José va a ser el **mesero°** esta noche. El va a **servir°** la comida.

GRACIELA: ¿Tenemos que darle **propina?°**

ANTONIO: Claro, y también tienen que pagarle la **cuenta.°**

GRACIELA: Estás **tomándome el pelo.°**

cocinero *cook* **mesero** *camarero* **servir** *to serve* **propina** *tip* **cuenta** *bill, check* **tomándome el pelo** *pulling my leg*

Additional questions: *¿Cómo están los chicos, según Graciela?; ¿Qué van a ser los chicos?; ¿Por qué dice Graciela que le está tomando el pelo?*

¿Qué comprendiste?

1. ¿Cuánto tiempo hace que Antonio no ve a unas chicas tan elegantes?
2. ¿Quién fue el cocinero?
3. ¿Quién va a ser el mesero?
4. ¿A quién hay que darle propina y pagarle la cuenta?
5. ¿A quién le está tomando el pelo Antonio?

1. Hace mucho tiempo que no ve a unas chicas tan elegantes.
2. Antonio fue el cocinero.
3. José va a ser el mesero.
4. Hay que darle propina y pagarle la cuenta a José.
5. Le está tomando el pelo a Graciela.

Charlando   Answers will vary.

1. ¿A qué hora sirven la cena en tu casa?
2. Cuando vas a comer en un restaurante con un amigo/a, ¿quién paga la cuenta? Explica.
3. ¿Les tomas el pelo a tus amigos/as? ¿Cuándo? ¿Por qué?

Additional questions: *¿Te gustaría trabajar como cocinero/a?; ¿Tienes algún trabajo como mesero/a? ¿Dónde?; ¿Te dan buenas propinas?*

Repaso rápido: hace *(+ time)* que

Describe an action that began in the past and has continued into the present time by using the following four elements:

WB10, WA5

hace (+ *time expression*) + que (+ *present tense of a verb*)
1   2   3   4

Hace media hora que preparo
    1   2   3 4
la comida.

I have been preparing supper for half an hour. (Half an hour ago I started preparing supper and I am still doing the same thing.)

For questions, reverse the order of *hace* and the time expression if a form of *¿cuánto?* introduces the question.

¿Cuánto tiempo hace que preparas
      2   1   3   4
la comida?

How long have you been preparing supper?

¿Cuánto tiempo hace que preparas la comida?

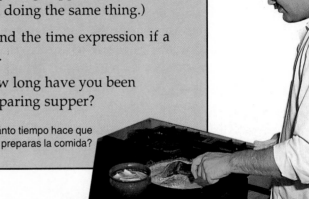

12. ¿Cuánto tiempo hace? Trabajando en parejas, alterna con tu compañero/a de clase en hacer preguntas y contestarlas.

> **Modelo:** comprar en la misma tienda
>
> **A:** ¿Cuánto tiempo hace que compras en la misma tienda?
> **B:** Hace tres años que compro en la misma tienda.

1. no ir de compras
2. no probarse una prenda a cuadros
3. tener los mismos zapatos
4. no comprar joyas
5. llevar unas prendas desteñidas
6. estar en el colegio hoy
7. hablar conmigo

12. 1. ¿...no vas...?/Hace...que no voy....
2. ¿...no te pruebas...?/Hace...que no me pruebo....
3. ¿...tienes...?/Hace...que tengo....
4. ¿...no compras...?/Hace...que no compro....
5. ¿...llevas...?/Hace...que llevo....
6. ¿...estás...?/Hace...que estoy....
7. ¿...hablas...?/Hace...que hablo contigo.

WB11, LA5

The verb *agregar* is regular in the present tense. Note for students, however, that the *Ud./Uds.* commands (*agregue Ud./agreguen Uds.*) and the preterite tense (*yo agregué*) follow the pattern of *llegar* and require the spelling change *g* ➡ *gu*.

La cena (continuación)

GRACIELA: ¡Qué cena tan **rica°** y **agradable!°**

YOLANDA: ¡De veras, chicos! Hacía mucho tiempo que no comíamos una cena tan **deliciosa** y elegante como ésta.

GRACIELA: Antonio, ¿qué les pones a las costillas? Tienen muy buen **sabor.°**

ANTONIO: Les **suelo°** **agregar°** un **aderezo°** especial. Es un **secreto** de familia.

YOLANDA: Con tanta comida nos vamos a **engordar°** demasiado.

GRACIELA: Yo ya estoy muy **llena.°**

JOSE: Ahora sigue el postre. ¡Les va a **agradar°** mucho!

rica *delicious*   **agradable** *nice, pleasing, agreeable*   **sabor** *flavor*   **suelo** *I am accustomed to, I am used to (I usually)*   **agregar** *añadir*   **aderezo** *seasoning, flavoring, dressing*   **engordar** *to get fat, to make fat*   **llena** *full*   **agradar** *to please*

Las ensaladas con Mayonesa Regia saben más ricas. ¡Pruébela!

¿Qué comprendiste?

1. ¿Cómo dice Graciela que está la cena?
2. ¿Cuánto tiempo hacía que las chicas no comían una cena tan deliciosa?
3. ¿Qué les suele agregar Antonio a las costillas para darles buen sabor?
4. ¿Qué dice Yolanda que les va a pasar por comer demasiado?
5. ¿Quién ya está muy llena?
6. ¿Qué aderezos hay sobre la mesa?
7. ¿En dónde se pone la sal y la pimienta?
8. ¿Hay azúcar en la azucarera?

Additional questions: ¿Qué otra palabra quiere decir lo mismo que rica en el diálogo?; ¿Dice Antonio cuál es el secreto de familia?; ¿Quién hizo el postre?; ¿Qué cosas ves sobre la mesa?

Charlando   Answers will vary.

1. ¿Qué plato rico sabes preparar?
2. ¿Qué aderezos le pones a tu plato para darle buen sabor?
3. ¿Tienes algún secreto de familia para tu receta?
4. ¿Cuál es el postre que más te agrada?

Additional questions: ¿A qué le pones salsa de tomate y mostaza?; ¿Te gusta la mayonesa?; ¿Es fácil o difícil para ti engordar?; ¿Te gusta comer hasta estar muy lleno/a o hasta sentirte bien?

El flan tiene un buen sabor.

1. Graciela dice que la cena está rica y agradable.
2. Hacía mucho tiempo que no comían una cena tan deliciosa.
3. Les suele agregar un aderezo especial.
4. Dice que se van a engordar.
5. Graciela ya está muy llena.
6. Hay salsa de tomate, mostaza, mayonesa, azúcar, sal y pimienta.
7. La sal se pone en el salero y la pimienta se pone en el pimentero.
8. Sí, hay azúcar en la azucarera.

Estructura

Hacía (+ *time*) que

You have learned to describe an action that began in the past and has continued into the present time. It is also possible to express an action that continued for a period of time in the past by using the following pattern:

hacía (+ *time expression*) +	que	(+ *imperfect tense of a verb*)
1	2	3	4

Hacía media hora que preparaba
   1   2   3   4
la comida.

I had been preparing supper for half an hour.

When a form of *¿cuánto?* introduces a question, reverse the order of *hacía* and the time expression.

¿Cuánto tiempo hacía que preparabas
     2   1 3   4
la comida?

How long had you been preparing supper?

13. ¿Cuánto tiempo hacía? Imagina que fuiste de compras con otra persona. Reporta qué pasó, cambiando estas oraciones al pasado.

13.
1. Hacía muchos años que tenían un buen surtido en esa tienda.
2. Hacía una hora que estábamos en esa tienda.
3. Hacía más de diez minutos que esa muchacha estaba en el vestidor.
4. Hacía media hora que esperábamos al dependiente.
5. Hacía quince minutos que quería probarme unas prendas.
6. Hacía tres meses que llevaba este pantalón desteñido.
7. Hacía dos semanas que buscábamos un pantalón diferente.

Modelo: Hace cuatro años que vamos al mismo centro comercial.
Hacía cuatro años que *íbamos* al mismo centro comercial.

Hacía cuatro años que íbamos al mismo centro comercial.

1. Hace muchos años que tienen un buen surtido en esa tienda.
2. Hace una hora que estamos en esa tienda.
3. Hace más de diez minutos que esa muchacha está en el vestidor.
4. Hace media hora que esperamos al dependiente.
5. Hace quince minutos que quiero probarme unas prendas.
6. Hace tres meses que llevo este pantalón desteñido.
7. Hace dos semanas que buscamos un pantalón diferente.

14. ¿Cuánto tiempo tomaban? Reporta cuánto tiempo tomaban las siguientes actividades cuando algo ocurrió.

Salsa Verde
Ingredientes:

1 taza de mayonesa	1 cebolla cabezona cortada en pedazos
1 cucharada de mostaza	3 tazas de perejil
2 cucharadas de vinagre	1 cucharadita de sal
4 cucharadas de aceite de oliva	1 cucharadita de pimienta

Preparación:
Se licúan todos los ingredientes y si se quiere se le añaden 2 cucharadas de crema de leche. Se sirve en una salsera o si no se le rocía a los huevos.

Modelo: 12:00 P.M.
Empecé a leer una receta interesante.
12:05 P.M.   Me llamaste. (Estaba leyendo.)
Hacía cinco minutos que leía la receta cuando me llamaste.

1. 12:05 P.M.   Empezamos a hablar por teléfono de la receta.
   12:15 P.M.   Tuviste que colgar el teléfono. (Estábamos hablando.)
2. 12:30 P.M.   Decidí ir al supermercado para comprar lo necesario para la receta.
   12:35 P.M.   Salí de la casa. (Estaba lloviendo.)
3. 12:55 P.M.   Llegué al supermercado.
   1:30 P.M.   Encontré el último ingrediente de mi lista. (Estaba haciendo compras.)
4. 2:00 P.M.   Llegué a la casa.
   2:30 P.M.   Empecé a cocinar. (Estaba preparando todo para cocinar.)
5. 3:15 P.M.   Le serví la comida a mi familia.
   3:20 P.M.   Les pregunté si les gustó el sabor de mi receta secreta. (No estaban diciendo nada.)
6. 3:20 P.M.   Empezaron a reírse.
   3:20 P.M.   Me dijeron que era deliciosa. (Estaban tomándome el pelo.)
7. 6:00 P.M.   Empezaron a lavar los platos y limpiar la cocina.
   7:00 P.M.   Terminaron los quehaceres de la cocina. (¡Yo estaba leyendo el periódico y viendo televisión!) **¡Ja, ja!**

14. Possible answers:
1. Hacía diez minutos que hablábamos por teléfono cuando tuviste que colgar.
2. Hacía cinco minutos que llovía cuando salí de la casa (antes de salir de la casa).
3. Hacía treinta y cinco minutos que hacía compras cuando encontré el último ingrediente.
4. Hacía media hora que preparaba todo cuando empecé a cocinar.
5. Hacía cinco minutos que no decían nada cuando les pregunté si les gustó el sabor de mi receta secreta.
6. Hacía cinco minutos que me tomaban el pelo cuando me dijeron que era deliciosa.
7. Hacía una hora que leía el periódico y veía televisión cuando terminaron los quehaceres de la cocina.

Hacía treinta y cinco minutos que hacía compras cuando encontré el último ingrediente.

¡La práctica hace al maestro!

A. *¿De qué te acuerdas?* Working in pairs, discuss some of what each of you remembers about your last vacation. Ask about such things as where each of you went, what you ate, what items you purchased and who you saw. You may both make up any of the answers you wish. Use the imperfect and preterite tenses in your answers, and try to use as many new words from this lesson as possible.

Creative self-expression.

> **Modelo:** **A:** Dime, ¿adónde fuiste en tus últimas vacaciones?
>
> **B:** Fuimos a México.
>
> **A:** ¿Qué hacías en las mañanas?
>
> **B:** Bueno, yo dormía hasta tarde. Siempre me desayunaba con la familia y, luego, tomaba el sol en la playa cuando no estaba lloviendo.
>
> **A:** ¿Comiste algo interesante?
>
> **B:** Una noche comimos unas costillas que tenían un aderezo muy rico.

WB14

B. *A escribir.* Imagine you have been a foreign exchange student on a special international study program in the Caribbean. Write an eight- to ten-sentence letter in Spanish to an imaginary (or real) pen pal describing your stay. ¡Sé creativo/a!

Creative writing practice.

> **Modelo:** Ayer fui a comer en un restaurante en San Juan. Estaba en la parte vieja de la ciudad y era pequeño, pero agradable. Algo chistoso me pasó cuando estaba comiendo con algunos amigos....

¿Comprabas unas telas a cuadros o a rayas?

La mesera nos sirvió dos platos de comida deliciosa.

Vocabulario

Adjetivos

agradable
cualquier, cualquiera
delicioso,-a
desteñido,-a
diferente
lleno,-a
posible
rico,-a

Adverbios

además

Sustantivos

el aderezo
la azucarera
el cajero, la cajera
el cocinero, la cocinera
el consejo
el cuadro
la cuenta

el dependiente, la
  dependiente
la joya
la joyería
la mayonesa
el mesero, la mesera
la mostaza
el pimentero
la prenda
la propina
la raya
la razón
el recibo
el rubí
el sabor
el salero
la salsa de tomate
el secreto
el surtido
la tela
el tipo
la variedad
el vestidor

Verbos

aconsejar
agradar
agregar
anochecer
apurar(se)
decidir
engordar(se)
probar(se) (ue)
servir (i, i)
soler (ue)

Expresiones

a cuadros
a rayas
¿Qué (te, le, les) parece?
tener razón
tomar el pelo

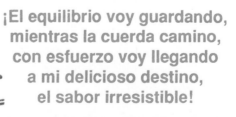

¡El equilibrio voy guardando,
mientras la cuerda camino,
con esfuerzo voy llegando
a mi delicioso destino,
el sabor irresistible!

La playa Condado
en San Juan,
Puerto Rico.

Preparación

Contesta las siguientes preguntas como preparación para la lectura.

1. ¿Qué país del Caribe te gustaría visitar? ¿Por qué?   Answers will vary.
2. ¿Adónde fuiste en tus últimas vacaciones?
3. ¿Qué hiciste?
4. ¿Cuántos cognados hay en la lectura *El Caribe?*

El Caribe

TODOS LOS PROGRAMAS INCLUYEN PASAJE AEREO

Un lugar privilegiado, diferente, único para disfrutar una experiencia inolvidable... donde todo es posible: Sol, aguas azules y cristalinas, arenas blancas, palmeras, grandes monumentos, frutas, mariscos, gente cálida y alegre, y vida natural.

Todo esto es el Caribe. Pero es aún más con KIEN.

KIEN conoce como nadie sus lugares, sus ritmos, su magia. Sus programas ofrecen las vías aéreas más convenientes, contratos con los mejores hoteles. Además cuenta en cada isla con personal especializado.

Los planes KIEN son los más económicos del mercado turístico, ya que incluyen todo: pasajes, alojamiento, comidas, visitas... y el mejor servicio antes y durante su viaje.

Asegure sus mejores vacaciones. Venga al Caribe de KIEN.

Consulte a su agente de viaje.

Caribe kien

PRECIOS ALTA TEMPORADA
TODOS LOS PRECIOS SON POR PERSONA
EN BASE A HABITACION DOBLE

VIASA
LA LINEA AEREA DE VENEZUELA

AV. 11 de Septiembre 2155, torre A, Of. 803. Tels: 233-3360-3848-3013-3994-3628. Fax: 2336698. Telex: 241123 Kien CL

¿Qué comprendiste?

1. ¿En dónde se ofrecen sol, aguas azules, frutas, mariscos y gente alegre?
2. ¿Cómo se llama el barco que va a San Juan, Curacao, Caracas, Grenada, Martinica y St. Thomas?
3. ¿Qué deportes hay en el hotel Playa Bavaro en la República Dominicana?
4. ¿Por cuántos días es el plan que va a Cuba?
5. ¿Qué plan incluye propinas para los camareros del hotel?
6. ¿Cuándo salen los viajes para Cuba?

Additional questions: *¿Qué plan incluye boletos para el avión?; ¿Cuánto cuesta el viaje a Puerto Rico?; ¿A qué teléfonos puedes llamar si quieres ir con el programa de Kien?*

Charlando

Answers will vary.

1. ¿Qué plan te gustó más? ¿Por qué?
2. ¿Qué cosas te gustaría hacer en un viaje al Caribe?
3. ¿Qué piensas es lo más importante en un plan de viajes?
4. ¿Te gustaría hacer un viaje en barco? Explica.

Additional questions: *¿Cuál es tu medio de transporte favorito? ¿Por qué?; ¿Qué otra parte del mundo te gustaría conocer?*

Sidebar answers:

1. Se ofrecen en el Caribe.
2. Se llama *ms Carla Costa.*
3. Hay volibol, tenis, aeróbicos, ping pong y arco.
4. El plan es por ocho días.
5. El plan de Cruceros de la Alegría por el Caribe incluye propinas para los camareros/as del hotel.
6. Salen el 24 de junio o el 1 de julio.

1. El almuerzo elegante del sábado pasado. Imagina que invitaste a unos amigos a almorzar en tu casa el sábado pasado. Completa las siguientes oraciones con el pretérito del verbo indicado para decir lo que pasó ese día.

1. 1. me levanté
   2. buscó
   3. fui/tuve
   4. empecé
   5. llegó
   6. preparamos
   7. vinieron
   8. se vistieron (nos vestimos)
   9. empezamos
   10. oímos
   11. Llovió/nos divertimos
   12. se despidieron

1. Yo *(levantarse)* a las siete menos cuarto.
2. Mi madre *(buscar)* algunos de los ingredientes para el almuerzo por la mañana en el mercado.
3. Yo no *(ir)* con ella porque *(tener)* que arreglar la casa.
4. Yo *(empezar)* a cocinar a las diez y media.
5. Mi amigo, Manuel, *(llegar)* para ayudarme a las once.
6. Nosotros *(preparar)* una receta especial de arroz con pollo.
7. Unos amigos *(venir)* al mediodía.
8. Todos *(vestirse)* con ropa elegante.
9. Nosotros *(empezar)* a comer a la una.
10. Nosotros *(oír)* unos discos compactos de música clásica durante el almuerzo.
11. *(Llover)* todo el día pero nosotros *(divertirse)* mucho.
12. Todos mis amigos *(despedirse)* de mí a las seis.

2. Una historia. Completa el siguiente párrafo con el imperfecto o con el pretérito de los verbos indicados.

2. Possible answers:
   1. vi
   2. iba
   3. conocí
   4. dijo
   5. encontraba (encontró)
   6. buscaba
   7. tenía
   8. hablamos
   9. dijo
   10. tenían
   11. dije
   12. fui
   13. estaba
   14. salí
   15. hice
   16. entré
   17. dijo
   18. esperaba
   19. íbamos
   20. subí
   21. me lavé
   22. me preparé

Ayer por la tarde yo *1. (ver)* a mi amiga, Alicia, en el centro comercial. Ella *2. (ir)* de compras con su mamá a quien yo *3. (conocer)* por primera vez ese día. Me *4. (decir)* que no *5. (encontrar)* lo que ella *6. (buscar)*. Yo no *7. (tener)* mucho tiempo, pero nosotros *8. (hablar)* un poco. Luego, su mamá *9. (decir)* que ellas *10. (tener)* que continuar con sus compras. Yo les *11. (decir)* "adiós" y me *12. (ir)* adonde *13. (estar)* mi carro. Yo *14. (salir)* del centro comercial e *15. (hacer)* el viaje hasta mi casa. Cuando yo *16. (entrar)* a la casa, mi mamá me *17. (decir)* que la familia me *18. (esperar)* y que nosotros *19. (ir)* a cenar en media hora. Yo *20. (subir)* al baño donde *21. (lavarse)* las manos y *22. (preparase)* para la cena.

3. Ayer. Completa el siguiente diálogo con el imperfecto o con el pretérito de los verbos indicados.

JULIA: Alicia, ¿qué *1. (hacer)* tú durante el fin de semana? ¿No *2. (ir)* a ir al zoológico?

ALICIA: El sábado Mario y yo *3. (ir)* al parque de atracciones.

JULIA: ¿*4. (Divertirse)* Uds. mucho?

ALICIA: Pues, sí y no. Por la mañana nosotros *5. (divertirse)* en las atracciones, pero *6. (llover)* casi toda la tarde y no *7. (poder)* hacer nada.

JULIA: ¡Pobrecitos! El domingo *8. (hacer)* buen tiempo todo el día.

ALICIA: ¡Claro! *9. (Ser)* un día fantástico para ir al parque de atracciones pero, el domingo yo *10. (tener)* que ir con mi familia a visitar a los abuelos.

3.
1. hiciste
2. ibas
3. fuimos
4. Se divirtieron
5. nos divertimos
6. llovió
7. podíamos/ pudimos
8. hacía/hizo
9. Era/Fue
10. tuve

4. En el supermercado. Imagina que cuando estabas haciendo una lista de compras algo pasó con tu computadora. Pon las letras de cada comida en su orden correcto para reorganizar la lista antes de ir al supermercado.

¿Cuántos kilos de papas necesitas?

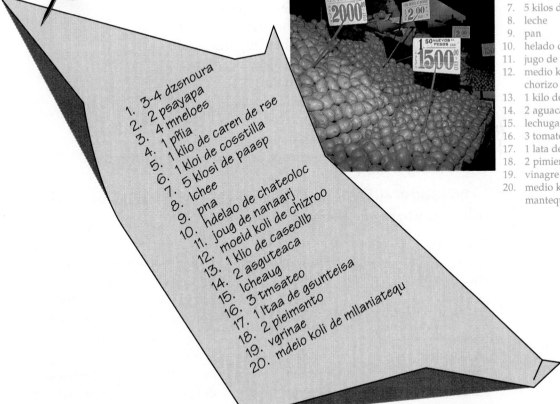

1. 3-4 dzsnoura
2. 2 psayapa
3. 4 mneloes
4. 1 pñia
5. 1 klio de caren de rse
6. 1 kloi de cosstilla
7. 5 klosi de paasp
8. lchee
9. pna
10. hdelao de chateoloc
11. joug de nanaarj
12. moeid koli de chizroo
13. 1 klio de caseollb
14. 2 asguteaca
15. lcheaug
16. 3 tmsateo
17. 1 ltaa de gsunteisa
18. 2 pieimsnto
19. vgrinae
20. mdeio koli de mllaniatequ

4.
1. 3-4 duraznos
2. 2 papayas
3. 4 melones
4. 1 piña
5. 1 kilo de carne de res
6. 1 kilo de costillas
7. 5 kilos de papas
8. leche
9. pan
10. helado de chocolate
11. jugo de naranja
12. medio kilo de chorizo
13. 1 kilo de cebollas
14. 2 aguacates
15. lechuga
16. 3 tomates
17. 1 lata de guisantes
18. 2 pimientos
19. vinagre
20. medio kilo de mantequilla

5. **¿Quién fríe qué?** Haz oraciones completas, usando la forma apropiada del presente del verbo *freír*.

> **Modelo:** el señor Méndez/arroz para una paella
> El señor Méndez fríe el arroz para una paella.

1. yo/tocino para poner en un plato especial
2. tú/huevos
3. Uds./papas
4. don Pedro/pollo
5. la señora Marinero y su esposo/cebollas y pimientos verdes
6. todos nosotros/algo para una cena elegante

6. **¿Qué pasó ayer?** Tú ibas a tener una cena en casa y todos los invitados (*guests*) te ayudaron a organizarla. Haz oraciones completas en el pretérito, usando las siguientes pistas para decir lo que pasó. Sigue el modelo.

> **Modelo:** mis amigos/ir de compras/supermercado
> Mis amigos fueron de compras al supermercado.

1. mi abuelo/ofrecer traer/fresas, duraznos, piñas y un melón
2. mis primos/conducir su coche/supermercado
3. Jorge/conseguir/un kilo de limones
4. tú/conocer a una familia cubana/supermercado
5. todos ellos/volver a casa/demasiada comida
6. Gloria/reírse al ver toda/comida
7. nosotros/poner toda la comida/cocina
8. comida/casi no caber/refrigerador
9. mi amiga/traer/mariscos para preparar
10. yo/sacar la comida/refrigerador para empezar a prepararla

7. **¿Qué pasó?** Forma oraciones completas y lógicas, tomando elementos de cada columna y haciendo los cambios necesarios.

A	B	C
yo	andar	poner todo en el camión
tú	freír	un kilo de duraznos del mercado
José	poder	por el parque todo el día
Graciela y Yolanda	poner	demasiadas papas en aceite
Antonio	querer	la fecha de la cena hace un mes
mi madre	saber	preparar una receta difícil
mis hermanos	traer	las costillas en el refrigerador
nosotros	venir	del supermercado hace dos horas

8. **En el restaurante La Buena Mesa.** Trabajando en parejas, alterna con tu compañero/a de clase en hacer y contestar preguntas para decir lo que ordenaron las siguientes personas cuando fueron al restaurante.

Modelo: Diego
Diego ordenó ternera.

1. Sonia y Esteban   2. Carolina   3. tú   4. Jairo Alfonso

5. Uds.   6. todos nosotros   7. Jaime y Raúl   8. yo

9. **El Caribe.** Haz un mapa del Caribe, en relación a los Estados Unidos, con Puerto Rico, la República Dominicana, Cuba y otros países, si quieres. Añade los nombres de las capitales de estos países, las montañas, los lagos, los ríos (*rivers*) y otros puntos geográficos, si puedes. 9. Check maps for accuracy.

10. **Preparando la cena.** Haz oraciones completas en el imperfecto progresivo, usando las siguientes pistas para decir lo que hacían las siguientes personas de tu familia cuando estaban preparando una cena elegante.

Modelo: mi abuelo/estar/limpiar/una variedad de verduras
Mi abuelo estaba limpiando una variedad de verduras.

1. yo/estar/decidir/cómo dirigir todo el trabajo en la cocina
2. tú/estar/ofrecer tus ideas para todo
3. mi hermana/seguir/decir/chistes toda la noche
4. mis primos/estar/divertirse mucho
5. mi tía/estar/freír el arroz
6. mis padres/continuar/dar/consejos sobre cómo preparar las costillas
7. mi sobrino/continuar/molestar/su hermana con una serpiente de plástico
8. todos nosotros/estar/reírse mucho en la cocina

11. Dime cómo fue. Con una palabra, describe la situación, para completar cada oración. Puedes escoger entre los siguientes adjetivos y cambiarlos a adverbios.

11. 1. inteligentemente
2. amablemente
3. lentamente
4. perfectamente
5. locamente

lento	amable	loco
perfecto	rápido	inteligente

Modelo: Teresa decidió qué quería comprar muy <u>rápidamente</u>.

1. Miguel nos aconsejó <u>(1)</u>.
2. María Luisa es mi amiga y casi siempre me habla <u>(2)</u>.
3. Cuando no estoy de prisa camino <u>(3)</u>.
4. A Víctor le queda el traje nuevo <u>(4)</u>.
5. Cuando mis perros no saben donde estoy ladran <u>(5).</u>

12. ¿Hace o hacía? Contesta las siguientes preguntas en español, usando una expresión con *hace* o una expresión con *hacía*.

12. Answers will vary.

1. ¿Cuánto tiempo hace que estudias español?
2. ¿Cuánto tiempo hacía que estudiabas español cuando empezaste este año?
3. ¿Cuánto tiempo hace que tu profesor(a) enseña español?
4. ¿Cuánto tiempo hacía que tu profesor(a) enseñaba español cuando empezó a trabajar en este colegio?
5. ¿Cuánto tiempo hace que vas al mismo colegio?
6. ¿Cuánto tiempo hacía que ibas a otro colegio cuando empezaste a estudiar en este colegio?
7. ¿Cuánto tiempo hace que conoces a tu mejor amigo/a del colegio?
8. ¿Cuánto tiempo hacía que ibas al colegio cuando conociste a este amigo/a?

Hace dos años que conozco a mi mejor amiga del colegio.

¿Te acuerdas?

demasiado anoche kilo marisco

flan sandwich menú

té me acuerdo describe

rico desteñida

además aderezo propina prenda

probarse a rayas

tener razón decidir ¿Qué te parece?

posiblemente

13. Expresiones comunes. Repasa las expresiones anteriores para probar cuántas puedes recordar. Luego, trabajando en grupos de tres, añadan otras expresiones relacionadas.

13. This is a self-test. Circulate and help students who are having problems.

Flan al Chocolate

Familiar e individual

14. A crear. Trabajando en grupos de tres, hablen en español por cinco minutos. Usen tantas expresiones como sea posible, empezando con el tema *¿te acuerdas?* y continuando con cualquier otro tópico. 14.Creative self-expression.

Hogar, dulce hogar

Capítulo 5

COMMUNICATIVE FUNCTIONS

- Telling someone what to do
- Reporting what others say
- Stating wishes and preferences
- Talking about everyday activities
- Talking about family
- Making a request
- Advising and suggesting
- Describing a household
- Expressing uncertainty
- Expressing doubt
- Expressing emotion
- Stating hopes
- Stating an opinion
- Discussing time

Functions:
- Telling someone what to do
- Reporting what others say
- Stating wishes and preferences
- Talking about everyday activities
- Talking about family
- Making a request
- Advising and suggesting
- Describing a household

En la casa de Ramiro

el ático

la alfombra

Students may ask about *Dile que pase, mamá dice que pases* and *Que lo haga otra persona.* The subjunctive will be explained in this lesson.

Ramiro y su familia viven en Sucre, Bolivia. Como en muchos **hogares,°** *en la familia de Ramiro hay algunos problemas a la hora de arreglar la casa.*

CONSUELO: Daniela, ve y busca a tu hermano. Dile que pase la aspiradora por la **alfombra.** Tú y yo vamos a limpiar la cocina y, luego, todos vamos a limpiar el **ático.**

DANIELA: De acuerdo, mamá.

• • •

DANIELA: Oye, Ramiro, mamá dice que pases la aspiradora por la alfombra.

RAMIRO: No puedo. Voy a salir con unos amigos. Que lo haga otra persona.

DANIELA: ¿Quién? Nosotras estamos ocupadas en la cocina.

RAMIRO: Ay, yo no sé.

hogares *homes*

¿Qué comprendiste?

1. ¿Qué tiene que hacer Daniela?
2. ¿Dónde tiene que pasar la aspiradora Ramiro?
3. ¿Qué van a hacer Daniela y su mamá?
4. ¿Puede Ramiro hacer lo que su mamá quiere?
   Explica.
5. ¿Quién debe pasar la aspiradora, según Ramiro?

1. Tiene que ir a buscar a su hermano.
2. Tiene que pasarla por la alfombra.
3. Ellas van a limpiar la cocina.
4. No, no puede. El va a salir con unos amigos.
5. Quiere que lo haga otra persona, pero no sabe quién.

WA1, LA1

A propósito

¿Qué recuerdas?

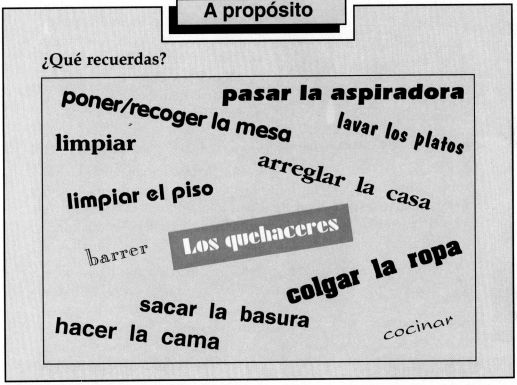

poner/recoger la mesa · pasar la aspiradora · limpiar · lavar los platos · arreglar la casa · limpiar el piso · **Los quehaceres** · barrer · colgar la ropa · sacar la basura · hacer la cama · cocinar

Charlando   Answers will vary.

1. ¿Haces siempre lo que tus padres te dicen?
2. ¿Ayudas con los quehaceres en tu casa? ¿Cuáles?
3. ¿Los fines de semana te gusta estar en tu hogar con tu familia o prefieres salir con tus amigos/as? Explica.

Additional questions: *Cuando sales con tus amigos/as,*
¿adónde van?; ¿Qué quehaceres te gusta hacer?; ¿Qué
quehaceres no te gusta hacer?

1. **Repaso.** Trabajando en parejas, hablen Uds. de los quehaceres de la casa que tienen que hacer durante una semana típica.   1. Creative self-expression.

   Modelo: A: ¿Tienes que pasar la aspiradora?
   B: Sí, tengo que pasarla por la sala todos los sábados.

The Tiahuanaco civilization existed in Bolivia until around 1200 A.D. when it was replaced by the Inca civilization.

A propósito

WB1, LA2

Show students where Bolivia is located using the maps in the front of the book or the transparencies that are part of this program.

Bolivia

Ya había una presencia de civilizaciones antiguas en lo que hoy es Bolivia, antes de la llegada de los primeros conquistadores españoles

en 1535. Los españoles establecieron (*established*) una colonia que continuó por casi 300 años. En 1825 la región consiguió su independencia de España con la ayuda de Simón Bolívar, quien escribió la primera constitución y quien fue el primer presidente del país. En su honor, la nueva nación fue llamada Bolivia.

La Paz, Bolivia.

Hoy, Bolivia tiene la rara distinción de tener dos capitales: La Paz y Sucre. La Paz, la capital más alta del mundo (aproximadamente 3.500 metros sobre el nivel del mar), es la capital administrativa; Sucre es la capital judicial. Otra ciudad importante de Bolivia es Potosí, donde se encuentran unas de las más ricas minas de plata del mundo.

Una parte de Bolivia está ubicada en el área conocida como el Altiplano, o tierras altas (*highlands*), las cuales están al pie de los Andes.

La sala donde firmaron la declaración de independencia.

El Altiplano está al pie de los Andes.

Allí en el Altiplano, entre los países de Bolivia y Perú, está el lago Titicaca, el lago navegable más alto del mundo. Este lago es importante para Bolivia porque el país no tiene salida al océano. El lago Poopó, el cual está conectado al lago Titicaca por un río, es un lago de agua salada (*salt water*).

El lago Titicaca está ubicado entre el Perú y Bolivia.

2. 1. Había civilizaciones antiguas.
   2. Llegaron en el año 1535.
   3. Se da su nombre en honor a Simón Bolívar.
   4. Las dos capitales de Bolivia son La Paz y Sucre.
   5. Porque es la capital más alta del mundo.
   6. La ciudad de Potosí es importante por las minas de plata.
   7. El lago navegable más alto del mundo es el lago Titicaca.
   8. El lago Poopó tiene agua salada.

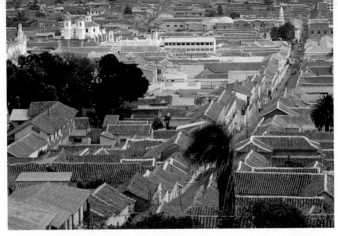

Sucre, Bolivia.

2. Bolivia. Contesta las siguientes preguntas sobre Bolivia.

1. ¿Qué había antes de la llegada de los españoles en lo que hoy es Bolivia?
2. ¿En qué año llegaron los españoles a lo que hoy es Bolivia?
3. ¿En honor a quién se da a Bolivia su nombre?
4. ¿Cuáles son las dos capitales de Bolivia?
5. ¿Por qué es La Paz diferente?
6. ¿Qué ciudad es importante en Bolivia por las minas de plata?
7. ¿Cuál es el lago navegable más alto del mundo?
8. ¿Qué lago tiene agua salada?

El General Sucre es una persona importante en la historia de Bolivia.

El Valle de la Luna, Bolivia.

Estructura

El subjuntivo

You already have learned to express certainty or state facts by using verbs in various tenses of the indicative mood: present tense, preterite tense, imperfect tense. The subjunctive mood *(el subjuntivo)* is often required in Spanish to express actions and events that convey a significant degree of subjectivity or uncertainty. More specifically, the subjunctive mood may be required for suggesting, requesting or ordering that someone do something, or for expressing emotion, hope, doubt and uncertainty.

To form the present-tense subjunctive, drop the final *-o* from the *yo* form of the present-tense verb. Then add *-e, -es, -e, -emos, -éis* or *-en* for *-ar* verbs; add *-a, -as, -a, -amos, -áis* or *-an* for *-er* and *-ir* verbs.

Students already have learned some verbs that require these spelling changes: verbs that end in *-car* and that require the change *c ➡ qu* include *buscar, equivocarse, explicar, sacar* and *tocar;* verbs that end in *-cer* and that require the change *c ➡ zc* include *conocer, ofrecer* and *parecer;*

El cocinero prefiere que comamos un poco de esa paella.

Te aconsejo que vivas en esa casa.

verbs that end in *-cir* and that require the change *c ➡ zc* include *conducir* and *traducir;* verbs that end in *-gar* and that require the change *g ➡ gu* include *agregar, apagar, colgar, jugar, llegar* and *pagar;* verbs that end in *-ger* and that require the change *g ➡ j* include *escoger* and *recoger;* verbs that end in *-guir* and that require the change

el presente del subjuntivo					
-ar		**-er**		**-ir**	
hable	hablemos	coma	comamos	viva	vivamos
hables	habléis	comas	comáis	vivas	viváis
hable	hablen	coma	coman	viva	vivan

The subjunctive has the same spelling changes as the Uds. commands you already have learned: *-car (c ➡ qu), -cer (c ➡ zc), -cir (c ➡ zc), -gar (g ➡ gu), -ger (g ➡ j), -guir (gu ➡ g)* and *-zar (z ➡ c).*

gu ➡ g include *seguir* and *conseguir;* and verbs that end in *-zar* and that require the change *z ➡ c* include *almorzar* and *empezar.* Students have not yet learned the verbs that end in *-uir* and that require the change *i ➡ y*, such as *construir.*

Quiero que Uds.
jueguen con
nosotros.

Stem-changing verbs that end in *-ar* or *-er* require the same change in both the present-tense indicative and the present-tense subjunctive: *e ➡ ie, o ➡ ue, u ➡ ue.*

empezar (ie)	
empiece	empecemos
empieces	empecéis
empiece	empiecen

contar (ue)	
cuente	contemos
cuentes	contéis
cuente	cuenten

jugar (ue)	
juegue	juguemos
juegues	juguéis
juegue	jueguen

Note: Some additional verbs ending in *-ar* or in *-er* that have the stem change *e ➡ ie* include *cerrar, despertarse, nevar, pensar, querer* and *sentarse.* Some additional verbs ending in *-ar* or in *-er* that have the stem change *o ➡ ue* include *acostarse, almorzar, colgar, costar, doler, encontrar, llover, poder, recordar, volar* and *volver.*

Stem-changing verbs that end in *-ir* have two changes in the present-tense subjunctive, both of which are indicated in parentheses after verbs in *Somos así.* Use the first change for all forms of the present-tense subjunctive except for *nosotros* and *vosotros;* use the second change for *nosotros* and *vosotros.*

Quiero que duermas bien.

sentir (ie, i)	
sienta	sintamos
sientas	sintáis
sienta	sientan

dormir (ue, u)	
duerma	durmamos
duermas	durmáis
duerma	duerman

pedir (i, i)	
pida	pidamos
pidas	pidáis
pida	pidan

Note: Some additional verbs ending in *-ir* that require the same stem changes as *sentir (ie, i)* include *divertirse, mentir, preferir* and *sentirse.* Some additional verbs ending in *-ir* that have the same stem changes as *pedir (i, i)* include *conseguir, despedirse, reírse, repetir, seguir* and *vestirse.*

3. En el periódico. Lee los siguientes avisos comerciales y, luego, encuentra ocho verbos en el subjuntivo.

Es fácil que su hogar quede lindo usando juegos de cama Fabricato.

Es dudoso que Ud. tenga un pelo limpio si no usa Champú Crisan.

Te regalo lo que tú quieras.

Te regalo telas.

VARTA

Antes de que llegue la noche, compre para su hogar lámparas Varta.

E·D·I·F·I·C·I·O

Torre Cabrera

``Que viva el Futbol''

¿Está buscando un apartamento que sea elegante? En la Torre la Cabrera lo encuentra.

CURSOS DE **Vacaciones**
AYUDE A SU HIJO *para que* LEA
con rapidez y comprensión

A sólo 3 horas de Bogotá...

agua sol alegría

Para que usted disfrute este fin de semana, con toda su familia o con su empresa, en el único parque acuático que le ofrece:

A propósito

WB2, WA3, R2

El subjuntivo con mandatos indirectos

You already have learned how to use commands to tell people what you would or would not like them to do.

Limpie Ud. el ático.　　　　**Clean** the attic.
No se vayan Uds. todavía.　　**Do not leave** yet.

It is also possible to suggest what you would or would not like others to do by using the word *que* followed by the third-person *(Ud./él/ella/ Uds./ellos/ellas)* subjunctive form of a verb. This indirect or implied command is roughly equivalent to "let (someone do something)" in English.

Que lo **haga** *otra persona.*　　**Let** someone else **do** it.
Que lo **limpien** *tus amigos.*　　**Let** your friends **clean** it.

Note: Unlike affirmative direct commands, object pronouns do not follow indirect/implied commands: *Hága**lo** Ud.* ➡ *Que **lo** haga Juan.*

Que otra persona cuelgue la ropa la próxima vez.

4.　**¿Quién debe hacer qué en el hogar, dulce hogar? Imagina que tú y tu familia se están preparando para un fin de semana con todos los parientes. Completa los siguientes mandatos indirectos para decir quién hace qué para ayudar, escogiendo entre la forma apropiada de los verbos entre paréntesis.**

　　　Modelo: ¿Mi padre? Que *(pase/pasa)* la aspiradora.

1.　¿Mi hermano? Que *(saca/saque)* la basura.
2.　¿Rosa y Fernando? Que *(limpian/limpien)* el ático.
3.　¿Los niños? Que *(juegan/jueguen)* en el patio.
4.　¿Mis primos? Que *(cuelguen/cuelgan)* los abrigos.
5.　¿Mi sobrina? Que *(haga/hace)* las camas.
6.　¿Don Mario? Que *(conduce/conduzca)* el carro al mercado.
7.　¿Doña Cristina? Que *(empiece/empieza)* a preparar la comida.
8.　¿Mi madre? Que *(siga/sigue)* preparando el aderezo para la carne.
9.　¿Los jóvenes? Que *(se sientan/se sienten)* en la cocina para comer.
10.　¿María y Federico? Que *(recojan/recogen)* la mesa después de la cena.

4.　1. saque
　　2. limpien
　　3. jueguen
　　4. cuelguen
　　5. haga
　　6. conduzca
　　7. empiece
　　8. siga
　　9. se sienten
　10. recojan

5. Que lo hagan, entonces. Durante el fin de semana, todo el mundo quiere hacer algo diferente. Di que estas personas pueden hacer lo que quieran.

5. 1. Que se acueste....
2. Que jueguen....
3. Que vean....
4. Que almuerce....
5. Que duerma....
6. Que se diviertan....
7. Que preparen....
8. Que consiga....
9. Que vayan....
10. Que toque....

Modelo: Los niños quieren levantarse temprano.
Que se levanten temprano.

1. Rosa quiere acostarse tarde.
2. Don Mario y doña Cristina quieren jugar a las cartas.
3. Mis primos quieren ver televisión.
4. Fernando quiere almorzar solo.
5. Mi sobrina quiere dormir bastante.
6. Federico y mi hermano quieren divertirse con sus primos.
7. María y mi madre quieren preparar galletas.
8. Mi padre quiere conseguir llantas para el carro.
9. Mis abuelos quieren ir de compras.
10. Mi tía quiere tocar el piano.

Que él se coma la manzana.

WB3, WB4,
WA4, R3

Estructura

El subjuntivo con mandatos indirectos: *decir* y *querer*

Indirect commands often consist of the verbs *decir* (to tell, to say) or *querer* (to want, to love, to like) followed by *que* and a verb in the subjunctive mood. These "causal verbs" indicate that one person is indirectly trying to influence another. When a causal verb is followed by another that has a different subject, the verb that follows *que* must be in the subjunctive.

> **(verb) +** *que* **(+ subjunctive)**

Mi padre me **dice que** (yo)   My father **says to**
vuelva temprano.   **return** early.
El **quiere que** (yo) *limpie* el piso. He **wants me to clean** the floor.

Note: If there is no change of subject, use the infinitive in place of the word *que* and a subjunctive verb: *Yo quiero jugar.*

6. **Todos dicen algo diferente.** Imagina que hoy es una día de mucha confusión en tu casa y todos dan órdenes *(orders)*. Trabajando en parejas, alterna con tu compañero/a de clase en hacer preguntas y contestarlas para saber lo que dicen las siguientes personas.

> **Modelo:** papá (tú/lavar los platos)
> **A:** ¿Qué dice papá?
> **B:** Dice que (tú) laves los platos.

1. los abuelos (Carlos/poner la mesa)
2. mamá (yo/limpiar el ático)
3. la tía Carmen (nosotros/subir la ropa)
4. Enrique (mis tíos/pagar la cuenta del teléfono)
5. Clara (Natalia/pasar la aspiradora por la alfombra)
6. el tío José (ellos/buscar su reloj)
7. tú (nosotros/salir ahora)

6. 1. ¿Qué dicen los abuelos?/Dicen que Carlos ponga....
   2. ¿Qué dice mamá?/Dice que (yo) limpie....
   3. ¿Qué dice la tía Carmen?/Dice que (nosotros) subamos....
   4. ¿Qué dice Enrique?/Dice que mis tíos paguen....
   5. ¿Qué dice Clara?/Dice que Natalia pase....
   6. ¿Qué dice el tío José?/Dice que (ellos) busquen....
   7. ¿Qué dices tú?/Yo digo que (nosotros) salgamos....

7. **En familia.** Algunos miembros de tu familia quieren que tú y tu hermano hagan algo diferente. Completa las siguientes oraciones, usando la forma apropiada del subjuntivo de los verbos entre paréntesis.

7. 1. ...durmamos....
   2. ...pidamos....
   3. ...saquemos....
   4. ...nos divirtamos....
   5. ...busquemos....
   6. ...sigamos....
   7. ...nos vistamos....
   8. ...limpiemos....

> **Modelo:** Nuestro padre quiere que nosotros *(lavar)* su coche.
> Nuestro padre quiere que nosotros *lavemos* su coche.

1. Nuestra madre quiere que *(dormir)* más de seis horas todos los días.
2. Nuestro abuelo quiere que siempre *(pedir)* permiso a nuestros padres para salir.
3. Nuestra hermana mayor quiere que *(sacar)* la basura por ella.
4. Nuestras tías quieren que *(divertirse)* mucho todo el tiempo.
5. Nuestra abuela quiere que *(buscar)* algo suyo que está en el ático.
6. Nuestras primas quieren que *(seguir)* jugando con ellas.
7. Nuestros padres quieren que *(vestirse)* bien antes de salir.
8. Nuestro tío quiere que *(limpiar)* la alfombra.

Quiere que lavemos su coche ahora.

En la casa de Ramiro (continuación)

el armario

CONSUELO: Ramiro, hoy no vas a salir. Prefiero que estés todo el día en casa. Quiero que ayudes con los quehaceres. Debes arreglar tu **armario** y, luego, debes pasar la aspiradora por la alfombra.

RAMIRO: Mamita, papá dice que vaya a visitar a mis amigos. El me dio permiso.

CONSUELO: Ay, mijito, creo que debes estar más tiempo en casa.

RAMIRO: Pero estoy todos los días en casa.

CONSUELO: Sí, pero casi nunca estás los fines de semana. A veces pienso que ya no eres **miembro°** de esta familia y que vives más en la calle que en la casa.

RAMIRO: Ay, mamá, no **exageres.°** Pero si eso es lo que quieres, aquí me quedo.

CONSUELO: ¡Qué buen chico eres! Ven y dame un **beso.°**

miembro *member*   **exageres** *exaggerate*   **beso** *kiss*

¿Qué comprendiste?

1. ¿Qué debe hacer Ramiro en casa?
2. ¿Quién le dice a Ramiro que vaya a visitar a sus amigos?
3. ¿Qué piensa a veces la madre de Ramiro?
4. ¿Qué le da Ramiro a su mamita?
5. ¿Pides permiso para salir? Explica.
6. ¿Cuándo arreglas tu armario?
7. ¿Exageras cuando hablas con tus padres? Explica.

1. Debe arreglar su armario y pasar la aspiradora por la alfombra.
2. Su papá le dice que vaya a visitar a sus amigos.
3. Piensa que Ramiro ya no es miembro de la familia y que vive más en la calle que en la casa.
4. Le da un beso.
5. Answers will vary.
6. Answers will vary.
7. Answers will vary.

Primero, Ramiro debe arreglar su armario.

Porque mamá merece lo mejor...

GALERIAS
la ciudadela comercial

es de mamá!

A propósito

Los miembros de la familia: un poco más

You already are familiar with some of the more common terms that refer to family in Spanish, such as *padre, madre, hermano/a, abuelo/a, tío/a, sobrino/a* and *primo/a*. Other useful words that name family members include the following:

papá	*padre*	*mamá*	*madre*
marido	*esposo*	*mujer*	*esposa*
padrastro	stepfather	*madrastra*	stepmother
hermanastro	stepbrother	*hermanastra*	stepsister
bisabuelo	great-grandfather	*bisabuela*	great-grandmother

Point out for students that the meaning of *mujer* is determined by the context.

Similarly, terms of affection that are used for address-ing family members vary from country to country, from person to person and even from moment to moment. For example, sometimes a *padre* or *papá* is referred to as *papito, papacito* or *papi*, and a *madre* or *mamá* may be referred to as *mamita, mamacita* or *mami*. In everyday speech, parents and guardians may refer to children as *mijito* or *mijita*, which are shortened forms of *mi hijito* and *mi hijita*. In addition, you may overhear many different terms of affection used by family members to refer to one another: *cariño, corazón mío, mi vida, cielo mío*.

Ella es mi bisabuela.

8. **Mi familia. Trabajando en parejas, hablen de sus familias. Deben decir dos o tres cosas sobre cada persona. Pueden inventar la información, si prefieren.**

Modelos: **A:** ¿Quiénes son los miembros de tu familia?
B: Mi padrastro se llama Juan Carlos.
Hace dos años que es el marido de mi mamá.
Trabaja en una papelería en un centro comercial.

8. Creative self-expression.

B: ¿Quiénes son los miembros de tu familia?
A: Tuve una bisabuela pero nunca la conocí.
Sé que era amable.

Mi padrastro se llama Juan Carlos.

Estructura

Verbos irregulares en el subjuntivo

The following verbs are irregular in the present-tense subjunctive. They do not have a present-tense indicative *yo* form that ends in *-o*.

Que el mundo sea como lo pintan los niños.

fELiCidad!

	dar	estar	ir	saber	ser
yo	dé	esté	vaya	sepa	sea
tú	des	estés	vayas	sepas	seas
Ud./él/ella	dé	esté	vaya	sepa	sea
nosotros/nosotras	demos	estemos	vayamos	sepamos	seamos
vosotros/vosotras	deis	estéis	vayáis	sepáis	seáis
Uds./ellos/ellas	den	estén	vayan	sepan	sean

9. **Organizando una reunión especial. Imagina que tú tienes que decir la hora en que algunas personas de la familia deben estar en la casa para la reunión. Trabajando en parejas, alterna con tu compañero/a en hacer preguntas y contestarlas, usando las indicaciones que se dan.**

Modelo: el marido de Clara/diez de la mañana
A: ¿A qué hora debe estar el marido de Clara?
B: Digo que el marido de Clara esté a las diez de la mañana.

1. mi hermanastro/seis de la tarde
2. mis tíos/ocho de la noche
3. mi madrastra/ocho y cuarto de la noche
4. mi abuelo/seis de la tarde
5. mis hermanastras/ocho de la noche
6. nosotros/siete de la noche
7. la mujer de Carlos/ocho de la noche
8. yo/diez para las siete de la noche

9. 1. ¿...debe estar...?/...esté....
   2. ¿...deben estar...?/...estén....
   3. ¿...debe estar...?/...esté....
   4. ¿...debe estar...?/...esté....
   5. ¿...deben estar...?/...estén....
   6. ¿...debemos estar...?/...estemos....
   7. ¿...debe estar...?/...esté....
   8. ¿...debo estar...?/...estés....

Digo que estés a las seis de la tarde.

10. Que vayan. ¿Adónde dicen las siguientes personas que vayan diferentes miembros de la familia, según las ilustraciones?

Modelo:  mi padrastro/yo
Mi padrastro dice que yo vaya
al parque.

1. mi abuela/
mi hermanastro

2. mi madrastra/
nosotros

3. mis tíos/
mis hermanas

4. mi bisabuelo/
mi hermano y yo

5. mi hermanastra/tú

6. mis tías/Uds.

WB8, LA6

Cosas por hacer

el muro

la cerca

cortar el césped

el jardín

el sótano

CONSUELO: **Insisto en** que vayas **afuera°** y **cortes°** el césped. Después, quiero que arregles la **cerca** y el **muro** del **jardín** porque están muy **rayados.°**

FABIO: Está haciendo mucho calor afuera, y prefiero hacer algo aquí **adentro,°** donde hay **aire acondicionado.**

Another expression for *cortar el césped* is *podar el césped* or *podar el pasto.*

CONSUELO: Sí, corazón, pero no hay como trabajar **al aire libre°** y tomar **aire puro.** Ramiro te puede ayudar.

FABIO: Creo que hay unos **muebles°** en la sala que puedo arreglar y...

CONSUELO: No te preocupes por eso. Daniela y yo **nos encargamos de°** todo aquí adentro. Ve afuera y **ten cuidado.°**

FABIO: Está bien, **tú ganas.°** Voy **abajo,°** al **sótano,°** a conseguir todo lo que necesito. Que Ramiro me espere afuera.

afuera *outside* **cortes** *cut, mow* **rayados** *scratched, striped* **adentro** *inside* **al aire libre** *outdoors* **muebles** *furniture* **nos encargamos de** *we are taking charge of* **ten cuidado** *be careful* **tú ganas** *you win* **abajo** *downstairs, down* **sótano** *basement*

1. Insiste en que Fabio vaya afuera y corte el césped, y que después arregle la cerca y el muro del jardín porque están muy rayados.
2. Porque afuera está haciendo mucho calor y él prefiere hacer algo adentro donde hay aire acondicionado.
3. Quiere arreglar los muebles.
4. Fabio debe tener cuidado.
5. Hay un sótano.
6. Va para conseguir todo lo que necesita.
7. Quiere que él lo espere afuera.

Additional questions: ¿Te gusta hacer algo afuera cuando hace mucho calor? Explica; ¿Te gusta cortar el césped de tu casa? ¿Qué prefieres hacer?; ¿Qué quehaceres de la casa te gusta a ti encargarte de hacer?

¿Qué comprendiste?

Additional questions: ¿Cómo están el muro?; ¿Qué tiempo hace?; ¿Con qué palabra de cariño llama Consuelo a Fabio?; ¿Quién puede ayudarle a Fabio?; ¿Adónde va Fabio para conseguir todo lo que necesita?

1. ¿En qué insiste Consuelo?
2. ¿Por qué Fabio prefiere hacer algo adentro?
3. ¿Qué quiere arreglar Fabio adentro de la casa?
4. ¿Quién debe tener cuidado?
5. ¿Qué hay abajo?
6. ¿Para qué va Fabio al sótano?
7. ¿Qué quiere Fabio que haga Ramiro?

MUEBLES MOLINA
su mejor inversión

Charlando

Answers will vary.

1. ¿Te gusta hacer deportes al aire libre? ¿Cuáles?
2. ¿Por qué crees que es bueno tomar aire puro?
3. ¿Quién se encarga de arreglar un muro o un mueble rayado en tu casa?
4. ¿Hay una cerca en tu casa? ¿De qué color es?
5. ¿Crees que en la vida es importante ganar? Explica.

¿De qué color es la cerca?

A propósito

El subjuntivo con mandatos indirectos: un poco más

You already have learned to use the subjunctive after the causal verbs *querer* and *decir*. Some other verbs that indicate that one person is indirectly trying to influence another include the following: *aconsejar, decidir, insistir en, necesitar, ordenar, pedir, permitir* and *preferir*. These and other causal verbs follow the pattern of *querer* and *decir* and are followed by the subjunctive when there is a change of subject in the part of the sentence (clause) introduced by *que*.

Consuelo **insiste en que Ramiro pase** la aspiradora por la alfombra.

Consuelo **insists that Ramiro vacuum** the carpet.

Ramiro **prefiere que Consuelo** lo **haga.**

Ramiro **prefers that Consuelo do** it.

In spoken language, the main clause of a sentence often is dropped as people try to hurry their speech. You may choose to note this point for your students, using some commonly heard examples in Spanish: *Que descanses,* for example, is common instead of "(I would like for you to) rest," and *Que duermas bien* is used in many households in place of "(I would like for you to) sleep well."

11. 1. sepa
    2. estudie
    3. sea
    4. estudiar
    5. la ayude
    6. pase
    7. haga
    8. cuelgue
    9. salga
    10. tenga
    11. esté

11. **En la casa de Ramiro. Completa el siguiente párrafo con las formas apropiadas de los verbos entre paréntesis.**

Mis padres quieren que yo *1. (saber)* hablar español muy bien porque va a ser muy importante para mi futuro. Mi padre siempre me pide que *2. (estudiar)* mucho. El insiste en que yo *3. (ser)* un buen estudiante. A veces prefiero no *4. (estudiar).* Entonces, mi madre me ordena que yo *5. (ayudarla)* con los quehaceres del hogar. A veces ella necesita que yo *6. (pasar)* la aspiradora, que *7. (hacer)* la cama y que *8. (colgar)* la ropa. Otras veces ella permite que yo *9. (salir)* para estar con mis amigos. Me aconseja que *10. (tener)* cuidado cuando salgo, pero siempre prefiere que yo *11. (estar)* en casa con la familia.

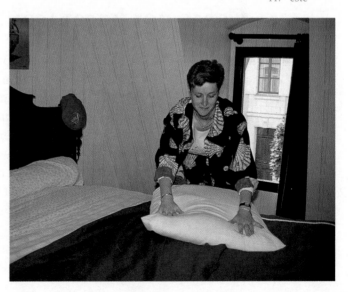

¿Necesita Ud. que le ayude?

12. 1. Mis padres
quieren que
(nosotros)
sepamos....
2. Mi bisabuela
necesita que
(yo) vaya....
3. Mi tío insiste
en que su
mujer le dé....
4. Carlos ordena
que los niños
no exageren....
5. La tía Graciela
pide que su
sobrino le dé....
6. Yo permito
que Uds.
estén....
7. Uds. necesitan
que alguien
arregle....
8. Ellos
aconsejan que
(nosotros)
seamos....
9. Mi padrastro
quiere que
(yo) vaya...que
limpie....
10. Ramiro
prefiere que
ellos
corten...que
arreglen....

12. En casa todos preguntan. Contesta las siguientes preguntas, usando las indicaciones que se dan. Sigue el modelo.

> **Modelo:** ¿Qué decide tu papá? (mi hermano/ayudar afuera a su madrastra)
>
> Mi papá decide que mi hermano ayude afuera a su madrastra.

1. ¿Qué quieren tus padres? (nosotros/saber español)
2. ¿Qué necesita tu bisabuela? (yo/ir para cortar el césped)
3. ¿En qué insiste tu tío? (su mujer/darle permiso para jugar al tenis)
4. ¿Qué ordena Carlos? (los niños/no exagerar tanto)
5. ¿Qué pide la tía Graciela? (su sobrino/darle un beso)
6. ¿Qué permites tú? (Uds./estar adentro en el sótano donde hay aire acondicionado)
7. ¿Qué necesitan Uds.? (alguien/arreglar el muro y los muebles)
8. ¿Qué aconsejan ellos? (nosotros/ser buenos estudiantes)
9. ¿Qué quiere tu padrastro? (yo/ir abajo y limpiar el sótano)
10. ¿Qué prefiere Ramiro? (ellos/cortar el césped del jardín y arreglar la cerca)

13. En mi casa. Escribe una oración usando cada uno de los siguientes verbos para tratar de influir a ocho personas diferentes de tu familia: *aconsejar, decidir, insistir en, necesitar, ordenar, pedir, permitir* y *preferir.* **Sé creativo/a.**

> **Modelo:** Yo aconsejo que mi hermanastro prepare siempre la comida porque él es un buen cocinero. 13. Creative self-expression.

Cosas por hacer (continuación)

CONSUELO: Ramiro, ¿dónde estás?

RAMIRO: Aquí, **arriba,**° mamá. Estoy arreglando mi armario.

CONSUELO: Tu papá **te manda**° que lo ayudes afuera.

RAMIRO: Sí, pero no me **dejas**° salir de la casa.

CONSUELO: ¿A qué **te refieres**° con eso?

RAMIRO: Quieres que yo esté en casa todo el día hoy, ¿verdad?

CONSUELO: Sí, pero no me refiero a que estés adentro de la casa. Claro que sí te permito salir a ayudar a tu padrastro.

RAMIRO: Era una **broma,**° mamá.

arriba *upstairs, up, above* **te manda** *orders you* **dejas** *you let* **te refieres** *do you refer* **broma** *chiste*

¿Qué comprendiste?

1. ¿Dónde está Ramiro?
2. ¿Qué le manda a Ramiro su papá?
3. ¿A quién no deja Consuelo salir de la casa?
4. ¿A qué se refiere Consuelo cuando dice que no deja salir de la casa a Ramiro?
5. ¿Te permiten tus padres salir de casa todos los fines de semana con tus amigos? ¿Por cuánto tiempo?
6. ¿Te gusta hacer bromas? Explica.

1. Ramiro está arriba en su cuarto.
2. Le manda que lo ayude afuera.
3. No deja salir de la casa a Ramiro.
4. Se refiere a que no salga con sus amigos.
5. Answers will vary.
6. Answers will vary.

Additional questions:
¿Qué está haciendo Ramiro?; ¿Quién hace una broma?; ¿Te gusta hacer bromas como Ramiro?

A propósito

Verbos de causa sin el subjuntivo

WB11, WA6

You have learned that causal verbs are followed by the subjunctive when there is a change of subject. However, the causal verbs *dejar, hacer, invitar, mandar* and *permitir* may be followed by an infinitive instead of the subjunctive even when there is a change of subject. In such instances, the sentence requires an indirect object.

*Mi madre no **me deja que salga.*** ➡ *Mi madre no **me deja salir.***

*Yo **dejo que** el **chico** salga a jugar con sus amigos.* ➡ *Yo **le dejo salir** a jugar con sus amigos.*

*Yo **hago que** ellos **estudien** toda la tarde.* ➡ *Yo **les hago estudiar** toda la tarde.*

¿Quién te hace estudiar?

293

14. **Cosas de la vida diaria. Las siguientes oraciones describen situaciones que pasan todos los días en un hogar. Dilas en forma diferente sin usar el subjuntivo.**

14. 1. Les dejo ver televisión.
2. La tía le permite jugar afuera, al aire libre.
3. Los abuelos les hacen tomar toda la sopa.
4. La madre les deja salir a tomar aire puro al parque.
5. Le mandas arreglar su cuarto.
6. No les dejamos manejar nuestro carro.

Modelo: La mamá *manda* a sus hijos *que corten* el césped del jardín.
La mamá *les manda cortar* el césped del jardín.

1. Dejo que mis hermanitos vean televisión.
2. La tía permite que su sobrina juegue afuera, al aire libre.
3. Los abuelos hacen que sus nietos tomen toda la sopa.
4. La madre deja que sus hijos salgan a tomar aire puro al parque.
5. Mandas a tu hermano que arregle su cuarto.
6. No dejamos que Uds. manejen nuestro carro.

Su madre les deja jugar en el parque.

¿Me dejas manejar?

15. **De dos maneras.** La combinación de las dos oraciones en cada número de abajo se puede hacer de dos formas diferentes. Haz la primera combinación sin usar el subjuntivo y la segunda usándolo.

> **Modelo:** Juega con sus amigos. Dejo a Roberto hacerlo.
> Le dejo jugar con sus amigos./Dejo que Roberto juegue con sus amigos.

1. Vienes a mi casa a almorzar. Te invito a hacerlo.
2. Estudio mucho. Mi papá me hace hacerlo.
3. Queremos viajar. No nos dejan hacerlo.
4. Sara y Teresa limpian el cuarto. Su mamá les manda hacerlo.
5. Queremos salir esta noche. No nos permiten hacerlo.
6. Voy arriba. Mi madrastra me manda hacerlo.
7. Ganas el partido de tenis. Te permito hacerlo.

15. 1. Te invito venir a mi casa a almorzar./Te invito que vengas a mi casa a almorzar.
2. Mi papá me hace estudiar mucho./Mi papá me hace que estudie mucho.
3. No nos dejan viajar./No nos dejan que viajemos.
4. Su mamá les manda a Sara y Teresa limpiar el cuarto./Su mamá les manda a Sara y Teresa que limpien el cuarto.
5. No nos permiten salir esta noche./No nos permiten que salgamos esta noche.
6. Mi madrastra me manda ir arriba./Mi madrastra me manda que vaya arriba.
7. Te permito ganar el partido de tenis./Te permito que ganes el partido de tenis.

En el hogar

WB12, WA7, LA7, R5

Another word for *el tocador* is *la cómoda*.

Point out that *chimenea* refers to either the **chimney** or the **fireplace.**

la cortina · el techo · la chimenea · la azotea · el ventilador · la alarma · la reja · el cuadro · el tocador · la bombilla · el ladrillo · la escoba · el lavadero · el sillón · la chimenea · la madera

¿Te gustan las rejas de esta ventana?

La arquitectura hispana

Housing in the Spanish-speaking areas of the world varies a great deal. Although you may find stately old homes that display the features that you probably associate with Spanish colonial architecture, many people live in modern houses or apartments. However, whether old or new, two interesting architectural features that you may see on a home are *la azotea,* a flat roof that is used as an extension or replacement for a patio, and *las rejas,* wrought iron window grills or fences that serve for protection.

16. ¿Qué son? Di qué son las siguientes cosas que se pueden encontrar en una casa.

16. 1. Es una chimenea.
2. Es una bombilla.
3. Es un ventilador.
4. Es un sillón.
5. Es una cortina.
6. Es un tocador.
7. Es una reja.
8. Es un ladrillo.

Modelo:  Es una escoba.

1.

2.

3.

4.

5.

6.

7.

8.

17. Todos quieren algo. En tu familia todos quieren que tú hagas algo en la casa. Di lo que los miembros de tu familia quieren que tú hagas, usando las indicaciones que se dan.

> **Modelo:** hermanastro/querer/barrer la azotea
> Mi hermanastro quiere que barra la azotea.

1. padre/querer/poner una bombilla nueva en la sala
2. madre/preferir/limpiar su tocador
3. abuelos/pedir/comprar unos cuadros para la casa
4. tía/insistir en/lavar las cortinas de mi cuarto
5. hermanastra/necesitar/ayudarla a poner madera en la chimenea
6. tío/decir/conseguir algunos ladrillos para arreglar los muros del patio
7. el marido de mi tía/querer/traerle el sillón de la sala
8. bisabuelo/insistir en/encargarme de arreglar el techo y las rejas de la casa
9. hermanos/querer/comprar una alarma nueva para despertarme

17.
1. Mi padre quiere que ponga....
2. Mi madre prefiere que limpie....
3. Mis abuelos me piden que compre....
4. Mi tía insiste en que lave....
5. Mi hermanastra necesita que la ayude....
6. Mi tío dice que consiga....
7. El marido de mi tía quiere que le traiga....
8. Mi bisabuelo insiste en que me encargue....
9. Mis hermanos quieren que compre....

18. En el hogar. Escribe cuatro oraciones originales, usando el subjuntivo para describir las circunstancias que se muestran (*are shown*) en las ilustraciones.

18. Creative self-expression.

Miguel

1.

Teresa   Don Carlos

2.

Jaime

3.

Gloria   Juan

4.

¡La práctica hace al maestro!

A. *En el hogar.*

Creative self-expression.

Working in groups of six, decide who will play the role of various family members. Try to use some of the new vocabulary you learned in this lesson. Form two concentric circles of three, with students who are playing the part of adults in one circle and students who are playing the part of children in the other circle. Then do the following: 1) The adults use one of the causal verbs to ask the children to perform a household chore or to help with an errand; 2) the children must answer by saying someone else should do the requested task; 3) the adults rotate one person to the left and begin the activity again, making a different request. Switch roles after each person has had an opportunity to make three requests or to respond three times.

> **Modelo:** **A:** Sonia, quiero que cuelgues la ropa, por favor.
> **B:** Ay, no, Mamá. Que lo haga mi hermanastro.

B. *A escribir.* Write an eight- to ten-sentence description of your family, your house and life at home. Name the various members of your family and tell what chores the adults, tell each person to do during the week, mentioning on which day each chore must be completed.

Creative writing practice.
WB13

¿Cómo es tu casa o apartamento?

El jardín de nuestra casa es muy bonito, ¿no crees?

Vocabulario

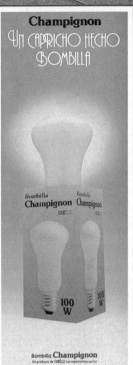

Adjetivos

puro,-a
rayado,-a

Adverbios

abajo
adentro
afuera
arriba

Sustantivos

el aire (acondicionado)
la alarma
la alfombra
el armario
el ático
la azotea
el beso
el bisabuelo, la bisabuela
la bombilla
la broma
la cerca

la cortina
el cuadro
el cuidado
la chimenea
la escoba
el hermanastro, la
    hermanastra
el hogar
el jardín
el ladrillo
el lavadero
la madera
la madrastra
la mamá
el marido
el miembro
el mueble
la mujer
el muro
el padrastro
el papá
la reja
el sillón
el sótano

el techo
el tocador
el ventilador

Verbos

cortar
dejar
encargar(se) (de)
exagerar
ganar
insistir (en)
invitar
mandar
referir(se) (ie, i)

Expresiones

al aire libre
tener cuidado

Functions:
- Talking about family
- Expressing uncertainty
- Telling someone what to do
- Expressing doubt
- Expressing emotion
- Stating hopes
- Stating an opinion
- Describing a household
- Discussing time

LA1

Tienes que regresar temprano

la llave

la cerradura

DANIELA: Papá, ¿es posible que yo vaya a una fiesta en el **club** esta noche?

FABIO: ¿Con quién piensas ir?

DANIELA: Voy con Roberto y otros amigos.

FABIO: Bueno, si sales, **espero°** que recuerdes que tienes que **regresar°** antes de la medianoche, y no olvides llevar las **llaves.**

DANIELA: Ay, papá, ¿por qué tan temprano?

FABIO: Así son las **reglas°** de la casa, corazón. No quieres que tu mamá y yo nos preocupemos por ti toda la noche, ¿verdad?

DANIELA: Claro que no, papito, pero **dudo°** que Roberto me quiera traer tan temprano. Además, no deben **temer°** nada. Vamos a estar bien.

FABIO: Bueno, es mejor que te traiga temprano si él no quiere tener problemas con tu papito.

DANIELA: Sí, papá. **¡Estoy segura de°** que vamos a llegar **a tiempo!°**

espero *I hope* **regresar** *volver* **reglas** *rules* **dudo** *I doubt* **temer** *fear* **Estoy segura de** *I am sure*
a tiempo *on time*

¿Qué comprendiste?

1. ¿Adónde es posible que Daniela vaya por la noche?
2. ¿Con quién piensa ir ella?
3. ¿A qué hora tiene que regresar Daniela si va a la fiesta?
4. ¿Qué no debe olvidar llevar Daniela?
5. ¿Por qué tiene ella que regresar tan temprano?
6. ¿Qué duda Daniela?
7. ¿De qué está segura Daniela?
8. ¿En qué lugar se pone la llave para abrir la puerta?

Charlando   Answers will vary.

1. ¿Tienes que regresar temprano cuando sales por la noche? Explica.
2. ¿A qué lugares vas con tus amigos?
3. ¿Se preocupan mucho tus padres cuando sales por la noche? Explica.
4. ¿Tienen reglas en tu casa que debes seguir? ¿Cuáles?

CERRAJERIA

"EL RAPIDO"

SE HACEN LLAVES PARA
AUTOMOVILES
CHAPAS, CANDADOS, ETC.
DUPLICADO DE LLAVES
PARA ALARMAS
LLAVES PARA AUTOS
CODIFICADOS
SERVICIO A DOMICILIO

83-93-89

Av. Américas Local 45 en
el exterior del Mercado Hidalgo,
Col B. Juárez

---

1. Es posible que vaya a una fiesta en el club.
2. Piensa ir con Roberto y otros amigos.
3. Tiene que regresar antes de la medianoche.
4. No debe olvidar llevar las llaves.
5. Tiene que regresar tan temprano porque así son las reglas de la casa.
6. Duda que Roberto la quiera traer tan temprano.
7. Está segura (de) que Roberto y ella van a llegar a tiempo.
8. Se pone en la cerradura.

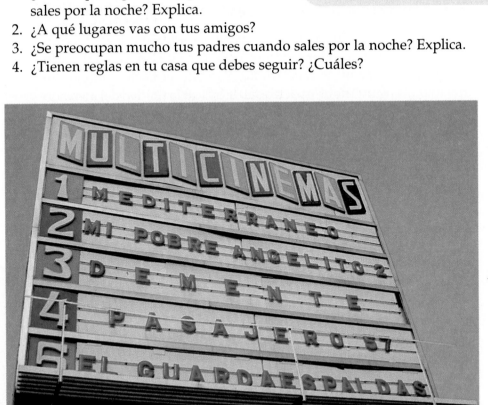

¿A qué lugares vas con tus amigos?

A propósito

Los países bolivarianos

Bolivia, Colombia, Ecuador, Perú y Venezuela se conectan históricamente porque fueron los países que Simón Bolívar ayudó a libertar *(liberate)* de los españoles. Por esta razón, Simón Bolívar es conocido como el Libertador y es el héroe nacional de estas repúblicas. Bolívar nació en Caracas, Venezuela, en 1783. La mayor parte de su vida la dedicó a la lucha por la independencia de estos países. Su sueño era el de unir *(unite)* a todas las repúblicas que libertó para formar una sola nación bajo el nombre de la Gran Colombia. El Libertador murió *(died)* el 17 de diciembre de 1830 en Santa Marta, Colombia, sin poder ver realizado este gran sueño.

Busto de Simón Bolívar en el Parque Bolívar. (Lima, Perú)

El sueño de unidad de Bolívar sigue siendo el ideal que los gobiernos de estos cinco países, todos ubicados en la zona de los Andes, buscan hoy por medio de un tratado *(treaty)* llamado el Pacto Andino. En principio, el objetivo de este pacto es el de buscar la unidad del mercado de estos cinco países y así fortalecer *(strengthen)* la economía del área. Su meta *(goal)* final es poder conseguir la unidad total de estas naciones, y de esta manera formar una sola república. El camino para llegar a esta meta es muy largo y difícil. Todavía son muchos los obstáculos que hay que sobrepasar, pero posiblemente, algún día este sueño sea realidad.

El Parque Centro Simón Bolívar. (Caracas, Venezuela)

El Perú y todos los países bolivarianos tienen una influencia española que se ve en su arquitectura.

1. **Los países bolivarianos.** Lee las siguientes oraciones sobre la lectura anterior. Luego, di si cada oración es *verdad* o *falsa*.

1. Bolivia, Colombia, Ecuador, Guatemala y Uruguay fueron los países que Bolívar ayudó a libertar.
2. Simón Bolívar es conocido como el Conquistador.
3. Bolívar nació en Venezuela y murió en Colombia.
4. El sueño de Bolívar era formar la Gran Colombia.
5. Bolívar pudo ver realizado su sueño.
6. El Pacto Andino es un tratado entre países de la América Central.
7. El Pacto Andino busca la unidad del mercado de los países miembros.
8. El Pacto Andino tiene muchos obstáculos para llegar a su meta.

1. 1. falsa
   2. falsa
   3. verdad
   4. verdad
   5. falsa
   6. falsa
   7. verdad
   8. verdad

Estructura

WB3, WB4, WA1, R7

El subjuntivo con verbos de emoción y duda

The subjunctive is used in Spanish after verbs that express emotions (such as anger, annoyance, fear, happiness, regret, sadness or surprise) or doubt when there is a change of subject in the clause that is introduced by *que*. Some verbs of emotion that you have already seen include *agradar* (to please), *divertir* (to amuse, to have fun), *esperar* (to hope), *gustar* (to like, to be pleasing), *importar* (to be important, to matter), *molestar* (to bother), *parecer bien/mal* (to seem right/wrong), *preocupar* (to worry), *sentir* (to be sorry, to feel sorry, to regret) *temer* (to fear) and *tener miedo de* (to be afraid).

Espero que vuelvas a tiempo. **I hope you return** on time.
Me gusta que estés aquí. **I'm glad (It pleases me) that you're** here.

The principal verb of doubt is *dudar* (to doubt). The verbs *creer* and *pensar* and the expression *estar seguro/a (de)* imply doubt when they are negative.

Dudo que Ramiro vaya a salir. **I doubt (that) Ramiro is going** to go out.
No creemos que él ayude mucho. **We don't think (that) he is helping** much.
No pienso que a Jorge le guste lavar los platos. **I don't think (that) Jorge likes** to wash the dishes.
No estoy seguro de que sea él. **I'm not sure it is** him.

No estoy seguro de que sea él.

2. La familia de Daniela y Ramiro. Haz oraciones completas para decir lo que piensan o sienten las siguientes personas, usando las indicaciones que se dan.

Modelo: Daniela/esperar/su hermano/ayudar a su padre
Daniela espera que su hermano ayude a su padre.

1. a Fabio/gustar/Daniela/regresar a tiempo
2. a sus padres/agradar/Daniela y Ramiro/ayudar en la casa
3. a sus tíos/no importar/tú/ser amigo de Ramiro
4. a nosotros/preocupar/Daniela y Ramiro/comer poco
5. la novia de Ramiro/sentir/él/tener que estar en la casa todo el día
6. Ud./esperar/nosotros/ir a la fiesta del club con Daniela
7. a Fabio/molestar/yo/traer a Daniela después de la medianoche
8. yo/tener miedo de/ellos/no ir a la fiesta
9. Consuelo/temer/Daniela/no tener las llaves de la casa
10. a Ramiro/parecerle bien/su hermana/seguir las reglas

3. Muchos tienen dudas. Imagina que hoy todos en tu familia tienen dudas sobre algo. Haz oraciones para expresar las dudas que cada uno tiene, usando *dudar, no creer, no estar seguro/a de* o *no pensar*, y las indicaciones que se dan.

Modelo: La fiesta va a ser en el club. (nosotros)
Dudamos (No creemos/No estamos seguros de/No pensamos) que la fiesta vaya a ser en el club.

1. La cerradura de la casa es buena. (mi abuela)
2. Mis hermanos tienen las llaves de la casa. (mi madre)
3. Mis padres compran más cuadros para la sala. (mi hermanastro)
4. Mis hermanas se encargan de arreglar la cocina hoy. (yo)
5. La tía invita a sus amigas a jugar a las cartas. (Uds.)
6. El aire acondicionado está trabajando bien. (tú)
7. Nosotros siempre tenemos mucho cuidado cuando lavamos los platos. (ellos)
8. Le gustan las bromas a mi abuelo. (mi tía)

Dudo que ellos compren más cuadros para la sala.

4. Dudo que.... Trabajando en parejas, alterna con tu compañero/a en decir cinco oraciones y, luego, ponerlas en duda. Usen *dudar, no creer, no estar seguro/a* o *no pensar* en cada oración y traten de ser tan creativos/as como sea posible.

Modelo: **A:** Pienso que las familias van a ser más grandes en el año dos mil.

B: Dudo (No creo/No estoy seguro,-a /No pienso) que las familias vayan a ser más grandes en el año dos mil.

No creemos que las familias vayan a ser más grandes en el año dos mil.

4. Creative self-expression.

A propósito

Otros verbos de emoción

Other verbs that express emotion are usually conjugated following the pattern of *gustar*:

alegrar (de) to make happy
complacer to please
encantar to enchant, to delight
fascinar to fascinate
interesar to interest

Nos alegra de que estemos de vacaciones.

When the verb *alegrar* becomes reflexive it is followed by the word *de* and no longer follows the pattern of *gustar*. Compare these two sentences:

Me alegra que estés en casa.   **I am glad** you are home.
Me alegro de que estés en casa.

WB5, WB6, WA2, R8

Although it usually is conjugated and used following the pattern of *gustar*, sometimes the verb *complacer* is conjugated for use with the first- and second-person subjects. In such cases, it is conjugated following the pattern of *conducir (conduzco)* or *traducir (traduzco): complazco.*

5. **Unas emociones. ¿Cómo cambian las siguientes oraciones si se ponen las frases entre paréntesis primero? Sigue los modelos.**

> **Modelos:** Estudio español. (A mi padrastro le interesa....) A mi padrastro le interesa que (yo) estudie español.
>
> No llegamos a tiempo. (¿Temen mis padres...?)
> ¿Temen mis padres que (nosotros) no lleguemos a tiempo?

1. Nos sentamos en el jardín. (¿César espera...?)
2. La comida es muy mala. (Me molesta....)
3. Nosotros vamos al club. (Marta se alegra de....)
4. Nadie viene a la fiesta. (¿Tiene Cecilia miedo de...?)
5. Raúl tiene un hogar excelente. (Nos complace....)
6. Uds. juegan al aire libre. (¿Le encanta a Julia...?)
7. Tú siempre cortas el césped. (Me fascina....)
8. Ud. es una persona inteligente. (A ellos les interesa....)
9. La fiesta empieza a tiempo. (Me alegra....)
10. Julio no usa el ventilador cuando hace calor. (¿Te molesta...?)

6. **En la vida real. Completa las siguientes oraciones con ideas que sean verdad para tu familia. Puedes inventar las ideas, si prefieres.**

> **Modelo:** A mis padres les gusta que....   6. Creative self-expression.
> A mis padres les gusta que yo esté en casa.

1. A mi padre le agrada que....
2. A mi madre le molesta que....
3. A mis padres les alegra que....
4. A mi abuela le fascina que....
5. A mi hermano le preocupa que....
6. A mis hermanas les gusta que....
7. A mis tíos les complace que....
8. A mi abuelo le interesa que....

¿Qué le fascina
a la abuela?

A mi hermano le preocupa
que nadie esté en casa.

---

5. 1. ¿Espera César que nos sentemos en el jardín?
2. Me molesta que la comida sea....
3. Marta se alegra de que nosotros vayamos....
4. ¿Tiene Celia miedo de que nadie venga...?
5. Nos complace que Raúl tenga....
6. ¿Le encanta a Julia que Uds. jueguen...?
7. Me fascina que tú siempre cortes....
8. A ellos les interesa que Ud. sea....
9. Me alegra que la fiesta empiece....
10. ¿Te molesta que Julio no use...?

El subjuntivo con expresiones impersonales

WB7, WB8, WA3, LA3, R9

Several impersonal expressions in Spanish are followed by *que* and the subjunctive when they express doubt or state an opinion and when the verb that follows has its own subject. Compare the following sentences:

Es necesario que ayudes a tus padres.   **It is necessary for you to help (that you help)** your parents.

but:

Es necesario limpiar la casa hoy.   **It is necessary to clean** the house today.

Some of the more common impersonal expressions include the following:

es difícil (que)	it is unlikely (that)
es dudoso (que)	it is doubtful (that)
es fácil (que)	it is likely (that)
es importante (que)	it is important (that)
es imposible (que)	it is impossible (that)
es mejor (que)	it is better (that)
es necesario (que)	it is necessary (that)
es posible (que)	it is possible (that)
es preciso (que)	it is necessary (that)
es probable (que)	it is probable (that)
es una lástima (que)	it is a pity (that)
es urgente (que)	it is urgent (that)
más vale (que)	it is better (that)
conviene (que)	it is fitting (that)

The impersonal expressions *es claro* (it is clear), *es evidente* (it is evident), *es obvio* (it is obvious), *es seguro* (it is sure) and *es verdad* (it is true) are followed by the indicative. However, when these expressions are negative, they express doubt and, therefore, they require the subjunctive.

Es claro que sabes manejar.   **It is clear that you know how** to drive.

No es claro que sepas manejar muy bien.   **It is not clear that you know how** to drive very well.

7. **Opiniones.** Completa las siguientes oraciones con la forma apropiada de los verbos indicados para dar tu opinión.

> **Modelos:** Es preciso que yo <u>esté</u> más tiempo en casa. (estar)
> Es verdad que tú siempre <u>regresas</u> a tiempo, (regresar)

7. 1. compre
    2. se cepillan
    3. viajemos
    4. vayan
    5. sabe
    6. dejes
    7. se vayan
    8. quieren
    9. tengamos
    10. lleguen

1. Es dudoso que Julián <u>(1)</u> unas cortinas nuevas para su casa. (comprar)
2. Es obvio que Uds. <u>(2)</u> los dientes todos los días. (cepillarse)
3. Es probable que nosotros <u>(3)</u> a la América del Sur. (viajar)
4. No es seguro que sus amigos <u>(4)</u> al club también. (ir)
5. Es claro que Manolo <u>(5)</u> arreglar el aire acondicionado. (saber)
6. Es necesario que tú <u>(6)</u> de comer tanto. (dejar)
7. Es difícil que ellos <u>(7)</u> de su hogar. (irse)
8. Es evidente que Uds. <u>(8)</u> mucho a sus padres. (querer)
9. Es imposible que nosotros <u>(9)</u> dos casas. (tener)
10. Es fácil que mi padrastro y mi mamá <u>(10)</u> pronto (llegar)

8. **Dando opiniones.** Da una opinión para cada una de las situaciones que se muestran en las siguientes ilustraciones, usando las indicaciones que se dan.

> **Modelo:** es necesario/Pablo
> Es necesario que Pablo haga la cama.

8. Possible answers:
1. Más vale que Natalia lleve las llaves.
2. Es importante que ellos laven la ropa.
3. Es urgente que él vaya al médico.
4. Conviene que Rafael y Cristina pasen la aspiradora por la alfombra.
5. Es preciso que arregles el techo.
6. Es una lástima que yo no pueda salir a jugar al béisbol.

1. más vale/Natalia

2. es importante/ellos

3. es urgente/él

4. conviene/Rafael y Cristina

5. es preciso/tú

6. es una lástima/yo

9. **Aló.** Trabajando en parejas, inventen una conversación telefónica donde Uds. hacen planes para el fin de semana. Usen tantas expresiones impersonales como les sea posible.　　9.　Creative self-expression.

> **Modelo:** **A:** ¡Aló! ¿Jorge?
> **B:** Hola, Pedro. ¿Qué vamos a hacer el fin de semana?
> **A:** Vamos al parque a jugar al fútbol.
> **B:** Es mejor que vayamos al centro comercial. Es posible que llueva el sábado.
> **A:** Es una lástima que llueva el sábado.

El cumpleaños de la abuela

el pastel

LA4

FABIO: Mañana es el cumpleaños de la abuela y vamos a ir a visitarla. Más vale que todos puedan ir.

DANIELA: Sí, todos debemos ir **a fin de que°** ella se sienta bien.

CONSUELO: ¿Por qué **te sonríes,°** Ramiro? No me digas que tienes otros **planes** porque, si tienes planes, debes **cambiarlos.°**

RAMIRO: Sí, mamá, tengo un plan, pero **aunque°** tenga uno, mi abuela está primero.

DANIELA: Debemos llevarle de regalo unos dulces, unos **pasteles** y algo para la casa **para que°** se sienta contenta.

RAMIRO: ¿Por qué no le llevamos una estufa y un refrigerador?

The verb sonreírse *is conjugated following the pattern of* reírse.

The verb *comenzar* is conjugated following the pattern of *empezar*.

DANIELA: Es mejor que no hables. Siempre te gusta exagerar.

CONSUELO: Bueno, no **comiencen**° a **discutir**.° **Cualquiera** de Uds. debe prepararle unas galletas **en cuanto**° terminemos de hablar. ¿A qué hora vamos a ir mañana, Fabio?

FABIO: Temprano por la mañana, **luego que**° todos estemos listos. Quiero darle una sorpresa bien grande.

a fin de que *so that*   **te sonríes** *you smile*   **cambiarlos** *change them*   **aunque** *although*   **para que** *so that, in order that*   **comiencen** empiecen   **discutir** *to argue, to discuss*   **en cuanto** *as soon as*   **luego que** *as soon as*

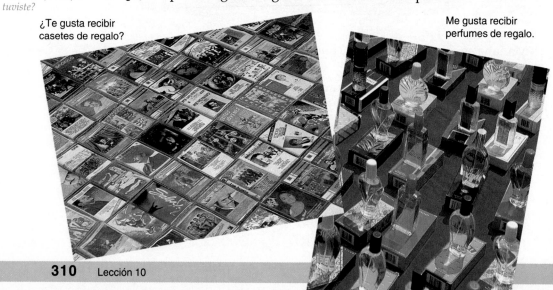

¿Qué comprendiste?

1. ¿Quién cumple años mañana?
2. ¿Por qué deben ir todos a visitarla?
3. ¿Quién se sonríe?
4. ¿Tiene Ramiro otro plan para mañana?
5. ¿Qué deben llevarle de regalo a la abuela según Daniela?
6. ¿Para qué deben llevarle algo a la abuela?
7. ¿Quiénes comienzan a discutir?
8. ¿Quién debe prepararle unas galletas a la abuela?
9. ¿Cuándo deben preparar las galletas?
10. ¿A qué hora van a ir a visitar a la abuela?

1. La abuela cumple años mañana.
2. Deben ir todos a fin de que ella se sienta bien.
3. Ramiro se sonríe.
4. Sí, tiene un plan para mañana.
5. Deben llevarle de regalo unos dulces, unos pasteles y algo para la casa.
6. Deben llevarle algo a la abuela para que se sienta contenta.
7. Ramiro y Daniela comienzan a discutir.
8. Cualquiera de los chicos debe prepararle unas galletas.
9. Deben prepararlas en cuanto terminen de hablar.
10. Van a ir temprano por la mañana, luego que todos estén listos.

Additional questions: *¿Qué es primero para Ramiro?; ¿Qué dice Ramiro que ellos pueden regalarle a la abuela?; ¿A quién siempre le gusta exagerar?; ¿Qué quiere darle Fabio a la abuela?*

Charlando   Answers will vary.

1. ¿Cómo celebran los cumpleaños en tu familia?
2. Cuando tu familia quiere hacer planes contigo, ¿cambias tus planes aunque ya tengas otros planes con tus amigos/as? Explica.
3. ¿Discutes con tus hermanos/as? ¿Con quién discutes? Explica.
4. ¿Qué tipo de regalos te gusta recibir en tu cumpleaños?

Additional questions: *¿Haces planes con tu familia? ¿De qué tipo?; ¿Sabes preparar pasteles o galletas?; ¿Cuál fue la última sorpresa que tuviste?*

¿Te gusta recibir casetes de regalo?

Me gusta recibir perfumes de regalo.

Algunos aparatos del hogar

—la alarma de incendios

el horno microondas

la licuadora

la cafetera

la plancha · la mesa de planchar

10. **¿Qué aparatos son? Di cuáles son los siguientes aparatos, de acuerdo con las siguientes pistas.**

> **Modelo:** Es imposible que Ud. planche la ropa sin este aparato.
> La plancha.

1. Es fácil que Ud. haga el café con este aparato.
2. Es difícil que Ud. pueda cocinar la comida sin este aparato.
3. Conviene que Ud. tenga este aparato para tener fresca y fría la comida.
4. Es una lástima que Ud. no tenga este aparato cuando es verano y hace mucho calor.
5. Es poco probable que Ud. pueda tener caliente rápidamente la comida sin este aparato.
6. Es seguro que Ud. puede hacer muchos jugos con este aparato.
7. Es importante que Ud. tenga este aparato para saber cuándo hay un incendio en la casa.
8. Es claro que Ud. puede lavar fácilmente los platos y los cubiertos con este aparato.
9. Es posible que Ud. use este aparato para limpiar las alfombras.

Estufa a gas
Semar

- Diseño moderno
- Cubierta superior
- Multi control de temperatura
- Quemadores especiales
- Fácil limpieza

NORMAL Q. **1199**
AHORRE Q. **201**
MENSUAL Q. **76**

PRECIO KISMET
998

10. 1. La cafetera.
   2. La estufa.
   3. El refrigerador.

4. El aire acondicionado./El ventilador.
5. El horno microondas.
6. La licuadora.

7. La alarma de incendios.
8. El lavaplatos eléctrico.
9. La aspiradora.

Estructura

El subjuntivo en cláusulas adverbiales

A clause is a group of words that contains a subject and a verb. Independent clauses express complete thoughts and dependent clauses express incomplete thoughts and may be used as parts of speech, such as you might use an adverb or an adjective.

I am going to be here when you return.

| independent | dependent |

Te estoy esperando. Voy a salir cuando regreses.

In the preceding example, "when you return" is a dependent clause because it expresses an incomplete thought if used without the rest of the sentence. Dependent clauses that answer the questions "When?" or "Why?" function like adverbs. In Spanish, adverbial clauses use the subjunctive if they refer to something that has not yet taken place (and that may not take place).

*Voy a salir **cuando regreses**.*   I am going to leave **when you return.**

The expressions *antes de que* and *después de que* may be used with or without the word *de.* Likewise, *mientras* is used both with and without *que.*

Point out that *en cuanto* does not require *que* to introduce the subjunctive.

The expressions shown here are followed by the subjunctive when there is uncertainty if and when something may happen:

a fin de que	so that	*hasta que*	until
antes (de) que	before	*luego que*	as soon as
aunque	although	*mientras (que)*	while
cuando	when	*para que*	in order that
después (de) que	after	*tan pronto como*	as soon as
en cuanto	as soon as		

*Vamos a comprar una casa más grande
a fin de que estemos más cómodos.
Limpia tu cuarto **antes de que salgas.**
Trae las llaves **para que podamos**
entrar a la oficina.
Salimos **luego que ellos lleguen**.*

We are going to buy a larger house
so that we'll be more comfortable.
Clean your room **before you leave.**
Bring the keys **so that we can open** the office.
We're leaving **as soon as they arrive.**

The subjunctive is not necessary when expressing an action that clearly has already taken place.

(Yo) Esperaba hasta que (tú) llegaste.   I waited until you arrived.

11. **¿Cuándo?** Escribe una respuesta por cada una de las siguientes preguntas, usando las pistas que se dan.

> **Modelo:** ¿Cuándo vas a invitarme a la casa? (cuando/nosotros/preparar paella)
> Voy a invitarte a la casa cuando preparemos paella.

1. ¿Cuándo me vas a permitir ir al club? (en cuanto/ellos/llegar)
2. ¿Vamos a ir al supermercado? (sí/aunque/nosotros/no tener/transporte)
3. ¿Cuándo van a comprar Uds. una licuadora nueva? (tan pronto como/nosotros/tener el dinero)
4. ¿Cuándo va a planchar Enrique las camisas? (luego que/él/encontrar la plancha y la mesa de planchar)
5. ¿Por cuánto tiempo va a estar Ud. aquí? (hasta que/comenzar a hacer sol)
6. ¿Cuándo vamos a salir tú y yo? (después de que/dejar de llover)
7. ¿Cuándo te vas a sonreír? (cuando/tú/contarme un buen chiste)
8. ¿Cuándo va a cambiar la cerrradura de la casa? (mientras que/Uds./estar trabajando)

12. **¡Para mejorar su vida en el hogar!** Imagina que trabajas para una agencia de publicidad *(advertising agency)* y estás prepararando los títulos *(titles)* para algunos avisos *(advertisements)* de aparatos del hogar. Completa los siguientes títulos con una expresión y el subjuntivo del verbo apropiado para completar siete títulos.

aunque   para que   para que   antes de que   a fin de que   a fin de que   tan pronto como   luego que

tome   viva   compre   reciba   sea   tenga   sea   lea

> **Modelo:** Decida lo mejor para su familia *luego que lea* esta carta.

1. Compre nuestra cafetera (1) el mejor café.

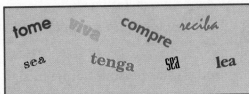
2. Consiga una alarma de incendios ahora (2) su familia (2) en paz.

3. Abra esta carta ahora mismo (3) lo último que haga hoy.

4. Vuele a comprar nuestras fantásticas escobas (4) alguien las (4) todas.

5. Llámenos ya (5) como regalo un lindo cuadro para el hogar.

6. Envíenos su dirección (6) más información sobre nuestros aparatos eléctricos.

7. Corra (7) posible a nuestros almacenes para que reciba los mejores precios.

Almacenes Nuestro Hogar

11. Possible answers:
1. Te voy a permitir ir al club en cuanto lleguen.
2. Vamos a ir al supermercado aunque no tengamos transporte.
3. Vamos a comprar una licuadora nueva tan pronto como tengamos el dinero.
4. Va a planchar las camisas luego que encuentre la plancha y la mesa de planchar.
5. Voy a estar aquí hasta que comience a hacer sol.
6. Vamos a salir después de que deje de llover.
7. Voy a sonreírme cuando me cuentes un buen chiste.
8. Voy a cambiar la cerradura de la casa mientras que Uds. estén trabajando afuera.

12.
1. para que tome
2. a fin de que...viva
3. aunque sea
4. antes de que...compre
5. para que reciba
6. a fin de que tenga
7. tan pronto como sea posible

Estructura

El subjuntivo en cláusulas adjetivales

Just as adverbial clauses function like adverbs, adjectival clauses function like adjectives and, therefore, describe a noun.

*Tienen una casa **que es muy grande.***   They have a house **that is very big.**

independent	dependent

In the preceding example, the dependent clause "that is very big" describes the house and, therefore, functions like an adjective. In Spanish, when an adjectival clause describes something that is indefinite or hypothetical, use the subjunctive form of the verb in that clause.

Quiero tener una casa que sea tan grande como ésta.

*Quiero una casa **que sea grande.***   I want a house **that is big.** (No definite house, any one that is big. At this point it is hypothetical.)

Note, however, that if the adjectival clause refers to an item that we know exists, the subjunctive is not needed.

*Tengo una casa **que es grande.***   I have a house **that is big.** (This is a statement of fact.)

13.
1. Quiero tener un armario que sea grande y nuevo.
2. Queremos buscar una cafetera que haga buen café.
3. Mis tíos quieren tener unos vecinos que hablen español.
4. Mi papá quiere comprar un horno microondas que sea moderno.
5. Uds. quieren encontrar unos muebles que quepan en la sala.
6. Quieres preparar unos pasteles que no tengan mucho azúcar.
7. Mi bisabuela quiere conseguir una mesa de planchar que no sea muy alta.
8. Los padres de mi amigo quieren tener un perro que no ladre.

13. Todas estas personas quieren algo. Haz oraciones completas para decir qué quieren, añadiendo las palabras que sean necesarias.

> **Modelo:** mi hermana y su marido/comprar/sillones/ser/barato
> Mi hermana y su marido quieren comprar unos sillones que sean baratos.

1. yo/tener/armario/ser/grande y nuevo
2. nosotros/buscar/cafetera/hacer/bueno/café
3. mis tíos/tener/vecinos/hablar/español
4. mi papá/comprar/horno microondas/ser/moderno
5. Uds./encontrar/muebles/caber/en la sala
6. tú/preparar/pasteles/no/tener/mucho/azúcar
7. mi bisabuela/conseguir/mesa de planchar/no/ser/muy alto
8. los padres de mi amigo/tener/perro/no/ladrar

14. **¿Que prefieren?** Imagina que todos tienen algo en casa que no les gusta y prefieren que sea diferente. Di cómo las siguientes personas prefieren las cosas que ya tienen. Haz los cambios que sean necesarios.

> **Modelo:** Tengo una cafetera que es pequeña. (grande)
> Prefiero una cafetera que sea grande.

1. Los vecinos tienen una alarma de incendios que es vieja. (nuevo)
2. La mujer de mi hermano tiene un lavaplatos que no es eléctrico. (eléctrico)
3. Mis tíos tienen unas bombillas que dan poca luz. (mucho)
4. Tienes en tu jardín una cerca que es café. (negro)
5. Mi hermano tiene una escoba que barre muy mal. (bien)
6. Los abuelos tienen un horno que no es de microondas. (microondas)
7. Mi hermanastra tiene un lavadero que es muy feo. (bonito)
8. Mi mamá tiene un tocador que le caben pocas blusas. (mucho)

Cafetera SAC 36

14. 1. ...prefieren...que sea nueva.
2. ...prefiere...que sea eléctrico.
3. ...prefieren...que den mucha luz.
4. ...prefieres...que sea negra.
5. ...prefiere...que barra muy bien.
6. ...prefieren...que sea de microondas.
7. ...prefiere...que sea muy bonito.
8. ...prefiere...que le quepan muchas blusas.

15. **¿Qué vas a hacer?** Trabajando en parejas, alterna con tu compañero/a en hacer preguntas y contestarlas sobre lo que cada uno de Uds. va a hacer en su hogar durante la semana. Traten de usar las expresiones nuevas de la lección y el subjuntivo.

15. Creative self-expression.

> **Modelo:** **A:** ¿Qué vas a hacer cuando llegues a casa hoy?
> **B:** Voy a limpiar mi cuarto a fin de que pueda salir a jugar al básquetbol con mis vecinas.

¿Qué va a hacer a fin de que pueda salir a jugar al básquetbol con sus vecinas?

¡La práctica hace al maestro!

A. *Me gustaría que vayan conmigo a visitar a mis parientes.* Working in groups of four, prepare a dialog like *El cumpleaños de la abuela* in which you discuss plans to visit a relative of someone in your group. Include new expressions and vocabulary from this lesson and be sure to use the subjunctive, where appropriate.

Creative self-expression.

WB13

Creative writing practice.

B. *A escribir.* Write a composition of eight to ten lines, describing your home and expressing how you feel about home life. Mention some things you like and do not like, and state what you would like to change and why. Try to use some of the new words and expressions from this lesson in your composition.

> **Modelo:** Vivo con mi mamá y mis dos hermanos en un apartamento pequeño. Me alegra que estemos todos juntos. Me gustaría más vivir en una casa grande.

¿Cómo es tu hogar?

Horno de Microondas NN-5700
- Sistema digital
- Plato giratorio
- Moderno gabinete
- Descongelamiento automático
- Sensor para cocinar "One-Touch"

AHORRE Q. **201**

MENSUAL Q. **99**

10%
DE DESCUENTO

En otros modelos de Hornos de Microondas

Vocabulario

R12, R13

Adjetivos
claro,-a
dudoso,-a
evidente
imposible
obvio,-a
preciso,-a
seguro,-a
urgente

Conjunciones
aunque

Pronombres
cualquiera

Sustantivos
la alarma de incendios
el aparato
la cafetera

la cerradura
el club
el horno (microondas)
el incendio
la lástima
la licuadora
la llave
la mesa de planchar
el pastel
el plan
la plancha
la regla

Verbos
alegrar(se) (de)
cambiar
comenzar (ie)
complacer
convenir
discutir
dudar
encantar

esperar
fascinar
interesar
planchar
regresar
sonreír(se) (i, i)
temer
valer

¡Gratis!
Una útil plancha en su compra

Expresiones
a fin de que
a tiempo
en cuanto
ser difícil que
ser fácil que
luego que
más vale que
para que

Lectura

Los fines de semana nosotros salimos a caminar.

Preparación

Contesta las siguientes preguntas como preparación para la lectura.

1. ¿Qué haces los fines de semana con tu familia?   Answers will vary.
2. ¿Cenas durante la semana con tu familia? Explica.
3. ¿Es pequeña o grande tu familia? ¿Cuántas personas hay en tu familia?
4. En tu casa, ¿quién consigue el dinero para la comida?
5. ¿Quieren saber tus padres adónde vas cuando sales?
6. ¿Cuántos cognados hay en la lectura *La familia hispana?* ¿Cuáles son?

LA7

La familia hispana

Mimi (Venezuela): En mi país, casi todas las actividades se hacen **buscando** a la familia, como salir para comer, por ejemplo. El respeto a los padres es muy importante. Si mamá dice que regrese temprano, es porque tengo que regresar temprano. Muchas veces pedimos la **bendición** a nuestros padres o **seres queridos** adultos, **ya sea** como saludo o despedida. Los fines de semana son los días para salir con la familia. Los sábados vamos muchas veces a la playa a comer pescado y los domingos vamos a la casa de los abuelos donde nos divertimos con los primos mientras los adultos se ponen a recordar viejos tiempos. Durante la semana, siempre se cena con toda la familia, porque para el almuerzo es difícil que nos reunamos todos.

You may need to help students with the meaning of some of the following words and expressions: *respeto* (respect), *familiar* (pertaining to a family), *ritmo* (rhythm), *fuera* (outside), *autoridad* (authority), *núcleo* (nucleus), *drogadicción* (drug addiction), *alcoholismo* (alcoholism), *universidad* (university), *visitas* (visits), *libertad* (freedom).

Eva (España): La vida familiar está cambiando con el ritmo de la vida de hoy. Las familias son más pequeñas; las chicas y los chicos **se casan** más grandes, a los veintisiete o a los veintiocho años, muchas veces; hay más mujeres que trabajan fuera de su casa; y en general, la gente se preocupa de las cosas materiales más que antes. **Aún** así, todavía se cena en familia, y en los fines de semana se va a visitar a los parientes. Los hijos normalmente viven con sus padres hasta que se casan. La autoridad y el respeto a los adultos es también muy importante en mi país. No se discute lo que dicen los padres. Mamá generalmente se encarga del cuidado de la casa. Cada hijo se encarga de su cuarto y, a veces, ayudamos a lavar los platos. El ambiente familiar es muy evidente.

Marta (Guatemala): El núcleo familiar es muy **fuerte** en mi país. Aunque creo que cada familia es diferente y única, pienso que es muy **influyente** en la vida de cada uno. **Al igual** que todo, la vida de familia está cambiando **de acuerdo** al

ritmo de vida de la **época** y el lugar. En Guatemala hay muchas familias pobres. A veces los hijos de estas familias tienen que trabajar en la calle desde muy pequeños. Los hijos mayores **incluso** llegan a ser los que llevan la comida a la casa y dan el dinero para la educación de sus hermanos menores. Pero también hay familias de clase **media** y alta en las que los padres son los que dan todo para sus hijos. En muchas de estas casas hay **empleadas** de servicio que ayudan con los quehaceres del hogar. Los hijos usualmente se dedican a estudiar y a hacer uno que otro quehacer en la casa.

Olman (Costa Rica): En mi país nuestras familias se interesan mucho en lo que los hijos hacen fuera de la casa, en el tipo de amigos que tienen y en los lugares que **frecuentan.** Los padres ponen también mucha atención en el **comportamiento** de sus hijos, especialmente en las relaciones con los amigos, para así **evitar** problemas tales como la drogadicción o el alcoholismo. Al igual que en otros países, los hijos **permanecen** con la familia hasta que salgan de la universidad. Antes, las familias eran bastante grandes, pero esto está cambiando. Hoy en día una familia **promedio** consiste de cuatro miembros. Es bonito escuchar las conversaciones de nuestros familiares sobre viejos tiempos, especialmente en visitas o en fiestas en que todos nos reunimos.

Alejandro (Colombia): Pienso que las familias colombianas son muy tradicionales, pero al mismo tiempo son abiertas a nuevas ideas. Todavía **mantenemos** la **unidad** familiar, lo que quiere decir que nos gusta mucho estar juntos y vivir en el mismo hogar. Es en el hogar donde aprendemos a querer y donde los padres nos **educan**

y nos trasmiten los **valores** morales. El hogar es el lugar donde **compartimos** lo bueno y lo malo de la vida. Nosotros no tenemos que dejar el hogar de nuestros padres hasta que nosotros lo queramos. En la casa tenemos mucha libertad, lo que nos permite hacer lo que nos guste. **Sin embargo,** debemos seguir las reglas de la casa. También podemos traer nuestros amigos para estudiar o hacer fiestas. Muchas veces a nuestros padres les gusta estar en las fiestas porque así pueden conocer a nuestros amigos, hablar con ellos y, lo más importante, bailar con ellos.

buscando *around, with* **bendición** *blessing* **seres queridos** *loved ones* **ya sea** *whether* **se casen** *they get married* **Aún** *Even* **fuerte** *strong* **influyente** *influential* **Al igual que** *Just as* **de acuerdo** *according to* **época** *era* **incluso** *even* **media** *middle* **empleadas** *maids* **frecuentan** *they visit often* **comportamiento** *behavior* **evitar** *to avoid* **permanecen** *they stay* **promedio** *average* **mantenemos** *we keep* **unidad** *unity* **educan** *they teach* **valores** *values* **compartimos** *we share* **Sin embargo** *However*

¿Qué comprendiste?

Additional questions: *¿Qué come Mimi en la playa?; ¿Adónde va Mimi los domingos?; ¿Quién se encarga de los quehaceres en la casa de Eva?; ¿A qué se dedican usualmente los hijos, según Marta?; ¿Cuántos miembros hay en una familia promedio en Costa Rica, según Olman?; ¿Qué transmiten en el hogar los padres a los hijos, según Alejandro?; ¿A quiénes les gustan conocer los padres en la fiestas?*

1. ¿En qué país los chicos y las chicas piden la bendición de los padres?
2. ¿Adónde va Mimi los sábados?
3. ¿Qué hace Eva los fines de semana?
4. ¿Dónde hay muchas familias pobres, según la lectura?
5. ¿Quiénes tienen que trabajar en la calle para conseguir dinero?
6. ¿Qué problemas dice Olman que pueden tener en su país los jóvenes?
7. ¿Hasta cuándo los hijos están con la familia, según Olman?
8. ¿Qué debe seguir Alejandro en su casa?

Charlando   Answers will vary.

1. ¿Cómo son diferentes las familias hispanas de tu familia?
2. ¿Crees que los problemas de la drogadicción y el alcoholismo se pueden acabar? ¿Cómo?
3. ¿Qué piensas de estar en casa con tus padres hasta los treinta años? ¿Te gustaría? Explica.
4. ¿Qué fue lo más interesante de la lectura para ti?

Additional questions: *¿Qué haces los fines de semana con tu familia?; ¿Visitas a tus abuelos? ¿Cuándo?; ¿Piensas que estudiar y no trabajar es algo bueno o malo?; ¿Te gustaría que tus padres estuvieran en tus fiestas? ¿Por qué?*

1. En Venezuela los chicos y las chicas piden la bendición de los padres.
2. Mimi va a la playa.
3. Va a visitar a sus parientes.
4. En Guatemala hay muchas familias pobres.
5. Algunos de los hijos de las familias pobres tienen que trabajar en la calle para conseguir dinero.
6. Los jóvenes pueden tener problemas con la drogadicción y el alcoholismo.
7. Están con la familia hasta que salgan de la universidad.
8. Debe seguir las reglas de la casa.

1. ¿Cuál no pertenece? En cada grupo de cuatro, busca el verbo que está en el subjuntivo.

1. 1. juegues
   2. hablen
   3. gritemos
   4. ofrezca
   5. suba
   6. duerma
   7. corras
   8. paguen
   9. oiga
   10. pidamos

1.	hablas	contestas	comes	juegues
2.	se escapan	hablen	ocurren	vuelan
3.	saltamos	molestamos	gritemos	comemos
4.	conduzco	doblo	ofrezca	manejo
5.	ordena	suba	se queda	presta
6.	cree	duerma	vive	dice
7.	corras	compras	continúas	entras
8.	fríen	paguen	hacen	ponen
9.	nada	oiga	se olvida	es
10.	pasamos	sentimos	almorzamos	pidamos

2. Está bien conmigo. ¿Qué les puedes decir a estas personas para indicarles que no hagan lo siguiente? Sigue el modelo.

> **Modelo:** Antonio no quiere conducir el coche.
> Que no lo conduzca, entonces.

2. 1. ...la pase....
   2. ...lo vean....
   3. ...la consigan....
   4. ...los laven....
   5. ...la hagan....
   6. ...la recoja....
   7. ...se lo ponga....
   8. ...se lo quite....

1. Sara no quiere pasar la aspiradora.
2. Mis tíos no quieren ver el partido de fútbol.
3. Mis hermanos no quieren conseguir la comida.
4. María y Fernando no quieren lavar los platos.
5. Mis sobrinas no quieren hacer la tarea.
6. Don Manuel no quiere recoger la mesa.
7. Mi hermanito no quiere ponerse el abrigo.
8. Mi hermanita no quiere quitarse el sombrero.

Si no quieres lavar los platos, que los ponga alguien en el lavaplatos eléctrico.

3. **¿Qué quieres?** Trabajando en parejas, alterna con tu compañero/a de clase en hacer preguntas y contestarlas para saber lo que Uds. quieren hacer durante el día. Usa las indicaciones.

> **Modelo:** ir/al partido de béisbol
> **A:** ¿Vamos al partido de béisbol?
> **B:** Sí, (No, no) quiero que vayamos.

1. mirar/el partido en la televisión
2. hablar/con los vecinos
3. poner/el televisor
4. arreglar/el ático
5. limpiar/las alfombras ahora
6. preparar/el almuerzo
7. colgar/la ropa
8. visitar/los abuelos esta tarde
9. vestirse/para salir
10. volver/temprano a casa

3. 1. ¿Miramos....?/...quiero que miremos....
    2. ¿Hablamos....?/...que hablemos....
    3. ¿Ponemos...?/...que pongamos....
    4. ¿Arreglamos...?/...que arreglemos....
    5. ¿Limpiamos...?/...que limpiemos....
    6. ¿Preparamos...?/...que preparemos....
    7. ¿Colgamos...?/...que colguemos....
    8. ¿Visitamos...?/...que visitemos....
    9. ¿No vestimos...?/...que nos vistamos....
    10. ¿Volvemos...?/...que volvamos....

4. **¿Qué dicen las siguientes personas en la familia de Ramiro?** Haz oraciones en el subjuntivo, escogiendo elementos de cada columna.

> **Modelo:** Su bisabuelo dice que Uds. den de comer a los gatos.

A	B	C	D
su bisabuelo	yo	dar	más tiempo en casa
su madrastra	él	estar	al zoológico
su hermanastro	Uds.	ir	dinero para la fiesta
sus padres	nosotros	ser	buenos estudiantes
sus abuelos	ella		en casa a las cinco
su mamá	tú		de comer a los gatos
sus tíos	ellos		a arreglar el armario

4. Answers will vary.

Su mamá dice que esté en casa a las cinco para comer con la familia.

5. **¿Todos me mandan?** Imagina que hoy todos en tu casa te mandan hacer algo diferente. Di las siguientes oraciones sin usar el subjuntivo para decir lo que todos te mandan.

> **Modelo:** Mi tío me manda que compre una bombilla.
> Mi tío me manda comprar una bombilla.

1. Mi padre me manda que limpie la chimenea el sábado.
2. Mi madrastra me manda que consiga la escoba.
3. Mis hermanos me mandan que traiga madera para la chimenea.
4. Mi abuela me manda que abra las cortinas.
5. Mi tío me manda que ponga unos ladrillos en el patio.
6. Mis hermanas me mandan que lleve el sillón y el tocador a su cuarto.
7. El marido de mi tía me manda que arregle la reja.
8. Mi bisabuela me manda que limpie el lavadero.
9. Tú me mandas que ponga unos cuadros en la sala.

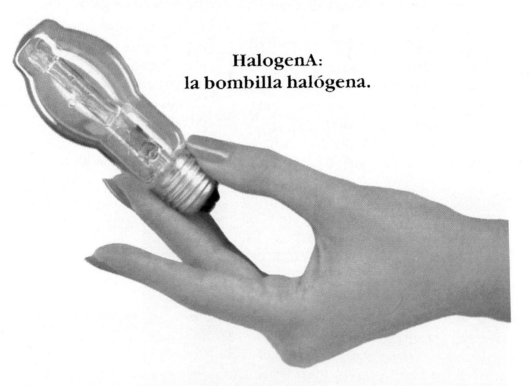

HalogenA:
la bombilla halógena.

6. **Los países bolivarianos. Haz un mapa de la América del Sur. Añade los nombres de las capitales de estos países, las montañas, los lagos, los ríos y otros puntos geográficos que puedas. Luego, añade color a los países bolivarianos.** 6. Check maps for accuracy.

7. **Muchas preguntas. Todos preguntan algo en casa. Combina las dos oraciones en una sola oración.**

1. ¿Cuándo empiezas a limpiar? Pronto.
2. ¿Nieva mucho aquí? Sí, lo siento.
3. ¿Almorzamos hoy? Sí, es importante.
4. ¿Llueve hoy? No, no esperamos.
5. ¿Ayudas en el hogar? Sí, creo.
6. ¿Viene la abuela mañana? Temo que sí.
7. ¿Regresan tus padres temprano? Lo dudo.
8. ¿Te parece bien que no tengan las llaves? Me parece mal.

7. 1. Espero que empieces a limpiar pronto.
   2. Siento que nieve mucho aquí.
   3. Es importante que almorcemos hoy.
   4. No esperamos que llueva hoy.
   5. Creo que ayudo en el hogar.
   6. Temo que la abuela venga mañana.
   7. Dudo que regresen temprano.
   8. Me parece mal que no tengan las llaves.

8. **A completar. Completa las siguientes oraciones de una manera original para expresar emociones personales, usando el subjuntivo.**

> **Modelo:** Espero....
>
> Espero que mi hermana me permita manejar su carro nuevo.

8. Creative self-expression.

1. Temo....
2. Me alegro....
3. Me encanta....
4. Me fascina....
5. Me interesa....
6. Me complace....
7. Siento....
8. Me molesta....

Espero que ganes.

9. **¿Qué opinas? Expresa tus opiniones o dudas acerca del próximo evento importante que hay en tu familia o en tu colegio, usando una de las siguientes expresiones:** *Es dudoso, es fácil, es una lástima, es imposible, conviene, es necesario, es posible, es importante, es preciso, es probable, es mejor, es urgente, más vale.* **Puedes inventar la información si quieres. Sé creativo/a.**

> **Modelo:** Es difícil que los abuelos vengan a la fiesta de quince años de mi hermana.
>
> 9. Creative self-expression.

10. **Una visita a los abuelos.** Imagina que tú y tu familia van mañana a visitar a los abuelos y ahora hacen planes para la visita. Completa las siguientes oraciones para saber cuáles son los planes, usando una de las expresiones de la lista y la forma apropiada de los verbos indicados.

antes de que	para que	hasta que
luego que	después de que	en cuanto
a fin de que	cuando	aunque

Modelo: Voy a hacer un plan para la visita, <u>aunque sea</u> muy corto. *(ser)*

1. Deben comprarle una cafetera nueva a los abuelos <u>(1)</u> contentos. *(sentirse)*
2. Nosotros debemos comprar la cafetera <u>(2)</u> con nuestros amigos. *(salir)*
3. Todos tienen que contarles un chiste a ellos <u>(3)</u> todo el día. *(sonreírse)*
4. Tú y tu hermana deben hacer un pastel <u>(4)</u> Uds. <u>(4)</u> de comer. *(terminar)*
5. Mañana nosotros salimos temprano <u>(5)</u> nosotros <u>(5)</u> el desayuno. *(tomar)*
6. Espero que mañana Uds. no comiencen a discutir <u>(6)</u> a la casa de los abuelos. *(ir)*
7. No voy a estar feliz <u>(7)</u> yo <u>(7)</u> a los abuelos mañana. *(ver)*
8. Espero que tu hermano todavía pueda ir <u>(8)</u> él <u>(8)</u> que vamos a estar todo el día con los abuelos. *(saber)*

11. **¿Qué están buscando para sus casas?** Combina las siguientes oraciones para decir qué están buscando las personas indicadas.

Modelo: Estoy buscando una alfombra. Tiene que ser grande.
Estoy buscando una alfombra que sea grande.

1. Mis tíos están buscando un armario. Tiene que ser antiguo.
2. Mi hermanastra está buscando unas cortinas para su cuarto. Tienen que ser a rayas.
3. Mi papá está buscando una cerradura para la puerta. No puede costar mucho.
4. Mi abuela está buscando un perrito. No debe ladrar.
5. Mi mamá está buscando una licuadora. Tiene que hacer buenos jugos.
6. Mis padres están buscando un carro nuevo. Tiene que caber en el garaje.
7. La mujer de mi hermano mayor está buscando un tocador. Tiene que tener un espejo.

Vaso para licuadora

12.49

P. NORMAL 17.79

Hogar, dulce hogar

arriba   *alfombra*   armario

hermanastra   *jardín*   *chimenea*

mueble   **papá**   sótano   *madera*

aparato   plan   *dudar*   esperar

para que   temer   *luego que*

12. **Expresiones comunes. Repasa las expresiones anteriores para probar cuántas puedes recordar. Luego, trabajando en grupos de tres, añadan otras expresiones relacionadas.** 12. This is a self-test. Circulate and help students who are having problems.

13. **A crear. Trabajando en grupos de tres, hablen en español por cinco minutos. Usen tantas expresiones como sea posible, empezando con el tema *hogar, dulce hogar* y continuando con cualquier otro tópico.**

    13. Creative self-expression.

Espero que te guste mi jardín.

¿Qué ha pasado?

MISSION STREET

COMMUNICATIVE FUNCTIONS

- Expressing events in the past
- Talking about the news
- Discussing what has happened
- Discussing a television broadcast
- Talking about everyday activities
- Describing people and objects
- Writing about what someone has done
- Identifying sections of newspapers and magazines
- Relating two events in the past
- Discussing a radio broadcast
- Talking about soccer
- Adding emphasis to a description
- Expressing wishes

Functions:
- Expressing events in the past
- Talking about the news
- Discussing what has happened
- Discussing a television broadcast
- Talking about everyday activities
- Describing people and objects
- Writing about what someone has done

¿Qué ha pasado?

LA1

The formation and use of the present perfect tense is explained later in this lesson. For this reason, difficult constructions that students may have trouble understanding are noted for students in the glossed section that follows this and the next dialog. Encourage students to try to discern meaning from contextual cues and these glossed notes.

CARLOS: ¿Qué **has hecho?**° El piso de la cocina está **cubierto**° de cereal y hay un plato **roto.**° ¿Sabes qué **ha pasado?**°

MARTA: Me caí cuando estaba sirviéndome cereal. El piso está muy **resbaloso.**°

CARLOS: **¿Te has lastimado?**°

MARTA: No, no me pasó nada..., pero déjame ver las noticias. La **reportera** está hablando de un accidente.

CARLOS: ¡Sí, claro!

has hecho *have you done (present perfect tense of* hacer) **cubierto** *covered (past participle of* cubrir) **roto** *broken (past participle of* romper) **ha pasado** *has happened (present perfect tense of* pasar) **resbaloso** *slippery* **¿Te has lastimado?** *Have you injured (hurt) yourself? (present perfect tense of* lastimarse)

¿Qué comprendiste?

1. Ha ocurrido un accidente.
2. Está cubierto de cereal.
3. Hay un plato roto.
4. Se cayó.
5. El piso está muy resbaloso.
6. No, no se ha lastimado.
7. Marta quiere ver las noticias.
8. Answers will vary.
9. Answers will vary.

1. ¿Qué ha ocurrido en la carretera que va a Punta del Este?
2. ¿De qué está cubierto el piso de la cocina?
3. ¿Qué más hay en el piso?
4. ¿Qué le pasó a Marta?
5. ¿Cómo está el piso, según Marta?
6. ¿Se ha lastimado Marta?
7. ¿Qué quiere ver Marta?
8. ¿Ha ocurrido algún accidente en la ciudad donde vives? ¿De qué tipo?
9. ¿Te ha ocurrido algún accidente en tu casa en el último mes? ¿Qué te pasó?

Additional questions: *¿Qué está haciendo Marta?; ¿Qué le pasó a Marta en la cocina?; ¿Quiere Carlos oír a la reportera?; ¿Te gusta comer cuando ves la televisión? ¿Qué comes?; ¿Piensas que ver las noticias es importante? ¿Por qué?; ¿Te gustaría ser reportero or reportera de televisión? Explica.*

A propósito

El Uruguay

El Uruguay, cuyo nombre oficial es la República Oriental del Uruguay, es el país más pequeño de la América del Sur después de Surinam. Como los otros países que has estudiado, el español es su lengua oficial. Está ubicado entre el Brasil al norte y al este, la Argentina al oeste, el Océano Atlántico al sureste y el Río de la Plata al suroeste. La capital del país, y la ciudad más grande es Montevideo, con una población de más de un millón de habitantes. Otras ciudades importantes del Uruguay son Salto y Punta del Este.

El Palacio Legislativo.
(Montevideo, Uruguay)

Los españoles llegaron en el siglo XVI cuando Juan Díaz de Solís fue a parar a lo que hoy es el Río de la Plata. Un grupo de españoles de la Compañía de Jesús estableció la ciudad de Santo Domingo de Soriano en 1624. Durante los años siguientes otra gente de europa continuó la colonización de la región. Doscientos años más tarde, el día 25 de agosto de 1825, Uruguay declaró su independencia de España.

Hoy el Uruguay es un país cosmopolita. Su población, que en su mayoría vive en las ciudades, muestra una variedad de herencias. El ochenta y cinco por ciento de su gente es de origen europeo, la mayor parte de la cual es de origen español o italiano.

Esta señora de Colonia, Uruguay, está tomando mate, una bebida caliente muy popular en el Uruguay.

Punta del Este, Uruguay.

1. Uruguay. Contesta las siguientes preguntas sobre el Uruguay.

1. ¿Es el Uruguay un país grande? Explica.
2. ¿Cuál es el nombre oficial del país?
3. ¿Qué lengua se habla en el Uruguay?
4. ¿Dónde está el Uruguay?
5. ¿Cuáles son los países vecinos del Uruguay?
6. ¿Qué cuerpos de agua tocan el país al sur?
7. ¿Cuál es la capital del país?
8. ¿Cuántas personas viven en la capital?
9. ¿Cuándo declaró el Uruguay su independencia de España?
10. ¿Cómo es el Uruguay hoy? Explica.

1. 1. No. Es un país pequeño.
   2. El nombre oficial del país es la República Oriental del Uruguay.
   3. Se habla español.
   4. Está en la América del Sur, entre el Brasil al norte y al este, la Argentina al oeste, el Océano Atlántico al sureste y el Río de la Plata al suroeste.
   5. Sus países vecinos son el Brasil y la Argentina.
   6. El Río de la Plata y el Océano Atlántico tocan el país al sur.
   7. La capital es Montevideo.
   8. Tiene una población de más de un millón de habitantes.
   9. Declaró su independencia de España el 25 de agosto de 1825.
   10. Hoy el Uruguay es un país cosmopolita; la mayor parte de su población es de origen español o italiano.

¿Qué ha pasado? (continuación)

¡Ja, ja, ja!

CARLOS: Oye, ¿por qué **no has limpiado°** la cocina?

MARTA: Bueno, he estado viendo las noticias.

CARLOS: ¿Qué hay hoy de especial en las noticias?

MARTA: No hay ningún **acontecimiento°** especial, pero **me he muerto de la risa°** con una noticia muy chistosa.

CARLOS: Pero, si las noticias son siempre **serias,** ¿qué **han mostrado°** hoy de chistoso?

MARTA: Hoy mostraron a un hombre y a un perro en Montevideo.

CARLOS: Y, ¿qué hay con eso?

MARTA: Tú sabes que lo **normal** es que los perros **muerdan°** a las personas, ¿no?

CARLOS: Sí, eso pasa normalmente.

MARTA: Bueno, es que esta vez fue un hombre **quien** mordió a un perro. ¡Ja, ja, ja!

no has limpiado *haven't you cleaned* **acontecimiento** *event, happening* **me he muerto de la risa** *I died laughing* **han mostrado** *have they shown* **muerdan** *bite*

¿Qué comprendiste?

Additional questions: *¿Qué es lo normal según Marta?; ¿Quién se ríe?; ¿En qué país está Montevideo?*

1. ¿Por qué Marta no ha limpiado la cocina?
2. ¿Hay algo especial en las noticias hoy?
3. ¿Cómo era una de las noticias que había hoy?
4. ¿Cómo son siempre las noticias, según Carlos?
5. ¿Qué han mostrado chistoso en las noticias, según Marta?
6. ¿Qué ha pasado que no era normal?

1. No ha limpiado la cocina porque ha estado viendo las noticias.
2. No, no hay ningún acontecimiento especial en las noticias hoy.
3. Era una noticia muy chistosa.
4. Según Carlos, las noticias son siempre serias.
5. Han mostrado a un hombre y a un perro en Montevideo.
6. Un hombre mordió a un perro.

A propósito

¿Qué ha pasado en las noticias?

un accidente	*accident*	una ocasión	*occasion*
una actividad	*activity*	una protesta	*protest*
una catástrofe	*catastrophe*	una reunión	*meeting, reunion*
una celebración	*celebration*	un robo	*robbery*
un huracán	*hurricane*	un suceso	*event, happening*
un misterio	*mystery*	un temblor	*tremor*

WB2, WA1, LA3, R1

Note that *suceso* is synonymous with *acontecimiento*.

Charlando   Answers will vary.

1. ¿Te gusta ver las noticias? Explica.
2. ¿Qué noticia importante ha pasado donde tú vives?
3. ¿Hay algún suceso o acontecimiento importante esta semana en tu ciudad? ¿Cuál?
4. ¿Crees que una noticia chistosa puede ser especial o importante? Explica.

Additional questions: *¿Piensas que las noticias deben ser siempre serias? ¿Por qué?; ¿Ves las noticias en la televisión todos los días? ¿Cuándo?*

NOTICIAS 41

2. Las noticias del año. Siempre hay sucesos importantes que pasan durante el año. Aquí tienes un artículo que describe varios acontecimientos que han ocurrido. Completa el siguiente párrafo, usando una de las palabras de la lista. Cada palabra se usa una vez.

2. 1. acontecimientos
   2. protesta
   3. accidente
   4. catástrofe
   5. huracán
   6. misterio
   7. robos
   8. reunión
   9. ocasión
   10. celebraciones

accidente	catástrofe	huracán	ocasión	reunión
acontecimientos	celebraciones	misterio	protesta	robos

Las noticias del año

Lo siguiente es un resumen de los (1) más importantes que han ocurrido durante el año: En enero hubo una (2) de más de cinco mil personas amigas de la ecología en favor de los bosques del país. En febrero un avión tuvo un (3) fatal en su viaje a Buenos Aires. En marzo hubo una gran (4) al este del país, cuando los vientos del (5) María barrieron con dos pequeñas ciudades. En abril, en medio de un gran (6), el Banco Nacional tuvo uno de los (7) más grandes de su historia sin que hasta hoy la policía sepa quién lo hizo. En mayo hubo una (8) nacional de padres de familia que habló sobre los problemas de la familia. Finalmente, el mes pasado con (9) del día del profesor se hicieron muchas (10) para los profesores y profesoras de todo el país.

WB3, WB4,
WB5, WA2,
WA3, LA4,
R2, R3

Estructura

El pretérito perfecto y el participio pasivo

WWRV 1330 AM

**¿NO HAS OIDO?
¿NO SE HA ENTERADO?**

Note that the past participle always ends in *-o* in the perfect tenses: it does not change to agree with changes in subjects.

Use the *pretérito perfecto*, or present perfect tense, to refer to the past in a general sense or to talk about something specific that **has happened** recently. This compound verb tense is formed from the present tense of the helping verb *haber* (to have) and the past participle (*participio pasivo*) of a verb.

haber	
he	hemos
has	habéis
ha	han

+ past participle

The past participle of a verb in Spanish is often equal to English words ending in *-ed*. Form the past participle of regular *-ar* verbs by changing the *-ar* of the infinitive to *-ado*. For regular *-er* and *-ir* verbs, change the infinitive ending *-er* or *-ir* to *-ido*.

pasar	➡	*pasado* (happened)
comer	➡	*comido* (eaten)
vivir	➡	*vivido* (lived)
ir	➡	*ido* (gone)

Nosotros hemos vivido aquí
por mucho tiempo.

Look at these examples:

*¿Qué **ha pasado** aquí?*	What **has happened** here?
*Todavía no **he comido**.*	**I have** not **eaten** yet.
*Nosotros **hemos vivido** aquí por mucho tiempo.*	**We have lived** here a long time.
*¿**Han ido** Uds. al Uruguay alguna vez?*	**Have you** ever **gone** to Uruguay?

Object pronouns precede the conjugated form of *haber*. However, when an expression uses the infinitive *haber*, attach object pronouns directly to the end of the infinitive.

*¿Qué **te ha pasado** hoy?*	What happened to you today?
*Siento no **haberte llamado**.*	I am sorry I did not call you.

3. **Las noticias. Lee los siguientes recortes (*clippings*) de periódico y, luego, encuentra seis participios pasivos.**

3. Answers: ocurrido, reunido, pasado, sido, ocurrido, venido.

Muchos accidentes han ocurrido recientemente en la carretera entre Montevideo y Punta del Este. Los vecinos del lugar dicen que todo se debe a la gran actividad de camiones que pasan por esta ruta.

Una importante reunión de miembros de la comunidad del barrio Santa Ana con miembros de la policía se realizó esta mañana para estudiar la situación de los robos que han venido pasando en el sector.

Con ocasión de las celebraciones del día de independencia, se han reunido en la capital uruguaya importantes personalidades del país.

Algo diferente ocurrió ayer cuando un hombre mordió a su perro, diciendo que su perro trató de morderlo a él primero. Este es el primer suceso de este tipo que ha pasado en la ciudad.

Un temblor de poca intensidad ocurrió ayer en la capital. Con éste han sido ya tres los temblores de tierra que han ocurrido en Montevideo esta semana.

¿Alguien te ha mordido?

4. ¿Qué has hecho tú esta semana? Haz oraciones con el pretérito perfecto para decir cuántas veces has hecho las actividades indicadas esta semana.

Modelo: comer el almuerzo
He comido el almuerzo dos veces esta semana.

4. Answers will vary. Past participles should be as follows: *conducido, hablado, dado, conocido, ido, llegado, mentido.*

1. conducir el carro de mis padres
2. hablar español con mi profesor/a de español
3. dar un paseo
4. conocer a una persona nueva
5. ir al colegio
6. llegar tarde al colegio
7. mentir

¿Cuántas veces has hablado en español con tu profesor(a) de español esta semana?

5. ¡Un robo! Completa el siguiente diálogo entre Rosa y Juan, usando el pretérito perfecto de los verbos indicados para saber lo que dicen sobre el robo en el Banco Nacional.

5.
1. ha ocurrido
2. ha hablado
3. Han mostrado
4. he mirado
5. ha trabajado
6. han escapado
7. has tenido
8. he dormido

ROSA: Juan, ¿qué *1. (ocurrir)* hoy en las noticias?

JUAN: Un reportero *2. (hablar)* sobre un robo en el Banco Nacional que está en el centro.

ROSA: ¿Cómo? ¿Un robo? ¿*3. (mostrar)* ellos las personas que estaban en el banco?

JUAN: Todavía no.

ROSA: ¿Estás seguro?

JUAN: Sí, claro. Yo *4. (mirar)* las noticias toda la mañana. Pero, ¿por qué te preocupas tanto?

ROSA: Bueno, tengo un amigo que *5. (trabajar)* por muchos años en ese banco.

JUAN: No te preocupes. Todas las personas *6. (escapar)* de allí, según dijo la policía.

ROSA: ¡Qué bueno! ¿Y nadie se lastimó cuando escapaban?

JUAN: No, nadie. Mira, Rosa, creo que tú *7. (tener)* un día muy largo. Ve a descansar un poco.

ROSA: Sí, está bien. No *8. (dormir)* lo suficiente. Hasta mañana Juan.

A propósito

Participios pasivos irregulares

The following verbs have irregular past participles:

abrir	**abierto** (opened)	morir	**muerto** (died)
cubrir	**cubierto** (covered)	poner	**puesto** (put)
decir	**dicho** (said, told)	romper	**roto** (broken, torn)
escribir	**escrito** (written)	ver	**visto** (seen)
hacer	**hecho** (done, made)	volver	**vuelto** (returned)

No he visto nada.

Although they are regular, the past participles of some verbs require a written accent mark:

caer	**caído** (fallen)	oír	**oído** (heard, listened to)
creer	**creído** (believed)	reír	**reído** (laughed)
leer	**leído** (read)	traer	**traído** (brought)

Me he reído mucho hoy.

Variations of verbs in combination with prefixes and suffixes reflect the same irregularities of the original verb.

reír (to laugh)	➡	**reído**
son**reír** (to smile)	➡	son**reído**
freír (to fry)	➡	**freído**

¿Por qué te has sonreído?

The verbs *abrir, cubrir, escribir* and *romper* have no forms that are irregular other than the past participle.

The accent mark on *caído, creído* and so forth prevents a diphthong and, therefore, changes the pronunciation.

6. Dime una mentira. Di algo absurdo, usando el pretérito perfecto de los verbos indicados.

6. Creative self-expression.

7. 1. ¿...ha cubierto...?/ Mi hermanastro lo ha cubierto.
    2. ¿...ha abierto...?/ Los abuelos las han abierto.
    3. ¿...ha hecho...?/Mi tía las ha hecho.
    4. ¿...ha dicho...?/Mi papá lo ha dicho.
    5. ¿...ha escrito...?/ Carlitos los ha escrito.
    6. ¿...ha puesto...?/ Yo la he puesto.
    7. ¿...ha visto...?/Mi tío las ha visto.
    8. ¿...ha mordido...?/ Un ratón lo ha mordido.
    9. ¿...ha leído...?/ Todos nosotros lo hemos leído.
    10. ¿...ha roto...?/ Marta lo ha roto.

Modelo: escribir

He escrito más de cinco mil libros de misterio.

1. poner en el escritorio del profesor/de la profesora
2. traer a la clase
3. romper
4. hacer
5. leer
6. ver
7. correr
8. oír
9. escribir
10. decir

7. ¿Quién lo ha hecho? Imagina que tu madre ha llegado a casa después de trabajar y ahora ella te hace muchas preguntas. Trabajando en parejas, alterna con tu compañero/a de clase en hacer preguntas y contestarlas, usando el pretérito perfecto y las indicaciones que se dan. Sigue el modelo.

Modelo: traer este sillón para el comedor/tú

A: ¿Quién ha traído este sillón para el comedor?

B: Tú lo has traído.

1. cubrir el piso con papeles/mi hermanastro
2. abrir todas las ventanas/los abuelos
3. hacer estas galletas/mi tía
4. decir que el piso está resbaloso/mi papá
5. escribir estos números de teléfono en mi libro/Carlitos
6. poner la televisión de mi cuarto/yo
7. ver las noticias hoy/mi tío
8. morder el pan/un ratón
9. leer el periódico/todos nosotros
10. romper este vaso/Marta

8. **La familia de Carlos.** Haz oraciones completas, tomando elementos de cada columna para decir lo que han hecho esta mañana algunos miembros de la familia de Carlos.   8. Answers will vary.

Modelo: Su papá ha leído una revista muy interesante.

A	B	C
su papá	oír	una ventana jugando al fútbol
sus tíos	romper	un pastel con frutas
su prima	cubrir	todas las cortinas de la casa
su mamá	traer	una carta a su amiga del Uruguay
sus hermanas	abrir	la leche y el pan
su hermanastro	poner	una noticia sobre un temblor
sus abuelos	leer	sus cosas en su lugar
su sobrina	escribir	una revista muy interesante

El ha puesto sus cosas en su lugar.

¿Qué revista interesante has leído tú?

9. **¿Qué han hecho?** Trabajando en parejas, alterna con tu compañero/a de clase en hacer preguntas y en contestarlas para decir lo que han hecho durante la semana varias personas que Uds. conocen. Usen el pretérito perfecto en cada pregunta y respuesta.   9. Creative self-expression.

Modelos: A: ¿Qué han hecho tus padres esta semana?
B: Mis padres han escrito un informe para una reunión que tienen en su oficina.

B: ¿Qué ha hecho el profesor de historia?
A: El profesor de historia ha dado mucho trabajo a su clase.

WA5

Los programas de la televisión

ALFONSO: En este **canal**° hay una **comedia** que me gusta mucho. Siempre me he reído viéndola. ¿Qué tipo de programas te gustan a ti?

DIANA: A mí me gustan los programas de música. Siempre me ha gustado ver a mis **cantantes**° favoritos.

VIRGINIA: A mí me gustan los de **concurso.**° Siempre he querido **participar** en uno para ganar **premios.**°

JORGE: Mis preferidos son los programas de noticias. La **información** que ellos presentan es muy importante. He aprendido mucho viéndolos.

VIRGINIA: Sí, pero los **periodistas**° a veces **opinan** demasiado y no **informan** nada.

DIANA: Bueno, miren, va a empezar un programa bueno....

canal *channel* **cantantes** *singers* **(programa de) concurso** *(game show) contest, competition* **premios** *prizes* **periodistas** *journalists*

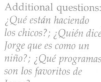

¿Qué comprendiste?

1. Hay una comedia.
2. A Diana siempre le han gustado los programas de música.
3. Virginia siempre ha querido participar en un programa de concurso.
4. Los periodistas opinan demasiado, según Virginia.
5. La información que ellos dan.

Additional questions: ¿Qué están haciendo los chicos?; ¿Quién dice Jorge que es como un niño?; ¿Qué programas son los favoritos de Jorge?

1. ¿Qué tipo de programa hay en el canal que los chicos están viendo?
2. ¿Qué tipo de programas siempre le han gustado a Diana?
3. ¿Quién ha querido participar en un programa de concurso?
4. ¿Quiénes opinan demasiado, según Virginia?
5. ¿Qué es importante de los programas de noticias, según Jorge?

Charlando

Answers will vary.

Additional questions: ¿Qué canales ves mucho?; ¿Te gustaría ser periodista? ¿Por qué?

1. ¿Qué tipo de programa es tu favorito?
2. ¿Te gustaría participar en un programa de concurso y ganar premios? Explica.
3. ¿Crees que informar es algo fácil o difícil? ¿Por qué?
4. ¿Quién es tu cantante favorito?

CANAL+ Es más.

A propósito

El pretérito perfecto: los verbos reflexivos

The present perfect tense of reflexive verbs is formed using a reflexive pronoun in combination with the present tense of *haber* and the past participle of a verb. Reflexive pronouns precede the conjugated form of *haber*. However, when an expression uses the infinitive *haber*, attach the reflexive pronouns directly to the end of the infinitive.

¿Se han lastimado ellos?	Did they hurt themselves?
Siento haberme olvidado de llamarte.	I am sorry I forgot to call you.

¿Se ha lastimado alguien?

10. **¿Qué han hecho?** Di lo que estas personas ya han hecho, usando el pretérito perfecto. Sigue el modelo.

> **Modelo:** ¿Se despierta mamá?
> Ya se ha despertado.

1. ¿Te levantas?
2. ¿Te vistes?
3. ¿Se despiertan tus hermanas?
4. ¿Se baña tu mamá?
5. ¿Se cepillan los dientes tú y tu hermano?
6. ¿Se lava el pelo tu hermano?
7. ¿Se sientan ellos en la cocina?
8. ¿Se desayunan Uds.?

10. 1. Ya me he levantado.
2. Ya me he vestido.
3. Ya se han despertado.
4. Ya se ha bañado.
5. Ya nos hemos cepillado los dientes.
6. Ya se ha lavado el pelo.
7. Ya se han sentado en la cocina.
8. Ya nos hemos desayunado.

11. El aviso. Completa el siguiente párrafo lógicamente, usando el pretérito perfecto de los verbos indicados.

11.
1. ha dolido
2. has perdido
3. has tenido
4. se ha sentido
5. se ha muerto
6. se ha caído
7. se ha roto
8. se ha lastimado
9. he visto
10. han traído
11. hemos tratado
12. han tenido
13. han dicho

Dra. Swanson ————

Soy la Dra. Swanson. Si te *1. (doler)* el estómago en los últimos días, o si tú *2. (perder)* el apetito y no *3. (tener)* mucha hambre, no te puedo examinar. Si tu madre *4. (sentirse)* cansada, o aun si tu abuelo casi *5. (morirse)* durante los últimos días, a ellos ni mis colegas ni yo los podemos ayudar. Pero si tu gato *6. (caerse)* de un árbol y *7. (romperse)* una pata, o si *8. (lastimarse)* de alguna manera, ¡tráemelo! Soy veterinaria y *9. (ver)* que los problemas de los animales domésticos no son muy diferentes de los problemas de las personas. Por ejemplo, unos chicos me *10. (traer)* un perro viejo que tenía dificultades para andar. ¡Sufría de artritis! También, mis colegas y yo *11. (tratar)* a gatos que *12. (tener)* apendicitis. ¡Sí! ¡Gatos! Mis pacientes nunca me *13. (decir)* gracias, pero sé que se sienten mucho mejor después de venir a mi oficina.

12. Algo personal ahora. Contesta las siguientes preguntas de acuerdo con tu vida personal. Usa el pretérito perfecto en tus respuestas.

12. Answers will vary.

1. ¿A qué hora te has levantado hoy?
2. ¿Qué ropa te has puesto hoy?
3. ¿Cómo se llama el último libro que has leído?
4. ¿Has escrito un poema romántico alguna vez?
5. ¿Siempre les has dicho la verdad a tus padres?
6. ¿Has ido al zoológico este año?
7. ¿Cuánto tiempo has tardado en contestar estas preguntas?

¿Has ido al zoológico este año?

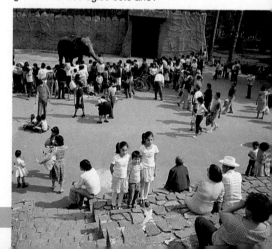

Los programas de la televisión (continuación)

DIANA: Alvaro, dime algo, ¿prefieres los programas **extranjeros°** o los **nacionales?**

ALVARO: Me gustan más los programas extranjeros.

JORGE: Oye, Virginia, ¿qué **actor** o **actriz** te gusta?

VIRGINIA: Bueno, a mí me gusta María Conchita Alonso. Es una cantante estupenda y una actriz **famosísima.** Ella **ha tenido** mucho **éxito,°** y estoy casi segura de que nunca ha **fracasado°** en nada.

ALVARO: Sí, **estoy de acuerdo.°** Ella ha hecho muchos **personajes°** y ha **filmado** y **grabado°** muchos programas de televisión. El **público** la quiere mucho.

VIRGINIA: Me gustaría pedirle un **autógrafo...** Oye, ¿está Alfonso dormido o despierto?

DIANA: Shhh, creo que se ha dormido. Lo vi **bostezando°** hace un minuto. Tantos **anuncios comerciales°** lo **aburren.**

extranjeros *foreign*   **ha tenido éxito** *has been successful (has been a success)*   **fracasado** *failed*   **estoy de acuerdo** *I agree*   **personajes** *characters*   **grabado** *recorded*   **bostezando** *yawning*   **anuncios comerciales** *commercial announcements, commercials, advertisements*

Additional questions: *¿Qué ha tenido ella?; ¿Dice Alvaro que él ha filmado y ha grabado muchos programas de televisión?*

¿Qué comprendiste?

1. ¿Qué tipo de programas prefiere Alvaro?
2. ¿Qué actriz famosa le gusta a Virginia?
3. ¿Quién está de acuerdo con Virginia?
4. ¿De qué está casi segura Virginia que nunca ha hecho María Conchita Alonso?
5. Además de ser actriz, ¿qué más es María Conchita Alonso?
6. ¿Qué ha hecho María Conchita Alonso?
7. Además de Virginia, ¿quién quiere mucho a María Conchita Alonso?
8. ¿Qué le gustaría pedirle Virginia a María Conchita Alonso?
9. ¿A quién vio Diana bostezando?

1. Alvaro prefiere los programas extranjeros.
2. A Virginia le gusta María Conchita Alonso.
3. Alvaro está de acuerdo con ella.
4. Está casi segura de que María Conchita Alonso nunca ha fracasado en nada.
5. Es una cantante.
6. Ha hecho muchos personajes. También ha filmado y ha grabado muchos programas de televisión.
7. El público la quiere mucho.
8. Le gustaría pedirle un autógrafo.
9. Diana vio a Alfonso bostezando.

TV GUIA

Del 22 al 28 de Diciembre

JUEVES 22

MAÑANA

11:00 [1] **COLORINA**
Telenovela mexicana. Amy amenaza a Ana María con decir toda la verdad. Guillermo continúa con la obsesión de encontrar a su nieto. (Caracol)

11:30 [1] **OPERACION SALUD**
Primer resumen de los informes presentados este año. (Caracol)

[2] **AL FINAL DEL ARCO IRIS**

TARDE

12:00 [1] **MR. BELVEDERE**
Fevin se enamora de una modelo, pero le exige que deje su profesión si quiere continuar con él. (Caracol)

[2] **DESEOS**
Dramatizado. "Feliz Navidad". (Do Re Creativa)

12:30 [1] **NOTICIERO CINEVISION**

[2] **TELENOTICIERO DEL MEDIODIA**

1:00 [1] **ADAN Y EVA**

[2] **LA NATURALEZA**
Concurso de pesebres. (Prego)

1:30 [1] **CRISTAL**

[2] **NUEVO MUNICIPIO COLOMBIANO**

4:30 [1] **FLOR DE INVIERNO**
Telenovela nacional. Emperatriz emprende viaje a sus haciendas. Olimpo nota que algo extraño ocurre. (RTI)

[2] **EL SUPERLIBRO**

5:00 [1] **POR SIEMPRE AMIGOS**

[2] **EL NIÑO BIONICO**

5:30 [1] **SCOOBY DOO**

[2] **PEQUEÑOS GIGANTES**
"Ahora somos jaileifes". Marino se encuentra muy enfermo. El médico se aterra cuando comprueba que un remedio casero lo ha curado. (Caracol)

NOCHE

56:00 [1] **LAS AVENTURAS DEL PROFESOR YARUMO**

[2] **FERCHO Y COMPAÑIA**
Fercho le pide prestado dinero a Jorge Eliécer para comprar los aguinaldos. (Caracol)

[3] **ORO PURO**

6:15 [3] **CAPACITESE USTED**

6:30 [1] **TE AMO PECAS**
"La novena". Todo está listo para iniciar la novena bailable en el apartamento de Clemens. Max baila con su amiga y John recibe a Roberto. Lucha alcanza a ver el invitado y se desaparece, detrás del disfraz de Santa Claus. (RCN)

[2] **VIDEOFIESTA**

[3] **ESTAMPAS JUVENILES**

7:00 [1] **NOTICIERO 24 HORAS**

[2] **NOTICIERO DE LAS SIETE**

[3] **LA MUSICA Y SU MUNDO**

7:29 [1] **EL MINUTO DE DIOS**

[2] **EL BOLETIN DEL CONSUMIDOR**

7:30 [3] **CONSULTORIO JURIDICO**

7:35 [1] **CAMARA DE REPRESENTANTES**

[2] **IMAGENES**
Especial de música de cu

Charlando

Answers will vary.

Additional questions: ¿Sabes quién es María Conchita Alonso?; Has visto una de sus películas? ¿Cuál?; ¿La has oído cantar? ¿Qué canción?

1. ¿Prefieres los programas extranjeros o los nacionales? ¿Por qué?
2. ¿Quién es tu actor o actriz favorito/a?
3. ¿Has pedido un autógrafo a un personaje famoso? ¿A quién?
4. ¿En qué actividad has tenido mucho éxito durante tu vida?
5. ¿Tienes miedo de fracasar? Explica.
6. ¿Te aburren los anuncios comerciales de la televisión? Explica.

A propósito

WB10, WB11, WA7, LA7, R7

El participio pasivo como adjetivo

In Spanish, a past participle may be used as an adjective following a verb (such as *ser* or *estar)*, or alone with a noun. As is the case with other adjectives you have learned, past participles that are used as adjectives must agree in number and gender with the noun they modify.

*El piso estaba **cubierto** de cereal.*	The floor was **covered** with cereal.
*También había un plato **roto** en el piso.*	There was a **broken** plate on the floor, also.
*Los programas de concurso son **divertidos**.*	Game shows are **fun**.

13. **En una reunión social.** Completa las siguientes oraciones, usando la forma del adjetivo de los verbos indicados para saber lo que algunas personas dijeron en una reunión de amigos.

> **Modelo:** CARMEN: He oído que Sábado Gigante es tu programa de televisión (preferido). (preferir)

1. ARTURO: He leído que hay un canal de comedia que es muy (1). (divertir)
2. DIEGO: Siempre he creído que las películas (2) en Hollywood son muy buenas. (filmar)
3. VIRGINIA: He sabido que María Conchita Alonso tiene muchas canciones (3) en español que son populares en la América del Sur. (grabar)
4. ALBERTO: He visto que algunos programas de concurso dan unos premios (4). (exagerar)
5. PATRICIA: Siempre he pensado que los programas de noticias sólo presentan información (5). (aburrir)
6. MARCOS: Mi abuelo me ha dicho muchas veces que la gente bien (6) puede llegar a tener mucho éxito en la vida. (informar)
7. CLARA: Algunas personas han opinado que los periodistas normalmente son unas personas muy (7). (leer)
8. CAROLINA: Algunas veces me ha parecido que las noticias están llenas de personas (8). (morir)

13. 1. divertido
2. filmadas
3. grabadas
4. exagerados
5. aburrida
6. informada
7. leídas
8. muertas

14. **Ayer por la tarde.** Completa el siguiente párrafo, usando la forma del adjetivo de los verbos indicados para saber lo que veían Felipe y Graciela ayer en la televisión.

En la tarde, Felipe y Graciela estaban *1. (sentar)* en los sillones de la sala, con los ojos muy *2.(abrir)* viendo todo lo que pasaba en la televisión. En un programa *3. (filmar)* en los Estados Unidos, mostraban actores y actrices de mucho éxito que recibían premios. Luego, los mostraban dando autógrafos al público que estaba *4. (aburrir)* por haberlos esperado mucho tiempo. Más tarde, en las noticias nacionales los muchachos veían a algunos hombres *5. (lastimar)* que participaban en una protesta, y que dos edificios *6. (quemar)* en un incendio hace cinco años eran hoy dos bonitos edificios para oficinas. Después, en los anuncios comerciales, veían una galleta *7. (morder)* por un lado que cantaba y que bailaba para unos niños mientras ellos desayunaban. Por la noche, los muchachos casi *8. (dormir)* y con los ojos casi *9. (cerrar)* bostezaban mientras veían una comedia poco *10. (divertir)* que los puso a dormir.

14. 1. sentados
2. abiertos
3. filmado
4. aburrido
5. lastimados
6. quemados
7. mordida
8. dormidos
9. cerrados
10. divertida

¡La práctica hace al maestro!

A. *Tu vida.* Try the following to find out some of the interesting things your classmates have done during their lives. First, prepare six questions in which you inquire whether someone has done several different activities during his or her life. Then, working in pairs, compare the questions and agree upon four that seem the most interesting. Next, each of you must ask a member of another pair the questions you have chosen. Return to your partner to share what each of you has learned about your classmates. Finally, one of you must summarize the information for the class.

> **Modelo: A:** ¿Has viajado a algún país extranjero?
>
> **B:** No, nunca he viajado a ningún país extranjero./Sí, he viajado a muchos países extranjeros. Por ejemplo, fui a....

¿Has estado en Montevideo, Uruguay?

B. *A escribir.* Write a ten- to twelve- sentence summary of the information you and your partner compiled. Include as many details as you can.

Un programa de televisión para un proyecto común

Rubén Blades es un actor famoso. ¿Lo conoces?

Vocabulario

Adjetivos

comercial
extranjero,-a
famoso,-a
nacional
normal
resbaloso,-a
serio,-a

Pronombres

quien

Sustantivos

el accidente
el acontecimiento
la actividad
el actor
la actriz
el anuncio (comercial)
el autógrafo
el canal

el cantante, la cantante
la catástrofe
la celebración
la comedia
el concurso
el éxito
el huracán
la información
el misterio
la ocasión
el periodista, la
    periodista
el personaje
el premio
la protesta
el público
el reportero, la
    reportera
la reunión
la risa
el robo
el suceso
el temblor

Verbos

aburrir
bostezar
cubrir
filmar
fracasar
grabar
haber
informar
lastimar(se)
morder (ue)
morir(se) (ue, u)
mostrar (ue)
opinar
participar
romper

Expresiones

estar de acuerdo
morirse de la risa
tener éxito

Functions:
- Talking about the news
- Identifying sections of newspapers and magazines
- Relating two events in the past
- Expressing events in the past
- Discussing a radio broadcast
- Talking about soccer
- Adding emphasis to a description
- Expressing wishes
- Writing about what someone has done

LA1

Yo había visto el periódico

Other words for *periódico* are *prensa* and *diario*.

ROCIO: Oye, Pablo, yo había visto el periódico esta mañana en el comedor, pero **ya°** no está allí. ¿Tú lo has visto?

PABLO: Sí, lo vi sobre la mesa de la sala. ¿Qué buscas en el periódico?

ROCIO: Bueno, hay unos **artículos** que quiero leer.

PABLO: ¿Y **acerca de°** qué son los artículos?

ROCIO: Bueno, acerca de la **economía** del país y de los acontecimientos que están pasando en el mundo.

PABLO: ¿Y por qué te interesa todo eso?

ROCIO: Porque es muy importante **enterarse de°** lo que pasa **alrededor de°** uno. Es parte de la **cultura°** de una persona. Si eres **culto,°** es probable que tengas más y mejores **oportunidades** en la vida.

PABLO: ¡Qué culta eres!

ya ahora   **acerca de** sobre   **enterarse de** *to find out, to become aware, to learn about*   **alrededor de** *around*
cultura *culture, knowledge*   **culto** *cultured, well-read*

¿Qué comprendiste?

1. ¿En dónde había visto Rocío el periódico esta mañana?
2. ¿Está el periódico allí todavía?
3. ¿Qué quiere leer Rocío?
4. ¿Acerca de qué son los artículos?
5. ¿Quién dice que es importante para las personas enterarse de lo que pasa alrededor de ellas?

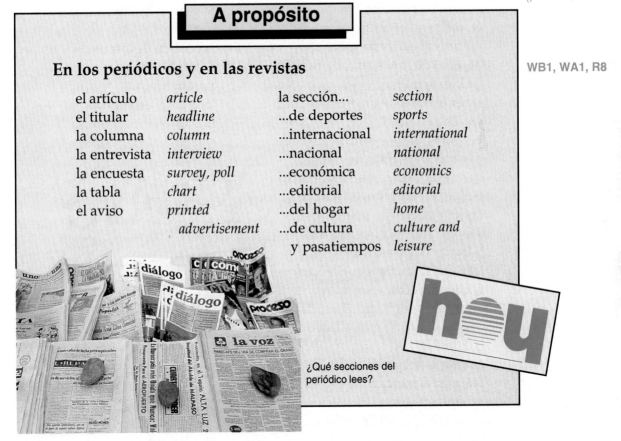

A propósito

En los periódicos y en las revistas

WB1, WA1, R8

el artículo	*article*	la sección...	*section*
el titular	*headline*	...de deportes	*sports*
la columna	*column*	...internacional	*international*
la entrevista	*interview*	...nacional	*national*
la encuesta	*survey, poll*	...económica	*economics*
la tabla	*chart*	...editorial	*editorial*
el aviso	*printed advertisement*	...del hogar	*home*
		...de cultura y pasatiempos	*culture and leisure*

¿Qué secciones del periódico lees?

Charlando

Answers will vary.

1. ¿Crees que enterarse de las noticias que pasan en el país y en el mundo es importante para una persona?
2. ¿Qué es para ti una persona culta?
3. ¿Por qué crees que es bueno ser culto/a?
4. ¿Qué tipo de oportunidades crees que una persona pueda tener si es culta?
5. ¿Lees el periódico todos los días? ¿Qué secciones lees?

1. **¿Dónde buscas? Imagina que estás buscando algo en un periódico o en una revista. Di dónde lo puedes encontrar, según la información que se da.**

¿Dónde buscas para...

1. leer un artículo sobre algún acontecimiento que ha ocurrido en el Uruguay?
2. encontrar el precio de unos pantalones de algodón que están en oferta en el centro comercial?
3. mirar una encuesta sobre el número de niños en cada casa de un barrio nuevo?
4. saber el tema de un artículo que has encontrado?
5. ver si tu equipo favorito ha ganado un partido de fútbol?
6. encontrar una columna donde tu periodista favorito/a ha dado su opinión acerca de una protesta sobre la destrucción de los bosques tropicales?
7. leer una entrevista que le han hecho a tu actor/actriz favorito/a?
8. informarte sobre alguna catástrofe que ha ocurrido en los Estados Unidos?
9. enterarte del precio del oro o de la plata en el mercado internacional?
10. mirar la posición final de los corredores en una maratón?

Se encuentra en...

A. la sección editorial.
B. la sección del hogar.
C. la tabla.
D. la sección nacional.
E. la sección internacional.
F. el titular.
G. la sección de avisos comerciales.
H. la sección de cultura y pasatiempos.
I. la sección económica.
J. la sección de deportes.

2. **Ya había visto el periódico. Trabajando en parejas, haz el papel de una de las personas del diálogo anterior.** 2. Role-playing activity.

Show students where Paraguay is located using the maps in the front of the book or the transparencies that are part of this program.

A propósito

Descúbralo de nuevo.

WB2, LA2, R9
Students may need help with the meaning of the following words: *rodeado* (surrounded), *entendido* (understood), *departamentos* (political division similar to states), *tierra* (land), *central hidroeléctrica* (hydroelectric plant), *cálido* (warm), *promedio* (average).

PARAGUAY

TIERRA DE SOL Y DE AVENTURAS

El Paraguay, con más de cuatro millones y medio de habitantes, se encuentra en el corazón de la América del Sur, rodeado por la Argentina (al sur, al este y al oeste), el Brasil (al norte y al este) y Bolivia (al norte y al oeste). La capital del país es la ciudad de Asunción. La lengua oficial es el español, aunque hay otra lengua nacional, el guaraní, que la hablan y la entienden la mayoría de los paraguayos.

El río Paraguay divide al país en dos regiones naturales, la región Oriental y la Occidental (o el Chaco). El país también está dividido en diecinueve departamentos; cinco de ellos están en la región del Chaco. En esta región no hay grandes ciudades. Es uno de los últimos lugares del mundo donde todavía se encuentran grandes extensiones de tierra virgen, con sus ecosistemas casi intactos.

La agricultura es importante para el Paraguay. (Yaguarón, Paraguay)

El Paraguay no tiene costas en ningún océano, pero sus dos ríos principales, el Paraguay y el Paraná, comunican al país con el Océano Atlántico. En el Paraná, que está entre el Brasil y el Paraguay, se encuentra la central hidroeléctrica de Itaipú, la más grande del mundo.

El clima del Paraguay es cálido. La temperatura promedio al año es de veintidós grados centígrados, y el promedio anual de días de sol es de trescientos diez. Los meses del verano, que va desde octubre hasta marzo, son calientes y la temperatura promedio es de treinta y un grados centígrados. El invierno es corto, y su temperatura promedio es de catorce grados.

[Dirección General de Turismo, Ministerio de Obras Públicas y Comunicaciones, Asunción.]

Asunción, paraguay.

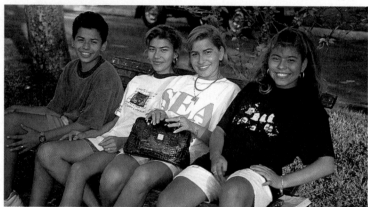

3. Paraguay. Contesta las siguientes preguntas sobre el Paraguay.

1. ¿Dónde está el Paraguay?
2. ¿Qué países están alrededor del Paraguay?
3. ¿Cuál es la capital del Paraguay?
4. ¿Qué lenguas se hablan en el Paraguay?
5. ¿Qué río divide el país en dos regiones naturales?
6. ¿Sobre qué océano tiene el Paraguay costa?
7. ¿Dónde está la central hidroeléctrica de Itaipú?
8. ¿Desde qué mes y hasta qué mes va el verano en el Paraguay?

Unos jóvenes paraguayos.

WB3, WB4, WB5, WA2, LA3, R10, R11

Estructura

El pretérito pluscuamperfecto

The past perfect tense (*el pretérito pluscuamperfecto*) describes an event in the past that had happened prior to another past event. It consists of the imperfect tense of *haber* and a past participle.

Yo habia llegado cuando *empezó a llover.*	**I had arrived** when it started to rain.
Ellos ya se habían escapado *cuando la policía llegó.*	**They had** already **escaped** when the police arrived.

Object and reflexive pronouns precede the conjugated form of *haber* in the past perfect tense. However, when an expression uses the infinitive of *haber*, attach object pronouns directly to the end of the infinitive form of *haber*.

*Ya **me había desayunado.***	I had already eaten breakfast.
*Salieron sin **haberme llamado.***	They left without calling me.

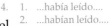

4. **En el autobús.** Imagina que tú y otros estudiantes leían el periódico en el autobús. Di qué habían leído en el periódico las siguientes personas cuando el autobús llegó al colegio.

> **Modelo:** Carlos/un artículo en la sección del hogar
> Carlos había leído un artículo en la sección del hogar cuando el autobús llegó al colegio.

1. Margarita/la columna de un periodista famoso en la sección editorial
2. Fernando e Inés/la sección económica
3. Gabriel/los titulares de la sección internacional
4. Isabel y Sara/una entrevista al cantante Juan Luis Guerra
5. tú/un artículo acerca de la economía del país
6. Héctor/un artículo sobre un museo en la sección de cultura y pasatiempos
7. yo/una encuesta acerca del número de personas que ya no fuman
8. todos nosotros/una parte del periódico

4. 1. ...había leído....
2. ...habían leído....
3. ...había leído....
4. ...habían leído....
5. ...habías leído....
6. ...había leído....
7. ...había leído....
8. ...habíamos leído....

SEMANA ECONOMICA

EL ESPECTADOR

5. **¿Qué habían hecho?** Carlos está contando lo que varias personas habían hecho ayer antes de las cinco cuando vio por primera vez el artículo que había escrito para una revista paraguaya. Completa el párrafo, usando el tiempo apropiado de los verbos que se dan. La primera respuesta ha sido hecha para ti.

Mis padres y yo <u>habíamos decidido</u> invitar a la casa a unos parientes a una celebración. Yo ya 1. *(llamar)* a algunos amigos para invitarlos a la casa. Los amigos ya 2. *(comprar)* la revista en una librería internacional cuando llegaron. Yo 3. *(escribir)* el artículo para una columna en la sección Arte y Cultura. El artículo se llamaba *La gente guaraní: lengua y cultura.* Mi amiga, Sofía, ya lo 4. *(traducir)* al inglés para algunos amigos en el carro. Mi hermano ya 5. *(irse)* sin 6. *(enterarse)* de nuestra pequeña celebración. Uds. ya 7. *(leer)* la revista pero tú todavía no 8. *(llegar)* a esa sección. Mis parientes ya 9. *(encontrar)* la tabla que iba con el artículo que yo 10. *(preparar)*, pero no la podían entender. Claro, yo 11. *(ver)* lo que yo 12. *(hacer)*, pero verlo en forma final era ¡fantástico!

5. 1. había llamado
2. habían comprado
3. había escrito
4. había traducido
5. se había ido
6. haberse enterado
7. habían leído
8. habías llegado
9. habían encontrado
10. había preparado
11. había visto
12. había hecho

6. Mala memoria. Imagina que tú no puedes recordar algunas cosas que hiciste o que algunas personas hicieron ayer en tu casa, y ahora le haces preguntas a tu hermano/a para tratar de recordar. Trabajando en parejas, alterna con tu compañero/a de clase en hacer preguntas y contestarlas, usando las indicaciones que se dan. Sigue el modelo.

Modelo: el abuelo/comprar

A: ¿Había comprado el abuelo el periódico ayer?

B: Sí, (No, no) lo había comprado.

1. Isabel/lavar

2. yo/arreglar

3. papá y mamá/ir

4. la abuela/ver

5. tú/preparar

6. Carlitos y Rafael/jugar

7. la tía/romper

8. yo/comprarse

9. nosotros/morirse

7. ¿Qué habían hecho? Haz una lista de diez cosas que tú y otros miembros de tu familia habían hecho ayer antes de acostarse. Puedes inventar la información si quieres.

Modelo: Yo me había cepillado los dientes.
Mis padres habían visto las noticias.

7. Creative self-expression.

Sidebar (left margin):

6. 1. ¿Había lavado Isabel los platos...?/ ...los había lavado.
2. ¿Había arreglado (yo) el armario...?/ ...lo habías arreglado.
3. ¿Habían ido papá y mamá al supermercado...?/ ...habían ido.
4. ¿Había visto la abuela la televisión...?/ ...la había visto.
5. ¿Habías preparado (tú) un pollo...?/...lo había preparado.
6. ¿Habían jugado Carlitos y Rafael al fútbol...?/ ...habían jugado.
7. ¿Había roto la tía un vaso...?/...lo había roto.
8. ¿Me había comprado (yo) un cepillo...?/...te lo habías comprado.
9. ¿Nos habíamos muerto (nosotros) de la risa...?/ ...nos habíamos muerto de la risa.

Las noticias se escuchan por Radio Nacional

WB6, LA4

Note for students that the verb *marcar* requires the spelling change *c* ⟹ *qu* in the *Ud./Uds.* commands and in the subjunctive.

la camiseta

VOZ: En el Paraguay las noticias y los deportes **se escuchan°** por Radio Nacional, la **emisora°** que todo el mundo escucha. Ahora sigue **narrando°** en el **micrófono** para todo el país su **comentarista°** estrella, Mario Salcedo.

MARIO: Amigos y amigas **aficionados°** del fútbol, hoy desde Asunción estamos **llevándoles° en vivo°** el partido internacional entre los equipos del Paraguay y Colombia. Continuamos ahora con la **transmisión,** cuando se juega el segundo **tiempo°** de este superinteresante partido. El **marcador°** del partido es uno a cero **a favor del** equipo paraguayo. El **gol** fue **marcado°** por Ortiz, con la **camiseta** número diez.

Another word for *partido* (game) is *encuentro* (match). An *emisora* also may be called an *estación de radio.*

se escuchan *are heard, listened to* **emisora** *radio station* **narrando** *announcing, narrating* **comentarista** *commentator* **aficionados** *fans* **llevándoles** *bringing to you* **en vivo** *live* **tiempo** *period, half* **marcador** *score* **marcado** *scored*

¿Qué comprendiste?

1. ¿En dónde se escuchan las noticias y los deportes por Radio Nacional?
2. ¿Cómo se llama el comentarista que está narrando para todo el país?
3. ¿Qué está narrando él?
4. ¿Quiénes están escuchando la transmisión?
5. ¿Qué tipo de transmisión es?
6. ¿Qué tiempo se juega del partido?
7. ¿Está el partido muy interesante, según el comentarista? Explica.
8. ¿Cuál es el marcador? ¿A favor de quién?
9. ¿Quién marcó el gol?
10. ¿Qué número tiene en la camiseta el jugador que marcó el gol?

1. Los deportes y las noticias se escuchan por Radio Nacional en el Paraguay.
2. El comentarista que está narrando para todo el país se llama Mario Salcedo.
3. Está narrando un partido de fútbol.
4. Los aficionados del fútbol están escuchando la transmisión.
5. Es una transmisión en vivo.
6. Se juega el segundo tiempo.
7. Sí, está muy interesante. El comentarista dice que está superinteresante.
8. El marcador es uno a cero a favor del equipo paraguayo.
9. Ortiz marcó el gol.
10. El jugador que marcó el gol tiene la camiseta con el número diez.

¿Escuchas transmisiones de béisbol?

Charlando Answers will vary.

1. ¿Escuchas transmisiones de deportes por la radio? ¿Qué transmisiones escuchas?
2. ¿Cuál es tu emisora favorita? ¿Qué tipo de programas tienen?
3. ¿Cómo se llama tu comentarista de radio o televisión favorito/a?
4. ¿Escuchas noticias deportivas por la radio? Explica.
5. ¿Has escuchado alguna transmisión de radio de un partido de fútbol? ¿Dónde? ¿Qué equipos jugaban?
6. ¿Se juega al fútbol en tu colegio? ¿Qué se juega?

WB7, WA3, LA5

A propósito

Los prefijos

You may have wondered about the word *superinteresante* in the preceding dialog. The expression consists of the prefix *super* and the adjective *interesante*, and is equivalent to someone saying "superinteresting" or "incredibly interesting" in English. Prefixes are common in Spanish and learning them will help improve your ability to express yourself correctly in Spanish. They may be used, much as they are in English, to make a new word, or simply to add emphasis to what the speaker is saying. The following are some common prefixes in Spanish:

super	(super, very)	¡superbien!	very well!
re	(very)	¡reguapo/a!	very handsome/pretty!
requete	(extremely)	¡requetebueno!	extremely good!
archi	(very)	¡archifamoso/a!	very famous!
in	(un, not)	*inculto*	uncultured, not well-read
des	(un)	*desvestirse*	to get undressed

Mi sobrina es requeteguapa.

8. **¡Cuando era joven!** Imagina que tú ya tienes nietos y les cuentas cosas de cuando eras joven. Di lo mismo, usando los prefijos *super, re, requete, archi, in o des.*

> **Modelo:** Yo había trabajado en una emisora *muy buena.*
> Yo había trabajado en una emisora *requetebuena.*

1. Yo había sido un comentarista de radio *muy famoso.*
2. Mis amigos y yo habíamos sido *muy aficionados* al fútbol.
3. Cuando tenía veinte años, sólo había narrado partidos *muy malos.*
4. Cuando jugaba al fútbol, siempre llevaba una camiseta que era *muy bonita.*
5. A los treinta años, había leído mucho y ya no era una persona de *poca cultura.*
6. Mi madre no me dejaba salir a jugar fútbol si mi cuarto estaba *sin arreglar.*

Siempre habíamos sido superaficionados al fútbol.

▌ Repaso rápido: la voz pasiva

You already have learned to combine *se* with the *él/ella/Ud.* form of a verb or with the *ellos/ellas/Uds.* form of a verb when the performer of an action is indefinite or unknown (where speakers of English often use "one," "people" or "they"). When the subject (which may precede or follow the verb) is singular, the verb is singular. Similarly, if the subject is plural, so is the verb.

*Esa columna editorial **se había leído** mucho.*	That editorial column **had been read** a lot. (**Many people had read** that editorial column.)
*El español y el guaraní **se hablan** en el Paraguay.*	Spanish and Guarani **are spoken/They speak** Spanish and Guarani in Paraguay.

WA4

Remind students that when *se* is used in this impersonal reflexive construction, the subject may precede or follow the verb.

9. **Preparándose para el partido de fútbol.** La familia Sánchez es una familia muy organizada. Las siguientes oraciones describen lo que hacen para prepararse para una superfiesta el día de la final de la Copa Mundial de fútbol. Cámbialas, usando una construcción con *se*.

9. Possible answers:
1. ...se arregla....
2. ...se lavan....
3. Se cubre....
4. Se prepara....
5. Se cepillan....
6. Se pone....
7. ...se traen....
8. ...se hacen....

Modelo: Primero, limpian el piso de la cocina.
Primero, se limpia el piso de la cocina.

1. Luego, arreglan la sala.
2. Más tarde, lavan las ventanas.
3. Cubren la mesa con un mantel.
4. Preparan la comida.
5. Cepillan al perro y al gato.
6. Ponen la mesa.
7. Después, traen los refrescos.
8. Finalmente, hacen unas galletas de perlas de chocolate.

WB8, WB9, WB10, WA5, LA6, R12

Estructura

La voz pasiva: un poco más

In most sentences, the subject of the sentence performs an action. These sentences are said to be in the active voice.

Ese chico marcó el gol.　　That boy scored the goal.
La comentarista uruguaya narró　　The Uruguayan commentator
el partido.　　announced the game.

Ese chico marcó el gol.

However, where the subject is not the doer of an action but instead receives an action, the sentence is said to be in the passive voice. In the passive voice examples that follow, note the use of a form of the verb *ser* plus a past participle, which is treated like an adjective and, therefore, must agree with the subject in gender and number. The word *por* usually follows and is used to tell by whom the action was performed.

*El gol **fue marcado** por ese chico.*　　The goal was scored by that boy.
El partido fue narrado por la　　The game was announced by the
comentarista uruguaya.　　Uruguayan commentator.

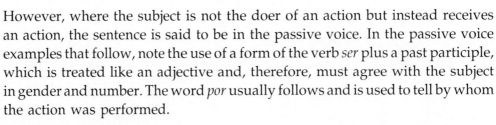

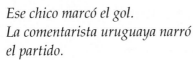

10. **Durante el partido.** Muchas cosas pasan durante un partido. Di las siguientes oraciones, usando la voz pasiva.

Modelo: Los muchachos venden perros calientes.
Los perros calientes son vendidos por los muchachos.

1. Los aficionados compran camisetas.
2. Los comentaristas de la radio narran el partido.
3. La emisora da micrófonos para los comentaristas nuevos.
4. Los periodistas escriben artículos acerca del partido.
5. El jugador número ocho da muchas oportunidades para marcar un gol.
6. La policía cierra las calles cerca del estadio.

10. 1. Las camisetas son compradas por los aficionados.
2. El partido es narrado por los comentaristas de la radio.
3. Los micrófonos para los comentaristas nuevos son dados por la emisora.
4. Los artículos acerca del partido son escritos por los periodistas.
5. Muchas oportunidades para marcar un gol son dadas por el jugador número ocho.
6. Las calles cerca del estadio son cerradas por la policía.

11. **La final de fútbol.** Trabajando en parejas, alterna con tu compañero/a de clase en hacer preguntas y contestarlas, usando la voz pasiva para decir quiénes hicieron las cosas indicadas. Sigue el modelo.

Modelo: narrar el partido (Mario)
¿Quién narró el partido?
El partido fue narrado por Mario.

1. marcar los goles (el jugador con la camiseta número diez)
2. dar camisetas a los aficionados (los jugadores del equipo)
3. llevar en vivo el partido a los hogares (la emisora Radio Nacional)
4. cambiar el marcador en el segundo tiempo (el jugador con la camiseta número cinco)
5. sacar las fotos para los periódicos (los reporteros de la sección deportiva)
6. describir el partido en la televisión (dos comentaristas superfamosos)

11. 1. ¿...marcó...?/Los goles fueron marcados por....
2. ¿...dio...?/Las camisetas fueron dadas a los aficionados por....
3. ¿...llevó...?/El partido fue llevado en vivo a los hogares por....
4. ¿...cambió...?/El marcador fue cambiado en el segundo tiempo por....
5. ¿...sacó...?/Las fotos para los periódicos fueron sacadas por....
6. ¿...describió...?/El partido fue descrito en la televisión por....

Los artículos de estos periódicos han sido escritos por muchos periodistas diferentes.

¿Quién narró el partido?

12. Cuando llegaste a la superfiesta. Imagina que fuiste a la superfiesta que la familia Sánchez había organizado para la final de la Copa Mundial de fútbol. Di quién había hecho cada actividad cuando llegaste, según las indicaciones. Sigue el modelo, y usa el pluscuamperfecto en cada oración.

> **Modelo:** Mario había limpiado el piso de la cocina.
> El piso de la cocina había sido limpiado por Mario.

12. 1. ...había sido arreglada por....
    2. ...habían sido lavadas por....
    3. ...había sido cubierta por....
    4. ...había sido preparada por....
    5. ...habían sido cepillados por....
    6. ...había sido puesta por....
    7. ...habían sido traídos por....
    8. ...habían sido hechas por....

1. La mamá había arreglado la sala.
2. Margarita había lavado las ventanas.
3. Mario había cubierto la mesa con un mantel.
4. El papá había preparado la comida.
5. Los niños habían cepillado al perro y al gato.
6. Mario había puesto la mesa.
7. Doña Rosalía y su nuevo esposo habían traído los refrescos.
8. El papá había hecho unas galletas de perlas de chocolate.

El partido de fútbol

Other words for *el portero* are *el arquero* and *el guardamallas*.
The word for **tie (score)** is *el empate*.

WB11, WA6

A propósito

El fútbol: un poco más

el campeonato	*championship*	el tiro	*shot*
el defensor	*defender*	el portero	*goaltender,*
el delantero	*forward*		*goalie*
el mediocampista	*midfielder*	empatar	*to tie (the score*
la pena máxima	*penalty*		*of a game)*

Quiero que él sea mediocampista
en mi equipo.

13. **En el estadio de fútbol. Todos van al último partido de fútbol para ver sus equipos favoritos. Di lo que todos quieren que pase, usando las indicaciones que se dan y el subjuntivo.**

> **Modelo:** Jorge/su equipo/ganar el campeonato
> Jorge quiere que su equipo gane el campeonato.

1. José y Pedro/los defensores/no dejar hacer más goles
2. Gloria/el árbitro/cantar una pena máxima
3. tú/el delantero/hacer más goles
4. ellos/el mediocampista/correr más rápidamente
5. Roberto y Clara/los espectadores/gritar más
6. yo/el portero/no irse detrás de la pelota
7. Uds./los delanteros/hacer otro tiro para empatar el partido
8. todos nosotros/el campeonato/terminar bien

13. 1. ...quieren que los defensores no dejen....
2. ...quiere que el árbitro cante....
3. ...quieres que el delantero haga....
4. ...quieren que el mediocampista corra....
5. ...quieren que los espectadores griten....
6. ...quiero que el portero no se vaya....
7. ...quieren que los delanteros hagan....
8. ...queremos que el campeonato termine....

14. **Hablando del fútbol. Trabajando en grupos pequeños, habla del fútbol con tus compañeros/as. Puedes hablar de la última vez que fuiste a un partido (o la última vez que viste uno en la televisión); puedes añadir qué tiempo hacía ese día, si es posible. También puedes hablar de tus equipos y tus jugadores favoritos y, si recuerdas, la posición en que juegan. Además, puedes preguntarles a tus compañeros, por ejemplo: ¿Qué equipos les gustan? ¿Cuántas veces los han visto jugar? ¿Cuántas veces han ganado o perdido este año? ¡Sé creativo/a!**

14. Creative self-expression.

> **Modelo:** Mi equipo favorito es.... La última vez que lo vi jugar, fue en un estadio en San Diego. Ese día había llovido por la mañana. Pero cuando llegamos al estadio, era un día fantástico.

¡La práctica hace al maestro!

WB12

Creative self-expression.

A. *Antes había....*
Make a list of seven activities you did this week and note what you did to prepare for each activity listed. Then, working in pairs, take turns asking questions about what each of you did.

escribir un artículo sobre el Paraguay
(Tuve que ir a la biblioteca.)

ir al campeonato de fútbol del colegio
(Compré los boletos.)

Modelo: A: ¿Qué hiciste esta semana?
B: Escribí un artículo sobre el Paraguay.
A: ¿Qué habías hecho para escribir el artículo.
B: Pues, había ido a la biblioteca para buscar alguna información sobre el país.

El gol fue marcado por el delantero Raúl Quintero.

B. *A escribir.* Pretend you are a reporter for the school newspaper. Write an article telling about the championship game you covered. Include information about who won, who scored goals, who was injured, how large the crowd was, and any other details possible. You may make up any of the information.

Creative writing practice.

Torneo Mustang 1

Grupo A	PJ	PG	PE	PP	Goles	Gv-Fc	Pts
1-Cali-Colombiana	5	4	1	0	12-3	2-1	9
2-América-Colombiana	5	3	1	1	12-7	3-5	7
3-Once P.-Colombiana	5	2	2	1	10-6	3-2	6
4-Atl. Huila-Poker	5	1	2	2	8-10	6-7	4
5-Santa Fe-C. Colombia	5	1	2	2	6-8	3-3	4
6-K.Azul Pereira-Colombiana	5	1	2	2	5-8	3-5	4
7-Millonarios-Colombiana	5	1	2	2	6-10	3-8	4
8-Tolima-Colombiana	5	0	2	3	4-11	2-7	2

Grupo B	PJ	PG	PE	PP	Goles	Gv-Fc	Pts
1-Nacional-Sam	5	3	2	0	11-6	4-2	8
2-Unión M.-Colombiana	5	3	1	1	8-8	3-5	7
3-Júnior-Aguila	5	3	1	1	8-3	5-2	7
4-Medellín-Malta	5	2	2	1	7-6	3-2	6
5-Bucaramanga-Costeñita	5	2	0	3	7-9	4-8	4
6-Quindío-Colombiana	5	1	1	3	6-8	2-3	3
7-Envigado-Colombiana	4	0	2	2	4-7	2-4	2
8-Cúcuta-Clausen	5	0	2	3	3-7	2-3	2

Partidos jugados: 40. Goles: 117. Promedio ofensivo: 2.92. Nota: Gv-Fc corresponde a goles como visitante.

Vocabulario

R13, R14

Adjetivos

culto,-a
económico,-a
editorial
internacional
máximo,-a

Adverbios

alrededor de
ya

Sustantivos

el aficionado, la aficionada
el árbitro
el artículo
el aviso
la camiseta
el campeonato
la columna
el comentarista, la comentarista
la cultura
el defensor
el delantero
la economía
la emisora
la encuesta
la entrevista
el espectador
el gol
el marcador
el mediocampista
el micrófono
la oportunidad
la pelota
la pena (máxima)
el portero
la sección
la tabla
el tiempo
el tiro
el titular
la transmisión

Preposiciones

acerca de

Verbos

enterar(se) de
escuchar
empatar
llevar
marcar
narrar

Expresiones

a favor (de)
en vivo

Colombian fútbol gol

EL PRIMERO, EL MAS GRANDE Y ANTIGUO PATROCINADOR DEL FUTBOL COLOMBIANO

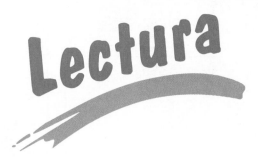

Preparación

Contesta las siguientes preguntas como preparación para la lectura.

1. ¿Cómo era tu vida cuando eras niño/a? ¿Era feliz o triste? Explica.
2. ¿Has vivido siempre en la misma casa? ¿Cómo es tu casa?
3. ¿Con qué personas vives? ¿Puedes describirlas?
4. ¿Qué tipo de trabajo hacen tus padres?
5. ¿Cuáles son los cognados en la lectura *Infancia?*   Answers will vary.

Infancia

Tengo que hablar de mí mismo; en unas memorias es inevitable.

Soy patriota **a mi modo.** No conozco la historia de España; pero **a pesar de** no conocer nada o casi nada la historia de mi país, cuando después de un largo viaje he visto desde lejos la costa de España, he sentido siempre una gran impresión.

El **recuerdo** de la **patria,** y sobre todo de Lúzaro, de este lugar de la costa **vasca** donde **he nacido** y donde vivo, está siempre presente en mi espíritu.

Lúzaro me gusta; pero el haber nacido en él, y el que mi familia **haya vivido** aquí muchos años, no creo sea motivo para sentirse superior a **los demás.**

Se comprende mi cariño por Lúzaro; soy de aquí, y de aquí es toda mi familia. Además mi vida se puede clasificar en dos períodos: uno, el pasado en Lúzaro, en el cual me han ocurrido los hechos más importantes y felices de mi vida; otro, el del mar, en que no me ha **sucedido** nada, por lo menos nada bueno.

Mi familia ha sido de Lúzaro, y ha sido de **marinos.** Sobre todo **por parte de mi madre,** por los de Aguirre.

WA7
You may wish to help students with the following words:
memorias (memoirs), *espíritu* (spirit), *sin duda* (undoubtedly), *enfermedad* (illness).

Mi padre, Damián, de Andía, fue también capitán de *barco*. Murió en el mar, en el Canal de la Mancha.

barco

A pesar de que yo era muy niño, recuerdo bastante bien a mi padre. Tenía la cara expresiva, los ojos grises. Debía ser una persona **parecida** a mí; pero sin duda no **sería** tan triste como yo. Sentía una gran **estimación** por las gentes del Norte con quienes había **convivido;** era muy liberal y se reía de las mujeres.

• • •

Todos los que le conocieron me han **asegurado** que era un hombre de gran corazón. He sentido siempre una gran pena por no haberle llegado a conocer. **Hubiéramos sido** buenos amigos.

Mi abuela, doña Celestina de Aguirre, no quería a mi padre; después de pasados muchos años le he oído hablar **en contra** de él.

Mi madre y yo vivíamos en una casa grande, a un cuarto de hora del pueblo. El **sitio** era alto, claro y abierto.

La casa tenía muchos *balcones.* Desde allí **dominábamos** toda la ciudad, el puerto y el mar. Veíamos a lo lejos los barcos cuando entraban y salían.

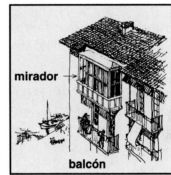

mirador →

balcón

En el *mirador* central de esta casita nuestra pasé los primeros años de mi infancia.

En la casa vivíamos tres personas: mi madre y yo, y una vieja a quien llamábamos la Iñure. Me parece que estoy viendo a esta vieja. Era delgada, la boca sin dientes, los ojos pequeños y vivos. Vestía siempre de negro.

• • •

Mi madre se pasaba casi todo el día con mi abuela; pero no quería ir a vivir con ella, conociendo el carácter dominador de doña Celestina.

La casa de mi abuela se llamaba Aguirreche, en vascuence *Casa de Aguirre,* y era y sigue siendo de las mejores del pueblo.

• • •

Tardé bastante tiempo en ir a la escuela porque **padecí** durante mucho tiempo una enfermedad muy larga y **dolorosa,** y el médico dijo a mi madre que no me **llevara** a la escuela. Mi infancia fue muy triste. Tenía, para divertirme, unos **juguetes** viejos que habían **pertenecido** a mi madre y a mi tío. Estos juguetes que pasan de padres a hijos tienen un aspecto muy triste.

Mi tía Ursula, hermana mayor de mi madre, comenzó a enseñarme a leer.

Cuando mi tía Ursula llegaba a casa, solía sentarse en una sillita baja, y allí me contaba muchas historias y aventuras.

•••

Me habló de los marinos y capitanes vascos: de Elcano, dando la vuelta al mundo; de Oquendo, de Blas de Lezo, de Churruca, de Echaide, de Recalde y Gaztañeta.

En esta **época** de mi infancia, yo no conocía más chicos de mi edad que unos primos. Estos chicos vivían en Madrid y venían a Lúzaro durante el verano.

Cuando estaban ellos en casa de mi abuela, íbamos juntos a visitar a la familia que solía darnos muchas cosas buenas.

Mis primos me contaban muchas historias de Madrid; pero la verdad, esto no me llamaba la atención. Lo que me gustaba era el mar. Miraba a los chicos del puerto. **Me hubiera gustado** ser hijo de pescador para correr y jugar en el agua.

Mi tía Ursula, además de su *biblioteca,* formada de libros de aventuras marítimas, tenía otro **fondo** de donde ir sacando las historias que a mí tanto me gustaban.

biblioteca

En la sala de Aguirreche, en el *arca*, **se guardaba,** entre otras cosas viejas, un libro titulado: la «Historia de la familia Aguirre».

Casi todos los miembros de la familia de este nombre habían sido marinos y **viajeros.**

arca

Infancia *childhood* **a mi modo** *in my own way* **a pesar de** *in spite of* **recuerdo** *memory* **patria** *país* **vasca** *Basque* **he nacido** *I was born* **haya vivido** *I have lived* **los demás** *the rest* **sucedido** *ocurrido* **marinos** *sailors* **por parte de mi madre** *on my mother's side* **parecida** *similar* **sería** *would be* **estimación** *esteem* **convivido** *lived among* **asegurado** *assured* **Hubiéramos sido** *We would have been* **en contra** *against* **sitio** *lugar* **dominábamos** *we overlooked* **padecí** *I suffered (from)* **dolorosa** *painful* **llevara** *take* **juguetes** *toys* **pertenecido** *belonged* **época** *epoch, era* **Me hubiera gustado** *I would have liked* **fondo** *source* **se guardaba** *were kept* **viajeros** *travelers*

Excerpt from:
Las inquietudes de Shanti Andía: *Pío Baroja;* copyright Grafisk Forlag A/S, Copenhagen. The *Easy Reader* (a B-level book) with the same title is published by EMC Publishing.

¿Qué comprendiste?

1. ¿De dónde es el personaje que narra esta historia?
2. ¿De qué tipo de familia dice el personaje que ha sido su familia?
3. ¿A quién recuerda bastante bien el personaje?
4. ¿Qué ha sentido siempre el personaje por no haber llegado a conocer a su padre?
5. ¿Cómo era la vieja Iñure?
6. ¿Qué quiere decir *Aguirreche?*
7. ¿Cómo fue la infancia del personaje?
8. ¿Quién era Ursula?

1. Es de Lúzaro, España.
2. Dice que ha sido de marinos.
3. Recuerda bastante bien a su padre.
4. Ha sentido siempre una gran pena.
5. Era delgada, la boca sin dientes, los ojos pequeños y vivos.
6. Quiere decir *Casa de Aguirre.*
7. Su infancia fue muy triste.
8. Era la tía del personaje, la hermana mayor de su madre.

Charlando   Answers will vary.

1. ¿Crees que la infancia del personaje fue normal? Explica.
2. ¿Fue tu infancia similar a la del personaje? Explica.
3. ¿Cómo te divertías cuando eras niño/a?
4. ¿Te gustaría ser marino/a? ¿Por qué?

1. **En las noticias. Haz un reporte de las noticias más importantes que han pasado durante la semana. Da toda la información que puedas.**

   Modelo: El lunes hubo un accidente entre dos carros en la carretera número cincuenta y tres. En Washington hubo una reunión importante en la Casa Blanca el martes....

1. Creative self-expression.

2. **Una visita al zoológico. Marta y sus amigos están visitando hoy el zoológico desde muy temprano. Completa las siguientes oraciones, usando el pretérito perfecto y las indicaciones que se dan para saber lo que Marta dice.**

   Modelo: Nosotros no <u>hemos terminado</u> la visita al zoológico todavía. (terminar)

2. 1. hemos corrido
   2. he visto
   3. han visitado
   4. han rugido
   5. hemos dado
   6. ha jugado
   7. han comido
   8. han entrado
   9. ha subido

   1. Mis amigos y yo <u>(1)</u> por el zoológico. (correr)
   2. Yo <u>(2)</u> todo tipo de pájaros. (ver)
   3. Mis amigos <u>(3)</u> la exhibición de los leones. (visitar)
   4. Los leones <u>(4)</u> mucho. (rugir)
   5. Nosotras <u>(5)</u> de comer a las tortugas. (dar)
   6. Elena <u>(6)</u> con los monos. (jugar)
   7. Los monos <u>(7)</u> plátanos todo el día. (comer)
   8. Unos señores <u>(8)</u> a la jaula de las panteras. (entrar)
   9. El gorila <u>(9)</u> al árbol. (subir)

FIN DE SEMANA	
FUTBOL	
Primera División (26ª jornada)	
Barcelona-Deportivo (hoy)	20:30
Rayo Vallecano-Oviedo	12:00
Celta-Cádiz	17:00
Sevilla-Español	17:00
Osasuna-Zaragoza	17:00
Real Sociedad-Ath. Bilbao	17:00
Real Madrid-Logroñés	17:00
Real Burgos-Albacete	17:00
Sporting-At. Madrid	17:00
Tenerife-Valencia	19:00
Segunda División (26ª jornada):	
Villarreal-Lleida (hoy)	17:30
Barcelona-Eibar (hoy)	18:00
Compostela-Badajoz	17:00
Sestao-Castellón	17:00
Mallorca-Sabadell	17:00
Lugo-Figueres	17:00
Ath. Bilbao-Marbella	17:00
Valladolid-Racing	17:00
Palamós-Betis	17:00
Mérida-Real Madrid	17:00

3. **Algunas cosas pasan varias veces al mes. Haz oraciones completas para decir el número de veces que ha ocurrido lo siguiente, usando las indicaciones que se dan.**

3. 1. Yo he alquilado... dos veces....
   2. Don Pepe ha ido...cinco veces....
   3. Jorge y Clara han almorzado...seis veces....
   4. Rosita ha comprado... diez veces....
   5. Los niños han salido... siete veces....
   6. Ud. ha limpiado...una vez....
   7. Tú has barrido...ocho veces....
   8. Ellos han discutido...tres veces....

   Modelo: el equipo de fútbol/ganar/4
   El equipo de fútbol ha ganado cuatro veces este mes.

   1. yo/alquilar la misma película/2
   2. don Pepe/ir de compras/5
   3. Jorge y Clara/almorzar juntos/6
   4. Rosita/comprar el periódico/10
   5. los niños/salir a patinar/7
   6. Ud./limpiar la chimenea/1
   7. tú/barrer el garaje/8
   8. ellos/discutir con sus amigas/3

4. **Otra visita al zoológico. Cambia estas oraciones al pretérito perfecto.**

> **Modelo:** Mis amigos y yo volvemos al zoológico hoy.
> Mis amigos y yo hemos vuelto al zoológico hoy.

1. ¿Qué hacen Uds. hoy?
2. Vemos los animales del jardín zoológico.
3. El zoológico abre a las diez.
4. Traigo mi cámara para sacar fotos.
5. Unos señores del zoológico cubren la jaula de los tigres para limpiarla.
6. Ponemos los abrigos en la oficina del zoológico.
7. Elena lee las señales.
8. Sarita oye rugir los tigres.
9. Paula escribe un artículo sobre nuestra visita.
10. Todos decimos que es un día interesante.

4. 1. ¿...han hecho Uds....?
2. Hemos visto....
3. ...ha abierto....
4. He traído....
5. ...han cubierto....
6. Hemos puesto....
7. ...ha leído....
8. ...ha oído....
9. ...ha escrito....
10. ...hemos dicho...ha sido....

Hemos vuelto al zoológico hoy.

5. **¿Qué han hecho hoy? Completa las siguientes oraciones para decir qué han hecho o qué les ha pasado a estas personas.**

> **Modelo:** Mi padrastro se ha levantado temprano para oír las noticias sobre un temblor. (levantarse)

1. Yo (1) mientras veía a mi cantante favorita en la televisión. (desayunarse)
2. Mi hermana (2) mientras escuchaba las noticias. (bañarse)
3. María y Jorge (3) de la risa viendo una comedia en el canal siete. (morirse)
4. Mónica (4) subiendo el televisor al cuarto. (lastimarse)
5. Uds. (5) con la información que me dijeron sobre los huracanes. (equivocarse)
6. Un hombre (6) cuando estaba haciendo un robo porque el piso de la tienda estaba resbaloso. (caerse)
7. Nosotros tuvimos un accidente por (7) mucho esta mañana. (apurarse)

5. 1. me he desayunado
2. se ha bañado
3. se han muerto
4. se ha lastimado
5. se han equivocado
6. se ha caído
7. habernos apurado

¿Cuál es tu canal de televisión favorito?

6. **La televisión. Contesta las siguientes preguntas con información que sea verdad para ti, o puedes inventarla si prefieres.**

6. Answers will vary.

1. ¿Cuál es tu canal de televisión favorito? ¿Por qué?
2. ¿Has visto programas de televisión extranjeros? ¿De dónde? ¿De qué tipo?
3. ¿Cuál es tu tipo de programa favorito? ¿Por qué?
4. ¿Has participado en algún programa de concurso? ¿Has ganado algún premio? Explica.
5. ¿Cuál es tu actor o actriz favorito/a de la televisión?
6. ¿Qué personaje hace tu actor o actriz favorito/a?
7. ¿Cuál es tu cantante favorito/a?
8. ¿Tienes el autógrafo de alguna persona famosa? ¿De quién?
9. ¿Crees que es fácil tener éxito trabajando en la televisión? Explica.
10. ¿Te aburren o te gustan los anuncios comerciales de la televisión? ¿Por qué?

7. **¿Cómo estaba todo? Imagina que estabas en la casa de Pedrito anoche cuando hubo un temblor. Completa las siguientes oraciones con el participio pasivo de los verbos entre paréntesis para describir cómo estaba todo en ese momento.**

7. 1. dormidas
   2. aburrido
   3. apagado
   4. cocinada
   5. puesta
   6. preparadas
   7. rotos
   8. sentados

Modelo: Yo estaba (*sentar*) en la sala.
Yo estaba <u>sentado/a</u> en la sala.

1. Las niñas estaban (*dormir*).
2. Pedrito estaba muy (*aburrir*).
3. El radio estaba (*apagar*).
4. La comida estaba (*cocinar*).
5. La mesa estaba (*poner*).
6. Las hermanas de Pedrito estaban (*preparar*) para salir.
7. Dos vasos estaban (*romper*).
8. Nosotros estábamos (*sentar*) en el comedor.

8. **En el periódico.** Di la palabra que no pertenece en cada uno de los siguientes grupos de cuatro palabras.

1. editorial	deportes	hogar	premio
2. internacional	económica	morder	nacional
3. alrededor	artículo	titular	columna
4. periodista	información	ya	reportero
5. televisión	pasatiempos	películas	resbaloso
6. actor	cantante	temblor	actriz
7. tabla	cubierto	encuesta	entrevista

EL HERALDO DE MEXICO

LA REPUBLICA
El Diario Económico del País

9. **¿A qué país se refiere?** Di si las siguientes oraciones se refieren sólo al Uruguay o al Paraguay, o si se refieren a los dos países.

1. Su lengua oficial es el español.
2. Su capital es Asunción.
3. Tiene la central hidroeléctrica más grande del mundo en el río Paraná.
4. Su capital, y la ciudad más grande del país, es Montevideo.
5. El Océano Atlántico toca su costa.
6. El río Paraguay divide al país en dos regiones naturales.
7. Está en la América del Sur.
8. Sus países vecinos son el Brasil, la Argentina y Bolivia.

10. **¿Qué querían hacer que no podían?** Las siguientes personas querían hacer algunas actividades que no podían hacer porque les había ocurrido algo. Di qué no podían hacer y por qué, según las indicaciones.

Modelo: Cristina quería ir a pescar. (ella/pescar un resfriado)
Cristina quería ir a pescar pero no podía porque había pescado un resfriado.

1. Yo quería esquiar. (yo/lastimarme una pierna)
2. Querías llegar a tiempo a la celebración. (tú/tener un accidente)
3. Queríamos pedir el autógrafo a nuestras cantantes favoritas. (ellas/salir)
4. Ricardo quería ver las noticias. (nosotros/llevarnos el televisor)
5. Uds. querían llevar la sección editorial. (alguien/tomarla)
6. Mis amigos querían leer la entrevista sobre su actor favorito. (alguien/quemar el periódico en la chimenea)

11. Una carta. Ricardo escribió una carta a su amiga Catalina desde el Paraguay. Completa la carta, usando el pluscuamperfecto de los verbos indicados para saber lo que Ricardo dice en su carta.

11. 1. había pensado
2. había tenido
3. había recibido
4. habíamos hecho
5. habíamos visitado
6. había visto
7. habían cerrado
8. nos habíamos enterado
9. había empezado
10. habías escrito

Querida Catalina: Asunción, enero 12

Yo 1. (pensar) escribirte antes, pero no 2. (tener) el tiempo para hacerlo. Como yo tampoco 3. (recibir) una carta tuya, decidí escribirte ya.

Quería contarte lo que 4. (hacer) mis amigos y yo aquí en Asunción desde que llegamos. Nosotros 5. (visitar) la central hidroeléctrica de Itaipú la semana pasada. Yo nunca 6. (ver) algo tan interesante. Creo que cuando regrese al colegio, voy a escribir un artículo para el periódico. En Asunción fuimos a un museo, pero no pudimos entrar porque ellos 7. (cerrar) temprano. Parece que hubo una protesta, pero nosotros nunca 8. (enterarnos).

Como no pudimos visitar el museo, pensamos ir a nadar, pues la temperatura era como de treinta grados centígrados. No me lo vas a creer, pero cuando llegamos a la piscina, 9. (empezar) a llover.

No te cuento más por ahora, voy a dejar algo más para contarte cuando regrese.

Con cariño,

                                        Ricardo

P.D. ¿Me 10. (escribir) tú antes? Espero que sí. Chao.

12. **No puedo recordar.** Guillermo no puede recordar algunos datos *(facts)* culturales. Ayúdalo a recordar, escribiendo otra vez las siguientes oraciones en la voz pasiva y completándolas con la información correcta.

> **Modelo:** Gabriel García Márquez escribió los *Versos Sencillos*.
> No, esos versos <u>fueron escritos por José Martí</u>.

1. El Sur ganó la Guerra *(war)* Civil estadounidense.
   No, la Guerra Civil estadounidense....
2. Australia vendió el estado de Alaska a los Estados Unidos.
   No, este estado....
3. Cristobal Colón ayudó a cinco países de la América del Sur a conseguir su libertad *(freedom)* de los españoles.
   No, estos cinco países....
4. Abraham Lincoln dijo *"I have a dream..."* ("Tengo un sueño...")
   No, esto....
5. Cantinflas visitó la luna por primera vez.
   No, la luna....

12. 1. ...fue ganada por el Norte.
    2. ...fue vendido por Rusia.
    3. ...fueron ayudados por Simón Bolívar.
    4. ...fue dicho por Martin Luther King, Jr.
    5. ...fue visitada por primera vez por Neil Armstrong.

¿Qué ha pasado?

extranjero · actriz · acerca de · famoso · acontecimiento · comedia · tabla · haber · cantante · bostezar · morirse de la risa · opinar · estar de acuerdo · portero · tener éxito · artículo · entrevista · sección · espectador · enterarse de

13. **Expresiones comunes.** Repasa las expresiones anteriores para probar cuántas puedes recordar. Luego, trabajando en grupos de tres, añadan otras expresiones relacionadas. 13. This is a self-test. Circulate and help students who are having problems.

14. **A crear.** Trabajando en grupos de tres, hablen en español por cinco minutos. Usen tantas expresiones como sea posible, empezando con el tema *¿qué ha pasado?* y continuando con cualquier otro tópico. 14. Creative self-expression.

Capítulo 7

Haciendo planes

COMMUNICATIVE FUNCTIONS

- Seeking and providing personal information
- Planning vacations
- Talking about the future
- Expressing emotion
- Talking about everyday activities
- Expressing uncertainty or probability
- Making travel and lodging arrangements
- Identifying people and items associated with travel
- Stating wishes and preferences
- Talking about schedules
- Using the twenty-four-hour clock
- Expressing logical conclusions
- Writing about hopes and dreams

TOROS

Functions:

- Seeking and providing personal information
- Planning vacations
- Talking about the future

- Expressing emotion
- Talking about everyday activities
- Expressing uncertainty or probability

- Making travel and lodging arrangements

LA1

Another word for *maleta* is *valija*.

Students may hear the words *boleto*, *billete* or *tiquete* used in place of *pasaje*.

¿Adónde irás de vacaciones?

PAOLA: ¿Adónde irás de vacaciones?

MONICA: Mi familia y yo vamos a ir a España. No puedo esperar para **saborear**° unas tortillas o para ir a una **corrida.**°

PAOLA: ¿Tortillas? ¿Van a ir a España o a México?

MONICA: Paola, en España llaman tortilla a lo que nosotras llamamos **omelet.**

PAOLA: ¡Ah, ya comprendo! Pues, ¿ya han hecho los planes para el viaje?

MONICA: Sí. La próxima semana vamos a ir a la **agencia de viajes** para comprar los **pasajes,**° y estoy tan **emocionada**° que ya estoy haciendo las **maletas.**

PAOLA: ¡Olé, amiga! ¡Qué **dicha**° la tuya!

saborear *to taste, to savor*   **corrida** *bullfight*   **pasajes** *tickets*
emocionada *excited*   **dicha** *happiness*

A propósito

Un domingo por la tarde

If you are in Spain on a Sunday afternoon, you may choose to go to the *plaza de toros* to see a *corrida de toros* (bullfight).

There you will experience an event that has been a part of Spanish culture for centuries.

This spectacle of sight and sound involves many people, each of whom has a specific role. You are probably already familiar with the role of the *matador*, who challenges the *toro* while holding nothing more than a *capa* (cape). When the passes please the crowd, the shout of *¡Olé!* fills the arena. However, when the matador's work is poorly done, the crowd whistles and may even throw objects into the arena.

Spaniards do not consider the *corrida* a sport. It is considered to be more a ritualistic struggle of Good versus Evil that some people cherish and that others despise.

¡Olé, matador!

Another term for *matador* is *torero*.

PLAZA DE TOROS MONUMENTAL

EXTRAORDINARIA
CORRIDA
DE TOROS

que se celebrará si el tiempo lo permite y con el superior permiso de la Autoridad Gubernativa, en la que se lidiarán, picarán, banderillearán y serán muertos a estoque

Jueves, 6 de agosto
A las 5,30 de la tarde

6 MAGNIFICOS Y BRAVOS TOROS, 6
DE LA ACREDITADA GANADERIA DE LOS HEREDEROS
SEÑOR CONDE DE LA CORTE, de ZAFRA (Badajoz)
PARA LOS ESPADAS:

Andrés VAZQUEZ
MANUEL BENITEZ «EL CORDOBES»
JOSE FUENTES

Con sus correspondientes cuadrillas

El espectáculo será amenizado por una renombrada Banda de música

¿Qué comprendiste?

Additional questions: ¿Va a ir sola Mónica a España? ¿Con quién va a ir?; ¿Ya han hecho Mónica y su familia los planes para el viaje?

1. ¿Adónde va a ir Mónica durante estas vacaciones?
2. ¿Para qué no puede esperar Mónica?
3. ¿A qué llaman tortilla en España?
4. ¿Adónde van a ir Mónica y su familia la próxima semana?
5. ¿Qué van a comprar allí?
6. ¿Está Paola muy emocionada?
7. ¿Qué está haciendo Mónica ya?

1. Va a ir a España.
2. No puede esperar para saborear unas tortillas o para ir a una corrida.
3. En España llaman tortilla al omelet.
4. La próxima semana van a ir a la agencia de viajes.
5. Van a comprar los pasajes.
6. No. Mónica está muy emocionada.
7. Mónica ya está haciendo las maletas.

La tortilla española

WB1, LA2

Encourage your
students to try
making this recipe
at home.

Students may
have difficulty
understanding the
following words:
significado
(meaning), *masa de
maíz* (cornmeal),
masa de trigo
(wheat flour) and
se envuelven (are
wrapped).

Has visto que muchas veces las palabras cambian de significado, según dónde se usan en el mundo. Saber las diferencias de significado mientras estás viajando te puede ayudar a expresarte correctamente. La palabra *tortilla* es un buen ejemplo de este fenómeno. En México, las *tortillas* se hacen de masa de maíz o de masa de trigo. Frecuentemente, en ellas se envuelven carne y verduras, como se hace con un pan para hacer un sandwich. En cambio, en España, la palabra *tortilla* se refiere a un omelet.

Aquí tienes una receta para hacer una tortilla tradicional que es muy popular en España.

La tortilla española
(ingredientes para cuatro personas)

1 papa grande pelada y cortada en pedazos
1 cebolla grande cortada en pedazos
4 cucharadas de aceite de oliva
5 huevos batidos
un poco de sal

Preparación

1. Caliente el aceite en una sartén.
2. Añada la papa y la cebolla y cocínelas hasta que estén suaves.

3. Ponga la sal.
4. Añada los huevos batidos lentamente, 1/3 a la vez; levante la tortilla tan pronto como vaya endureciendo para permitir que más huevos vayan debajo.
5. Cocine hasta que el fondo esté firme.
6. Para cocinar la parte de encima, invierta un plato sobre la tortilla y voltee la sartén para que la tortilla salga. Luego, ponga la tortilla en la sartén otra vez.
7. Cocine hasta que el fondo esté dorado.
8. Se puede comer fría o caliente.

pelada *cut* **pedazos** *pieces* **cucharadas** *tablespoonfuls* **batidos** *beaten* **Caliente** *Heat*
sartén *frying pan* **vaya endureciendo** *begins to thicken* **debajo** *underneath* **fondo**
bottom **dorado** *golden*

1. **La tortilla española. Lee las siguientes oraciones. Luego, di si cada oración es *verdad* o *falsa*.**

1. Las palabras cambian de significado, según dónde se usan en el mundo.
2. Las tortillas en México se hacen de arroz y de azúcar.
3. En las tortillas mexicanas se envuelven carne y verduras.
4. En España, la palabra *tortilla* quiere decir *omelet*.
5. La tortilla española se hace de papa, cebolla, pollo, carne y aceite.
6. La tortilla española sólo se puede comer caliente.

1. 1. verdad
   2. falsa
   3. verdad
   4. verdad
   5. falsa
   6. falsa

¿Adónde irás de vacaciones? (continuación)

WB2, WA1

el príncipe · la princesa · la reina · el rey

PAOLA: Dime, ¿quién va a cubrir todos los **gastos°** del viaje?

MONICA: Mis padres, pero mi hermano y yo vamos a tener que ayudar más en la casa después del viaje.

PAOLA: Qué bien que tú tienes la **suerte°** de ir. Espero que **goces°** mucho.

MONICA: Gracias. Bueno, **a lo mejor°** no regresamos y decidimos vivir allá.

PAOLA: Sí, y no me digas que, luego, vivirás con un **príncipe** español y tú serás su **princesa.**

MONICA: **Puede ser.°** Luego, seremos el **rey** y la **reina.**

PAOLA: ¡Estás **soñando,°** Mónica!

MONICA: Soñar no cuesta nada. Anoche soñé que yo iba a volver a **nacer°** en España y....

PAOLA: ¡Qué dices! Creo que mejor me voy. Chao.

gastos *expenses*   **suerte** *luck*   **goces** *you enjoy*   **a lo mejor** *maybe*   **Puede ser** A lo mejor   **soñando** *dreaming*   **nacer** *to be born*

¿Qué comprendiste?

1. ¿Quién va a cubrir los gastos del viaje?
2. ¿Quién tiene la suerte de viajar?
3. ¿Cuánto espera Paola que Mónica goce el viaje?
4. ¿Qué piensa Mónica que a lo mejor va a pasar?
5. ¿Con quién dice Paola que Mónica va a vivir?
6. ¿Qué cree Mónica que ella va a ser después de ser una princesa?
7. ¿Qué soñó anoche Mónica?

1. Todo el viaje lo van a pagar los padres de Mónica.
2. Mónica tiene la suerte de viajar.
3. Paola espera que Mónica goce mucho el viaje.
4. Mónica piensa que a lo mejor no van a regresar y deciden vivir en España.
5. Paola dice que Mónica va a vivir con un príncipe español.
6. Ella cree que va a ser una reina.
7. Soñó que iba a volver a nacer en España.

Charlando

Answers will vary.

1. ¿Adónde irás en tus próximas vacaciones?
2. ¿Has visto una corrida de toros? ¿Dónde?
3. ¿Cuál ha sido tu dicha más grande?
4. ¿Quién normalmente cubre los gastos cuando vas de viaje?
5. ¿Has oído hablar de algún rey o de alguna reina? ¿De dónde?
6. ¿Te gusta soñar? Explica.

¿Has visto una corrida de toros?

Hostería Real de Zamora

- En un palacio del siglo XV con el mayor confort.
- A dos horas de Madrid y media de Portugal.
- Cotillón mágico en Nochevieja y Reyes.
- Habitación y desayuno: 3.625 pesetas persona/día.

Hostería del Señorío de Bizkaia
- En un lujoso palacete junto al mar.
- A una hora de San Sebastián y Francia.
- Habitación y desayuno: 2.837 pesetas persona/día.

Hosterías Reales
Central de reservas: (988) 53 45 45

Repaso rápido: el futuro con *ir a*

WA2

Do you recall how to state what is going to happen using the present tense of *ir* followed by *a* and an infinitive? Look at the following:

*Nosotros **vamos a viajar** el sábado.*   We **are going to travel** on Saturday.

*El tren **va a llegar** en dos horas.*   The train **is going to arrive** in two hours.

2. **Todos esperan en el Aeropuerto Internacional de Barajas.** Imagina que estás en el Aeropuerto Internacional de Barajas en Madrid. Di adónde van a ir de vacaciones las siguientes personas y a qué hora van a salir de España, combinando palabras y expresiones de las tres columnas. Añade las palabras que sean necesarias.

2. Answers will vary.

> **Modelo:** Nosotros vamos a ir a Ecuador y vamos a salir a las cuatro de la tarde.

A	B	C
la familia Ortiz	Ecuador	7:05 A.M.
Julia y Roberto	México	9:40 A.M.
don Carlos	Colombia	11:15 P.M.
nosotros	Guatemala	1:20 P.M.
la señorita Parra	Uruguay	2:50 P.M.
tú	Costa Rica	4:00 P.M.
los señores López	Chile	6:45 P.M.

3. **¿Adónde vas a ir?** Trabajando en parejas, alterna con tu compañero/a en preguntar uno al otro los planes para las próximas vacaciones (adónde van a ir, cuándo van a ir, con quién, qué van a hacer, qué lugares van a visitar, etc.). Puedes inventar los planes si quieres. Trata de usar las expresiones que has aprendido en esta lección.

3. Creative self-expression.

> **Modelo:** **A:** ¿Adónde vas a ir de vacaciones?
>
> Encourage students to ask other questions. In addition, you may wish to have students switch partners for additional practice.
>
> **B:** Voy a ir a Sevilla, España.
> **A:** ¿Qué vas a hacer allá?
> **B:** Voy a ir a la corrida de toros.
> **A:** ¿Cuándo vas a ir a Sevilla?
> **B:** Voy a ir el cuatro de julio.

DEJATE llevar **Sevilla**

Salidas en autobús todos los jueves y domingos desde Galicia, Castilla/León, Extremadura, Cataluña, Valencia, Aragón y Madrid

5 días (4 noches media pensión) desde: **27.900** Ptas.

Salidas en avión todos los jueves y domingos desde Madrid, Vitoria, Valladolid, Valencia, Santiago y Palma de Mallorca

5 días (4 noches media pensión) desde: **37.900** Ptas.

HALCON VIAJES

AZOR VIAJES GALICIA

La Plaza de Toros.
(Sevilla, España)

Estructura

El futuro

As you have seen, the present tense of a verb is often used in conversation in order to refer to the future.

Vamos a Madrid mañana. **We're going** to Madrid tomorrow.

You also have learned to talk about the future using the construction *ir + a + infinitive.*

¿Van a ir en avión o en tren? **Are you going to go** by plane or by train?

Spanish also has a true future tense *(el futuro)* that may be used to tell what will happen. It is usually formed by adding the endings *-é, -ás, -á, -emos, -éis* and *-án* to the infinitive form of the verb.

viajar	
viajar**é**	viajar**emos**
viajar**ás**	viajar**éis**
viajar**á**	viajar**án**

comer	
comer**é**	comer**emos**
comer**ás**	comer**éis**
comer**á**	comer**án**

abrir	
abrir**é**	abrir**emos**
abrir**ás**	abrir**éis**
abrir**á**	abrir**án**

Look at these examples:

Yo viajaré a Madrid mañana. **I'll travel** to Madrid tomorrow.
Nosotros iremos en avión. **We'll go** by plane.
El avión **llegará** a la una. The plane **will arrive** at one o'clock.

¿A qué hora llegará
el próximo avión?

382

Este fin de semana no puedes fallar.
El Parque entero está que arde.
Con auténticos falleros, desfiles y música valenciana.
Además, la Despertá, la Mascletá y la Gran Cremá.
Y la traca final: todo a un precio que no quema:
300 PTS. la entrada al recinto.

VEN AL PARQUE DE ATRACCIONES DE MADRID

4. **Todos hacen planes. Tú y tus amigos hacen planes para las próximas vacaciones. Completa las siguientes oraciones con la forma del futuro de los verbos indicados.**

> **Modelo:** Mi familia y yo (ir) a Mazatlán, México.
> Mi familia y yo _iremos_ a Mazatlán, México.

1. Yo (viajar) a la casa de mis tíos en Mazatlán.
2. Carlos y Rosa (visitar) el parque de atracciones.
3. Jorge (ir) a las corridas de toros en España.
4. Nosotros (comer) omelets en el D. F.
5. Uds. (escribir) cartas para sus amigos.
6. Carolina (conocer) la América del Sur.
7. Pablo y Mario (trabajar) en una agencia de viajes.
8. Tú (esquiar) en la Argentina.

4. 1. viajaré
   2. visitarán
   3. irá
   4. comeremos
   5. escribirán
   6. conocerá
   7. trabajarán
   8. esquiarás

5. **El viaje a España. Imagina que tú y tu familia van a hacer un viaje a España en una semana. Haz oraciones completas para decir qué pasará en los próximos días, usando las indicaciones que se dan. Añade las palabras que sean necesarias.**

> **Modelo:** mi papá y yo/ir/agencia de viajes para comprar los pasajes
> Mi papá y yo iremos a la agencia de viajes para comprar los pasajes.

1. mi papá/cubrir todos los gastos
2. mi mamá/ir de compras pasado mañana
3. mis hermanas/comprar dos maletas este fin de semana
4. yo/estar muy emocionado (emocionada) el día antes de viajar
5. nosotros/estar/Madrid por un mes
6. mi hermano/saborear unas tortillas
7. mis padres/ir/una corrida de toros y/gritar olé
8. la dicha/no ser muy grande en un mes porque nosotros/volver/casa

5. Possible answers:
1. Mi papá cubrirá....
2. Mi mamá irá de compras....
3. Mis hermanas comprarán....
4. Yo estaré....
5. Nosotros estaremos en Madrid....
6. Mi hermano saboreará....
7. Mis padres irán a una corrida de toros y gritarán....
8. La dicha no será muy grande en un mes porque nosotros volveremos a casa.

6. De visita en Madrid. Imagina que tú y otro grupo de personas están de visita en Madrid. Todos tienen planes para ir por la tarde a diferentes lugares. Trabajando en parejas, alterna con tu compañero/a en preguntar y contestar a qué lugares irán cada una de las siguientes personas, según el mapa y las indicaciones que se dan.

Modelo: Vicente y su hermana/12

    A: ¿Adónde irán Vicente y su hermana?

    B: Irán al Teatro Real.

1. Mónica/55
2. Sara y su esposo/40
3. tú/18

4. Pedro y yo/30
5. don Manuel/20
6. Clarita y sus tíos/52

7. yo/39
8. Uds./16

6.
1. ¿...irá...?/...irá al Monumento a Cervantes.
2. ¿...irán...?/...irán al Banco de España.
3. ¿...irás...?/ Yo iré a la Iglesia Pontificia de San Miguel.
4. ¿...iremos...?/ Pedro y tú irán al Museo del Prado.
5. ¿...irá...?/...irá a la Oficina Municipal de Turismo.
6. ¿...irán...?/ ...irán al Edificio España.
7. ¿...iré...?/Tú irás al Teatro de la Zarzuela.
8. ¿...irán...?/ Nosotros iremos a la Torre de los Lujanes.

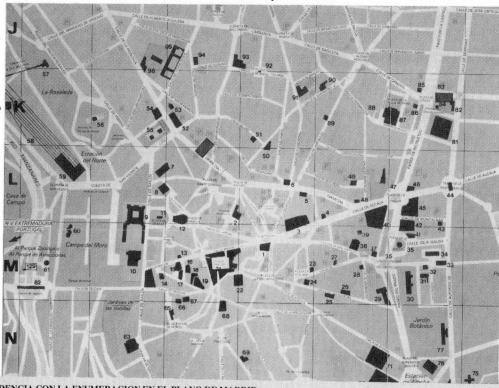

CORRESPONDENCIA CON LA ENUMERACION EN EL PLANO DE MADRID

MONUMENTOS, MUSEOS Y LUGARES DE INTERES GENERAL

1. Sede de la Comunidad de Madrid
2. Convento de las Descalzas Reales
3. Real Casa de la Aduana y Real Academia de Bellas Artes
4. Las Calatravas
5. Oratorio del Caballero de Gracia
6. Telefónica
7. Palacio del Senado y Museo del Pueblo Español
8. Convento de la Encarnación
9. Palacio Real
10. Nuestra Sra. de la Almudena
11. Estatua de Felipe IV
12. Teatro Real
13. Patronato Municipal de Turismo
14. Santísimo Sacramento y Capitanía General
15. Ayuntamiento
16. Torre de los Lujanes
17. Casa de Cisneros
18. Iglesia Pontificia de San Miguel
19. San Justo

20. Oficina Municipal de Turismo
21. Conjunto de la Plaza Mayor
22. Ministerio de Asuntos Exteriores
23. Teatro Español
24. Cámara de Comercio
25. Real Academia de la Historia
26. Convento de las Trinitarias
27. Ateneo de Madrid
28. Dirección Gral. de Turismo Comunidad de Madrid (Oficina de Tu rismo)
29. Ministerio de Sanidad y Seguridad Social
30. Museo del Prado
31. San Jerónimo el Real
32. Real Academia de la Lengua Española
33. Casón del Buen Retiro (Arte Moderno – "Guernica")
34. Museo del Ejército
35. Obelisco al Dos de Mayo
36. Fuente de Neptuno
37. Palacio de Villahermosa (Museo de Pinturas)

38. Congreso de los Diputados
39. Teatro de la Zarzuela
40. Banco de España
41. Bolsa de Madrid
42. Ministerio de la Marina
43. Museo de Artes Decorativas
44. Puerta de Alcalá
45. Palacio de Comunicaciones
46. Palacio de Linares
47. Fuente de Cibeles y Palacio de Buenavista
48. San José
49. Casa de las Siete Chimeneas
50. San Antonio de los Alemanes
51. San Plácido
52. Edificio España
53. San Marcos
54. Torre de Madrid y Oficina de Turismo
55. Monumento a Cervantes

El futuro de probabilidad

WB6, LA4, R3

The future tense also may be used in Spanish to express uncertainty in questions and probability in answers that refer to the present. Compare the following:

*¿Qué hora **será**?*	**I wonder** what time it is.
*El **llegará** en el próximo avión.*	**He is probably (He must be) arriving** on the next plane.
*Ellos **estarán** en la agencia de viajes.*	**They probably are (must be)** at the travel agency.
***Jugarán** en la playa ahora.*	**I imagine they are playing** on the beach now.

7. **¿Dónde estarán? Di dónde piensas que estarán las siguientes personas ahora mismo, según lo que hacen y las indicaciones que se dan.**

> **Modelo:** Mónica está comprando pasajes. (agencia de viajes)
> Estará en la agencia de viajes.

1. Paola y su hermano están saboreando unas tortillas. (restaurante español)
2. La familia Cortés está viendo una corrida de toros. (plaza de toros)
3. Sara está comprando maletas. (almacén)
4. La tía de Mónica está preparando omelets. (cocina)
5. Carlos y Camilo están consiguiendo dinero para pagar los gastos del viaje. (banco)
6. Clarita y su prima están viendo al Rey Juan Carlos y a la Reina Sofía. (Madrid)
7. Mónica está durmiendo y soñando con su viaje a España. (cuarto)

7.
1. Estarán en el restaurante español.
2. Estará en la plaza de toros.
3. Estará en el almacén.
4. Estará en la cocina.
5. Estarán en el banco.
6. Estarán en Madrid.
7. Estará en el cuarto.

Si están viendo al Rey Juan Carlos y a la Reina Sofía, estarán en España.

8. **Me pregunto....** Expresa las siguientes ideas con una pregunta, usando el futuro de probabilidad. Sigue el modelo.

Modelo: Me pregunto dónde están los pasajes.
¿Dónde estarán los pasajes?

8. 1. ¿Cómo preparará...?
2. ¿Cuánto costarán...?
3. ¿Quién viajará...?
4. ¿Dónde estarán...?
5. ¿Qué llevaré...?
6. ¿Cuál será...?
7. ¿Quién cubrirá...?

1. Me pregunto cómo prepara mi tía las tortillas.
2. Me pregunto cuánto cuestan los pasajes.
3. Me pregunto quién viaja también a España.
4. Me pregunto dónde están los príncipes de España ahora.
5. Me pregunto qué llevo de ropa para mi viaje.
6. Me pregunto cuál es la temperatura en Madrid.
7. Me pregunto quién cubre para el periódico nuestra visita a Madrid.

WB7, LA5

¿Saldremos temprano?

AGENTE: Buenas tardes. ¿En qué puedo servirles?
SARA: Hicimos unas **reservaciones** la semana pasada.
AGENTE: Voy a ver en la **pantalla**. ¿Cuál es su **nombre° completo**?
SARA: Me llamo Sara Bejarano de Cortés.
AGENTE: Muy bien. ¿Son cuatro pasajes para un viaje **sencillo...?°**
SARA: No, son cuatro **de ida y vuelta.°** ¡Queremos regresar!
MONICA: ¡Ay, mamá, yo no! Yo **me mudaré°** para allá.
AGENTE: Sí, claro, con **destino** a Madrid, en **tarifa°** económica. La **salida°** es el dos de julio y la **llegada°** es al día siguiente.
MONICA: ¿Saldremos temprano el dieciséis?
AGENTE: No, el **vuelo°** saldrá a las dos de la tarde. Es el único que hará esa **compañía aérea** ese día. ¿Van a pagar con **cheque°** o a crédito?
SARA: Por favor, **cargue°** todo en esta tarjeta de crédito.

nombre *name* **sencillo** *one-way* **de ida y vuelta** *round-trip* **me mudaré** *I will move* **tarifa** *fare* **salida** *departure* **llegada** *arrival* **vuelo** *flight* **cheque** *check* **cargue** *charge*

¿Qué comprendiste?

1. ¿Qué hicieron Sara y Mónica la semana pasada?
2. ¿En dónde ve el agente la información?
3. ¿Cuál es el nombre completo de Sara?
4. ¿Los pasajes que van a comprar Sara y Mónica son para un viaje sencillo o para un viaje de ida y vuelta?
5. ¿Con qué destino van ellas?
6. ¿Cuál es la tarifa de los pasajes?
7. ¿Cuándo es la salida y cuándo es la llegada?
8. ¿Cuántos vuelos hará a Madrid la compañía aérea en la que viajan Sara y Mónica? *Additional questions: ¿Quién hace las reservaciones de los pasajes cuando tu familia va de viaje?; ¿Tienes una compañía aérea favorita? ¿Cuál?; ¿Tiene buenas tarifas?; ¿Pagas algo con cheque? ¿Qué?*

1. Hicieron unas reservaciones.
2. El agente ve la información en la pantalla.
3. El nombre completo de Sara es Sara Bejarano de Cortés.
4. Son para un viaje de ida y vuelta.
5. Van con destino a Madrid.
6. La tarifa de los pasajes es económica.
7. La salida es el dos de julio y la llegada es al día siguiente.
8. La compañía aérea hará un sólo vuelo.

Additional questions: ¿En dónde están Sara y Mónica?; ¿Cuál es el nombre completo del agente?; ¿Van a viajar Sara y Mónica solas?; ¿A qué hora saldrá el vuelo?; ¿Cómo va Sara a pagar los pasajes?

Charlando

Answers will vary.

1. ¿Cuál es tu nombre completo?
2. ¿Has hecho algún viaje sencillo? ¿Adónde?
3. ¿Te gustaría mudarte de donde vives? ¿A qué lugar te gustaría mudarte?
4. ¿Cuál fue tu destino en tu último viaje? ¿Fue a algún lugar donde se habla español?
5. ¿Crees que cargar gastos en una tarjeta de crédito es mejor que pagar con un cheque? ¿Por qué?

¿Te gustaría mudarte a Acapulco, México?

WB8, WA5

A propósito

El futuro: los verbos reflexivos

Form the future tense of reflexive verbs in the same way you have learned to form the present tense of nonreflexive verbs. The reflexive pronoun must agree with the subject and must precede the verb.

Nos levantaremos temprano para llegar a tiempo al aeropuerto.

We'll get up early to arrive at the airport on time.

Ellos se desayunarán en Toledo antes de ir a Sevilla.

They will have breakfast in Toledo before going to Seville.

¿Dónde se desayunarán?

Ask students where they think this *Toledo* is located. Then, use a map of Spain to ask *¿Dónde está Toledo en este mapa?* A possible answer might be *Está en España, al suroeste de Madrid.*

9. **¿A qué hora?** Imagina que vas a ir a España mañana para estudiar en un programa para estudiantes extranjeros. Trabajando en parejas, alterna con tu compañero/a de clase en preguntar y en contestar a qué hora harás (*you will do*) las siguientes actividades para prepararte.

9. 1. ¿...te despertarás?/Me despertaré....
2. ¿...te levantarás?/Me levantaré....
3. ¿...te bañarás?/Me bañaré....
4. ¿...te desayunarás?/Me desayunaré....
5. ¿...te peinarás?/Me peinaré....
6. ¿...te despedirás...?/Me despediré....

Modelo: acostarte

   A: ¿A qué hora te acostarás?

   B: Me acostaré a las diez.

1. despertarte
2. levantarte
3. bañarte
4. desayunarte
5. peinarte
6. despedirte de todos nosotros

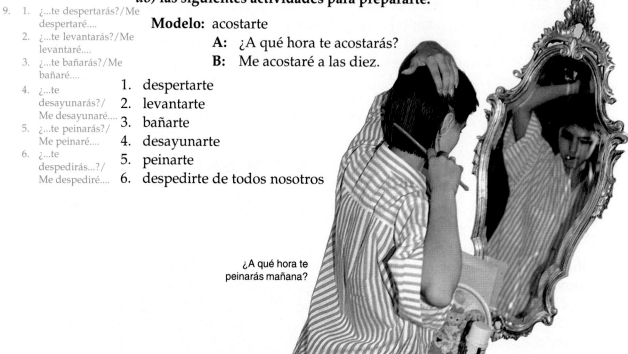

¿A qué hora te peinarás mañana?

10. **El día del viaje.** Trabajando en parejas, alterna con tu compañero/a en hacer preguntas y contestarlas para saber cuándo las siguientes personas harán (*will do*) las cosas indicadas.

10. 1. ¿...se desayunará...?/Se desayunará....
2. ¿...se maquillará...?/Se maquillará....
3. ¿...se levantarán...?/Se levantarán....
4. ¿...se vestirá...?/Me vestiré....
5. ¿...me cepillaré...?/Te cepillarás....
6. ¿...se afeitarán...?/Se afeitarán....
7. ¿...nos iremos...?/Nos iremos....
8. ¿...se mudará...?/Se mudará....

Modelo: tú/bañarse (cuando mi hermana salga del baño)

   A: ¿Cuándo te bañarás?

   B: Me bañaré cuando mi hermana salga del baño.

1. Mónica/desayunarse (cuando todos estén listos)
2. mi mamá/maquillarse (cuando tú salgas del baño)
3. los tíos/levantarse (cuando estemos listos para salir)
4. Ud./vestirse (cuando termine de planchar el pantalón)
5. yo/cepillarse el pelo (cuando consigas el cepillo)
6. ellos/afeitarse (cuando lleguen a Madrid)
7. nosotros/irnos para el aeropuerto (cuando pongamos las maletas en el carro)
8. la familia/mudarse para España (cuando nos aburramos de vivir aquí)

Estructura

Note for students that the future-tense endings are always preceded by the letter *r* whether the verb is formed regularly or not.

WB9, WB10, WA6, WA7, LA6, R4, R5

El futuro de los verbos irregulares

Some verbs use a modified form of the infinitive in the future tense. However, their endings remain the same as for regular verbs. The following verbs drop the letter *e* from the infinitive ending:

caber	poder	querer	saber
cabré	podré	querré	sabré
cabrás	podrás	querrás	sabrás
cabrá	podrá	querrá	sabrá
cabremos	podremos	querremos	sabremos
cabréis	podréis	querréis	sabréis
cabrán	podrán	querrán	sabrán

The vowel of the infinitive endings *-er* and *-ir* changes to *d* in these verbs:

poner	salir	tener	venir
pondré	saldré	tendré	vendré
pondrás	saldrás	tendrás	vendrás
pondrá	saldrá	tendrá	vendrá
pondremos	saldremos	tendremos	vendremos
pondréis	saldréis	tendréis	vendréis
pondrán	saldrán	tendrán	vendrán

The letters *e* and *c* are dropped from the infinitives *decir* and *hacer* before adding the future-tense endings.

decir	hacer
diré	haré
dirás	harás
dirá	hará
diremos	haremos
diréis	haréis
dirán	harán

¿Hará mal tiempo?

11. Todos hablan del viaje. Completa las siguientes oraciones con la forma apropiada del futuro de los verbos indicados.

Modelo: Tanta ropa no <u>cabrá</u> en una maleta. (caber)

1. ¿<u>(1)</u> tú toda tu ropa en dos maletas? (poner)
2. El viernes, a lo mejor nosotros <u>(2)</u> a las dos de la tarde. (salir)
3. Carlos <u>(3)</u> las reservaciones del hotel mañana. (hacer)
4. La agente no <u>(4)</u> si hay vuelos sin mirar en la pantalla. (saber)
5. ¿Cuándo Rafael <u>(5)</u> su nombre completo y la otra información que necesitan a los señores de la agencia? (decirles)
6. Jairo y Alfonso <u>(6)</u> que pagar los pasajes con un cheque. (tener)
7. Las tías <u>(7)</u> cargar todos sus gastos en sus tarjetas de crédito. (poder)
8. Cuando regresemos de España <u>(8)</u> en una compañía aérea diferente. (venir)
9. Yo <u>(9)</u> que Uds. me traigan algo de España. (querer)

12. Mañana. Imagina que tu viajarás a España mañana con algunos miembros de tu familia. Haz oraciones completas, tomando elementos de cada columna, usando el futuro. Puedes inventar la información que quieras.

Modelo: Mi papá hará reservaciones de ida y vuelta.

A	B	C
mi papá	poder	reservaciones de ida y vuelta
mis tíos	venir	la hora de salida
el vuelo	saber	pagar los pasajes con cheque
mi mamá	querer	de Miami en el primer vuelo
mis hermanos	hacer	un vuelo con destino a Madrid
todos nosotros	poner	cargar todo en su tarjeta
mis abuelos	salir	sus cosas en sus maletas
yo	tener	a tiempo

13. De viaje. Imagina que estás en una agencia de viajes, hablando con el agente para arreglar todos los detalles de tu viaje. Trabajando en parejas, alterna con tu compañero/a en hacer preguntas y en contestarlas. Usa el futuro y las indicaciones que se dan.

Modelo: cuándo/tener Ud./listas mis reservaciones (en un minuto)
A: ¿Cuándo tendrá Ud. listas mis reservaciones?
B: Las tendré listas en un minuto.

1. cuál/ser/su destino final (Sevilla)
2. cuándo/saber Ud./si hay más vuelos para Sevilla el viernes (tan pronto como tenga la información en la pantalla)
3. qué compañía aérea/poder/darnos tarifas más económicas (ninguna otra compañía aérea)
4. cuándo/salir el vuelo (temprano por la mañana)
5. a qué hora/ser/la llegada a Sevilla (a las once de la noche)
6. cómo/poder yo/conseguir el nombre completo del hotel al que vamos (si habla con aquella señorita)

En la agencia de viajes

vence *expire* **folletos** *brochures*

14. En la agencia de viajes. Contesta las siguientes preguntas.

1. ¿Cuándo se vence el pasaporte de Ana?
2. ¿Necesita Diego una visa para el país adonde va a viajar?
3. ¿Qué le pide don Raúl a la agente?
4. ¿Tiene la agente lo que don Raúl le pide? ¿Qué tiene ella?
5. ¿Tienes un pasaporte? ¿Cuándo se vence?
6. ¿Para qué países sabes que se necesita una visa?
7. Si hicieras un viaje a España, ¿qué itinerario te gustaría hacer?

15. Arreglando todo para un viaje. Imagina que harás un viaje por varios países con un miembro de tu familia y ahora están hablando de lo que será importante recordar para el viaje. Trabajando en parejas, hablen del viaje y de lo que tendrán que hacer para prepararse.

> **Modelo:** **A:** ¿Tienes un pasaporte?
> **B:** No. Tendré que conseguir uno.
> **A:** Bueno, yo tengo el mío pero se vencerá pronto.
> **B:** También necesitaremos visas.

14.
1. El pasaporte de Ana se vence en dos años.
2. No, él no necesita una visa.
3. Le pide unos folletos de las ciudades por las que va en su itinerario.
4. No, no tiene. Tiene una guía turística.
5. Answers will vary.
6. Answers will vary.
7. Answers will vary.

15. Creative self-expression.

¡La práctica hace al maestro!

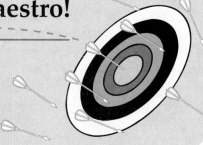

A. *En la agencia de viajes.* Working in pairs, play the part of a travel agent and client. Discuss such things as departure time *(hora de salida)*, arrival time *(hora de llegada)*, destination *(destino)*, schedule *(horario)*, what you will see and so forth. Make reservations (you may wish to call an airline or a travel agent to obtain the actual information) and pay for your tickets (using fake credit cards or cash). Add any other details you wish.

Creative self-expression.

¿Cuándo es la hora de llegada?

WB12

B. *A escribir.* Write two paragraphs about a real or imaginary trip you will take during a vacation. State where you will go, describe what you will see and tell some of the things you will do. Conclude the composition by discussing your feelings about the trip. Creative writing practice.

SUPEROFERTA VACACIONES
«PUENTE DE SAN JOSE» EN TORREVIEJA
PUERTO ROMANO. 1.ª LINEA DE PLAYA

2.900 ptas., personaldía en 1/2 pensión
3.ª persona, 2.200 ptas.

Apartamentos de lujo totalmente equipados. Capacidad 3/4 personas, TV color, etc.

PISCINA, HIPICA, TENIS, MINIGOLF, CAFETERIA, RESTAURANTE

OFERTA LIMITADA

RESERVAS:
MADRID: (91) 547 30 18, 547 30 19
LA MATA (Torrevieja): (96) 670 49 43

Iré a Granada, España.

Vocabulario

Adjetivos

aéreo,-a
completo,-a
emocionado,-a
sencillo,-a
turístico,-a

Adverbios

adonde

Sustantivos

la agencia de viajes
el agente, la agente
la compañía
la corrida
el cheque
el destino
la dicha
el folleto
el gasto
la guía

el itinerario
la llegada
la maleta
el nombre
el omelet
la pantalla
el pasaje
el pasaporte
la princesa
el príncipe
la reina
la reservación
el rey
la salida
la suerte
la tarifa
la visa
el vuelo

Verbos

cargar
gozar
mudar(se)
nacer
saborear
soñar
vencer

Expresiones

a lo mejor
de ida y vuelta
puede ser

Toreros

Esplá

Paco Esplá será uno de los toreros ausentes de la Feria de Sevilla. Se habló de la presencia del alicantino en la corrida de María Romínguez, pero no ha sido así. Otros diestros ausentes del serial son Juan Mora, Jesulín de Ubrique y el reaparecido Dámaso González.

Si estás haciendo planes para un viaje, puedes hablar con un agente o una agente en esta agencia de viajes.

Functions:
- Identifying people and items associated with travel
- Seeking and providing personal information
- Stating wishes and preferences

- Making travel and lodging arrangements
- Planning vacations
- Talking about schedules

- Using the twenty-four-hour clock
- Expressing logical conclusions
- Expressing uncertainty or probability
- Writing about hopes and dreams

WB1, LA1

In addition, *la aerolínea* sometimes is called *la línea aérea*.

En el aeropuerto

LADECO AVIANCA IBERIA

la pasajera

el pasajero

el maletín

MONICA: Miren, allí está el **mostrador°** de la **aerolínea.** ¡Vamos!

CARLOS: Bueno, esperen aquí mientras yo voy a **registrar°** los pasajes y a **entregar°** el **equipaje.°** Camilo, ven conmigo.

SEÑORITA: Buenas tardes. ¿Cuántos **pasajeros** son?

CARLOS: Somos cuatro.

SEÑORITA: Me permiten sus pasaportes.

CARLOS: Sí, cómo no, aquí los tiene. Preferiríamos estar en la **sección** de no fumar.

SEÑORITA: Muy bien. ¿Cuántas **piezas°** de equipaje llevan?

CARLOS: Llevamos cinco maletas y dos **maletines.**

SEÑORITA: Los maletines los puede llevar como **equipaje de mano.°**

CARLOS: ¿A qué hora sale el avión?

SEÑORITA: Bueno, su avión saldrá a las catorce horas. Deben **abordar°** por el **muelle°** internacional, puerta de salida número quince, pero tendrán que pasar primero por **inmigración.** Tengan un feliz viaje.

mostrador *counter* **registrar** *to check in* **entregar** *to hand in* **equipaje** *luggage* **piezas** *pieces* **equipaje de mano** *carry-on luggage* **abordar** *board* **muelle** *concourse, pier*

¿Qué comprendiste?

Additional questions: *¿Con quién va Carlos al mostrador?*; *¿Qué les pide la señorita del mostrador a Carlos?*; *¿A qué puerta de salida deben ir Carlos y su familia?*; *¿Qué les desea la señorita de la aerolínea a Carlos y a su familia?*

1. ¿Adónde va Carlos a registrar los pasajes y entregar el equipaje?
2. ¿Cuántos son los pasajeros en la familia de Carlos?
3. ¿En qué sección del avión no quieren viajar Carlos y su familia?
4. ¿Cuántas piezas de equipaje llevan ellos?
5. ¿Qué pueden llevar ellos como equipaje de mano?
6. ¿A qué hora sale el avión de ellos?
7. ¿Por cuál muelle deben ellos abordar el avión?
8. ¿Por dónde tendrán ellos que pasar primero?

1. Va al mostrador de la aèrolínea.
2. Cuatro son los pasajeros de la familia de Carlos.
3. No quieren viajar en la sección de fumar.
4. Llevan cinco maletas y dos maletines.
5. Pueden llevar los maletines.
6. El avión sale a las catorce horas.
7. Deben abordar por el muelle internacional.
8. Tendrán que pasar primero por inmigración.

Charlando   Answers will vary.

1. ¿Cuántas piezas de equipaje llevas cuando vas de viaje?
2. ¿En qué sección del avión te gusta viajar?
3. ¿Te gusta llevar equipaje de mano? Explica.
4. ¿Has pasado por inmigración alguna vez? ¿Qué hiciste allí?

¿Cuántas piezas de equipaje llevan? (Madrid, España)

A propósito

La hora en algunos horarios

WA1, LA2, R7

Schedules sometimes are written using a twenty-four-hour clock. As you travel in the Spanish-speaking parts of the world, you will often encounter schedules for trains, planes, ships, movies and television programs that appear unrecognizable to someone who is not familiar with this cultural point. Actually, the twenty-four-hour clock is quite simple and can be helpful in determining if an event occurs during the daytime or at night. Look at the following and compare the times as they would be stated using a twenty-four-hour clock:

7:30   *Son las siete y media de la mañana.*

13:30   *Es la una y media de la tarde.* (13:30 - 12:00 = 1:30)

21:50   *Son las diez menos diez de la noche.* (21:50 -12:00 = 9:50)

El tren de Madrid llega a las 15:43.

1. **Autobuses Madrileños.** ¿A qué hora saldrán los autobuses de Madrid para estas ciudades? Trabajando en parejas, alterna con tu compañero/a haciendo preguntas y contestándolas, según las horas de salida.

1. Creative self-expression.

Horario

De Madrid a:

Ciudad	Horas de salida						
San Sebastián	00:15	04:45	08:00	11:15	17:45	21:00	23:30
Zaragoza	01:15	04:15	16:15	23:15			
Murcia	06:10	22:55					
Toledo	06:00	08:30	11:00	16:00	21:00	23:30	
Córdoba	06:05	08:50	11:35	18:50	21:35		
Sevilla	06:05	21:35	24:00				
Granada	05:55	08:50	11:45	14:40	17:35	20:30	
Salamanca	00:15	04:45	08:00	11:15	17:45	21:00	
La Coruña	06:10	22:55					

2. **En el aeropuerto.** Imagina que trabajas en el mostrador de una aerolínea en el aeropuerto Barajas de España, contestando el teléfono de información sobre llegadas de vuelos. Trabajando en parejas, alterna con tu compañero/a en preguntar la hora de llegada de un vuelo y en contestar, diciendo la hora y el número de la puerta. Usa la información de la tabla.

Modelo: **A:** Aló. Por favor, ¿me puede informar la hora de llegada del vuelo cincuenta y seis de Granada?

B: Sí, señor(a). El vuelo cincuenta y seis de Granada llegará a las trece horas por la puerta número cinco.

2. Creative self-expression.

LLEGADAS

Ciudad	Vuelos	Hora	Puerta
Granada	56	13:00	5
Sevilla	002	14:20	3
Barcelona	038	15:30	7
La Coruña	104	16:15	2
Bilbao	450	17:50	4
Pamplona	72	18:05	6
Murcia	36	20:00	1

España

WB2, LA3, R8

La corona española está en Madrid.

España tiene una historia muy larga y variada. La geografía española ha contribuido a la diversidad de la nación. La España de hoy y sus cuarenta millones de habitantes son como un espejo que reflejan la historia y la geografía del país.

Madrid, la capital, es la ciudad más grande del país y es el centro del gobierno. También allí está la corona española, representada por los reyes de España. La ciudad está ubicada aproximadamente en el centro del país. La ciudad ofrece algunas de las muestras más importantes de arte del mundo en el Museo del Prado. La cosmopolita ciudad de Barcelona, el puerto más grande del país, está situada en la costa este de España en la región más rica y poblada del país. La arquitectura de Antonio Gaudí se ve en varios lugares de esta ciudad. La tercera ciudad en población de España, Valencia, está ubicada en la costa mediterránea, al sur de Barcelona. Esta área es famosa tanto por su producción industrial como por sus productos agrícolas. En contraste directo con estas ciudades grandes y cosmopolitas, España también tiene numerosas ciudades pequeñas y pueblos donde la vida tiene un ritmo más lento.

Al sur de Madrid, en la región de Castilla-La Mancha, los veranos son muy calientes y los inviernos muy fríos. El clima es muy diferente en la región agrícola de Galicia, que está en la parte noroeste del país. Aunque esta región sólo representa un séptimo del tamaño del país, recibe un tercio de la lluvia anual de España.

Algunas personas creen que el corazón y el alma de España está representado por la región de Andalucía, al sur del país. Allí uno puede ver la arquitectura mora que quedó de la ocupación musulmana de la ciudad Sevilla. Otras ciudades de la región de Andalucía donde se ve reflejada la historia de España son Málaga, Córdoba y Granada.

COMUNIDAD DE **MADRID**

PROVINCIA DE **MADRID**

Students may have difficulty understanding the following words: *contribuido* (contributed), *reflejan* (reflect), *gobierno* (government), *corona* (crown), *muestras* (specimens), *situada* (situated), *poblada* (populated), *agrícolas* (agricultural), *pueblos* (towns), *un tercio* (one third), *alma* (soul), *mora* (moorish) and *musulmán* (Moslem).

Show students where the places named in this *A propósito* are located, using the maps in the front of the book or the transparencies that are part of this program.

La Mancha, España.

3. **España.** Haz un mapa de España y añade el nombre de la capital del país, las ciudades principales, las montañas, los lagos, los ríos y otros puntos geográficos que puedas. Luego, añade otra información que sepas. Puedes consultar el mapa de España que está en este libro, o en un atlas, si lo deseas.

3. Check maps for accuracy.

La arquitectura de Antonio Gaudí se ve en varios lugares de Barcelona.

Estructura

El condicional

WB3, WB4, WB5, WA2, WA3, LA4, R9

The conditional-tense endings are the same as the -er and -ir endings for the imperfect tense.

Just as the future tense in Spanish is used to tell what will happen, the conditional tense (*el condicional*) tells what would happen or what someone would do (under certain conditions). It is usually formed by adding the endings *-ía, -ías, -ía, -íamos, -íais* and *-ían* to the infinitive form of the verb.

viajar	
viajaría	viajaríamos
viajarías	viajaríais
viajaría	viajarían

comer	
comería	comeríamos
comerías	comeríais
comería	comerían

abrir	
abriría	abriríamos
abrirías	abriríais
abriría	abrirían

Look at these examples.

Me gustaría ir a la ciudad de San Sebastián.
¿La visitarías pronto?
¡Sería fantástico!
¿Irías tú en tren o en avión?

I would like to go to the city of San Sebastian.
Would you **visit** it soon?
That **would be** great!
Would you **go** by train or by plane?

¿Te gustaría ir a San Sebastián, España?

4. **En el mostrador.** Mónica y su familia hablan con la señorita del mostrador de la aerolínea. Completa las siguientes oraciones con la forma del condicional de los verbos indicados, para saber lo que todos dicen.

> **Modelo:** Mónica dice que le <u>gustaría</u> sentarse cerca a una ventanilla. (gustar)

1. Carlos dice que él <u>(1)</u> llevar sólo un maletín como equipaje de mano. (preferir)
2. Los abuelos dicen que les <u>(2)</u> viajar en la sección de no fumadores. (gustar)
3. Las tías dicen que <u>(3)</u> a alguien que les ayude con sus maletas. (necesitar)
4. Camilo y Sara dicen que <u>(4)</u> en la cafetería mientras Carlos hace el registro. (estar)
5. La señorita nos dice que sólo <u>(5)</u> dos piezas de equipaje por cada pasajero. (registrar)
6. Un señor nos dice que nosotros <u>(6)</u> abordar el avión en quince minutos. (deber)
7. Digo que si no es problema yo <u>(7)</u> ir primero a inmigración. (preferir)

4. 1. preferiría
2. gustaría
3. necesitarían
4. estarían
5. registraría
6. deberíamos
7. preferiría

5. **¿Qué les gustaría hacer?** Haz oraciones completas, usando el condicional para decir lo que a las siguientes personas les gustaría hacer si volvieran a nacer. Añade las palabras que sean necesarias.

Ask if students know the meaning of *si volvieran a nacer* (if they were born again). The formation of the imperfect subjunctive *(volvieran)* will be presented in *Somos así 3.*

> **Modelo:** Carlos/viajar/todo el mundo
> Carlos viajaría por todo el mundo.

1. Mónica/nacer/España
2. Paola y su hermano/ser/ princesa y príncipe
3. Camilo/trabajar/agencia de viajes
4. María e Isabel/gustarles/ trabajar como agente de viajes
5. Sara/vivir/reyes de España
6. nosotros/conocer/más gente interesante
7. tú/aprender/volar un avión
8. yo/escribir/libro sobre cómo ser feliz

5. 1. ...nacería en España.
2. ...serían princesa y príncipe.
3. ...trabajaría en una agencia de viajes.
4. ...les gustaría trabajar como agente de viajes.
5. ...viviría con los reyes de España.
6. ...conoceríamos a más gente interesante.
7. ...aprenderías a volar un avión.
8. ...escribiría un libro sobre como ser feliz.

¿Te gustaría trabajar en esta agencia de viajes?

6. **Dando soluciones.** Di lo que harían las siguientes personas en cada una de las siguientes situaciones, usando las indicaciones que se dan.

   Modelo: Jorge tiene mucha ropa para llevar. (poner todo en dos maletas)
   Pondría todo en dos maletas.

6. 1. Dejarían....
    2. Viajaría....
    3. Pediría....
    4. Correrías....
    5. Iría....
    6. Esperaríamos....

1. Los chicos no pueden registrar todo su equipaje. (dejar una maleta con sus padres)
2. Rosa tiene que viajar en la sección de fumar. (viajar en otro vuelo)
3. Doña Clara tiene que llevar cinco maletas. (pedir ayuda a alguien)
4. Tienes que abordar en un minuto por el muelle nacional, pero estás en el muelle internacional. (correr al muelle nacional)
5. Tengo un problema para salir del país y estoy en el aeropuerto. (ir a la oficina de inmigración)
6. No llegamos a tiempo al aeropuerto y perdemos nuestro avión a Madrid. (esperar para tomar el siguiente vuelo)

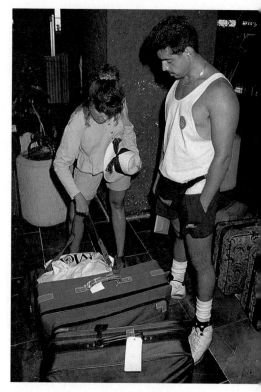

Pondría todo en dos maletas.

7. **Una persona con experiencia.** Imagina que tú eres una persona con experiencia en viajar a España y todos te hacen preguntas para pedirte consejos. Trabajando en parejas, alterna con tu compañero/a de clase en hacer preguntas y en contestarlas. Usa el condicional y la información que sea apropiada.

7. 1. ¿...irías?/No
       iría....
    2. ¿...comprarías...?/
       Compraría....
    3. ¿...volarías?/
       Volaría....
    4. ¿...llevarías?/
       Llevaría....
    5. ¿...viajarías?/
       Viajaría....
    6. ¿...estarías...?/
       Estaría....

   Modelo: qué ciudades/visitar
   A: ¿Qué ciudades visitarías?
   B: Visitaría Madrid, Sevilla y Barcelona.

1. adónde/no ir
2. dónde/comprar los pasajes
3. en cuál aerolínea/volar
4. cuántas piezas de equipaje/llevar
5. en qué sección del avión/viajar
6. a qué hora/estar en el aeropuerto

Sevilla, España.

En el avión

Another word for *el respaldar* is *el respaldo.*

Other ways of referring to the *auxiliar de vuelo* include *azafata, aeromozo (aeromoza)* and *sobrecargo.*

Por favor, podrían **a**brocharse los cinturones **d**e seguridad y colocar sus respaldares en posición vertical.

el piloto

la auxiliar de vuelo

el auxiliar de vuelo

La tripulación les da la bienvenida a su vuelo número 345, sin escala.

el compartimiento

la mesita

¿El avión va a aterrizar?

No, mijita. Va a despegar.

Avianca
INSTRUCCIONES DE SEGURIDAD

EN EL DESPEGUE Y ATERRIZAJE

MÁSCARA DE OXÍGENO

POSICIÓN DE SEGURIDAD

CHALECO SALVAVIDAS

tripulación *crew* **bienvenida** *welcome* **escala** *stopover* **aterrizar** *to land* **despegar** *to take off* **abrocharse** *to fasten* **colocar** *poner* **respaldares** *seat-back*

8. En el avión. Contesta las siguientes preguntas.

8. Answers will vary.

1. ¿Has viajado en avión alguna vez? ¿Cuándo?
2. ¿Hizo el avión alguna escala? ¿Dónde?
3. ¿Te gustaría ser miembro de la tripulación de un avión? ¿Qué te gustaría ser?
4. ¿Te gusta más cuando un avión despega o cuando aterriza? ¿Por qué?
5. ¿Crees que las medidas de seguridad que se toman en un avión son buenas? Explica.

A propósito

El condicional de los verbos irregulares

Verbs that are irregular in the future tense have identical irregular stems in the conditional. However, their endings remain the same as for regular verbs.

- Verbs that drop the letter *e* from the infinitive ending:

  caber ➡ **cabría**   poder ➡ **podría**
  querer ➡ **querría**   saber ➡ **sabría**

- Verbs that change the vowel of the infinitive endings *-er* and *-ir* to *d:*

  poner ➡ **pondría**   salir ➡ **saldría**
  tener ➡ **tendría**   venir ➡ **vendría**

- Drop the letters *e* and *c* from the infinitives of *decir* and *hacer* before adding the future-tense endings.

  decir ➡ **diría**   hacer ➡ **haría**

9.
1. Hablaría con toda la tripulación.
2. Me abrocharía el cinturón de seguridad al despegar.
3. Querría volar el avión.
4. Le diría al piloto que me deje volar el avión.
5. Colocaría el respaldar de mi silla en posición vertical.
6. Podría dormir durante todo el vuelo.
7. Tendría un poco de miedo al aterrizar.
8. Jugaría ajedrez sobre la mesita de la silla.

9. En el avión. ¿Qué cosas harías en el avión? Haz oraciones completas, usando el condicional. Añade las palabras que sean necesarias.

Modelo: poner/el equipaje de mano/compartimiento
Pondría el equipaje de mano en un compartimiento.

1. hablar/con toda/tripulación
2. abrocharme/el cinturón de seguridad/despegar
3. querer/volar el avión
4. decirle/al piloto que me deje volar/avión
5. colocar/el respaldar de mi silla/posición vertical
6. poder/dormir durante todo/vuelo
7. tener/un poco de miedo/aterrizar
8. jugar/ajedrez sobre/mesita de la silla

Pediría al piloto que me deje volar el avión.

10. **Con un millón de dólares.... Imagina que has ganado un millón de dólares. Trabajando en parejas, alterna con tu compañero/a en hacer preguntas y en contestarlas para saber seis cosas que cada uno/a haría con ese dinero.**

> Modelo: **A:** ¿Qué sería lo primero que tú harías con un millón de dólares?
>
> **B:** Daría cien mil dólares a la gente pobre.

10. Creative self-expression.

Al hotel

SARA: ¡Qué viaje tan largo! ¿A qué hora llegamos?

CARLOS: Llegamos a las nueve de la mañana, tiempo de España.

SARA: Por suerte no nos **revisaron°** en la **aduana.°**

CAMILO: Mamá, ¿vamos a **alojarnos°** en un **parador°** o en un **hotel?**

SARA: En un hotel, corazón. ¿En qué piensas, Mónica?

MONICA: Me pregunto si Paola iría ayer a la casa para darle de comer a mi perro.

SARA: ¡Claro! No te preocupes. Tu perro estará bien.

revisaron *checked* **aduana** *customs* **alojarnos** *to stay, to lodge* **parador** *inn*

¿Qué comprendiste?

1. ¿A qué hora llegaron Carlos y su familia a su destino?
2. ¿Qué suerte tuvieron Carlos y su familia en la aduana?
3. ¿Van a alojarse ellos en un parador o en un hotel?
4. ¿Qué se pregunta Mónica?

1. Llegaron a las nueve de la mañana, tiempo de España.
2. Tuvieron la suerte que no los revisaron en la aduana.
3. Van a alojarse en un hotel.
4. Se pregunta si Paola iría ayer a la casa para darle de comer a su perro.

A propósito

¿A qué hora?

Remember to ask when something is going to occur (or has already occurred) using the question *¿A qué hora...?* Answer using *a la/las* followed by the time.

¿A qué hora llegaste al aeropuerto? Llegué *a la una.*

¿A qué hora tendrás que entregar tu equipaje?

*Tengo que entregarlo en quince minutos, **a las** dos menos cuarto.*

Tendré que entregar mi equipaje a las cinco y media.

11. **¿A qué hora?** Todos en el aeropuerto hacen preguntas. Trabajando en parejas, alterna con tu compañero/a de clase en preguntar y en contestar a qué hora ocurrirán las siguientes cosas. Usa las pistas que se dan.

Modelo: despegar/tu avión (2:00 P.M.)

    A: ¿A qué hora despegará tu avión?

    B: Despegará a las dos de la tarde.

1. aterrizar/el próximo avión (1:30 P.M.)
2. estar/Graciela en la aduana (4:15 P.M.)
3. salir/el piloto (1:50 P.M.)
4. ser/la bienvenida en el hotel (8:30 P.M.)
5. llegar/Pedro y Lucía a Madrid (10:30 A.M.)
6. servir el desayuno/ellos (6:30 A.M.)
7. alojarse/tus amigos en el hotel (8:00 P.M.)

11. 1. ¿...aterrizará...?/Aterrizará a la una y media de la tarde.
2. ¿...estará...?/Estará a las cuatro y cuarto de la tarde.
3. ¿...saldrá...?/Saldrá a las dos menos diez de la tarde.
4. ¿...será...?/Será a las ocho y media de la noche.
5. ¿...llegarán...?/Llegarán a las diez y media de la mañana.
6. ¿...servirán...?/Servirán el desayuno a las seis y media de la mañana.
7. ¿...se alojarán...?/Se alojarán a las ocho de la noche.

Se alojarán a las ocho de la noche.

En la recepción

el recepcionista

la recepcionista

el botones

MONICA: ¡Qué hotel tan bonito!

SARA: Sí, es muy bonito. Vamos primero a registrarnos allí en la **recepción.**

CARLOS: Buenos días. Tenemos una reservación para cuatro.

SEÑOR: Sus **apellidos,°** por favor.

CARLOS: Cortés López.

SEÑOR: Señor Cortés, ¿es su reservación para una **habitación°** con una cama **doble** y dos **sencillas,°** por tres noches?

CARLOS: Correcto. Preferiríamos una habitación sin **ruido.°**

SEÑOR: Muy bien. Señor Cortés, ¿podría **firmar°** aquí?

CARLOS: Sí, claro.

SARA: Perdón, señor, ¿tiene la habitación agua **potable°** y **servicio al cuarto?**

SEÑOR: Sí, cómo no. **En seguida°** el **botones** les llevará su equipaje a la habitación. ¡Bienvenidos al hotel! Es un **placer°** tenerlos aquí.

apellidos *last names, surnames* **habitación** *room* **sencillas** *single* **ruido** *noise* **firmar** *to sign* **potable** *drinkable* **En seguida** *Immediately* **placer** *pleasure*

Ask students to explain why Carlos gives two last names: *Cortés López.* Remind students that they learned in *Somos así 1* that in Spanish-speaking countries people have two last names, the first being their father's and the second being their mother's.

A propósito

La diversidad cultural española

Spain is a country of contrasts. Many Spaniards are fair and blond because their ancestors were Celts. Other people have dark complexions because their ancestors were Moors. Spain's diversity is reflected in the languages spoken by Spaniards in different parts of the country, as well. Although Spanish (which sometimes is referred to as *castellano)* is the nation's official language, a significant number of people speak other languages. For example, many of the Basque people who live in the northern region of *el País Vasco* speak *eusquera.* Likewise, people who live in the northeastern region of *Cataluña* speak *catalán.*

Somos de Madrid.

Soy de Córdoba, España.

Soy de Guernica, al norte de España, y hablo eusquera.

Whereas *Catalán* is a Romance language like Spanish, Portuguese, French, Romanian and Italian, the origin of the Basque language, *eusquera*, is unknown and remains a mystery.

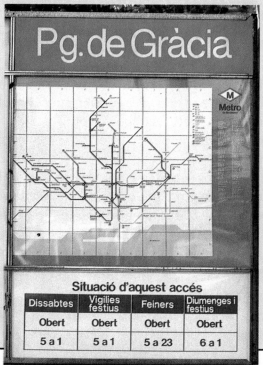
Este mapa del metro de Barcelona está en catalán.

Pg. de Gràcia

M Metro

Situació d'aquest accés

Dissabtes	Vigilies festius	Feiners	Diumenges i festius
Obert	Obert	Obert	Obert
5 a 1	5 a 1	5 a 23	6 a 1

¿Qué comprendiste?

Additional questions: *¿Cómo es el hotel?; ¿Para cuántas personas es la reservación que ellos tienen?*

1. ¿Qué deben hacer primero, según Sara?
2. ¿Cuáles son los apellidos de Carlos?
3. ¿Cómo son las camas que tiene la habitación de la familia Cortés?
4. ¿Cómo preferirían la habitación?
5. Además de servicio al cuarto, ¿qué más tiene la habitación?
6. ¿Quién les llevará en seguida el equipaje a la habitación?
7. ¿Qué es un placer para el recepcionista?

1. Deben registrarse primero.
2. Los apellidos de Carlos son Cortés López.
3. La habitación de la familia Cortés tiene una cama doble y dos camas sencillas.
4. Preferirían una habitación sin ruido.
5. Tiene agua potable.
6. El botones les llevará en seguida el equipaje a la habitación.
7. Es un placer tenerlos a ellos en el hotel.

WB10, WA5

A propósito

Los hoteles

As you travel, you will find a wide range of hotels to choose from. For example, you may wish to stay in a government-run *parador*, a *pensión* (which offers both lodging and meals for one price) or you may instead decide to stay at any of a wide selection of private hotels.

Hotels often are rated according to their cleanliness, amenities offered, price range and so forth. In some Spanish-speaking countries, hotels may be classified as follows: *de lujo* (luxury), *de primera clase* (first-class), *de segunda clase* (second-class) and *de tercera clase* (third-class). Elsewhere, hotels may be ranked in categories according to the number of stars *(estrellas)* they are awarded. For example, *cinco estrellas* (five stars) is an expensive hotel that has very strict standards and offers many amenities to guests.

HOTELES CLASE TURISTA

Islas Vírgenes: De US$ 85 a US$ 220
Antillas Holandesas: De US$ 50 a US$ 150
Bahamas: De US$ 30 a US$ 120.
República Dominicana: De US$ 30 a US$ 180
Puerto Rico: De US$ 25 a US$ 100

Charlando

1. Cuando viajas, ¿en qué clase de hoteles te gusta alojarte?
2. ¿Cómo era el último hotel donde estuviste? ¿Dónde estaba?
3. ¿Cuál es tu apellido?
4. ¿Es tu cama doble o sencilla?

12. En Novotel. Imagina cómo sería la vida en el Hotel Novotel. Contesta las siguientes preguntas, según la información del aviso.

1. ¿Qué tendrías en la habitación?
2. ¿Cuántos canales tendrías en la televisión?
3. ¿Como sería el desayuno, además de variado?
4. ¿Hasta qué hora tendrías tiempo para ir a comer al restaurante?
5. ¿En cuántos hoteles de la misma compañía podrías alojarte en España?

En Novotel
no tenemos habitaciones con número.
Tenemos clientes con nombre.

La sonrisa es la mejor forma de expresar la calidad del servicio. Ningún cliente se siente extraño en NOVOTEL.

La comodidad es nuestro éxito. Habitaciones con todas las comodidades, TV (6 canales), radio-despertador, minibar... para que su estancia sea más confortable.

El más variado y completo desayuno buffet para iniciar su jornada.

Restaurante "LE GRILL" abierto desde las 6.00 h. hasta las 24.00 h. ininterrumpidamente para degustar desde el plato más simple hasta la más elaborada recomendación del chef.

En NOVOTEL cuidamos los detalles.

Novotel. Para vivirlo

NOVOTEL MADRID
Albacete,1. 28027 MADRID
Tel.(91) 405 46 00. Telex 41862 NOVMD
TELEFAX (91) 404 11 05

NOVOTEL GERONA
Autopista A-7, salida 8
Riudellots de la Selva- GERONA
Tel. (972) 47 71 00 Telex 57238
Telefax (972) 47 72 96

NOVOTEL COSTA DEL SOL-MIJAS
Ctra. Mijas a Fuengirola, Km. 4.
29650 Mijas. (MALAGA)
Tel. (952) 48 64 00. Telex 79696

A propósito

El condicional de probabilidad

¿José hablaría a su novia?

Just as the future tense is used in Spanish to express uncertainty or probability in the present, the conditional tense expresses what was uncertain or probable in the past. Compare the following:

Serían las ocho cuando salieron. — **It must have been (probably was)** eight when they left.

José hablaría a su novia. — **José was probably talking** to his girlfriend.

Irían solos. — **They probably went (must have gone)** alone.

13. **Nunca están en el hotel. Cuando Paola llamó al hotel a su amiga, Mónica, a diferentes horas durante el día, ni ella ni su familia nunca estaban. Haz oraciones completas, usando las indicaciones que se dan para saber lo que piensa Paola.**

> **Modelo:** Mónica no estaba a las 9:00 A.M. (desayunarse en la playa)
> Mónica se desayunaría en la playa.

1. Su papá no estaba a las 9:30 A.M. (hablar con el botones en la recepción)
2. Su mamá no estaba a las 10:20 A.M. (tener que buscar agua potable en la cocina del hotel)
3. Sus hermanos no estaban a las 11:00 A.M. (broncearse en la playa)
4. Sus tías no estaban a las 12:00 P.M. (almorzar en el restaurante porque no había servicio al cuarto)
5. Su hermana no estaba a las 3:00 P.M. (nadar en la piscina)
6. Sus padres no estaban a las 4:45 P.M. (dar un paseo por la ciudad)
7. Mónica no estaba a las 9:45 P.M. (salir con sus amigos)

Su hermana nadaría en la piscina del hotel.

13. 1. ...hablaría....
2. ...tendría....
3. ...se broncearían....
4. ...almorzarían....
5. ...nadaría....
6. ...darían....
7. ...saldría....

¡La práctica hace al maestro!

A. *Un viaje ideal.*
Imagine you are planning
a vacation to Spain. Working in
Creative self-expression. pairs, plan the ideal trip. Discuss where
and when you would like to go, what you would like to do and anything
else that would make the trip perfect!

Modelo: **A:** ¿Adónde te gustaría ir en España?
B: Primero, querría visitar Andalucía porque quiero ver la
Alhambra. ¿Adónde irías tú?
A: Preferiría ir a algún restaurante bueno en Madrid donde
comería o paella o una tortilla española.

B. *A escribir.* Write a ten- to twelve-sentence
composition describing your ideal trip to Spain.
Creative writing practice. **Include as many details as you can.**
WB12

Iría a la Plaza de
España en Sevilla.

Nuestras alas cubren toda Colombia

Consulte en nuestras oficinas o
su agencia de viajes preferida.

BOGOTA Cra. 10 No. 28-31 EDIFICIO BAVARIA Torre A
☎ 2833015 - 2833057 - 2437287 - 2825736 - 2815152
OFICINA NORTE Cra. 15 No. 84-24 Oficina 221
☎ 2567357 - 2184003 ☎ nocturno 2570166

Intercontinental
de aviación s. a.
La aerolínea Jet Joven

Vocabulario

R13, R14

Adjetivos

doble
potable
sencillo,-a
vertical

Sustantivos

la aduana
la aerolínea
el apellido
el auxiliar de vuelo, la
    auxiliar de vuelo
la bienvenida
el botones
la clase
el compartimiento
el equipaje
el equipaje de mano
la escala
la habitación
el hotel
la inmigración

el lujo
el maletín
la mesita
el mostrador
el muelle
el parador
el pasajero
la pieza
el piloto
el placer
la posición
la recepción
el recepcionista, la
    recepcionista
el respaldar
el ruido
el servicio
la tripulación

Verbos

abordar
abrochar(se)
alojar(se)
aterrizar
colocar
despegar
entregar
firmar
registrar
revisar

Expresiones

en seguida
servicio al cuarto

Si necesitas servicio al
cuarto, habla con la
recepcionista.

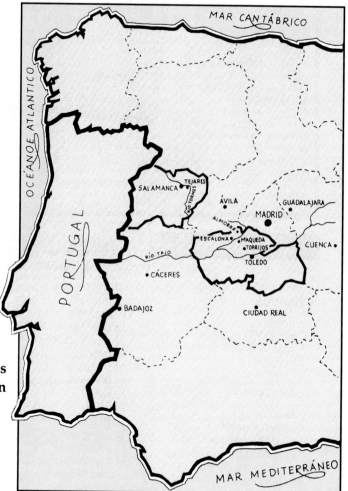

Students may need help with the following: *naturales* (natives), *acercarse a los buenos* (come to her senses), *pedazos* (pieces), *debe de haber* (must there be), *llegara a saberse* (came to know), *aún* (even), *crió* (raised), *guiarle* (guide him), *duró* (lasted) and *saber* (knowledge).

Preparación

Contesta las siguientes preguntas como preparación para la lectura.

Answers will vary.

1. ¿Dónde naciste tú?
2. ¿Tienes algún hermanastro/a? ¿Cómo es?
3. ¿Conoces a alguna persona que sea ciega *(blind)*?
4. ¿Qué crees que es lo más importante que has aprendido en la vida hasta hoy?
5. ¿Cuáles son los cognados en la lectura *Lázaro cuenta su vida y de quién fue hijo*?

Lázaro cuenta su vida y de quién fue hijo

Pues sepa vuestra **merced** que a mí me llaman Lázaro de Tormes, hijo de Tomé González y de Antona Pérez naturales de Tejares, **aldea** de Salamanca. Mi **nacimiento** fue **dentro del** río Tormes por la cual causa tomé el **sobrenombre,** y fue de esta manera.

Mi padre, a quien **Dios** perdone, tenía como trabajo el **proveer** una *aceña* que está a la **orilla** de aquel río, en el cual fue **molinero** más de quince años; estando mi madre una noche en el **molino** le llegó la hora y me **parió** a mí allí; de manera que con verdad me puedo decir nacido en el río.

aceña

Pues siendo yo niño de ocho años mi padre fue **preso.** En este tiempo **se hizo cierta armada contra** los **moros** en la cual fue mi padre, que en este tiempo ya estaba **fuera** de la **cárcel,** y sirviendo a su señor perdió la vida. Espero en Dios que está en la gloria.

Mi **viuda madre** como **se viese** sola y sin marido, decidió acercarse a los buenos e irse a vivir a la ciudad. Allí hacía la comida a ciertos estudiantes y lavaba la ropa a ciertos **mozos de caballos** del Comendador de la Magdalena. Allí conoció a un hombre moreno, este hombre venía algunas veces a nuestra casa, y se iba por la mañana; otras veces llegaba de día a comprar *huevos* y entraba en casa. Yo al principio tenía miedo de él viéndole el color y el **mal gesto** que siempre tenía, pero cuando vi que con su **venida** era mejor el comer, empecé a quererlo bien porque siempre traía pan, pedazos de carne y en el invierno *leños* a los que **nos calentábamos.**

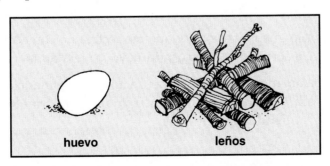

huevo   leños

Sucedió todo de manera que mi madre vino a darme un hermano, un negrito muy bonito, con el que yo jugaba. Y me acuerdo que estando el negro de mi padrastro jugando con el niño, como éste veía a mi madre y a mí blancos, y a él no, **huía** de él con miedo y se iba a donde estaba mi madre y señalándole con el dedo decía: «Madre, **coco**».

Yo, aunque era pequeño todavía, **noté** aquella palabra de mi hermanito y dije para mí: «¡Cuántos de estos debe de haber en el mundo que **huyen** de otros porque no se ven a sí mismos!».

Quiso nuestra mala fortuna que llegara a saberse que mi padrastro se llevaba la **mitad** de la *cebada* que le daban para los caballos a casa de mi madre para después venderla y que también hacía perdidas las **mantas** de los caballos. Con todo esto ayudaba a mi madre para **criar** a mi hermanito. **Se probó** todo esto que digo y aún más, porque a mí me preguntaban, **amenazándome,** y como niño que era respondía y descubría, con el mucho miedo que tenía, todo cuanto sabía. Mi padrastro fue preso y a mi madre le dijeron que no **entrase** más en la casa de **dicho** Comendador. Entonces ella se fue a servir a los que vivían en el **Mesón** de la Solana y allí, pasando muchos trabajos, crió a mi hermanito hasta que supo andar y a mí hasta ser buen **mozuelo** que iba a buscar **vino** y **todo lo demás** que me mandaban los que vivían en el mesón.

cebada

En este tiempo llegó al mesón un viejo, era un **ciego,** el cual pensando que yo sería bueno para guiarle, le pidió a mi madre que me **dejase** ir con él. Mi madre lo hizo diciéndole cómo yo era hijo de un buen hombre el cual había muerto en la **batalla** de los Gelves por defender la **fe** y que ella esperaba en Dios que yo no sería peor hombre que mi padre y que le **rogaba** que me **tratase** bien, pues era **huérfano.**

El ciego respondió que lo haría así y que me recibía no como mozo sino como hijo. Y así empecé a servir y a guiar a mi nuevo y viejo **amo.**

Estuvimos en Salamanca algunos días, pero a mi amo la **ganancia** le pareció poca y decidió irse de allí. Cuando íbamos a **partir** yo fui a ver a mi madre, y, **ambos llorando,** me dio su **bendición** y me dijo:

—Hijo, ya sé que no te veré más; sé bueno, y Dios te guíe; yo te he criado y te he puesto con buen amo, así que **válete por ti solo.** Y me fui hacia donde estaba mi amo, que me estaba esperando.

Salimos de Salamanca y llegando al puente hay a la **entrada** de él un animal de **piedra,** que tiene forma de toro, el ciego me mandó que me **llegase** cerca del animal y puesto allí me dijo:

—Lázaro, **acerca** el oído a ese toro y oirás un gran ruido dentro de él.

Yo lo hice creyendo que sería así; cuando el ciego sintió que tenía la cabeza junto a la piedra me dio tal **golpe** con su mano contra el toro que el dolor me duró más de tres días, y me dijo:

—Aprende que el mozo de ciego un punto ha de saber más que el **diablo.**

Y se rió mucho.

Me pareció que en ese momento desperté de la **simpleza** en que como niño dormido estaba. Y dije para mí: «Verdad dice éste, pues soy solo, tengo que ver y pensar cómo me sepa valer».

Empezamos nuestro camino y en muy pocos días me enseñó **jerigonza** y como viese que yo tenía buen **ingenio** estaba muy contento y me decía: «Yo no te puedo dar oro ni plata, pero te mostraré muchos consejos para vivir». Y fue así, que después de Dios, éste me dio la vida y, siendo ciego, me **alumbró** y guió en la **carrera** de vivir. Le cuento a vuestra merced estas cosas para mostrar cuánta **virtud** es que los hombres pobres y bajos sepan subir y cuánto **vicio** es el que los hombres siendo ricos y altos se dejen bajar.

Mi amo en su **oficio** era un *águila:* sabía de memoria más de cien **oraciones,** tenía un tono bajo y tranquilo que hacía **resonar** la iglesia donde **rezaba** y cuando rezaba ponía un **rostro devoto.**

águila

Además de esto tenía otras mil formas de sacarle el dinero a la gente. Sabía oraciones para todo, a las mujeres que iban a parir les decía si iba a ser hijo o hija y decía que **Galeno** no supo la mitad de lo que él sabía para curar toda clase de **enfermedades.**

A todo el que le decía que sufría de algún mal, le decía mi amo:

«Haced esto, haréis lo otro». Con todo esto la gente andaba siempre detrás de él, especialmente las mujeres que creían todo cuanto les decía. De las mujeres sacaba mucho dinero y ganaba más en un mes que cien ciegos en un año.

Pero también quiero que sepa vuestra merced que con todo lo que tenía jamás vi un hombre tan **avariento,** tanto que me **mataba** de hambre y no me daba **ni siquiera** lo necesario. Digo verdad: si **yo no hubiera sabido** valerme por mi mismo, muchas veces **hubiera muerto** de hambre; pero con todo su saber, las más de las veces yo llevaba lo mejor. Para esto le hacía **burlas,** de las cuales contaré algunas.

(continuará)

merced *grace* **aldea** *village* **nacimiento** *birth* **dentro del** *in* **sobrenombre** *surname* **Dios** *God* **proveer** *taking care of* **orilla** *shore* **molinero** *miller* **molino** *mill* **parió** *gave birth to* **preso** *jailed* **se hizo cierta armada contra** *raised a certain navy* **moros** *Moors* **fuera** *outside* **cárcel** *jail* **viuda madre** *widowed mother* **se viese** *found herself* **mozos de caballos** *stableboys* **mal gesto** *poor appearance* **venida** *arrival* **nos calentábamos** *warmed ourselves* **Sucedió todo** *Everything happened* **huía** *fled* **coco** *boogeyman* **noté** *I noticed* **huyen** *flee* **mitad** *half* **mantas** *blankets* **criar** *to raise* **Se probó** *was proven* **amenazándome** *threatening me* **no entrase** *he not enter* **dicho** *said* **Mesón** *Inn* **mozuelo** *youngster* **vino** *wine* **todo lo demás** *everything else* **ciego** *blind (man)* **dejase** *let* **batalla** *battle* **fe** *faith* **rogaba** *she begged* **tratase** *treat* **huérfano** *orphan* **amo** *master* **ganancia** *earnings* **partir to leave** **ambos llorando** *both crying* **bendición** *blessing* **válete por ti solo** *take care of yourself* **entrada entrance** **piedra** *stone* **llegase** *got* **acerca** *put close* **golpe** *blow* **diablo** *devil* **simpleza** *innocence* **jerigonza** *a slang (of thieves)* **ingenio** *intelligence* **alumbró** *enlightened* **carrera** *road* **virtud** *virtue* **vicio** *vice* **oficio** *work* **oraciones** *prayers* **resonar** *resonate* **rezaba** *prayed* **rostro devoto** *devout face* **Galeno** *famous Greek doctor (131-201 a.C.)* **enfermedades** *illnesses* **avariento** *greedy* **mataba killed** **ni siquiera** *not even* **si yo no hubiera sabido** *if I had not known* **hubiera muerto** *I would have died* **burlas** *tricks*

Excerpt from:
Lazarillo de Tormes; author unknown. Copyright Grafisk Forlag A/S, Copenhagen. The *Easy Reader* (a B-level book) with the same title is published by EMC Publishing.

¿Qué comprendiste?

1. ¿Dónde nació Lazarillo?
2. ¿Qué hacía la mamá de Lazarillo en la ciudad después de que su esposo murió?
3. ¿Cómo era el hombre para el cual Lazarillo servía de guía?
4. ¿Qué forma tenía el animal que Lazarillo encontró en un puente cuando salía de Salamanca?
5. ¿Qué le dijo el ciego a Lazarillo que no le podía dar?
6. ¿Qué le dijo el ciego a Lazarillo que sí le podía dar?
7. ¿Qué ganaba mucho el ciego diciendo mentiras?

Charlando   Answers will vary.

1. ¿Has servido alguna vez de guía para alguien? ¿Quién y por qué?
2. ¿Qué crees que es lo más importante que alguien te puede dar en la vida?
3. ¿Quién es la persona que te ha dado más consejos en la vida?
4. ¿Has ganado algún dinero en la vida? ¿Cómo lo has ganado?
5. ¿Qué piensas de las personas que dicen muchas mentiras?

1. Nació en el río Tormes.
2. Hacía comida y lavaba ropa.
3. Era un hombre viejo y ciego.
4. El animal tenía la forma de un toro.
5. Le dijo que no le podía dar oro ni plata.
6. Le dijo que le podía dar muchos consejos para vivir.
7. Ganaba mucho dinero.

1. **¿Qué van a hacer? Di estas oraciones de otra manera para ver qué van a hacer las siguientes personas.**

   Modelo: Claudia va a ir a España.
   Claudia irá a España.

La Costa del Sol, España.

1. 1. Eduardo e Inés saborearán....
   2. Felipe comerá....
   3. Tú recogerás....
   4. Alicia y Carmen, muy emocionadas, prepararán....
   5. Yo subiré....
   6. Nosotros veremos....

   1. Eduardo e Inés van a saborear unas ricas tortillas españolas.
   2. Felipe va a comer un omelet para el almuerzo.
   3. Tú vas a recoger unos pasajes en la agencia de viajes.
   4. Alicia y Carmen, muy emocionadas, van a preparar su viaje a España.
   5. Yo voy a subir las maletas que están en el sótano.
   6. Nosotros vamos a ver al rey, a la reina y a los príncipes de España por la televisión.

2. **Haciendo planes para mañana. Margarita está haciendo sus planes para mañana. Completa el siguiente párrafo con el futuro de los verbos indicados para saber cuáles son sus planes.**

   2. 1. iré
   2. compraré
   3. regresaré
   4. prepararé
   5. conduciremos
   6. mirará
   7. hablaremos
   8. cubrirá
   9. veré
   10. comeré

   Mañana yo 1. *(ir)* temprano a la agencia de viajes y 2. *(comprar)* el pasaje para mi viaje a España. Luego, 3. *(regresar)* a casa y 4. *(preparar)* unas tortillas para el almuerzo. Después del almuerzo, mi hermano y yo 5. *(conducir)* hasta un almacén en el centro de la ciudad donde él 6. *(mirar)* una maleta que quiere comprar. En la tarde mis padres y yo 7. *(hablar)* de los gastos de mi viaje. Van a ser muchos, pero por suerte mi padre los 8. *(cubrir)* casi todos. Finalmente en la noche, yo 9. *(ver)* mi programa favorito de televisión, Nacer y Vivir, y 10. *(comer)* unos omelets antes de ir a dormir.

3. **¿Qué opinas?** Usa el futuro de probabilidad para expresar una opinión sobre cada una de las siguientes situaciones.

> **Modelo:** Son las diez y media y Mario todavía está durmiendo.
> Mario estará muy cansado.

1. Alicia está en una agencia de viajes.
2. Raúl y Jaime están en una piscina.
3. Son las cinco de la tarde y Cristina y su esposo están en la cocina con los ingredientes para preparar tortillas.
4. A Mónica le gustan los huevos, las papas y las cebollas, y está en un restaurante en Madrid.
5. Ramiro y su mujer están en el aeropuerto con maletas.
6. Tú estás nervioso viendo a los toros.

Possible answers:
Comprará un pasaje.
Nadarán.
Prepararán unas tortillas.
Comerá una tortilla española.
Viajarán.
Estarás en una corrida.

4. **El adivino.** Camilo fue al adivino *(fortune-teller)* para preguntarle sobre el futuro. Haz oraciones completas para saber lo que el adivino le dice a Carlos que va a pasar, usando las indicaciones que se dan. Añade las palabras que sean necesarias.

> **Modelo:** tú/no tener/reservaciones listas
> Tú no tendrás las reservaciones listas.

1. a tu hermano/no caberle/toda la ropa/una maleta
2. tus padres/tener/mucha paz/sus vacaciones
3. tus abuelos/venir/día antes/viaje
4. el agente/no saber/tarifas para un viaje/Madrid
5. tu hermanita/no querer ir/viaje a última hora
6. tus tías/poder conseguir/sólo un pasaje de ida/vuelta
7. tu vuelo/salir/muy tarde/viernes
8. tú y tu familia/decir/sus nombres completos cuando lleguen/hotel

4. 1. A tu hermano no le cabrá toda la ropa en una maleta.
   2. Tus padres tendrán mucha paz en sus vacaciones.
   3. Tus abuelos vendrán el día antes del viaje.
   4. El agente no sabrá las tarifas para un viaje a Madrid.
   5. Tu hermanita no querrá ir al viaje a última hora.
   6. Tus tías podrán conseguir sólo un pasaje de ida y vuelta.
   7. Tu vuelo saldrá muy tarde el viernes.
   8. Tú y tu familia dirán sus nombres completos cuando lleguen al hotel.

5. **Mañana es mi primer día de vacaciones. Cuando el señor Pérsico está pensando en voz alta _(aloud)_ acerca de lo que hará durante las vacaciones, su secretaria entra a su oficina. Completa el siguiente párrafo con el futuro del verbo indicado para saber lo que pasa.**

5. 1. podré
   2. Me levantaré
   3. Me pondré
   4. Me desayunaré
   5. Leeré
   6. tendré
   7. Haré
   8. llevaremos
   9. iremos
   10. comeremos
   11. vendrán

SR. PERSICO: Ah, mañana es mi primer día de vacaciones. ¡Por fin, _1. (poder)_ descansar! _2. (levantarse)_ a las once y media. _3. (ponerse)_ un pantalón y una camisa requetecómodos, ¡nada de trajes!, y unos zapatos deportivos. _4. (desayunarse)_ sin tener que mirar el reloj cada dos segundos. _5. (leer)_ ese libro que hace meses está en mi cuarto. Y, lo mejor de todo ¡no _6. (tener)_ que ir a reuniones a ninguna parte! _7. (Hacer)_ exactamente lo que quiera todos los días.

SECRETARIA: Buenos días, Sr. Pérsico. Su mujer está al teléfono.

SR. PERSICO: Gracias.... Hola, Gabriela, ¿pasa algo?

GABRIELA: No, te llamo para decirte que no hagas planes para mañana. A las ocho y media, nosotros _8. (llevar)_ a Pedrito al médico. Luego, _9. (ir)_ al parque zoológico. Se lo prometí a los niños. A la una, _10. (comer)_ en casa de tu madre. Y para las cinco, mi hermana y sus hijos _11. (venir)_ a ver una película en la televisión.

SR. PERSICO: ¡Oh, no! Pero corazón, ¿y mis vacaciones?

6. **Un viaje. Haz oraciones en el futuro, para saber lo que las siguientes personas dicen acerca de los preparativos de su viaje.**

   Modelo: Rocío/venir/mañana para hablar del viaje
   Rocío vendrá mañana para hablar del viaje.

6. 1. ...se vencerá....
   2. ...tendrán....
   3. Querrás....
   4. ...hará....
   5. Podré....
   6. ...sabrá....
   7. ...necesitarán....
   8. Tendremos....

   1. mi pasaporte/vencerse/en dos años
   2. ellas/tener/que conseguir una visa
   3. tú/querer/hacer un viaje sencillo
   4. Graciela/hacer/reservaciones para un viaje de ida y vuelta
   5. yo/poder/conseguir mañana folletos de Andalucía
   6. el agente/saber/el mejor itinerario para visitar España
   7. Roberto y Carolina/necesitar/una guía turística de Madrid
   8. nosotros/tener/fortuna si podemos viajar esta semana

La Alhambra está en Granada, en la región de Andalucía.

7. **En el aeropuerto de Madrid.** Trabajando en parejas, alterna con tu compañero/a en preguntar la hora de salida de los vuelos y en contestar, diciendo la hora y el muelle de donde salen. Sigue el modelo.

> **Modelo:** **A:** ¿A qué hora sale el vuelo cuarenta y dos?
> **B:** El vuelo cuarenta y dos sale a la una de la tarde por el muelle nacional.

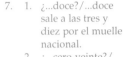

Ciudad	Vuelos	Hora	Muelle
Sevilla	42	13:00	Nacional
Barcelona	12	15:10	Nacional
Caracas	020	16:20	Internacional
Los Ángeles	105	17:00	Internacional
Valencia	063	18:40	Nacional

8. **España.** Contesta las siguientes preguntas sobre España.

1. ¿Cuál es la capital de España?
2. ¿Qué museo en la capital de España es importante?
3. ¿De quién es la arquitectura que se ve en varios lugares de Barcelona?
4. ¿En qué región española los veranos son muy calientes y los inviernos muy fríos?
5. ¿Cómo se llama la región que algunas personas creen es el corazón de España?
6. ¿A qué se refiere la palabra *tortilla* en España?
7. ¿Cuáles son los ingredientes principales de la tortilla española?

En Barcelona podrás ver la arquitectura de Antonio Gaudí.

7. 1. ¿...doce?/...doce sale a las tres y diez por el muelle nacional.
2. ¿...cero veinte?/...cero veinte sale a las cuatro y veinte de la tarde por el muelle internacional.
3. ¿...ciento cinco?/...ciento cinco sale a las cinco de la tarde por el muelle internacional.
4. ¿...cero sesenta y tres?/...cero sesenta y tres sale a las siete menos veinte de la noche por el muelle nacional.

8. 1. La capital de España es Madrid.
2. El Museo del Prado en la capital de España es importante.
3. Es de Antonio Gaudí.
4. Los veranos son muy calientes y los inviernos muy fríos en la región de Castilla-La Mancha.
5. Se llama Andalucía.
6. Se refiere a un omelet.
7. Los principales ingredientes de la tortilla española son papa, cebolla, aceite y huevos.

9. **¡No dejes para mañana lo que puedes hacer hoy!** Tomás prometió muchas cosas durante el verano que nunca hizo. Completa el siguiente párrafo con la forma apropiada del condicional para ver lo que no hizo.

9. 1. buscaría
    2. cortaría
    3. lavaría
    4. se levantaría
    5. ayudaría
    6. irían
    7. verían
    8. jugarían
    9. compraría
   10. gustaría

En mayo, Tomás les prometió muchas cosas a sus padres y a su novia. Le dijo a su padre que 1. *(buscar)* un trabajo, 2. *(cortar)* el césped y 3. *(lavar)* el carro cada semana. No lo hizo. Le dijo a su madre que 4. *(levantarse)* temprano y le 5. *(ayudar)* en el jardín. Tampoco lo hizo. Le prometió a su novia que los dos 6. *(ir)* a la playa, 7. *(ver)* algunas buenas películas y 8. *(jugar)* al tenis. No hicieron ninguna de estas cosas. ¡Ahora, parece que nadie quiere ayudarle a él! Ayer, le pidió dinero a su padre, y su padre le contestó: "Mañana". Le preguntó a su madre si le 9. *(comprar)* ropa nueva y ella respondió: "Un día de estos". Cuando le dijo a su novia que le 10. *(gustar)* invitarla a cenar, ella le contestó: "¡Nunca más!". Ahora Tomás entiende por qué se dice: *¡No dejes para mañana lo que puedes hacer hoy!*

10. **¿Nunca?** Di lo que no harían *(would not do)* nunca las siguientes personas, usando el condicional. Luego, di lo que preferirían hacer.

> **Modelo:** yo
>
> (Yo) Nunca entregaría todo mi equipaje durante un vuelo. Preferiría siempre llevar conmigo un maletín con algunas cosas personales.

10. Creative self-expresssion.

1. el presidente
2. mis padres
3. yo
4. mi mejor amigo/amiga
5. el profesor/la profesora
6. mis amigos/amigas y yo
7. el Papa Juan Pablo
8. Gabriela Sabatini

11. **Un viaje a España.** Imagina que irás de viaje a España. Decide en qué orden *(order)* ocurrirían las siguientes situaciones.

1. El botones llevaría mi equipaje a la habitación.
2. Compraría un pasaje de ida y vuelta.
3. Iría a una agencia de viajes.
4. El avión aterrizaría.
5. Iría al mostrador de la aerolínea.
6. Querría ir a España.
7. El avión despegaría.
8. Pondría mi ropa en una maleta.
9. Revisarían el equipaje en la aduana.
10. Abordaría el avión en el muelle internacional.
11. Entregaría el equipaje.
12. Conseguiría un pasaporte.

11. Possible order: 6, 3, 2, 15, 12, 8, 5, 11, 10, 13, 7, 4, 9, 14, 1.

13. Me abrocharía el cinturón.
14. Me alojaría en un parador.
15. Haría la reservación de una habitación con una cama sencilla.

12. **No está segura. Mónica no está segura de que muchas cosas pasaron. Usa el condicional de probabilidad para indicar lo que fue probable, según Mónica, de acuerdo con la información que se da.**

> **Modelo:** Mis parientes me dijeron que iban a salir para Madrid a las tres.
> Mis parientes saldrían a las tres.

1. Mi hermano me dijo que iba a salir temprano para el aeropuerto.
2. El hotel dijo que iba a tener las habitaciones listas.
3. Una persona me dijo que el vuelo de mis tías iba a salir a tiempo.
4. El recepcionista me dijo que las habitaciones de mis parientes iban a tener agua potable.
5. El botones dijo que iba a llevar todas las maletas a la habitación.
6. Mi papá dijo que iba a firmar algún papel en la recepción del hotel.

12.   1. ...saldría....
      2. ...tendría....
      3. ...saldría....
      4. ...tendrían....
      5. ...llevaría....
      6. ...firmaría....

Haciendo planes

13. **Expresiones comunes. Repasa las expresiones anteriores para probar cuántas puedes recordar. Luego, trabajando en grupos de tres, añadan otras expresiones relacionadas.**   13. This is a self-test. Circulate and help students who are having problems.

14. **A crear. Trabajando en grupos de tres, hablen en español por cinco minutos. Usen tantas expresiones como sea posible, empezando con el tema *haciendo planes* y continuando con cualquier otro tópico.**   14. Creative self-expression.

Empleos

Sueños y aspiraciones

Capítulo 8

COMMUNICATIVE FUNCTIONS

- Discussing the future
- Expressing uncertainty
- Talking about hopes and dreams
- Seeking and providing information about careers
- Expressing events in the past
- Relating two events in the past
- Expressing doubt
- Advising and suggesting
- Stating wishes and preferences
- Expressing emotion
- Identifying and locating some countries
- Writing about the future

Functions:
- Discussing the future
- Expressing uncertainty
- Talking about hopes and dreams

- Seeking and providing information about careers
- Expressing events in the past
- Relating two events in the past
- Expressing doubt

LA1

Espero que hayas decidido qué estudiar

la mujer de negocios

el hombre de negocios

In this dialog, Adriana, who was born in Miami, has a minor disagreement with her Cuban-born parents about her future. It is important, however, to note that she is able to discuss the issue with them and to come to a worthwhile and workable solution. You may wish to use this opportunity to seek assistance from the school counselors in order to have a class discussion about parent-child relationships or students' plans for their future.

Adriana decided to obtain valuable work experience with a company before beginning her studies at a university. Students have many choices to make about their future. Some may attend a university, some may go to technical institutes and others may begin work immediately. You may decide to develop this topic as a classroom conversation with the help of a school counselor.

Adriana, una chica de Miami, habla con sus padres sobre su **futuro.**

RAMON: Espero que cuando termines el colegio hayas decidido qué **carrera°** estudiar en la **universidad.**

ADRIANA: Bueno, lo he pensado, pero no sé si quiero **asistir a°** una universidad después de terminar el colegio. Creo que tengo otras **aspiraciones.**

GRACIELA: ¿Cómo? ¿No vas a estudiar una carrera? Sería muy importante para tu futuro.

ADRIANA: No, no mamá. Sí, quiero estudiar, pero me gustaría primero trabajar por un año para poder ganar un poco de dinero y **experiencia** en la vida **real.** Mi **sueño°** es ser una **mujer de negocios.°**

GRACIELA: Ese sueño está muy bien, pero tu papá y yo queremos que empieces una carrera en la universidad tan pronto como termines el colegio.

RAMON: Sí, corazón. Te aconsejo que busques un **empleo°** para que trabajes durante el verano y, luego, en el otoño que empieces la universidad.

ADRIANA: Eso es una buena idea, papá. Entonces, empezaré a buscar un trabajo de verano como **empleada°** en alguna **empresa°** de negocios. Así, cuando termine el colegio espero que ya haya sido **aceptada°** en algún empleo.

carrera *career*   **asistir a** *to attend*   **sueño** *dream*   **mujer de negocios** *businesswoman*   **empleo** *job*
empleada *employee*   **empresa** *business*   **aceptada** *accepted*

1. ¿Qué espera Ramón que Adriana haya decidido cuando termine el colegio?
2. ¿Qué no sabe Adriana?
3. ¿Qué le gustaría hacer primero a Adriana?
4. ¿Cuál es el sueño de Adriana?
5. ¿Qué quieren los padres de Adriana que ella haga tan pronto como termine el colegio?
6. ¿Qué le aconseja Ramón a Adriana?
7. ¿Dónde empezará Adriana a buscar un trabajo de verano como empleada?
8. ¿En qué espera que ya haya sido aceptada Adriana cuando termine el colegio?

Los empleos

WA1, LA2, R1, R2

la bombera

el carpintero

el chofer

el fotógrafo

la mecánica

la peluquera

el programador

el secretario

la veterinaria

1. Ramón espera que Adriana haya decidido qué carrera estudiar en la universidad.
2. No sabe si quiere asistir a la universidad después de terminar el colegio.
3. Primero le gustaría trabajar por un año para poder ganar un poco de dinero y experiencia en la vida real.
4. El sueño de Adriana es ser una mujer de negocios.
5. Ellos quieren que ella empiece una carrera en la universidad.
6. Le aconseja que busque un empleo para que trabaje durante el verano y, luego, en el otoño que empiece la universidad.
7. Empezará a buscar un trabajo de verano como empleada en alguna empresa de negocios.
8. Espera que ya haya sido aceptada en algún empleo.

Quiz students on the following words, which they already have learned: *el actor/la actriz, el agente de viajes/la agente de viajes, el auxiliar de vuelo/la auxiliar de vuelo, el cajero/la cajera, el camarero/la camarera, el cantante/la cantante, el cocinero/la cocinera, el comentarista/la comentarista, el dentista/la dentista, el deportista (el basquetbolista, el tenista, etc.)/la deportista (la basquetbolista, la tenista, etc.), el enfermero/la enfermera, el médico/la médica, el mesero/la mesera, el periodista/la periodista, el policía/la policía, el profesor/la profesora, el recepcionista/la recepcionista and el reportero/la reportera.*

A propósito

Los empleos: un poco más

el abogado,			el gerente,	
la abogada	*lawyer*		la gerente	*manager*
el agricultor,			el ingeniero,	
la agricultora	*farmer*		la ingeniera	*engineer*
el artista,			el obrero,	
la artista	*artist*		la obrera	*worker*
el bibliotecario,			el taxista,	
la bibliotecaria	*librarian*		la taxista	*taxi driver*
el escritor,			el vendedor,	
la escritora	*writer*		la vendedora	*salesperson*

Jesús López Vega es artista.

Charlando

1. ¿Cuáles son tus aspiraciones para después de terminar el colegio?
2. ¿Crees que estudiar una carrera es importante para tener un mejor futuro? Explica.
3. ¿Tienes algún sueño especial? ¿Cuál?
4. ¿Tienes algún empleo? ¿Cuál? ¿En qué empresa?
5. ¿Crees que la experiencia es importante para conseguir un empleo? ¿Por qué?
6. ¿Qué empleo te gustaría tener? ¿Por qué?

Additional questions: *¿Con quién has hablado acerca de tus aspiraciones para después de terminar el colegio? ¿Te ayudó hablar con esa persona?; ¿Es importante para ti empezar a ganar dinero desde temprano? Explica.*

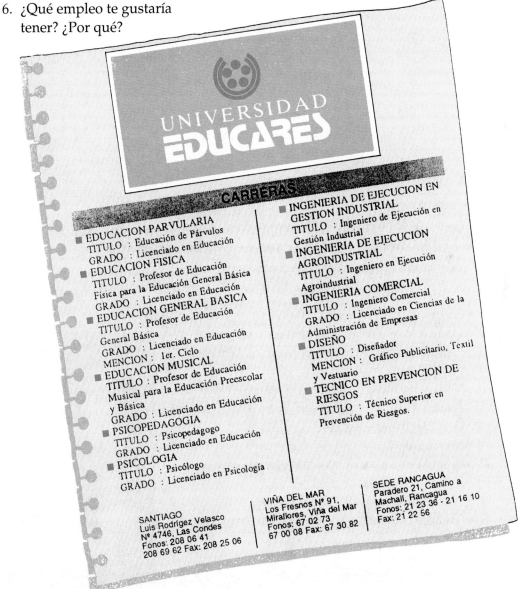

UNIVERSIDAD EDUCARES

CARRERAS

■ EDUCACION PARVULARIA
TITULO : Educación de Párvulos
GRADO : Licenciado en Educación
■ EDUCACION FISICA
TITULO : Profesor de Educación Física para la Educación General Básica
GRADO : Licenciado en Educación
■ EDUCACION GENERAL BASICA
TITULO : Profesor de Educación General Básica
GRADO : Licenciado en Educación
MENCION : 1er. Ciclo
■ EDUCACION MUSICAL
TITULO : Profesor de Educación Musical para la Educación Preescolar y Básica
GRADO : Licenciado en Educación
■ PSICOPEDAGOGIA
TITULO : Psicopedagogo
GRADO : Licenciado en Educación
■ PSICOLOGIA
TITULO : Psicólogo
GRADO : Licenciado en Psicología

■ INGENIERIA DE EJECUCION EN GESTION INDUSTRIAL
TITULO : Ingeniero de Ejecución en Gestión Industrial
■ INGENIERIA DE EJECUCION AGROINDUSTRIAL
TITULO : Ingeniero en Ejecución Agroindustrial
■ INGENIERIA COMERCIAL
TITULO : Ingeniero Comercial
GRADO : Licenciado en Ciencias de la Administración de Empresas
■ DISEÑO
TITULO : Diseñador
MENCION : Gráfico Publicitario, Textil y Vestuario
■ TECNICO EN PREVENCION DE RIESGOS
TITULO : Técnico Superior en Prevención de Riesgos.

SANTIAGO
Luis Rodríguez Velasco
Nº 4746, Las Condes
Fonos: 208 06 41
208 69 62 Fax: 208 25 06

VIÑA DEL MAR
Los Fresnos Nº 91,
Miraflores, Viña del Mar
Fonos: 67 02 73
67 00 08 Fax: 67 30 82

SEDE RANCAGUA
Paradero 21, Camino a
Machalí, Rancagua
Fonos: 21 23 36 - 21 16 10
Fax: 21 22 56

1. ¿Qué les gustaría ser? Di lo que les gustaría ser a las siguientes personas, combinando palabras de las tres columnas. Haz los cambios, y añade las palabras que sean necesarias.

1. Answers will vary.

Modelos: A Eduardo le gustaría ser abogado.
Rosario quisiera ser programadora.

A	B	C
Eduardo	gustar	bombero
Rosario	querer	programador
Carmen y Alicia		carpintero
Isabel		fotógrafo
tú		abogado
ellos		ingeniero
Ignacio y Ricardo		deportista
Angel		agricultor
Ud.		artista
nosotros		veterinario
Silvia y Ernesto		secretario
yo		escritor

¿Te gustaría ser bombera como ella?

DAVID GUTIERREZ ZERECERO ABOGADO

ASESORIA JURIDICA EN JUICIOS DE:

CONTRATOS DE ARRENDAMIENTO TESTAMENTARIOS E INTESTAMENTARIOS DIVORCIOS, MERCANTILES Y AMPAROS

TEL. 82-04-11

VETERINARIA DEL PACIFICO

CLINICA-CIRUGIA-RAYOS X HOSPITALIZACION-PENSION FARMACIA-PELUQUERIA VENTA DE MASCOTAS Y ACCESORIOS

82-67-27

Rio Baluarte 1034, Col. Palos Prietos a Espaldas de C. Camionera

2. ¿Qué son? Di lo que las siguientes personas son, de acuerdo con las descripciones de lo que cada uno de ellos hace en su empleo.

Modelo: Jorge prepara comidas en un restaurante argentino.
Jorge es cocinero.

2.
1. Gloria es taxista/chofer.
2. Doña Raquel es dentista.
3. Camilo es bibliotecario.
4. Alvaro es peluquero.
5. Margarita es agricultora.
6. Don Héctor es profesor.
7. Julieta es mecánica.
8. Angel es obrero.
9. Claudia es mujer de negocios.
10. María es gerente.

1. Gloria maneja un carro y lleva personas de un lugar a otro.
2. Doña Raquel arregla los dientes de las personas.
3. Camilo entrega y recibe libros en la biblioteca.
4. Alvaro corta el pelo.
5. Margarita recoge verduras y frutas en una finca.
6. Don Héctor enseña historia en una universidad.
7. Julieta tiene experiencia arreglando los problemas de los carros.
8. Angel hace casas de ladrillo.
9. Claudia trabaja en un banco y hace muchos negocios.
10. María dirige el trabajo de muchas personas en una empresa grande.

Alvaro corta el pelo.
¿Qué es?

3. **¿Qué quieres ser?** Trabajando en grupos de cinco estudiantes, hagan una lista de lo que a cada uno le gustaría ser en la vida. Un estudiante debe reportar a la clase la información encontrada.

> 3. Answers will vary.

Modelo: A Fabio le gustaría ser abogado, a Margarita le gustaría ser médica, a Clara le gustaría ser actriz, a Roberto le gustaría ser cantante y a mí me gustaría ser futbolista.

A Camilo le gustaría ser futbolista.

4. **Adivina, adivinador.** Trabajando en parejas, alterna con tu compañero/a en describir a alguien, diciendo lo que hace en su empleo. Luego, tu compañero/a debe adivinar quién es.

Modelo: A: Esta persona es artista. Canta y baila música moderna muy bien. ¿Quién es?

> 4. Creative self-expression.

    B: Es Gloria Estefan.

5. **Los empleos.** Trabajando en parejas, alterna con tu compañero/a en preguntar y en contestar sobre los empleos de los diferentes miembros de la familia de tu compañero/a.

> 5. Answers will vary.

Modelo: A: ¿Cuál es el empleo de tu papá?
    B: Mi papá es ingeniero. ¿Cuál es el empleo de tu papá?
    A: Mi papá es fotógrafo.

Repaso rápido: usos de *haber*

The preterite
perfect, the future
perfect and the
conditional perfect
tenses have been
included in
Appendix B
should you wish
to teach them
along with this
review of the uses
of *haber*.

The verb *haber* is used in various tenses as an impersonal expression: *hay* (there is, there are), *había* (there was, there were), *hubo* (there was, there were). Compare the following:

*¿**Hay** una universidad donde vives?*	**Is there** a university where you live?
***Había** mucho que hacer y ver.*	**There was** a lot to see and do.
*Oí que **hubo** un concierto bueno en la universidad la semana pasada.*	I heard **there was** a good concert at the university last week.

The present tense of *haber* may be combined with a past participle to form the present perfect tense *(el pretérito perfecto)*, which often is used to describe something that has happened recently or to describe something that has occurred over a period of time and that continues today.

*He **pensado** ser agente de viajes.*	**I have thought** about becoming a travel agent.
*¿A qué universidad **has decidido** asistir?*	Which university **have you decided** to attend?

¿Has pensado en asistir a la Universidad de Salamanca en España?

The imperfect tense of *haber* may be combined with a past pasticiple to form the past perfect tense *(el pluscuamperfecto)*, which is used to describe an event in the past that had happened prior to another event.

***Había terminado** de estudiar cuando llamaste.*	**I had finished** studying when you called.
*Ya **habían comido** cuando sus amigas llegaron.*	**They had** already **eaten** when their friends arrived.

Mis amigos y yo hemos asistido al mismo colegio y
todos hemos pensado en seguir carreras diferentes.
(Ciudad de México, México)

6. **Carlos y su clase.** Carlos escribió una corta composición sobre lo que él y sus amigos piensan hacer después de terminar el colegio. Completa el siguiente párrafo con la forma apropiada del pretérito perfecto de los verbos entre paréntesis.

En mi clase somos quince estudiantes. Todos nosotros 1. *(asistir)* al mismo colegio por dos años. Algunos de mis compañeros ya 2. *(decidir)* qué hacer después de terminar el colegio. Yo todavía no 3. *(decidir)* si quiero estudiar o trabajar. La idea de estudiar una carrera en la universidad me parece una aspiración muy importante. Carlos 4. *(decidir)* estudiar para ser cocinero. A él le gusta mucho la comida. Consuelo y Teresa 5. *(pensar)* estudiar una carrera, pero no saben cuál. Clarita 6. *(pensar)* trabajar para ganar algo de experiencia antes de asistir a una universidad. Ella ya 7. *(visitar)* algunas empresas para buscar un empleo, pero todavía no 8. *(oír)* nada de ellas. Y tú, ¿9. *(trabajar)* alguna vez? ¿10. *(pensar)* qué hacer después de terminar el colegio? ¿Qué te gustaría hacer en el futuro?

6. 1. hemos asistido
    2. han decidido
    3. he decidido
    4. ha decidido
    5. han pensado
    6. ha pensado
    7. ha visitado
    8. ha oído
    9. has trabajado
    10. Has pensado

7. **Había estudiado....** Imagina que las siguientes personas tienen hoy un empleo en algo diferente de la carrera que habían estudiado. Di la carrera que habían estudiado y el empleo que tienen hoy, usando las pistas que se dan. Sigue el modelo.

Modelo: Yolanda/ingeniero/profesor
Yolanda había estudiado una carrera para ser ingeniera, pero hoy tiene un empleo como profesora.

1. Gustavo/abogado/vendedor
2. Elena y su amiga/mecánico/bombero
3. Gloria/veterinario/artista
4. Esteban y Elisa/programador/escritor
5. tú/fotógrafo/carpintero
6. Gregorio/peluquero/secretario

7. 1. ...había estudiado...abogado...vendedor.
    2. ...habían estudiado...mecánicas...bomberas.
    3. ...había estudiado...veterinaria...artista.
    4. ...habían estudiado...programadores...escritores.
    5. ...habías estudiado...fotógrafo/a...carpintero/a.
    6. ...había estudiado...peluquero...secretario.

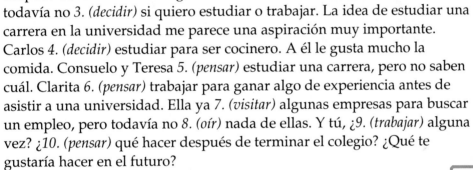

ENCARGADA DE BOUTIQUE
Y VENDEDORAS DE BOUTIQUE

* Por lo menos tercero básico
* Buena presentación
* Ambiciosas, con deseos de superarse

Presentarse en horas hábiles todo el día de hoy y mañana a: 2a. calle 4-20, zona 9.

BENEMERITO
CUERPO
VOLUNTARIO
DE BOMBEROS
DE GUATEMALA

¿SABE USTED CUANTOS RECURSOS NECESITAN LOS BOMBEROS PARA COMBATIR UN INCENDIO?

Los Bomberos Voluntarios solicitan su colaboración económica para adquirir unidades y equipo para su servicio.

HAGA SU APORTE HOY MISMO A LA CUENTA ESPECIAL EN EL BANCO PROMOTOR Y AYUDENOS PARA AYUDAR

AGOSTO, MES DEL BOMBERO VOLUNTARIO

Estructura

El pretérito perfecto del subjuntivo

The *vosotros,-as*
verb endings are
included for
passive recogni-
tion. If you have
decided to make
these forms active,
adapt the provided
activities, as
required.

You have learned several circumstances that require the subjunctive. When the *pretérito perfecto* is in the subjunctive, its formation is quite simple: Combine the present subjunctive forms of *haber* with the past participle of a verb.

hablar	hacer	vestirse (i, i)
haya hablado	haya hecho	me haya vestido
hayas hablado	hayas hecho	te hayas vestido
haya hablado	haya hecho	se haya vestido
hayamos hablado	hayamos hecho	nos hayamos vestido
hayáis hablado	hayáis hecho	os hayáis vestido
hayan hablado	hayan hecho	se hayan vestido

Look at the following examples:

*Espero que ella ya **haya decidido** qué estudiar.*
I hope she **has** already **decided** what to study.

*No creo que él **haya empezado** a trabajar.*
I doubt that he **has begun** to work.

Nadie contesta. No creo que ellos hayan salido todavía.

Espero que hayas terminado de preparar mi almuerzo.

8. Es posible que.... Muchas veces puedes decir lo que una persona es, de acuerdo con las cosas que hace. Mira las ilustraciones y di lo que es posible que las siguientes personas hayan estudiado, según lo que hacen.

Modelo: Mercedes
Es posible que ella haya estudiado para ser peluquera.

8. Possible answers:
1. ...ellos hayan estudiado para ser cocineros.
2. ...él haya estudiado para ser carpintero.
3. ...ella haya estudiado para ser mecánica.
4. ...ellas hayan estudiado para ser ingenieras.
5. ...Ud. haya estudiado para ser agricultor.
6. ...tú hayas estudiado para ser artista.
7. ...ellos hayan estudiado para ser escritores.
8. ...Uds. hayan estudiado para ser veterinarios.

1. Jorge y Luis　2. Sergio　3. Diana　4. Blanca y Juana

5. Ud.　6. tú　7. Ana y Nicolás　8. Uds.

9. El futuro. Jorge habla con su papá acerca del futuro. Completa el siguiente diálogo con la forma apropiada del pretérito perfecto del subjuntivo de los verbos entre paréntesis.

PAPA: Jorge, espero que ya *1. (pensar)* muy bien en tu futuro.

JORGE: Bueno, no creo que yo *2. (tener)* mucho tiempo para hacerlo.

PAPA: Pero, mijito, ¿por qué?

JORGE: Siempre he estado muy ocupado haciendo mis tareas.

PAPA: No creo yo que siempre te *3. (ver)* haciendo tareas. Muchos días te he visto perdiendo el tiempo con tus amigos.

JORGE: Ay papá, no perdemos el tiempo. Algunas veces hablamos de cosas muy importantes.

PAPA: No creo que Uds. *4. (hablar)* de algo importante nunca.

JORGE: Qué exagerado eres, papá. Es una lástima que tú no *5. (oír)* de lo que hablamos mis amigos y yo la semana pasada.

PAPA: ¿De qué hablaron?

JORGE: Hablamos de los problemas del país y del mundo.

PAPA: ¡Qué bueno! Eso es importante. Pero creo que deben empezar a hablar más sobre su futuro, sobre sus aspiraciones.

JORGE: Bueno, creo que empezaré a pensar más en mi futuro.

PAPA: Me alegro, hijo, de que *6. (entender)* lo que te he dicho.

9. 1. hayas pensado
2. haya tenido
3. haya visto
4. hayan hablado
5. hayas oído
6. hayas entendido

Me alegro de que Uds. hayan decidido seguir una carrera en la universidad. (Santo Domingo, República Dominicana)

10. 1. Es posible que Roberto y Graciela hayan ganado....
2. Dudo que Clara haya tenido....
3. Es importante que (tú) hayas decidido....
4. No creo que Uds. se hayan registrado....
5. No pienso que Ramiro haya nacido....
6. Es importante que (nosotros) hayamos pasado....
7. Es una lástima que (yo) no me haya preguntado....

11. 1. ha
2. hay
3. han
4. haya
5. ha
6. hubo
7. había
8. hayamos

10. Charlando durante el almuerzo. Es la hora del almuerzo y tú y tus amigos hablan en la cafetería. Haz oraciones completas para decir lo que las siguientes personas dicen. Sigue el modelo.

> **Modelo:** Rosario/conseguir un empleo (espero)
> Espero que Rosario haya conseguido un empleo.

1. Roberto y Graciela/ganar alguna experiencia después de su viaje a la América del Sur (es posible)
2. Clara/tener la oportunidad de estudiar una carrera (dudo)
3. tú/decidir ir a la universidad (es importante)
4. Uds./registrarse para tomar la clase de matemáticas (no creo)
5. Ramiro/nacer para ser artista (no pienso)
6. nosotros/pasar el examen de historia (es importante)
7. yo/no preguntarme antes qué hacer en el futuro (es una lástima)

11. ¿Haber? Escoge la forma apropiada del verbo haber para completar lógicamente las siguientes oraciones.

> **Modelo:** No creo que él (ha/haya) ido a la universidad ayer.
> No creo que él <u>haya</u> ido a la universidad ayer.

1. Patricia no (ha/habías) decidido todavía a qué universidad quiere asistir.
2. En esta empresa (hay/haya) más de cinco empleados con aspiraciones para ser gerentes.
3. Gustavo y Rafael (hayan/han) decidido tener experiencia en la vida real primero.
4. Espero que ella (ha/haya) conseguido el empleo que estaba buscando.
5. Cristina cree que su hermanastro (había/ha) sido aceptado en la universidad donde él quiere estudiar.
6. El año pasado no (hubo/habíamos) muchos estudiantes que querían ser abogados.
7. En el sueño que tuve anoche yo (he/había) terminado mi carrera como ingeniero con mucho éxito.
8. No creo que todos nosotros (hemos/hayamos) estudiado en el mismo colegio en los últimos cuatro años.

Una amiga por correspondencia

el buceo

el esquí

Cartagena, 11 de noviembre

Estimada *Diana:*

Cuando vi tu carta en una revista, en donde decías que querías tener amigos en otros países, decidí escribirte. Siempre he querido tener amigos por **correspondencia.** **Ojalá** *que podamos tener una buena* **amistad.**

Como no me conoces, te quiero contar que me llamo Carlos Osorio Beltrán, vivo en Cartagena, Colombia, y soy estudiante del Colegio Simón Bolívar. Me gustan los deportes **acuáticos.** **Practico** *el* **buceo,** *el* **esquí** *y la* **pesca.** *También me gusta mucho la música y el* **baile.** *Tengo una gran* **colección** *de discos de salsa. Mis padres siempre quieren que escuche la música bien* **suave.** *El próximo año es mi último año en el colegio. Al terminar quizás* **lo extrañe** *mucho. Todavía no sé lo que vaya a hacer después de terminar el colegio. Mi sueño es tener una familia,* **fuerte** *y* **unida,** *y poder ser un padre estupendo. Me gustaría tener muchos hijos. Quizás ellos sean como yo. Creo que ser padre será lo más* **hermoso** *de esta vida. ¿Qué crees tú?*

Bueno, ojalá escribas pronto. Quisiera saber cuáles son tus sueños, lo que te gusta y lo que piensas hacer cuando termines el colegio.

Atentamente,

Carlos

la pesca

el baile

Students have learned to use the imperfect subjunctive form of *querer, quisiera,* as a lexical item meaning "would like." The actual formation of the imperfect subjunctive is taught in *Somos así 3.* However, the imperfect subjunctive forms of the verbs *hablar, comer* and *escribir* have been included in the Appendices for *Somos así 2* if you wish to include an introductory explanation of the imperfect subjunctive in conjunction with this use of *quisiera.*

Estimada *Dear*   **Ojalá** *Would that, If only, I hope*   **amistad** *friendship*   **suave** *soft*   **lo extrañe** *I'll miss it*   **fuerte** *strong*   **unida** *united, connected*   **hermoso** *beautiful, lovely*   **Atentamente** *Respectfully, Yours truly*

The verb *practicar* is regular in the present tense. Note for students, however, that the Ud./Uds. commands (*practique Ud./practiquen Uds.*) and the preterite tense (*yo practiqué*) follow the pattern of *buscar* and require the spelling change c ➡ qu.

1. Carlos siempre ha querido tener amigos por correspondencia.
2. Carlos desea poder tener una buena amistad con Diana.
3. Carlos practica el buceo, el esquí y la pesca.
4. Le gusta mucho la música y el baile.
5. Quieren que la escuche muy suave.
6. Va a ser probable que él extrañe mucho el colegio.
7. Carlos quiere que su familia sea fuerte y unida.
8. Carlos dice que ser padre es lo más hermoso de esta vida.

¿Qué comprendiste?

1. ¿Qué ha querido tener siempre Carlos?
2. ¿Qué desea Carlos al escribir la carta?
3. ¿Qué deportes acuáticos practica Carlos?
4. ¿Qué le gusta mucho a Carlos?
5. ¿Cómo quieren los padres de Carlos que él escuche la música?
6. ¿Qué va a ser probable que Carlos extrañe mucho?
7. ¿Cómo quiere Carlos que sea su familia?
8. ¿Qué dice Carlos acerca de ser padre?

¿Te gusta la pesca?

Charlando   Answers will vary.

1. ¿Tienes amigos por correspondencia? ¿De dónde?
2. ¿Crees que tener una buena amistad es fácil o difícil? ¿Por qué?
3. ¿Practicas deportes acuáticos? ¿Cuáles?
4. ¿Tienes alguna colección? ¿De qué?
5. ¿Crees que es importante que una familia sea fuerte y unida? Explica.

¿Te gustan los deportes acuáticos? ¿Cuáles?

Estructura

WB8, WB9, WA6, WA7, LA7, R5, R6

Más sobre el subjuntivo

You have learned to use the subjunctive mood in many different situations: indirect commands, after verbs of emotion, after certain impersonal expressions, etc. In addition, some words and expressions must be followed by the subjunctive when they suggest an element of doubt or indefiniteness.

- **como**

  *Va a hacerlo **como quiera**.*

  He/She is going to do it **however he/she wants.**

- **cualquiera**

  ***Cualquiera que escojas** está bien conmigo.*

  Whichever one you choose is okay with me.

- **dondequiera**

  ***Dondequiera que estudies,** vas a tener que estudiar mucho.*

  Wherever you study, you are going to have to study a lot.

- **lo que**

  *Uds. pueden estudiar **lo que quieran**.*

  You can study **whatever you want.**

- **ojalá (que)**

  *¡**Ojalá (que) lleguen** mañana!*

  I hope they arrive tomorrow!

- **quienquiera**

  ***Quienquiera que trabaje** mucho puede trabajar aquí.*

  Whoever works a lot can work here.

- **quizás (quizá)**

  ***Quizás** él **esté** estudiando arquitectura.*

  Perhaps he is studying architecture.

12. Buscando empleo. Completa las siguientes oraciones con la forma apropiada de los verbos indicados.

> **Modelo:** Quizás (yo) te <u>vea</u> mañana. (ver)

1. Llega a la empresa como tú <u>(1)</u>. (preferir)
2. Te encontraré dondequiera que <u>(2)</u>. (estar)
3. Ojalá que nosotros <u>(3)</u> a tiempo. (llegar)
4. Mario, Marta y María pueden hacer lo que ellos <u>(4)</u> mientras estamos asistiendo a la reunión mañana. (querer)
5. Quizás nosotros no <u>(5)</u> que estar allí todo el día. (tener)
6. Puedes volver conmigo o quedarte, como te <u>(6)</u> mejor. (convenir)
7. Quienquiera que <u>(7)</u> el empleo está bien conmigo. (recibir)

13. Todos dicen algo. Haz oraciones completas, usando las pistas que se dan para saber lo que algunas personas dicen.

> **Modelo:** ojalá/tú/poder/escribirme pronto
> Ojalá que puedas escribirme pronto.

1. quizás/ellos/practicar/el esquí y el buceo
2. cualquiera/saber/dónde es el baile debe decirnos ahora
3. quienquiera/despertarse/primero mañana debe despertarnos a todos
4. lo que/tú/hacer/hazlo bien
5. dondequiera/tú/ir/debes de ser siempre el mismo
6. cualquiera/ser/la música que tú/escuchar/debes escucharla bien suave
7. ojalá/tú/tener/amistades para toda la vida

Espero que tengas buenas amistades.

¿Te gustaría asistir a la Universidad Autónoma de México?

14. **Sueños y aspiraciones.** Escribe cinco oraciones para decir cuáles son algunos de tus sueños o aspiraciones, usando las siguientes palabras: *como, dondequiera, lo que, ojalá* y *quizás.*

14. Creative self-expression.

Modelo: Quiero ganar mucho dinero dondequiera que trabaje.

¡La práctica hace al maestro!

A. *Aspiraciones.*
Working in pairs, talk
about your goals and aspirations.
Tell what you plan to do after high school.
Discuss whether you would like to continue your education at a university, whether you would like to begin to work immediately after receiving your diploma, or if you would prefer to study and work at the same time. Continue by discussing any future plans you may have.

Creative self-expression.

Ojalá que pueda trabajar por un año para ganar un poco de dinero y experiencia después de terminar el colegio.

B. *A escribir.* Write a letter to an imaginary pen pal. Tell him or her about yourself, including your name, where you live, your favorite sports, what you are studying, what collections you have, your future aspirations, and anything else that describes who you are. Conclude the letter by asking your pen pal to write to you soon, telling about himself or herself.

Creative writing practice.
WB10

Adjetivos

aceptado,-a
acuático,-a
estimado,-a
fuerte
hermoso,-a
real
suave
unido,-a

Adverbios

dondequiera

Pronombres

quienquiera

Sustantivos

el abogado, la abogada
el agricultor, la
    agricultora
la amistad
el artista, la artista
la aspiración
el baile
el bibliotecario, la
    bibliotecaria
el bombero, la bombera
el buceo
el carpintero, la
    carpintera
la carrera
la colección
la correspondencia
el chofer, la chofer
el empleado,
    la empleada
el empleo
la empresa
el escritor, la escritora
el esquí
la experiencia
el fotógrafo,
    la fotógrafa
el futuro
el gerente, la gerente
el hombre de negocios
el ingeniero, la ingeniera

el mecánico, la mecánica
la mujer de negocios
los negocios
el obrero, la obrera
el peluquero, la
    peluquera
la pesca
el programador, la
    programadora
el secretario, la secretaria
el sueño
el taxista, la taxista
la universidad
el vendedor, la
    vendedora
el veterinario, la
    veterinaria

Verbos

asistir a
extrañar
practicar

Expresiones

atentamente
ojalá

Functions:
- Discussing the future
- Talking about hopes and dreams
- Advising and suggesting
- Stating wishes and preferences
- Expressing doubt or uncertainty
- Expressing emotion
- Identifying and locating some countries
- Writing about the future

LA1

Note that the verb
organizar requires
the spelling change
z ➡ c: *organicemos*.

Mi gran sueño

PATRICIA: Sabes, Raquel, en dos meses visitaré **Francia** e **Inglaterra** y todavía no lo puedo creer. Ese ha sido uno de mis sueños más grandes y, **por fin,°** será **realidad.**

RAQUEL: ¡Qué suerte tienes! Mi gran sueño es o vivir en una **isla en medio del° océano** donde pueda ver todas las mañanas el **mar°** o tener una casita a la **orilla°** de un **río. Sin embargo,°** parece que nunca será realidad ninguno de estos sueños.

PATRICIA: No te preocupes, Raquel. Algún día tu sueño será realidad. Debes **mantener°** una buena **actitud. A propósito,°** ¿sabías que Daniel estudiará en una universidad en **Italia?**

RAQUEL: **¡No me digas!°**

PATRICIA: Sí, como lo oyes. Asistirá a la **Facultad°** de Economía y quizás se quede a vivir allá.

RAQUEL: Qué bien para él. **Siempre se sale con la suya.°**

PATRICIA: Conviene que le **organicemos°** una fiesta de **despedida.°**

RAQUEL: Claro, y que vengan todos sus amigos. ¡Qué **magnífica** idea! Bueno, yo te llamo mañana para organizarla.

PATRICIA: Sí, llámame.

por fin *finally* **en medio del** *in the middle (center) of* **mar** *sea* **orilla** *shore* **Sin embargo** *Nevertheless* **mantener** *to keep, to maintain* **A propósito** *By the way* **¡No me digas!** *You don't say!* **Facultad** *School (of a university)* **Siempre se sale con la suya.** *He always gets his way.* **organicemos** *we should organize* **despedida** *farewell, good-bye*

¿Qué comprendiste?

Additional questions: *¿Dónde estudiará Daniel?;*
¿A qué escuela asistirá Daniel?

1. ¿Cuál es el sueño que por fin será realidad para Patricia?
2. ¿Cuál es el gran sueño de Raquel?
3. ¿Qué debe mantener Raquel para que su sueño sea realidad, según Patricia?
4. ¿Quién siempre se sale con la suya?
5. ¿Qué quieren organizarle Patricia y Raquel a Daniel?
6. ¿Qué es una magnífica idea, según Raquel?
7. ¿Qué le dice con la mano Raquel a Patricia que ella va a hacer mañana?

Charlando   Answers will vary.

1. ¿Por qué crees que es bueno mantener una buena actitud?
2. ¿Has organizado alguna fiesta de despedida para algún amigo/a? ¿Para quién? ¿Adónde iba tu amigo/a?
3. ¿Has tenido algún sueño que se te haya hecho realidad? Explica.
4. ¿Usas las manos para hablar? Explica.

El lenguaje del cuerpo

WB1, LA2

Camilo

Margarita

Rosario

Javier

Carolina

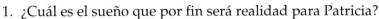

Alberto

1. **¿Qué dicen? Di lo que crees que cada una de las personas de la ilustración está diciendo con su cuerpo.**

   Modelo: Camilo dice que tenga cuidado.

---

1. El sueño que por fin será realidad para Patricia es visitar Francia e Inglaterra.
2. El gran sueño de Raquel es o vivir en una isla en medio del océano donde pueda ver todas las mañanas el mar, o tener una casita a la orilla de un río.
3. Según Patricia, Raquel debe mantener una buena actitud.
4. Daniel siempre se sale con la suya.
5. Quieren organizarle una fiesta de despedida.
6. Es una magnífica idea organizarle una fiesta de despedida a Daniel.
7. Raquel le dice a Patricia que la va a llamar.

1. Possible answers:
1. Margarita dice que escuche.
2. Rosario dice que piense.
3. Javier dice que va a llamar.
4. Carolina dice que está cansada.
5. Alberto dice que hay problemas.

Repaso rápido: el futuro

Use the future tense to tell what will happen. The endings are the same for all verbs.

é	emos
ás	éis
á	án

Look at the following:

El viajará mañana a Italia. — **He will travel** tomorrow to Italy.

Yo estudiaré en Francia. — **I'll study** in France.

The future tense also can be used in Spanish to indicate what is probable at the present time.

Estarán en Colombia ahora. — **I imagine they are** in Colombia now.

Ella llegará ahora mismo. — **She is probably arriving** right now.

The following verbs have irregular stems:

caber: **cabr**	poder: **podr**
querer: **querr**	saber: **sabr**
poner: **pondr**	salir: **saldr**
tener: **tendr**	venir: **vendr**
decir: **dir**	hacer: **har**

Con mucha práctica podrás ser esquiador o esquiadora profesional.

2. **La fiesta de despedida. Raquel y Patricia organizan la fiesta de despedida para Daniel. Completa las siguientes oraciones con la forma del futuro de los verbos indicados.**

> **Modelo:** Patricia *(organizar)* la lista de invitados.
> Patricia *organizará* la lista de invitados.

1. Mi hermano *(encargarse)* de mantener ocupado a Daniel para que no se entere de nada.
2. Raquel *(llamar)* a todos los invitados.
3. Tú *(hacer)* un pastel bien grande.
4. Marcos y Clara *(escribir)* una señal que diga: ¡Buena suerte!
5. Yo *(tener)* que ir al supermercado para comprar algunos refrescos y comida.
6. Rosita *(conseguir)* la música para el baile.
7. Miguel *(venir)* con Daniel el viernes a las nueve para empezar la fiesta.
8. Nosotros *(poner)* todos los muebles en su lugar después de la fiesta.

2. 1. se encargará
    2. llamará
    3. harás
    4. escribirán
    5. tendré
    6. conseguirá
    7. vendrá
    8. pondremos

Tendré que ir al supermercado para comprar los refrescos y la comida para la fiesta de despedida.

3. **En el futuro. Imagina como será tu vida en el futuro. Trabajando en parejas, alterna con tu compañero/a en hacer preguntas y en contestarlas para saber algunas cosas del futuro.**

> **Modelo:** en qué/trabajar (en una oficina como abogado)
> **A:** ¿En qué trabajarás?
> **B:** Trabajaré en una oficina como abogado.

3. 1. ¿...vivirás?/Viviré en....
    2. ¿...tendrás...?/Tendré....
    3. ¿...será...?/Será....
    4. ¿...pasarás...?/Pasaré....
    5. ¿...mantendrás...?/ Mantendré....
    6. ¿...harás...?/Haré....
    7. ¿...extrañarás...?/ Extrañaré....

1. dónde/vivir (en Inglaterra)
2. qué/tener en diez años (una casa magnífica a la orilla de un río)
3. cómo/ser tu familia (grande y unida)
4. dónde/pasar vacaciones en un año (en una isla en medio del océano)
5. qué/mantener siempre (una buena actitud)
6. cuánto dinero/hacer (mucho dinero)
7. qué/extrañar en veinte años (jugar al fútbol con mis amigos)

Estructura

El subjuntivo: un resumen

Remember to use the subjunctive mood in the following circumstances:

- as an indirect/implied command

¡Que lo haga otra persona!	Let someone else do it!
¡Quiero que tú lo hagas!	I want you to do it!

- after causal verbs if there is a change of subject

Te aconsejo que vayas a Inglaterra.	I advise you to go to England.
Prefiero que tu hermanastro vaya a Italia.	I prefer that your stepbrother go to Italy.

- after verbs that indicate emotion or doubt

Me alegro de que pienses ir a la universidad.	It pleases me that you are thinking about going to the university.
Dudo que ellos hayan llegado a tiempo.	I doubt they arrived on time.

UNIVERSIDAD DEL VALLE DE GUATEMALA
EXAMENES DE ADMISION PARA EL AÑO

Septiembre 7 y 21
8:00 horas

CARRERAS

Antropología
Arqueología
Biología
Bioquímica
Ciencias Agrícolas
Ciencias de la Computación
Ciencias Sociales
Ecoturismo
Educación
Física
Fisicoquímica
Historia
Ingeniería Civil
Ingeniería en Ciencias de la Tierra

Ingeniería Electrónica
Ingeniería Forestal
Ingeniería Industrial
Ingeniería Mécanica
Ingeniería Química
Ingeniería y Ciencia de Alimentos
Letras
Matemática
Música
Nutrición
Psicología
Química
Química Farmacéutica

INSCRIPCION PARA EL EXAMEN

Los formularios correspondientes pueden obtenerse inmediatamente en la Secretaría de la Universidad.

MAS INFORMACION
UNIVERSIDAD DEL VALLE DE GUATEMALA
11 calle 15-79, zona 15, V.H. III
Apartado Postal No. 82
01901 Ciudad de Guatemala

380336/40
692563
692776
692827
Ext. 251 y 252

Guatemala, septiembre

Es importante que empieces a pensar en tu futuro.

- after impersonal expressions that imply doubt, emotion or uncertainty

Es probable que (ellos) compren una casa a la orilla del mar.	It's probable that they will buy a house on the seashore.
Es importante que empieces a pensar en tu futuro.	It is important that you begin to think about your future.

- in an adverbial clause where future time is implied or suggested

Debes ahorrar tu dinero a fin de que
puedas viajar en el futuro.

You should save your money so that
you will be able to travel in the future.

Vamos a asistir a la universidad tan
pronto como terminemos el colegio.

We're going to attend the university
as soon as we finish high school.

- in an adjectival clause that describes something that is indefinite or hypothetical

Quiero vivir en una casa que esté en
una isla.

I want to live in a house on an
island.

Ella está buscando un empleo que
pague bien.

She is looking for a job that
pays well.

- after the expressions *como, cualquiera, dondequiera, lo que, ojalá (que), quienquiera*
and *quizá(s)* when they suggest an element of doubt or indefiniteness

Quizás (yo) estudie en la Facultad
de Economía.

Perhaps I'll study in the School of
Economics.

Ojalá que ella se salga con la suya.

I hope she gets her way.

4. **Tus hijos. Imagina que ya eres padre o madre y hablas con tus hijos para darles consejos o decirles lo que piensas. Haz oraciones completas, usando el subjuntivo para saber lo que les dices a tus hijos.**

> **Modelo:** esperar/siempre ser/buenos estudiantes
> Espero que siempre sean buenos
> estudiantes.

1. querer/ir/a la universidad
2. pedirles/siempre organizar/su
   cuarto antes de salir
3. prefiero/practicar/deportes como
   la pesca o el buceo
4. aconsejarles/mantener/
   una buena actitud en la vida
5. querer/siempre decir/la verdad
6. insistir en/siempre buscar/buenas
   amistades
7. esperar/no tratar/de salirse siempre
   con las suyas
8. aconsejarles/trabajar/mucho para
   que sus sueños/hacerse/realidad

Ojalá que siempre seamos
buenos amigos.

4. 1. Quiero que
       vayan....
    2. Les pido que
       siempre
       organicen....
    3. Prefiero que
       practiquen....
    4. Les aconsejo
       que
       mantengan....
    5. Quiero que
       siempre
       digan....
    6. Insisto en que
       siempre
       busquen....
    7. Espero que no
       traten....
    8. Les aconsejo
       que trabajen...se
       hagan....

449

El Volcán Irazú. (Costa Rica)

5. Un viaje a la América Central. Jaime es el guía de un grupo de turistas que van a caminar por una selva de Costa Rica. Completa el siguiente diálogo, usando la forma apropiada del subjuntivo, el indicativo o el infinitivo de los verbos indicados.

5. 1. comencemos
    2. decirles
    3. llueva
    4. esperemos
    5. se pongan
    6. lleven
    7. tardemos
    8. queramos
    9. se pierda
   10. nos quedemos
   11. vamos
   12. veamos/veremos/vamos
       a ver
   13. coman
   14. pueda
   15. se diviertan
   16. saquen

JAIME: Bueno, aquí empieza el camino que va hasta el volcán apagado. Antes de que nosotros 1. *(comenzar)* a caminar, quiero 2. *(decirles)* unas cuantas cosas. Primero, es muy probable que 3. *(llover)* cuando nosotros menos lo 4. *(esperar)*. Así que conviene que Uds. 5. *(ponerse)* las botas y que 6. *(llevar)* un impermeable de plástico en las mochilas *(backpacks)*. Segundo, no creo que nosotros 7. *(tardar)* más de dos horas en llegar al volcán. Allí, podemos hacer lo que 8. *(querer):* bañarnos en el laguito, tomar una siesta, comer, etc. Recuerden, para que nadie 9. *(perderse)*, es importantísimo que nosotros 10. *(quedarse)* todos con el grupo. ¿Tienen alguna pregunta?

UN SEÑOR: Sí. ¿Cree Ud. que nosotros 11. *(ir)* a ver algunos animales?

JAIME:	Es casi seguro que nosotros 12. *(ver)* serpientes, monos y pájaros de muchos colores diferentes.
NIÑA:	Señor, ¿hay aquí tigres que 13. *(comer)* a la gente?
JAIME:	*(riéndose)* No, bonita, no te preocupes. Aquí no hay nada que te 14. *(poder)* hacer daño. Bueno, si no hay más preguntas, ¡adelante! ¡Ojalá que todos Uds. 15. *(divertirse)* y que 16. *(sacar)* muy buenas fotos!

Es casi seguro que veremos pájaros de muchos colores.

6. **Hablando del futuro. Completa las siguientes oraciones lógicamente para hablar de tu futuro. Usa el subjuntivo, el indicativo o el infinitivo, según sea necesario.**

> **Modelo**: Espero que....
>
> Espero que todas mis aspiraciones se hagan realidad.

6. Creative self-expression.

1. Mi aspiración más grande es....
2. Mi gran sueño es....
3. Luego que....
4. Será importante que....
5. Creo que me gustaría....
6. Estoy seguro de que....
7. Quizás....
8. Ojalá que....
9. Quiero estudiar una carrera a fin de que....
10. No creo que....

Su aspiración más grande es ayudar a mucha gente. ¿Cuál es la tuya?

El mundo

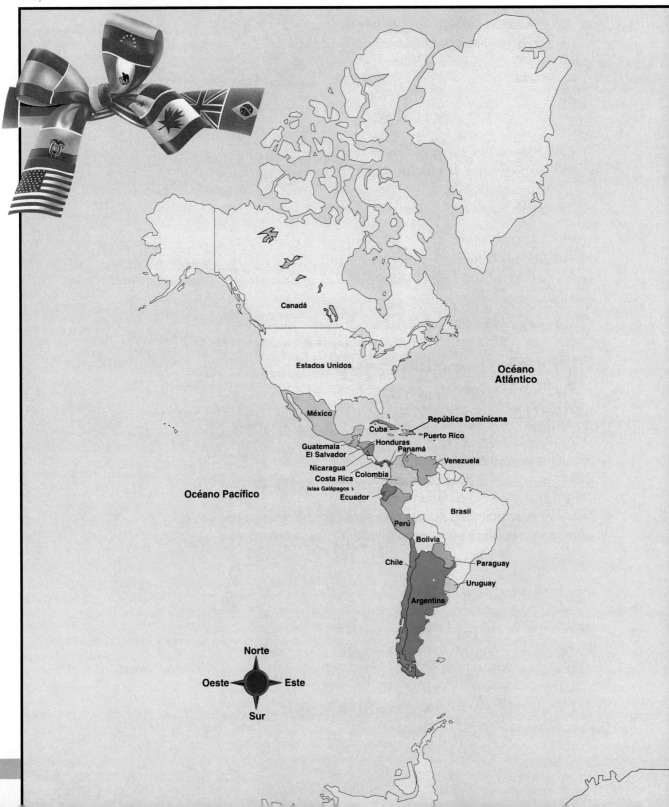

Canadá

Estados Unidos

Océano
Atlántico

México

Cuba

República Dominicana

Puerto Rico

Guatemala
El Salvador

Honduras
Panamá

Venezuela

Nicaragua
Costa Rica

Colombia

Océano Pacífico

Islas Galápagos

Ecuador

Brasil

Perú

Bolivia

Chile

Paraguay

Uruguay

Argentina

Norte

Oeste — Este

Sur

Océano Artico

Rusia

Inglaterra
Alemania

Francia

Portugal
España
Islas
Baleares

Italia

Islas
Canarias

Marruecos

Arabia
Saudita

China

Japón

Guinea
Ecuatorial

Kenya

Océano Indico

Australia

Antártida

¿Adónde te gustaría viajar?

el Africa	africano,-a
la América	americano,-a
la América Central	centroamericano,-a
la América del Norte	norteamericano,-a
la América del Sur	suramericano,-a
el Asia	asiático,-a
Australia	australiano, -a
Europa	europeo,-a

Algunos países del mundo

Alemania	alemán, alemana
Arabia Saudita	saudita
el Brasil	brasileño,-a
el Canadá	canadiense
la China	chino,-a
Francia	francés, francesa
Inglaterra	inglés, inglesa
Italia	italiano,-a
el Japón	japonés, japonesa
Kenya	kenyano,-a
Marruecos	marroquí
Portugal	portugués, portuguesa
Rusia	ruso,-a

Additional activity: Extend the information provided in this *A propósito* by having students identify various places on a wall map of the world. If you do not have a good wall map in Spanish, you may wish to use the map that is provided in the Teacher's Resource Binder for *Somos así 1*.

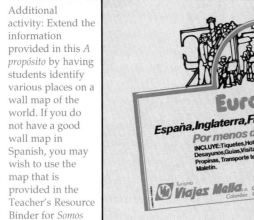

Offer appropriate Total Physical Response (TPR) support, where possible: Have students point to the places they say or hear, using the maps at the front of the book or a classroom wall map, if one is available.

7. ¿De dónde serán? Imagina que estudiantes de diferentes partes del mundo visitarán tu ciudad para una reunión internacional. Tú y tu amigo/a leen una lista de sus nombres y tratan de adivinar de qué países son y cuáles son sus nacionalidades de acuerdo a los nombres de cada uno de ellos. Trabajando en parejas, alterna con tu compañero/a en hacer preguntas y en contestarlas. Sigue el modelo.

> **Modelo:** Mohamed/Japón (Arabia Saudita)
> **A:** ¿Será Mohamed del Japón?
> **B:** No creo que Mohamed sea japonés, creo que él es saudita.

1. Beatrix y Hans/Francia (Alemania)
2. Michael/Inglaterra (Canadá)
3. Frank y Sydney/Canadá (Australia)
4. Mohamed/Arabia Saudita (Marruecos)
5. Raquel/Chile (Brasil)
6. Franchesco y Giovanni/Portugal (Italia)
7. George/Estados Unidos (Inglaterra)
8. Laure e Isabelle/Italia (Francia)
9. Vasco dos Santos/Brasil (Portugal)
10. Mijael y Boris/Australia (Rusia)
11. Akaita/China (Japón)
12. Mogo/Marruecos (Kenya)

Río de Janeiro, Brasil.

8. ¡No lo creo! Se dice que algunas personas han viajado por varios países del mundo. Trabajando en parejas, alterna con tu compañero/a en decir que has oído que estas personas han visitado los siguientes países y en decir que dudas que los hayan visitado. Usen cualquiera de las expresiones de duda que conocen, escogiendo una de las siguientes: *dudar, no creer, no pensar, no estar seguro/a de, es difícil, es dudoso, no es probable, no es claro, no es evidente, no es seguro* y *no es verdad.*

> **Modelo:** el señor y la señora Martínez/China
> **A:** El señor y la señora Martínez dicen que han visitado la China.
> **B:** No es verdad que hayan visitado la China.

8. Answers will vary.

1. María/Marruecos
2. Pedro/Alemania
3. David/Rusia
4. el padre de Marta y Sara/Portugal
5. los abuelos de Felipe/Kenya
6. Patricia y Marcos/Japón
7. el presidente de la empresa/Arabia Saudita
8. los tíos de Pilar/Brasil

7.
1. ¿Serán Beatrix y Hans de Francia?/...sean franceses...son alemanes.
2. ¿Será Michael de Inglaterra?/...sea inglés...es canadiense.
3. ¿Serán Frank y Sydney del Canadá?/...sean canadienses...son australianos.
4. ¿Será Mohamed de Arabia Saudita?/...sea saudita...es marroquí.
5. ¿Será Raquel de Chile?/...sea chilena...es brasileña.
6. ¿Serán Franchesco y Giovanni del Portugal?/...sean portugueses...son italianos.
7. ¿Será George de los Estados Unidos?/...sea estadounidense...es inglés.
8. ¿Serán Laure e Isabelle de Italia?/...sean italianas...son francesas.
9. ¿Será Vasco dos Santos del Brasil?/...sea brasileño...es portugués.
10. ¿Serán Mijael y Boris de Australia?/...sean australianos...son rusos.
11. ¿Será Akaita de la China?/...sea china...es japonesa.
12. ¿Será Mogo de Marruecos?/...sea marroquí...es kenyano.

¿Te gustaría ir a la América
del Sur para ver las
Cataratas del Iguazú?

9. El mundo. Contesta las siguientes preguntas en español.

9. Answers will vary.

1. ¿Tienes amigos o amigas por correspondencia de otros países del mundo? ¿De dónde?
2. ¿Conoces a alguna persona que sea de otro país y que viva en donde tú vives? ¿De dónde es? ¿Cómo se llama?
3. ¿Has estado en algún país europeo, africano o asiático? ¿En cuál?
4. ¿Has estado en la América Central o en la América del Sur? ¿En dónde?
5. ¿Has visitado Australia? ¿Te gustaría visitarla?
6. ¿Cuáles son los tres países del mundo que más te gustaría visitar?
7. ¿En qué país del mundo diferente del tuyo te gustaría vivir?
8. ¿Te gustaría estudiar en una universidad de otro país? Explica.

10. ¿Cómo será tu futuro? Contesta las siguientes preguntas, usando el tiempo futuro o el subjuntivo.

10. Answers will vary.

1. ¿Qué clase será de más ayuda para ti en el futuro?
2. ¿Irás a una universidad después de terminar tus estudios en el colegio? Explica.
3. ¿Dónde estarás en cinco años?
4. ¿Qué empleo tendrás en diez años?
5. ¿Dónde vivirás en el año 2000?
6. ¿Qué países visitarás en los próximos diez años?
7. ¿Cuándo comprarás tu primera casa?
8. ¿Cuál será la primera cosa que harás luego que termines el colegio?

11. Una encuesta. Haz una encuesta a cinco compañeros/as de tu clase para saber lo que contestaron a las preguntas de la Actividad 10. Luego, trabajando en parejas preparen un informe con la información recolectada (collected) y preséntenlo a la clase.

Modelo: Siete estudiantes piensan que el español será la clase de más ayuda para ellos en el futuro.

11. Creative self-expression.

You may wish to have students hand in a summary of their findings as a written assignment.

A propósito

Para ser más natural

Siempre se sale con la suya.
Te está tomando el pelo.
Mi casa es su casa.
Más vale tarde que nunca.
Me costó un ojo de la cara.
No lo tome a pecho.
¡Si lo sabré yo!
¡Habla hasta por los codos!
Aunque la mona se vista de seda, mona se queda.
Eso es chino para mí.

El catalán es chino para mí.

AUTOMOBILAK GARBITZEA DEBEKATURIK

PROHIBIDO LAVAR COCHES

WB9, WA6

You may wish to help students with the meaning of some of these expressions: *Siempre se sale con la suya.* (He/She always gets his/her way.); *Te está tomando el pelo.* (He/She is pulling your leg.); *Mi casa es su casa.* (Make yourself at home.); *Más vale tarde que nunca.* (Better late than never.); *Me costó un ojo de la cara.* (It cost me an arm and a leg.); *No lo tome a pecho.* (Don't take it too personally/to heart.); *Aunque la mona se vista de seda, mona se queda.* (You can't make a silk purse out of a sow's ear.); *¡Si lo sabré yo!* (You don't need to tell me!); *¡Habla hasta por los codos!* (He/She talks a lot!); *Eso es chino para mí.* (It's Greek to me.).

Have students tell you the verb tense or mood of the verbs in these expressions. If appropriate, use this *A propósito* as a starting point for a comprehensive review of the verb tenses and moods.

12. ¿Qué dirías? Conecta lógicamente las situaciones de la columna *A* con las expresiones de la columna *B* para saber lo que dirías en cada caso.

A

1. Después de insistir mucho, Margarita consiguió el empleo que quería.
2. Bromeando, Carlos le dice a Camila que su casa salió volando para Europa.
3. Tú tienes algunos amigos de visita y quieres que se sientan bien en tu casa.
4. Tu mamá te pidió lavar la ropa por la mañana, pero lo olvidaste y lo hiciste por la tarde.
5. Margarita fue a una tienda a comprar una falda que le costó muchísimo dinero.
6. Rafael le hizo una broma a su amigo, pero no le gustó mucho.
7. Tienes algunos problemas con las matemáticas y tu amiga te viene a contar lo difícil que son las matemáticas para ella.
8. Conoces a una persona que habla demasiado.
9. Un amigo tiene un puerco que viste con vestidos elegantes para que parezca más bonito.
10. Tú y tu familia están visitando Marruecos y tus padres te piden que les traduzcas unas señales que están en francés y en árabe.

B

A. Le está tomando el pelo.
B. ¡Si lo sabré yo!
C. Le costó un ojo de la cara.
D. Siempre se sale con la suya.
E. No lo tome a pecho.
F. Más vale tarde que nunca.
G. ¡Habla hasta por los codos!
H. Aunque la mona se vista de seda, mona se queda.
I. Mi casa es su casa.
J. Eso es chino para mí.

12. 1. D   6. E
    2. A   7. B, J
    3. I   8. G
    4. F   9. H
    5. C   10. J

¡La práctica hace al maestro!

A. *El mundo futuro.*
Working in small groups,
**talk about what the world will be
like in the future. You may wish to include
some of the following in your discussion: possible problems and their
solutions; your hopes and dreams for the future and how they can be
accomplished; how the world will change.**

B. *A escribir.* **Write a 150- to 200-word composition about your future. In the**
**composition, describe your life, including where you will live and what
you will be doing. Tell about your dreams
and personal aspirations and discuss some
of the things you will do to attain them.**

¿Cuál es tu gran
sueño en la vida?

Vocabulario

R11, R12

Adjetivos

alemán, alemana
asiático,-a
australiano,-a
brasileño,-a
canadiense
centroamericano,-a
chino,-a
europeo,-a
francés, francesa
inglés, inglesa
italiano,-a
japonés, japonesa
kenyano,-a
magnífico,-a
marroquí
norteamericano,-a
portugués, portuguesa
ruso,-a
saudita
suramericano,-a

Sustantivos

la actitud
Alemania
Arabia Saudita
el Asia
Australia
el Brasil
el Canadá
la China
la despedida
Europa
la facultad
Francia
Inglaterra
la isla
Italia
el Japón
Kenya
el mar
Marruecos
el medio
el océano
la orilla
el Portugal
la realidad
el río
Rusia

Verbos

mantener
organizar

Expresiones

a propósito
en medio de
¡no me digas!
por fin
siempre salirse con la suya
sin embargo

¿Te gustaría ir de vacaciones a la isla mexicana de Cozumel en el Caribe?

Remind students to draw upon skills
they have learned in order to
recognize these cognates.

Preparación

Answers will vary.

Contesta las siguientes preguntas como preparación para la lectura.

1. ¿Qué piensas de las personas que tratan *(treat)* mal a otras? Explica.
2. ¿Crees que tomar bebidas con alcohol es bueno o malo para una persona de cualquier edad? Explica.
3. ¿Cómo crees que una persona ciega puede saber lo que está ocurriendo? Explica.
4. ¿Le has hecho alguna vez una burla *(trick)* a alguien? ¿Cuándo y por qué?
5. ¿Cuáles son los cognados en la lectura *Lázaro cuenta su vida y de quién fue hijo?*

Lázaro cuenta su vida y de quién fue hijo (continuación)

El ciego llevaba el pan y todas las otras cosas que le daban en un *fardel* de tela que por la boca se cerraba con una *argolla* con su *candado* y llave. **Metía** las cosas y las sacaba con tanto cuidado que no era posible quitarle una **migaja**. Pero yo tomaba lo poco

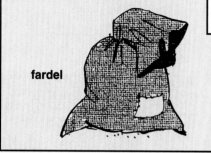

fardel

argolla

candado

que me daba y lo comía en dos **bocados.** Después que cerraba el fardel con el candado se quedaba tranquilo pensando que yo estaba haciendo otras cosas, pero yo por un lado del fardel que muchas veces **descosía** y volvía a **coser** le sacaba el pan y la *longaniza.*

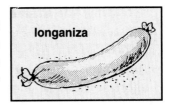

longaniza

Solía poner junto a sí un *jarrillo* de **vino** cuando comíamos. Yo lo **cogía** y **bebía** de él sin hacer ruido y lo volvía a poner en su lugar. Pero esto me **duró** poco, porque al ir a beber el ciego conocía la **falta** del vino y así por guardar el vino, nunca **soltaba** el *jarro* y lo tenía siempre **cogido** por el *asa.* Pero yo con una *paja,* que para ello tenía hecha, metiéndola por la *boca* del jarro, dejaba al viejo sin nada. Pero pienso que me sintió y desde entonces ponía el jarro entre las piernas y le **tapaba** con la mano y de esta manera bebía seguro.

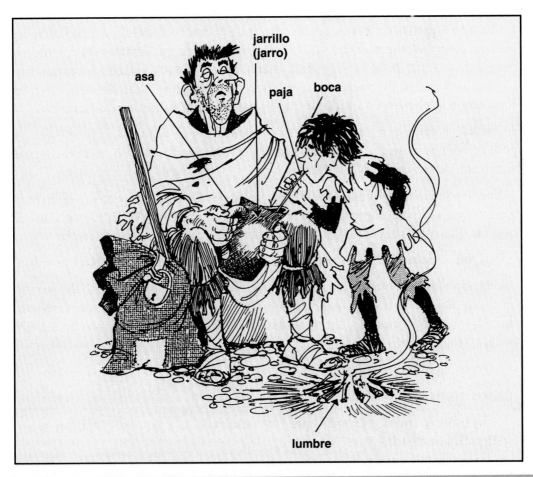

Yo, como me gustaba el vino, moría por él; y viendo que la paja ya **no me aprovechaba** ni valía, decidí hacer en el **fondo** del jarro un **agujero** y taparlo con un poco de **cera.** Al tiempo de comer, me ponía entre las piernas del ciego, como si **tuviera** frío, para **calentarme** en la pobre *lumbre* que teníamos; al calor de la lumbre se deshacía la cera y comenzaba el vino a caerme en la boca y yo la ponía de tal manera que no se perdía ni una **gota.**

Cuando el pobre ciego iba a beber no encontraba nada. **Se desesperaba** no sabiendo qué podía ser.

—No diréis, tío, que os lo bebo yo — decía—pues no soltáis el jarro de la mano.

Tantas **vueltas** le dio al jarro que encontró el agujero, al poner el dedo en él, comprendió el **engaño,** pero aunque él supo lo que era, hizo como si **no hubiera visto** nada. Y al otro día, me puse como **de costumbre,** sin pensar lo que el ciego me estaba preparando, y creyendo que el mal ciego no me sentía. Y estando recibiendo aquellas dulces gotas, mi cara puesta hacia el cielo, un poco cerrados los ojos para mejor gustar del vino, el **desesperado** ciego, levantando con toda la **fuerza** de sus manos el jarro, le dejó caer sobre mi boca, ayudándose como digo con todo su poder, de manera que yo, pobre Lázaro, que nada de esto esperaba, sentí como si el cielo con todo lo que hay en él, me **hubiese caído** encima.

Fue tal el **golpe** que me hizo perder el **sentido** y el **jarrazo** tan fuerte que los **pedazos** del jarro se me metieron en la cara rompiéndomela en muchos lugares y rompiéndome también los dientes, sin los cuales hasta hoy me quedé.

Desde aquella hora quise mal al ciego, y aunque él me quería y me cuidaba bien, bien vi que se había alegrado mucho con el cruel **castigo.** Me lavó con vino las **heridas** que me había hecho con los pedazos del jarro y riéndose decía:

—¿Qué te parece, Lázaro? Lo que te **enfermó** te pone **sano** y te da la **salud.**

Cuando estuve bueno de los golpes, aunque yo quería perdonarle lo del jarrazo, no podía por el mal **trato** que desde entonces me hizo el mal ciego: me **castigaba** sin causa ni razón y cuando alguno le decía que por qué me **trataba** tan mal contaba lo del jarro, diciendo:

—¿Pensáis que este mi mozo es bueno? Pues oíd.

Y los que le oían decían:

—¡Mirad! ¿Y quién pensaría que un muchacho tan pequeño era tan malo? **Castigadlo,** castigadlo.

Y él al oír lo que la gente le decía otra cosa no hacía.

Yo por hacerle mal y **daño** siempre le llevaba por los peores caminos; si había piedras le llevaba por ellas. Con estas cosas mi amo me **tentaba** la cabeza con la parte alta de su **palo** de ciego que siempre llevaba con él. Yo tenía la cabeza llena de las **señales** de sus manos y aunque yo le **juraba** que no lo hacía por causarle mal sino por encontrar mejor camino, él no me lo creía: tal era el grandísimo entender de aquel mal ciego.

Y porque vea vuestra merced hasta dónde llegaba el **ingenio** de este hombre le contaré un **caso** de los muchos que con él me **sucedieron.**

Cuando salimos de Salamanca su idea fue venir a **tierras** de Toledo porque decía que la gente era más rica, aunque no era amiga de dar muchas **limosnas.** Fuimos por los mejores pueblos, si encontraba mucha **ganancia** nos quedábamos, si no la encontrábamos al tercer día nos íbamos.

Sucedió que llegando a un lugar que llaman Almorox, en el tiempo de las *uvas* le dieron un gran *racimo* de ellas. Como el racimo se le **deshacía** en las manos, decidió comerlo, por contentarme, pues aquel día me había dado muchos golpes. Nos sentamos y me dijo:

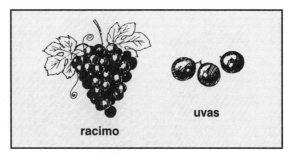

racimo

uvas

—Lázaro, ahora quiero que los dos comamos este racimo de uvas y que tengas de él tanta parte como yo. Será de esta manera: tú **cogerás** una uva y yo otra, pero sólo una, hasta que lo acabemos.

Dicho esto, comenzamos a comer, pero a la segunda vez el mal ciego cambió de idea y comenzó a coger de dos en dos pensando que yo estaba haciendo lo mismo. Como vi que él hacía esto, yo hacía más: comía de dos en dos o de tres en tres.

Cuando acabamos de comer las uvas me dijo:

—Lázaro, me has **engañado.** Tú has comido las uvas de tres en tres.

—No comí — dije yo — pero, ¿por qué lo piensa así vuestra merced?

—¿Sabes en qué veo que comiste las uvas de tres en tres?—respondió él.—En que yo las comía de dos en dos y tú **callabas.**

Yo me reía, y aunque muchacho bien comprendí que mi **amo** era hombre que conocía el mundo.

Pero por no ser **prolijo,** dejo de contar aquí muchas cosas que me sucedieron con este mi primer amo y quiero decir cómo me despedí de él.

Estábamos en el mesón de Escalona y me dio un pedazo de longaniza para que se la **asase,** después me dio dinero y me **mandó** a buscar vino. **Mas** el demonio quiso que cuando salía a buscar el vino **viese** en el suelo un *nabo* pequeño, largo y malo, que alguien había dejado en el suelo por ser tan malo y como **estuviésemos** solos el ciego y yo, teniendo yo dentro el **olor** de la longaniza y sabiendo que había de **gozar** sólo del olor, no mirando lo que me podía suceder, mientras el ciego me daba el dinero para comprar el vino, saqué la longaniza del *asador* y metí en él el nabo. Mi amo tomó el asador y empezó a darle vueltas al fuego, queriendo **asar** al que por malo nadie había querido comer.

Yo fui a buscar el vino con el cual no tardé en comer la longaniza y cuando volví vi que mi amo tenía el nabo entre dos *rebanadas* de pan, el cual no había conocido porque no había tocado con la mano. Al morder en las rebanadas de pan, pensando morder también la longaniza, se encontró con el nabo frío y dijo:

—¿Qué es esto, Lazarillo?

—¡Pobre de mí!— dije yo —Yo ¿no vengo de comprar el vino? Alguno que estaba aquí ha hecho esta **burla.**

—No, no,— dijo él— que yo no he dejado de la mano el asador ni un solo momento; no es posible.

Yo juraba y volvía a jurar que estaba libre de aquello, pero poco me aprovechó pues al **maldito** ciego nada **se le escondía.**

Se levantó, me cogió la cabeza con sus manos, me abrió la boca y metió en ella su larga *nariz.* Con esto, como la longaniza no había hecho asiento aún en el estómago, salió de él por mi boca al mismo tiempo que su nariz, dándole en ella.

—¡Oh gran Dios, quién **estuviera** en aquella hora de muerto! Fue tal su **coraje** que si **no acudiera** gente al ruido y me **sacara** de sus manos, que estaban llenas de los pocos *pelos* que yo tenía, pienso que **hubiera dejado** allí la vida.

Contaba el maldito ciego a todos los que allí llegaban lo del jarro y lo del racimo. La **risa** de todos era tan grande que la gente que pasaba por la calle entraba a ver la fiesta.

La **mesonera** y los demás que allí estaban nos hicieron amigos y con el vino que había ido a comprar para beber, me lavaron la cara. El ciego se reía y decía:

—De verdad este **mozo** me **gasta** en lavarle más vino en un año que el que yo bebo en dos.

Y volviéndose a mí me decía:

—En verdad, Lázaro, más le debes al vino que a tu padre, porque aquél una vez te dio la vida, mas el vino mil veces te la ha dado. Y contaba, riendo, cuántas veces me había **herido** la cara y me la había **curado** con vino.

Y los que me estaban lavando la cara reían mucho. Sin embargo yo muchas veces me acuerdo de aquel hombre y **me pesa de** las burlas que le hice, aunque también es verdad que bien lo pagué.

Visto todo esto y el mal trato que me daba yo había decidido dejarle, como lo hice. Y fue así, que luego otro día anduvimos por la calle pidiendo limosna. Era un día en que llovía mucho y como la noche iba llegando me dijo:

—Lázaro, esta agua no deja de caer, y cuando sea más de noche, la *lluvia* será más fuerte. Vámonos a la posada con tiempo.

Para ir a la posada había que pasar un *arroyo* que con la mucha lluvia era bastante grande entonces.

Yo le dije:

—Tío, el arroyo va muy **ancho,** pero si así lo queréis, veo un **sitio** por donde podremos pasar más pronto sin **mojarnos** porque allí el arroyo es más estrecho y saltando no nos mojaremos.

Le pareció bien y dijo:

—Piensas bien, por eso te quiero. Llévame a ese lugar por donde el arroyo **se estrecha** que ahora es invierno y **sabe** mal el agua, y peor sabe llevar los pies mojados.

lluvia

POSADA

poste   arroyo

Yo lo llevé derecho a un *poste* de **piedra** que había en la plaza y le dije:

—Tío, este es el **paso** más estrecho que hay en el arroyo.

Como llovía mucho y él se mojaba, con la prisa que llevábamos por salir del agua que nos caía encima y, lo más principal, porque Dios le **cegó** el **entendimiento** y creyó en mí dijo:

—Ponme bien derecho y salta tú el arroyo.

Yo le puse bien derecho **enfrente** del poste, di un salto y me puse detrás del poste. Desde allí le dije:

—Salte vuestra merced todo lo que pueda.

Apenas lo había acabado de decir cuando el pobre ciego saltó con tal fuerza que dio con la cabeza en el poste y cayó luego **para atrás medio** muerto y con la cabeza rota.

Yo le dije:

—¿Cómo **olió** vuestra merced la longaniza y no el poste? ¡**Oled**! ¡Oled!

Y le dejé con mucha gente que había ido a ayudarle. Antes de que la noche **llegase**, llegué yo a Torrijos. No supe nunca lo que hizo Dios con el ciego, ni me ocupé nunca de saberlo.

Excerpt from:
Lazarillo de Tormes; author unknown. Copyright Grafisk Forlag A/S, Copenhagen. The *Easy Reader* (a B-level book) with the same title is published by EMC Publishing.

Metía *He put (inside)*; **migaja** *crumb*; **bocados** *mouthfuls*; **descosía** *unraveled*; **coser** *sew*; **vino** *wine*; **cogía** *took*; **bebía** *drank*; **duró** *lasted*; **falta** *lack*; **soltaba** *let go of*; **cogido** *held*; **tapaba** *covered*; **no me aprovechaba** *was of no use to me*; **fondo** *bottom*; **agujero** *hole*; **cera** *wax*; **tuviera** *I were*; **calentarme** *warm myself*; **gota** *drop*; **Se desesperaba** *He got upset*; **vueltas** *turns*; **engaño** *trick*; **no hubiera visto** *he had not seen*; **de costumbre** *as usual*; **desesperado** *exasperated*; **fuerza** *strength*; **hubiese caído** *would have fallen*; **golpe** *hit*; **sentido** *consciousness*; **jarrazo** *blow (from a pitcher)*; **pedazos** *pieces*; **castigo** *punishment*; **heridas** *wounds*; **enfermó** *made you sick*; **sano** *well*; **salud** *health*; **trato** *treatment*; **castigaba** *he punished*; **trataba** *he treated*; **Castigadlo** *Punish him*; **daño** *harm*; **tentaba** *hit*; **palo** *stick*; **señales** *signs*; **juraba** *swore*; **ingenio** *ingenuity*; **caso** *case*; **sucedieron** *happened*; **limosnas** *alms*; **ganancia** *earnings*; **deshacía** *came apart*; **cogerás** *will take*; **engañado** *tricked*; **callabas** *kept quiet*; **amo** *master*; **prolijo** *wordy*; **asase** *roast*; **mandó** *sent*; **Mas** *But*; **viese** *I would see*; **estuviésemos** *we were*; **olor** *smell*; **gozar** *to enjoy*; **asar** *roast*; **burla** *trick*; **maldito** *evil*; **se le escondía** *could be kept from him*; **estuviera** *was*; **coraje** *rage*; **no acudiera** *hadn't come*; **sacara** *to take (out)*; **hubiera dejado** *would have left*; **risa** *laughter*; **mesonera** *innkeeper's wife*; **mozo** *boy*; **gasta** *costs*; **herido** *wounded*; **curado** *cured*; **me pesa de** *I regret*; **ancho** *wide*; **sitio** *place*; **mojarnos** *getting ourselves wet*; **se estrecha** *becomes narrow*; **sabe** *tastes*; **piedra** *stone*; **paso** *strait*; **cegó** *blinded*; **entendimiento** *understanding*; **enfrente** *in front of*; **Apenas** *Hardly*; **para atrás** *backwards*; **medio** *half*; **olió** *smelled*; ¡**Oled**! *Sniff, Smell!*; **llegase** *arrived*

¿Qué comprendiste?

1. ¿A quién trataba mal el ciego?
2. ¿Qué le quitaba Lazarillo al ciego todo el tiempo de su jarro?
3. ¿Qué le rompió el ciego a Lazarillo con el jarro?
4. ¿Qué fruta comieron el ciego y Lazarillo en Almorox?
5. ¿Cómo se llamaba el lugar donde el ciego quería comer longaniza?
6. ¿Cómo estaba el tiempo el último día que Lazarillo estuvo con el ciego?

Charlando

Answers will vary.

1. ¿Qué piensas de la forma en que el ciego trataba a Lazarillo?
2. ¿Crees que el ciego era una persona buena o mala? Explica.
3. ¿Piensas que Lazarillo era un niño feliz? ¿Por qué?
4. ¿Cómo crees que será la vida de Lazarillo en el futuro? Explica.

1. El ciego trataba mal a Lazarillo.
2. Le quitaba el vino.
3. Le rompió la cara y los dientes.
4. Comieron uvas.
5. El lugar se llamaba Escalona.
6. El tiempo estaba malo porque llovía.

1. Los empleos. Di la palabra que no es un empleo en cada uno de los siguientes grupos de cuatro palabras.

1. bombero	carpintero	peluquera	experiencia
2. abogado	asistir	ingeniero	programador
3. aceptada	obrero	agricultor	vendedora
4. artista	piloto	carrera	gerente
5. recepcionista	bibliotecario	empresa	escritor
6. mecánico	hablado	secretario	veterinaria
7. taxista	agente	universidad	fotógrafa

2. ¿Qué son? Di lo que las siguientes personas son, según las ilustraciones.

Modelo:

Amalia
Ella es bombera.

1. Elisa y Francisco   2. Gloria   3. Pablo

4. Mateo y Juan   5. Carolina   6. Jaime y Alejandro

7. Luisa   8. Ramón y Pilar   9. Sonia   10. Esteban

3. **¿Quién ha decidido? Haz oraciones completas para decir si crees o no que las siguientes personas han decidido qué estudiar, según las indicaciones. Sigue los modelos.**

> **Modelos:** Carlos/sí
> Creo que Carlos ya ha decidido qué estudiar en la universidad.
>
> Graciela/no
> No creo que Graciela haya decidido todavía qué estudiar en la universidad.

1. Marta/no
2. Fernando y Mónica/sí
3. Gerardo/sí
4. Santiago y David/no

5. Inés y Cristina/no
6. tú/no
7. ella/sí
8. Josefina/no

3. 1. ...haya decidido....
    2. ...han decidido....
    3. ...ha decidido....
    4. ...hayan decidido....
    5. ...hayan decidido....
    6. ...hayas decidido....
    7. ...ha decidido....
    8. ...haya decidido....

4. **El tiempo pasa. Cambia las siguientes oraciones al pretérito perfecto del subjuntivo.**

> **Modelo:** Espero que Mario vaya a la universidad.
> Espero que Mario haya ido a la universidad.

1. Es probable que Carlos consiga el empleo.
2. Es posible que Rosario y Ernesto estudien para ser abogados.
3. No creo que Javier se cambie de pantalón para ir a buscar empleo.
4. Espero que tú decidas qué carrera estudiar en la universidad.
5. No creo que ellos tengan mucha experiencia como carpinteros.
6. Es posible que mis amigos y yo busquemos trabajo en una empresa de negocios.
7. Es probable que Ud. no piense mucho acerca del futuro.

ATENCION CARPINTEROS

Momento de ascenso en la vida. Empresa de solido prestigio contratara carpinteros con herramienta, experiencia minima de 8 anos en acabados muy finos en lo que es: closets, puertas, techos, muebles. Buenisimo salario segun capacidad. Se exige responsabilidad, puntualidad y conocimientos en manejo de maquinaria electrica. Informan: Av. Simeon Canas 8-31, zona 2.

4. 1. Es probable que Carlos haya conseguido el empleo.
    2. Es posible que Rosario y Ernesto hayan estudiado para ser abogados.
    3. No creo que Javier se haya cambiado de pantalón para ir a buscar empleo.
    4. Espero que tú hayas decidido qué carrera estudiar en la universidad.
    5. No creo que ellos hayan tenido mucha experiencia como carpinteros.
    6. Es posible que mis amigos y yo hayamos buscado trabajo en una empresa de negocios.
    7. Es probable que Ud. no haya pensado mucho acerca del futuro.

5. **Un amigo por correspondencia.** Susana tiene un amigo por correspondencia en España. Completa su carta con la forma apropiada del subjuntivo de los verbos indicados para saber lo que ella le cuenta.

5. 1. estés
   2. sea
   3. pueda
   4. sepas
   5. lo extrañe
   6. escoja
   7. me ponga
   8. sea
   9. quiera
   10. viva
   11. escribas

Lima, 20 de julio

Estimado Alvaro:

Hola, ¿cómo estás? Espero que tú 1. (estar) muy bien. Esta es la primera carta que yo escribo a alguien de España. Espero que no 2. (ser) la última. Ojalá que 3. (poder) conocerte pronto.

Como no me conoces, quiero que tú 4. (saber) que mi nombre completo es Susana Bejarano Vargas. Vivo en Lima, Perú, y soy estudiante del Colegio Ayacucho. El próximo año es mi último año en el colegio. Al terminar quizás 5. (extrañarlo) mucho. Todavía no sé qué carrera estudiar, pero creo que cualquiera qué 6. (escoger) va a ser importante para mi futuro. Siempre he sido un poco perezosa para estudiar y a veces pienso que es mejor que 7. (ponerme) a trabajar. Mis padres siempre me dicen que debo estudiar como 8. (ser) y que también puedo estudiar lo que 9. (querer).

De mi familia te cuento que tengo un hermano que siempre me toma el pelo, pero él es muy simpático. Espero que quienquiera que 10. (vivir) contigo no te tome mucho el pelo.

Bueno, ojalá 11. (escribir) pronto. Quisiera saber de ti y de lo que quieres hacer en el futuro.

Atentamente,

Susana

6. **A completar.** Completa las siguientes oraciones con información que sea posible para tu futuro.

> **Modelo:** Como <u>sea, estudiaré una carrera en la universidad.</u>

6. Creative self-expression.

1. Quizás mi familia....
2. Cualquiera....
3. Dondequiera que yo y mi familia....
4. Es probable que....

5. Ojalá que....
6. Espero que....
7. Voy a hacer lo que....
8. Quienquiera que....

7. **¿Qué dicen todos en la familia de Rosa?** Haz oraciones completas, usando el subjuntivo para saber lo que dicen los siguientes miembros de la familia de Rosa.

> **Modelo:** ROSA: (mamá, que mi hermanito/no decir/nada)
> ROSA: Mamá, que mi hermanito no diga nada.

1. JUAN: (querer/que Rosa/estudiar/en Italia)
2. ALFONSO: (dudar/que ella/querer/ir tan lejos)
3. LUCILA: (no creer/que ella/tener/nada que hacer allá)
4. MONICA: (preferir/que todos nosotros/asistir/a una universidad de aquí)
5. NORBERTO: (ser/probable que yo/decidir/estudiar en la Facultad de Química)
6. JAIRO: (ojalá que tú/no cambiar/de opinión)
7. ALCIRA: (convenir/que/nosotros/organizar/una fiesta para Rosa cuando/ella/irse/para Italia)

7. 1. Quiero que Rosa estudie en Italia.
2. Dudo que ella quiera ir tan lejos.
3. No creo que ella tenga nada que hacer allá.
4. Prefiero que todos nosotros asistamos a una universidad de aquí.
5. Es probable que yo decida estudiar en la Facultad de Química.
6. Ojalá que no cambies de opinión.
7. Conviene que nosotros organicemos una fiesta para Rosa cuando se vaya para Italia.

Ojalá que vayamos a la misma universidad.

8. ¿Necesitan el subjuntivo o no? Decide si se necesita o no el subjuntivo en cada una de las siguientes oraciones. Si se necesita, di la forma apropiada.

> **Modelos:** Mis padres quieren que yo *(pensar)* en el futuro.
> Mis padres quieren que yo <u>piense</u> en el futuro.
>
> Lo que ellos quieren *(hacer)* es jugar al fútbol.
> No se necesita.

1. Es importante que tú *(mantener)* una buena actitud.
2. Es necesario *(organizar)* una fiesta de despedida para Daniel.
3. Quiero *(tener)* una casa en una isla en medio del océano.
4. Quizás ellos *(salirse)* con las suyas.
5. Mi padre dice que yo *(asistir)* a la Facultad de Economía de la Universidad Nacional.
6. Por fin, mis sueños van a *(ser)* realidad.
7. Mi padre me permite que yo *(ir)* a Inglaterra este verano.
8. Creo que *(pescar)* a la orilla de un río es mi pasatiempo favorito.
9. Los dejo *(trabajar)* para que paguen sus estudios.
10. No me digas que vas a *(estudiar)* en la universidad tan pronto como *(salir)* del colegio.

9. ¿Qué país es? Identifica en español los lugares indicados, según los números.

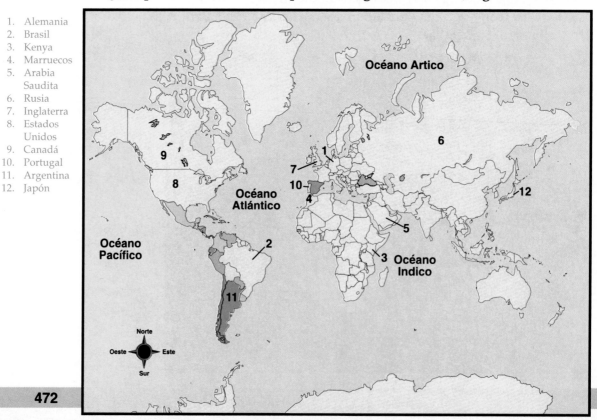

10. **¿Qué son?** Di de qué nacionalidad son las siguientes personas, según el país donde nacieron.

> Students may need help recognizing that these names are masculine: *Iván, Hassan, Alí, Marcelo, Hua, Ichiro, Jomo, Joao.*

Modelo: Paco/México
Es mexicano.

1. Iván/Rusia
2. Hassan/Marruecos
3. Charles y Diana/Inglaterra
4. Raquel/el Brasil
5. Thom/el Canadá
6. Wolfgang/Alemania
7. Alí/Arabia Saudita
8. Marcelo y Mario/Chile
9. Hua/la China
10. Federica/Italia
11. Ichiro/el Japón
12. Jomo/Kenya
13. Claudette y Marie/Francia
14. João/el Portugal
15. Carolyn/Australia

10. 1. Es ruso.
2. Es marroquí.
3. Son ingleses.
4. Es brasileña.
5. Es canadiense.
6. Es alemán.
7. Es saudita.
8. Son chilenos.
9. Es chino.
10. Es italiana.
11. Es japonés.
12. Es kenyano.
13. Son francesas.
14. Es portugués.
15. Es australiana.

Sueños y aspiraciones

dondequiera
carrera
mecánica
aspiración
experiencia
futuro
empresa
gerente
negocios
programadora
organizar
veterinario
sueño
asistir a
universidad
ojalá
canadiense
magnífico
suramericano
Europa
por fin
Rusia

11. **Expresiones comunes.** Repasa las expresiones anteriores para probar cuántas puedes recordar. Luego, trabajando en grupos de tres, añadan otras expresiones relacionadas.   11. This is a self-test. Circulate and help students who are having problems.

12. **A crear.** Trabajando en grupos de tres, hablen en español por cinco minutos. Usen tantas expresiones como sea posible, empezando con el tema *sueños y aspiraciones* y continuando con cualquier otro tópico.   12. Creative self-expression.

Appendices

Appendix A

Grammar Review

Definite articles

	Singular	Plural
Masculine	el	los
Feminine	la	las

Indefinite articles

	Singular	Plural
Masculine	un	unos
Feminine	una	unas

Adjective/noun agreement

	Singular	Plural
Masculine	El chico es alto.	Los chicos son altos.
Feminine	La chica es alta.	Las chicas son altas.

Pronouns

Singular	Subject	Direct object	Indirect object	Object of preposition	Reflexive
1st person	yo	me	me	mí	me
2nd person	tú	te	te	ti	te
3rd person	Ud.	lo/la	le	Ud.	se
	él	lo	le	él	se
	ella	la	le	ella	se
Plural					
1st person	nosotros	nos	nos	nosotros	nos
	nosotras	nos	nos	nosotras	nos
2nd person	vosotros	os	os	vosotros	os
	vosotras	os	os	vosotras	os
3rd person	Uds.	los/las	les	Uds.	se
	ellos	los	les	ellos	se
	ellas	las	les	ellas	se

Demonstrative pronouns

Singular		Plural		
Masculine	Feminine	Masculine	Feminine	Neuter forms
éste	ésta	éstos	éstas	esto
ése	ésa	ésos	ésas	eso
aquél	aquélla	aquéllos	aquéllas	aquello

Possessive pronouns

Singular	Singular form	Plural form
1st person	el mío	los míos
	la mía	las mías
2nd person	el tuyo	los tuyos
	la tuya	las tuyas
3rd person	el suyo	los suyos
	la suya	las suyas

Plural	Singular form	Plural form
1st person	el nuestro	los nuestros
	la nuestra	las nuestras
2nd person	el vuestro	los vuestros
	la vuestra	las vuestras
3rd person	el suyo	los suyos
	la suya	las suyas

Interrogatives

qué	what
cómo	how
dónde	where
cuándo	when
cuánto, -a, -os, -as	how much, how many
cuál/cuáles	which (one)
quién/quiénes	who, whom
por qué	why
para qué	why, what for

Demonstrative adjectives

Singular		Plural	
Masculine	Feminine	Masculine	Feminine
este	esta	estos	estas
ese	esa	esos	esas
aquel	aquella	aquellos	aquellas

Possessive adjectives: short form

Singular	Singular nouns	Plural nouns
1st person	mi hermano mi hermana	mis hermanos mis hermanas
2nd person	tu hermano tu hermana	tus hermanos tus hermanas
3rd person	su hermano su hermana	sus hermanos sus hermanas
Plural	**Singular nouns**	**Plural nouns**
1st person	nuestro hermano nuestra hermana	nuestros hermanos nuestras hermanas
2nd person	vuestro hermano vuestra hermana	vuestros hermanos vuestras hermanas
3rd person	su hermano su hermana	sus hermanos sus hermanas

Possessive adjectives: long form

Singular	Singular nouns	Plural nouns
1st person	un amigo mío una amiga mía	unos amigos míos unas amigas mías
2nd person	un amigo tuyo una amiga tuya	unos amigos tuyos unas amigas tuyas
3rd person	un amigo suyo una amiga suya	unos amigos suyos unas amigas suyas
Plural	**Singular nouns**	**Plural nouns**
1st person	un amigo nuestro una amiga nuestra	unos amigos nuestros unas amigas nuestras
2nd person	un amigo vuestro una amiga vuestra	unos amigos vuestros unas amigas vuestras
3rd person	un amigo suyo una amiga suya	unos amigos suyos unas amigas suyas

Appendix B

Verbs

Present tense (indicative)

Regular present tense		
hablar *(to speak)*	hablo hablas habla	hablamos habláis hablan
comer *(to eat)*	como comes come	comemos coméis comen
escribir *(to write)*	escribo escribes escribe	escribimos escribís escriben

Present tense of reflexive verbs (indicative)

lavarse *(to wash oneself)*	me lavo te lavas se lava	nos lavamos os laváis se lavan

Present tense of stem-changing verbs (indicative)

Stem-changing verbs are identified in this book by the presence of vowels in parentheses after the infinitive. If these verbs end in *-ar* or *-er,* they have only one change. If they end in *-ir,* they have two changes. The stem change of *-ar* and *-er* verbs and the first stem change of *-ir* verbs occur in all forms of the present tense, except *nosotros* and *vosotros.*

cerrar *(ie)* *(to close)*	e ➡ ie	cierro cierras cierra	cerramos cerráis cierran

Verbs like **cerrar**: apretar *(to tighten)*, atravesar *(to cross)*, calentar *(to heat)*, comenzar *(to begin)*, despertar *(to wake up)*, despertarse *(to awaken)*, empezar *(to begin)*, encerrar *(to lock up)*, negar *(to deny)*, nevar *(to snow)*, pensar *(to think)*, quebrar *(to break)*, recomendar *(to recommend)*, regar *(to water)*, sentarse *(to sit down)*, temblar *(to tremble)*, tropezar *(to trip)*

contar *(ue)*	o ➡ ue	cuento	contamos
(to tell)		cuentas	contáis
		cuenta	cuentan

Verbs like **contar**: acordar *(to agree)*, acordarse *(to remember)*, acostar *(to put to bed)*, acostarse *(to lie down)*, almorzar *(to have lunch)*, colgar *(to hang)*, costar *(to cost)*, demostrar *(to demonstrate)*, encontrar *(to find, to meet someone)*, mostrar *(to show)*, probar *(to taste, to try)*, recordar *(to remember)*, rogar *(to beg)*, soltar *(to loosen)*, sonar *(to ring, to sound)*, soñar *(to dream)*, volar *(to fly)*, volcar *(to spill, to turn upside down)*

jugar *(ue)*	u ➡ ue	juego	jugamos
(to play)		juegas	jugáis
		juega	juegan

perder *(ie)*	e ➡ ie	pierdo	perdemos
(to lose)		pierdes	perdéis
		pierde	pierden

Verbs like **perder**: defender *(to defend)*, descender *(to descend, to go down)*, encender *(to light, to turn on)*, entender *(to understand)*, extender *(to extend)*, tender *(to spread out)*

volver *(ue)*	o ➡ ue	vuelvo	volvemos
(to return)		vuelves	volvéis
		vuelve	vuelven

Verbs like **volver**: devolver *(to return something)*, doler *(to hurt)*, llover *(to rain)*, morder *(to bite)*, mover *(to move)*, resolver *(to resolve)*, soler *(to be in the habit of)*, torcer *(to twist)*

pedir *(i, i)*	e ➡ i	pido	pedimos
(to ask for)		pides	pedís
		pide	piden

Verbs like **pedir**: conseguir *(to obtain, to attain, to get)*, despedirse *(to say good-bye)*, elegir *(to choose, to elect)*, medir *(to measure)*, perseguir *(to pursue)*, repetir *(to repeat)*, seguir *(to follow, to continue)*, vestirse *(to get dressed)*

sentir *(ie, i)*	e ➡ ie	siento	sentimos
(to feel)		sientes	sentís
		siente	sienten

Verbs like **sentir**: advertir *(to warn)*, arrepentirse *(to regret)*, convertir *(to convert)*, convertirse *(to become)*, divertirse *(to have fun)*, herir *(to wound)*, invertir *(to invest)*, mentir *(to lie)*, preferir *(to prefer)*, requerir *(to require)*, sugerir *(to suggest)*

dormir *(ue, u)* *(to sleep)*	o ➡ ue	duermo duermes duerme	dormimos dormís duermen

Another verb like **dormir**: morir *(to die)*

Present participle of regular verbs

The present participle of regular verbs is formed by replacing the *-ar* of the infinitive with *-ando* and the *-er* or *-ir* with *-iendo*.

Present participle of stem-changing verbs

Stem-changing verbs that end in *-ir* use the second stem change in the present participle.

dormir *(ue, u)*	durmiendo
seguir *(i, i)*	siguiendo
sentir *(ie, i)*	sintiendo

Progressive tenses

The present participle is used with the verbs *estar, continuar, seguir, andar* and some other motion verbs to produce the progressive tenses. They are reserved for recounting actions that are or were in progress at the time in question.

Regular command forms

	Affirmative		Negative
***-ar* verbs**	habla hablad hable Ud. hablen Uds. hablemos	(tú) (vosotros) (Ud.) (Uds.) (nosotros)	no hables no habléis no hable Ud. no hablen Uds. no hablemos
***-er* verbs**	come comed coma Ud. coman Uds. comamos	(tú) (vosotros) (Ud.) (Uds.) (nosotros)	no comas no comáis no coma Ud. no coman Uds. no comamos
***-ir* verbs**	escribe escribid escriba Ud. escriban Uds. escribamos	(tú) (vosotros) (Ud.) (Uds.) (nosotros)	no escribas no escribáis no escriba Ud. no escriban Uds. no escribamos

Commands of stem-changing verbs (indicative)

The stem change also occurs in *tú, Ud.* and *Uds.* commands, and the second change of *-ir* stem-changing verbs occurs in the *nosotros* command and in the negative *vosotros* command, as well.

cerrar *(to close)*	cierra cerrad cierre Ud. cierren Uds. cerremos	(tú) (vosotros) (Ud.) (Uds.) (nosotros)	no cierres no cerréis no cierre Ud. no cierren Uds. no cerremos
volver *(to return)*	vuelve volved vuelva Ud. vuelvan Uds. volvamos	(tú) (vosotros) (Ud.) (Uds.) (nosotros)	no vuelvas no volváis no vuelva Ud. no vuelvan Uds. no volvamos
dormir *(to sleep)*	duerme dormid duerma Ud. duerman Uds. durmamos	(tú) (vosotros) (Ud.) (Uds.) (nosotros)	no duermas no durmáis no duerma Ud. no duerman Uds. no durmamos

Preterite tense (indicative)

hablar *(to speak)*	hablé hablaste habló	hablamos hablasteis hablaron
comer *(to eat)*	comí comiste comió	comimos comisteis comieron
escribir *(to write)*	escribí escribiste escribió	escribimos escribisteis escribieron

Preterite tense of stem-changing verbs (indicative)

Stem-changing verbs that end in *-ar* and *-er* are regular in the preterite tense. That is, they do not require a spelling change, and they use the regular preterite endings.

pensar *(ie)*	
pensé	pensamos
pensaste	pensasteis
pensó	pensaron

volver *(ue)*	
volví	volvimos
volviste	volvisteis
volvió	volvieron

Stem-changing verbs ending in *-ir* change their third-person forms in the preterite tense, but they still require the regular preterite endings.

sentir *(ie, i)*	
sentí	sentimos
sentiste	sentisteis
sintió	sintieron

dormirse *(ue, u)*	
me dormí	nos dormimos
te dormiste	os dormisteis
se durmió	se durmieron

Imperfect tense (indicative)

hablar *(to speak)*	hablaba	hablábamos
	hablabas	hablabais
	hablaba	hablaban
comer *(to eat)*	comía	comíamos
	comías	comíais
	comía	comían
escribir *(to write)*	escribía	escribíamos
	escribías	escribíais
	escribía	escribían

Future tense (indicative)

hablar *(to speak)*	hablaré hablarás hablará	hablaremos hablaréis hablarán
comer *(to eat)*	comeré comerás comerá	comeremos comeréis comerán
escribir *(to write)*	escribiré escribirás escribirá	escribiremos escribiréis escribirán

Conditional tense (indicative)

hablar *(to speak)*	hablaría hablarías hablaría	hablaríamos hablaríais hablarían
comer *(to eat)*	comería comerías comería	comeríamos comeríais comerían
escribir *(to write)*	escribiría escribirías escribiría	escribiríamos escribirías escribirían

Past participle

The past participle is formed by replacing the *-ar* of the infinitive with *-ado* and the *-er* or *-ir* with *-ido.*

hablar	hablado
comer	comido
vivir	vivido

Irregular past participles

abrir	abierto
cubrir	cubierto
decir	dicho
escribir	escrito
hacer	hecho
morir	muerto
poner	puesto
romper	roto
volver	vuelto
ver	visto

Present perfect tense (indicative)

The present perfect tense is formed by combining the present tense of *haber* and the past participle of a verb.

hablar *(to speak)*	he hablado has hablado ha hablado	hemos hablado habéis hablado han hablado
comer *(to eat)*	he comido has comido ha comido	hemos comido habéis comido han comido
vivir *(to live)*	he vivido has vivido ha vivido	hemos vivido habéis vivido han vivido

Pluperfect tense (indicative)

hablar *(to speak)*	había hablado habías hablado había hablado	habíamos hablado habíais hablado habían hablado

Preterite perfect tense (indicative)

hablar *(to speak)*	hube hablado	hubimos hablado
	hubiste hablado	hubisteis hablado
	hubo hablado	hubieron hablado

Future perfect tense (indicative)

hablar *(to speak)*	habré hablado	habremos hablado
	habrás hablado	habréis hablado
	habrá hablado	habrán hablado

Conditional perfect tense (indicative)

hablar *(to speak)*	habría hablado	habríamos hablado
	habrías hablado	habríais hablado
	habría hablado	habrían hablado

Present tense (subjunctive)

hablar *(to speak)*	hable	hablemos
	hables	habléis
	hable	hablen
comer *(to eat)*	coma	comamos
	comas	comáis
	coma	coman
escribir *(to write)*	escriba	escribamos
	escribas	escribáis
	escriba	escriban

Imperfect tense (subjunctive)

hablar *(to speak)*	hablara (hablase) hablaras (hablases) hablara (hablase)	habláramos (hablásemos) hablarais (hablaseis) hablaran (hablasen)
comer *(to eat)*	comiera (comiese) comieras (comieses) comiera (comiese)	comiéramos (comiésemos) comierais (comieseis) comieran (comiesen)
escribir *(to write)*	escribiera (escribiese) escribieras (escribieses) escribiera (escribiese)	escribiéramos (escribiésemos) escribierais (escribieseis) escribieran (escribiesen)

Present perfect tense (subjunctive)

hablar *(to speak)*	haya hablado hayas hablado haya hablado	hayamos hablado hayáis hablado hayan hablado

Pluperfect tense (subjunctive)

hablar *(to speak)*	hubiera (hubiese) hablado hubieras (hubieses) hablado hubiera (hubiese) hablado	hubiéramos (hubiésemos) hablado hubierais (hubieseis) hablado hubieran (hubiesen) hablado

Verbs with irregularities

The following charts provide some frequently used Spanish verbs with irregularities.

	abrir *(to open)*
past participle	abierto
Similar to:	cubrir *(to cover)*

andar *(to walk, to ride)*	
preterite	anduve, anduviste, anduvo, anduvimos, anduvisteis, anduvieron

buscar *(to look for)*	
preterite	busqué, buscaste, buscó, buscamos, buscasteis, buscaron
present subjunctive	busque, busques, busque, busquemos, busquéis, busquen
Similar to:	acercarse *(to get close, to approach)*, arrancar *(to start a motor)*, colocar *(to place)*, criticar *(to criticize)*, chocar *(to crash)*, equivocarse *(to make a mistake)*, explicar *(to explain)*, marcar *(to score a point)*, pescar *(to fish)*, platicar *(to chat)*, practicar *(to practice)*, sacar *(to take out)*, tocar *(to touch, to play an instrument)*

caber *(to fit into, to have room for)*	
present	quepo, cabes, cabe, cabemos, cabéis, caben
preterite	cupe, cupiste, cupo, cupimos, cupisteis, cupieron
future	cabré, cabrás, cabrá, cabremos, cabréis, cabrán
present subjunctive	quepa, quepas, quepa, quepamos, quepáis, quepan

caer *(to fall)*	
present	caigo, caes, cae, caemos, caéis, caen
preterite	caí, caíste, cayó, caímos, caísteis, cayeron
present participle	cayendo
present subjunctive	caiga, caigas, caiga, caigamos, caigáis, caigan
past participle	caído

conducir *(to drive, to conduct)*	
present	conduzco, conduces, conduce, conducimos, conducís, conducen
preterite	conduje, condujiste, condujo, condujimos, condujisteis, condujeron
present subjunctive	conduzca, conduzcas, conduzca, conduzcamos, conduzcáis, conduzcan
Similar to:	traducir *(to translate)*

conocer *(to know)*	
present	conozco, conoces, conoce, conocemos, conocéis, conocen
present subjunctive	conozca, conozcas, conozca, conozcamos, conozcáis, conozcan
Similar to:	complacer *(to please)*, crecer *(to grow, to increase)*, desaparecer *(to disappear)*, nacer *(to be born)*, ofrecer *(to offer)*

construir *(to build)*	
present	construyo, construyes, construye, construimos, construís, construyen
preterite	construí, construiste, construyó, construimos, construisteis, construyeron
present participle	construyendo
present subjunctive	construya, construyas, construya, construyamos, construyáis, construyan

continuar *(to continue)*	
present	continúo, continúas, continúa, continuamos, continuáis, continúan

convencer *(to convince)*	
present	convenzo, convences, convence, convencemos, convencéis, convencen
present subjunctive	convenza, convenzas, convenza, convenzamos, convenzáis, convenzan
Similar to:	vencer *(to win, to expire)*

cubrir *(to cover)*	
past participle	cubierto
Similar to:	abrir *(to open)*, descubrir *(to discover)*

dar *(to give)*	
present	doy, das, da, damos, dais, dan
preterite	di, diste, dio, dimos, disteis, dieron
present subjunctive	dé, des, dé, demos, deis, den

decir *(to say, to tell)*	
present	digo, dices, dice, decimos, decís, dicen
preterite	dije, dijiste, dijo, dijimos, dijisteis, dijeron
present participle	diciendo
command	di (tú)
future	diré, dirás, dirá, diremos, diréis, dirán
present subjunctive	diga, digas, diga, digamos, digáis, digan
past participle	dicho

dirigir *(to direct)*	
present	dirijo, diriges, dirige, dirigimos, dirigís, dirigen
present subjunctive	dirija, dirijas, dirija, dirijamos, dirijáis, dirijan

empezar *(to begin, to start)*	
present	empiezo, empiezas, empieza, empezamos, empezáis, empiezan.
present subjunctive	empiece, empieces, empiece, empecemos, empecéis, empiecen
Similar to:	almorzar *(to eat lunch)*, aterrizar *(to land)*, comenzar *(to begin)*, gozar *(to enjoy)*, realizar *(to attain, to bring about)*

enviar *(to send)*	
present	envío, envías, envía, enviamos, enviáis, envían
present subjunctive	envíe, envíes, envíe, enviemos, enviéis, envíen
Similar to:	esquiar *(to ski)*

escribir *(to write)*	
past participle	escrito
Similar to:	describir *(to describe)*

escoger *(to choose)*	
present	escojo, escoges, escoge, escogemos, escogéis, escogen
Similar to:	coger *(to pick)*, recoger *(to pick up)*

estar *(to be)*	
present	estoy, estás, está, estamos, estáis, están
preterite	estuve, estuviste, estuvo, estuvimos, estuvisteis, estuvieron
present subjunctive	esté, estés, esté, estemos, estéis, estén

haber *(to have)*	
present	he, has, ha, hemos, habéis, han
preterite	hube, hubiste, hubo, hubimos, hubisteis, hubieron
future	habré, habrás, habrá, habremos, habréis, habrán
present subjunctive	haya, hayas, haya, hayamos, hayáis, hayan

hacer *(to do, to make)*	
present	hago, haces, hace, hacemos, hacéis, hacen
preterite	hice, hiciste, hizo, hicimos, hicisteis, hicieron
command	haz (tú)
future	haré, harás, hará, haremos, haréis, harán
present subjunctive	haga, hagas, haga, hagamos, hagáis, hagan
past participle	hecho
Similar to:	deshacer *(to undo)*

ir *(to go)*	
present	voy, vas, va, vamos, vais, van
preterite	fui, fuiste, fue, fuimos, fuisteis, fueron
imperfect	iba, ibas, iba, íbamos, ibais, iban
present participle	yendo
command	ve (tú)
present subjunctive	vaya, vayas, vaya, vayamos, vayáis, vayan

leer *(to read)*	
preterite	leí, leíste, leyó, leímos, leísteis, leyeron
present participle	leyendo
past participle	leído
Similar to:	creer *(to believe)*

llegar *(to arrive)*	
preterite	llegué, llegaste, llegó, llegamos, llegasteis, llegaron
present subjunctive	llegue, llegues, llegue, lleguemos, lleguéis, lleguen
Similar to:	agregar *(to add)*, apagar *(to turn off)*, colgar *(to hang up)*, despegar *(to take off)*, entregar *(to hand in)*, jugar *(to play)*, pagar *(to pay for)*

morir *(to die)*	
past participle	muerto

oír *(to hear, to listen)*	
present	oigo, oyes, oye, oímos, oís, oyen
preterite	oí, oíste, oyó, oímos, oísteis, oyeron
present participle	oyendo
present subjunctive	oiga, oigas, oiga, oigamos, oigáis, oigan
past participle	oído

poder *(to be able)*	
present	puedo, puedes, puede, podemos, podéis, pueden
preterite	pude, pudiste, pudo, pudimos, pudisteis, pudieron
present participle	pudiendo
future	podré, podrás, podrá, podremos, podréis, podrán
present subjunctive	pueda, puedas, pueda, podamos, podáis, puedan

poner *(to put, to place, to set)*	
present	pongo, pones, pone, ponemos, ponéis, ponen
preterite	puse, pusiste, puso, pusimos, pusisteis, pusieron
command	pon (tú)
future	pondré, pondrás, pondrá, pondremos, pondréis, pondrán
present subjunctive	ponga, pongas, ponga, pongamos, pongáis, pongan
past participle	puesto

proteger *(to protect)*	
present	protejo, proteges, protege, protegemos, protegéis, protegen
present subjunctive	proteja, protejas, proteja, protejamos, protejáis, protejan

querer *(to wish, to want, to love)*	
present	quiero, quieres, quiere, queremos, queréis, quieren
preterite	quise, quisiste, quiso, quisimos, quisisteis, quisieron
future	querré, querrás, querrá, querremos, querréis, querrán
present subjunctive	quiera, quieras, quiera, querramos, querráis, quieran

reír *(to laugh)*	
present	río, ríes, ríe, reímos, reís, ríen
preterite	reí, reíste, rió, reímos, reísteis, rieron
present participle	riendo
present subjunctive	ría, rías, ría, ríamos, riáis, rían
Similar to:	freír *(to fry)*, sonreír *(to smile)*

romper *(to break)*	
past participle	roto

saber *(to know, to know how)*	
present	sé, sabes, sabe, sabemos, sabéis, saben
preterite	supe, supiste, supo, supimos, supisteis, supieron
future	sabré, sabrás, sabrá, sabremos, sabréis, sabrán
present subjunctive	sepa, sepas, sepa, sepamos, sepáis, sepan

salir *(to leave)*	
present	salgo, sales, sale, salimos, salís, salen
command	sal (tú)
future	saldré, saldrás, saldrá, saldremos, saldréis, saldrán
present subjunctive	salga, salgas, salga, salgamos, salgáis, salgan

seguir *(to follow, to continue)*	
present	sigo, sigues, sigue, seguimos, seguís, siguen
present participle	siguiendo
present subjunctive	siga, sigas, siga, sigamos, sigáis, sigan
Similar to:	conseguir *(to obtain, to attain, to get)*

ser *(to be)*	
present	soy, eres, es, somos, sois, son
preterite	fui, fuiste, fue, fuimos, fuisteis, fueron
imperfect	era, eras, era, éramos, erais, eran
command	sé (tú)
present subjunctive	sea, seas, sea, seamos, seáis, sean

tener *(to have)*	
present	tengo, tienes, tiene, tenemos, tenéis, tienen
preterite	tuve, tuviste, tuvo, tuvimos, tuvisteis, tuvieron
command	ten (tú)
future	tendré, tendrás, tendrá, tendremos, tendréis, tendrán
present subjunctive	tenga, tengas, tenga, tengamos, tengáis, tengan
Similar to:	contener *(to contain)*, detener *(to stop)*, mantener *(to maintain)*, obtener *(to obtain)*

torcer *(to twist)*	
present	tuerzo, tuerces, tuerce, torcemos, torcéis, tuercen
present subjunctive	tuerza, tuerzas, tuerza, torzamos, torzáis, tuerzan

traer *(to bring)*	
present	traigo, traes, trae, traemos, traéis, traen
preterite	traje, trajiste, trajo, trajimos, trajisteis, trajeron
present participle	trayendo
present subjunctive	traiga, traigas, traiga, traigamos, traigáis, traigan
past participle	traído
Similar to:	atraer *(to attract)*

valer *(to be worth)*	
present	valgo, vales, vale, valemos, valéis, valen
preterite	valí, valiste, valió, valimos, valisteis, valieron
future	valdré, valdrás, valdrá, valdremos, valdréis, valdrán
present subjunctive	valga, valgas, valga, valgamos, valgáis, valgan

venir *(to come)*	
present	vengo, vienes, viene, venimos, venís, vienen
preterite	vine, viniste, vino, vinimos, vinisteis, vinieron
present participle	viniendo
command	ven (tú)
future	vendré, vendrás, vendrá, vendremos, vendréis, vendrán
present subjunctive	venga, vengas, venga, vengamos, vengáis, vengan
Similar to:	convenir *(to suit, to agree)*

ver *(to see)*	
present	veo, ves, ve, vemos, veis, ven
preterite	vi, viste, vio, vimos, visteis, vieron
imperfect	veía, veías, veía, veíamos, veíais, veían
present subjunctive	vea, veas, vea, veamos, veáis, vean
past participle	visto

volver *(to return)*	
past participle	vuelto
Similar to:	resolver *(to solve)*

Appendix C

Numbers

Ordinal numbers

1—primero,-a (primer)	6—sexto,-a
2—segundo,-a	7—séptimo,-a
3—tercero,-a (tercer)	8—octavo,-a
4—cuarto,-a	9—noveno,-a
5—quinto,-a	10—décimo,-a

Cardinal numbers 0-1.000

0—cero	25—veinticinco
1—uno	26—veintiséis
2—dos	27—veintisiete
3—tres	28—veintiocho
4—cuatro	29—veintinueve
5—cinco	30—treinta
6—seis	31—treinta y uno
7—siete	32—treinta y dos
8—ocho	33—treinta y tres, etc.
9—nueve	40—cuarenta
10—diez	50—cincuenta
11—once	60—sesenta
12—doce	70—setenta
13—trece	80—ochenta
14—catorce	90—noventa
15—quince	100—cien/ciento
16—dieciséis	200—doscientos,-as
17—diecisiete	300—trescientos,-as
18—dieciocho	400—cuatrocientos,-as
19—diecinueve	500—quinientos,-as
20—veinte	600—seiscientos,-as
21—veintiuno	700—setecientos,-as
22—veintidós	800—ochocientos,-as
23—veintitrés	900—novecientos,-as
24—veinticuatro	1.000—mil

Appendix D

Syllabification

Spanish vowels may be weak or strong. The vowels *a*, *e* and *o* are strong, whereas *i* (and sometimes *y*) and *u* are weak. The combination of one weak and one strong vowel or of two weak vowels produces a diphthong, two vowels pronounced as one.

A word in Spanish has as many syllables as it has vowels or diphthongs.

    al gu nas
    lue go
    pa la bra

A single consonant (including *ch*, *ll*, *rr*) between two vowels accompanies the second vowel and begins a syllable.

    a mi ga
    fa vo ri to
    mu cho

Two consonants are divided, the first going with the previous vowel and the second going with the following vowel.

    an tes
    quin ce
    ter mi nar

A consonant plus *l* or *r* is inseparable except for *rl*, *sl* and *sr*.

    ma dre
    pa la bra
    com ple tar
    Car los
    is la

If three consonants occur together, the last, or any inseparable combination, accompanies the following vowel to begin another syllable.

    es cri bir
    som bre ro
    trans por te

Prefixes should remain intact.

    re es cri bir

Appendix E

Accentuation

Words that end in *a, e, i, o, u, n* or *s* are pronounced with the major stress on the next-to-the-last syllable. No accent mark is needed to show this emphasis.

octubre
refresco
señora

Words that end in any consonant except *n* or *s* are pronounced with the major stress on the last syllable. No accent mark is needed to show this emphasis.

escribir
papel
reloj

Words that are not pronounced according to the above two rules must have a written accent mark.

lógico
canción
después
lápiz

An accent mark may be necessary to distinguish identical words with different meanings.

dé/de
qué/que
sí/si
sólo/solo

An accent mark is often used to divide a diphthong into two separate syllables.

día
frío
Raúl

Vocabulary Spanish/English

This section provides a summary of the vocabulary for *Somos así 1* and *Somos así 2*. The number following an entry indicates the lesson in which an item is first actively used in *Somos así 2*. The vocabulary from *Somos así 1* and additional words and expressions are included for reference and have no number. Obvious cognates and expressions that occur as passive vocabulary for recognition only have been excluded from this end vocabulary.

Abbreviations:

d.o.	direct object
f.	feminine
i.o.	indirect object
m.	masculine
pl.	plural
s.	singular

A

a to, at, in; *a caballo* on horseback; *a causa de* because of, due to; *a crédito* on credit; *a cuadros* plaid, checkered 8; *a favor (de)* in favor (of) 12; *a fin de que* so that 10; *a la derecha* to the right 3; *a la izquierda* to the left 3; *a la(s)...* at... o'clock; *a lo mejor* maybe 13; *a pie* on foot; *a propósito* by the way 16; *¿a qué hora?* at what time?; *a rayas* striped 8; *a tiempo* on time 10; *a veces* sometimes, at times; *a ver* let's see, hello (telephone greeting)

abajo downstairs, down 9

abierto,-a open; *vocales abiertas* open vowels

el **abogado, la abogada** lawyer 15

abordar to board 14

abran: see *abrir*

el **abrazo** hug

abre: see *abrir*

la **abreviatura** abbreviation

el **abrigo** coat

abril April

abrir to open; *abran (Uds. command)* open; *abre (tú command)* open 2

abrochar(se) to fasten 14

la **abuela** grandmother

el **abuelo** grandfather

aburrido,-a bored, boring

aburrir to bore 11

acabar to finish, to complete, to terminate; *acabar de (+ infinitive)* to have just

el **accidente** accident 11

el **aceite** oil

la **aceituna** olive

el **acento** accent

la **acentuación** accentuation

aceptado,-a accepted 15

la **acera** sidewalk 4

acerca de about 12

aclarar to make clear, to explain

aconsejar to advise, to suggest 8

el **acontecimiento** event, happening 11

acordar(se) (de) (ue) to remember 7

acostar (ue) to put (someone) in bed 1; *acostarse* to go to bed, to lie down 1

acostumbrar(se) to get used to 2

el **acróbata, la acróbata** acrobat 6

la **actitud** attitude 16

la **actividad** activity 11

el **actor** actor (male) 11

la **actriz** actor (female), actress 11

acuático,-a aquatic, pertaining to water 15

el **acuerdo** accord; *de acuerdo* agreed, okay; *estar de acuerdo* to agree 11

adelante ahead, farther on 3

además besides, furthermore 8

adentro inside 9

el **aderezo** seasoning, flavoring, dressing 8

adiós good-bye

adivinar to guess

el **adjetivo** adjective; *adjetivo posesivo* possessive adjective

adonde where 13

¿adónde? (to) where?

adornar to decorate
la aduana customs *14*
el adverbio adverb
aéreo,-a air, pertaining to air *13*
los aeróbicos aerobics; *hacer aeróbicos* to do aerobics
la aerolínea airline *14*
el aeropuerto airport *3*
afeitar(se) to shave *1*; *crema de afeitar* shaving cream *1*
el aficionado, la aficionada fan *12*
el Africa Africa *5*
africano,-a African *5*
afuera outside *9*
la agencia agency; *agencia de viajes* travel agency *13*
el agente, la agente agent *13*
agosto August
agradable nice, pleasing, agreeable *8*
agradar to please *8*
agregar to add *8*
el agricultor, la agricultora farmer *15*
el agua *(f.)* water; *agua mineral* mineral water
el aguacate avocado
ahora now; *ahora mismo* right now
ahorrar to save
el aire air *9*; *aire acondicionado* air conditioning *9*; *al aire libre* outdoors *9*
el ajedrez chess
el ajo garlic
al to the; *al aire libre* outdoors *9*; *al lado de* next to, beside
la alarma alarm *9*; *alarma de incendios* fire alarm, smoke alarm *10*
alegrar (de) to make happy *10*; *alegrarse (de)* to be glad *10*
alegre happy, merry, lively
alemán, alemana German *16*
Alemania Germany *16*
el alfabeto alphabet
la alfombra carpet, rug *9*
el álgebra algebra
algo something, anything
el algodón cotton
alguien someone, anyone, somebody, anybody

algún, alguna some, any
alguno,-a some, any
el almacén department store, grocery store *3*; warehouse
la almeja clam *7*
almorzar (ue) to have lunch, to eat lunch *1*
el almuerzo lunch
aló hello (telephone greeting)
alojar(se) to lodge *14*; *alojarse* to stay *14*
alquilar to rent
alrededor de around *12*
alterna *(tú* command) alternate
el alto stop *4*
alto,-a tall, high
allá over there
allí there
amable kind, nice
amarillo,-a yellow
ambiguo,-a ambiguous
la América America *5*; *América Central* Central America *5*; *América del Norte* North America *5*; *América del Sur* South America *5*
americano,-a American; *fútbol americano* football
el amigo, la amiga friend; *amigo/a por correspondencia* pen pal
la amistad friendship *15*
el amor love
anaranjado,-a orange (color)
andar to walk, to go *7*; to be *7*
andino,-a Andean, of the Andes Mountains
el anillo ring
el animal animal *5*
anoche last night *7*
anochecer to get dark, to turn to dusk *8*
anteayer the day before yesterday
anterior preceding
antes de before
antiguo,-a antique, ancient, old *5*
el anuncio announcement, advertisement *11*; *anuncio comercial* commercial announcement, commercial, advertisement *11*
añade: see *añadir*

añadir to add; *añade (tú* command) add
el año year; *Año Nuevo* New Year's Day; *¿Cuántos años tienes?* How old are you?; *cumplir años* to have a birthday; *tener (+ number) años* to be (+ number) years old
apagar to turn off
el aparato appliance, apparatus *10*
el apartamento apartment *3*
el apellido last name, surname *14*
el apodo nickname
aprender to learn
apropiado,-a appropriate
apunta: see *apuntar*
apuntar to point; *apunta (tú* command) point (at); *apunten (Uds.* command) point (at)
apunten: see *apuntar*
apurado,-a in a hurry
apurar(se) to hurry up *8*
aquel, aquella that (far away)
aquél, aquélla that (one) *1*
aquello that *1*
aquellos, aquellas those (far away)
aquéllos, aquéllas those (ones) *1*
aquí here; *Aquí se habla español.* Spanish is spoken here.
árabe Arab
Arabia Saudita Saudi Arabia *16*
el árbitro referee, umpire *12*
el árbol tree *6*; *árbol genealógico* family tree
la arena sand
el arete earring
la Argentina Argentina
argentino,-a Argentinean *5*
el armario closet, wardrobe *9*; cupboard
el arte art
el artículo article *12*
el artista, la artista artist *15*
arreglar to arrange, to straighten, to fix
arriba upstairs, up, above *9*
el arroz rice

el **ascensor** elevator
así thus, that way *1*
el **Asia** Asia *16*
asiático,-a Asian *16*
la **asignatura** subject
asistir a to attend *15*
la **aspiración** aspiration, hope *15*
la **aspiradora** vacuum; *pasar la aspiradora* to vacuum
atentamente respectfully, yours truly *15*
aterrizar to land *14*
el **ático** attic *9*
el **Atlántico** Atlantic Ocean
la **atracción** attraction *5*; (amusement) ride *5*; *parque de atracciones* amusement park
atravesado,-a crossed
aun even
aunque although *10*
Australia Australia *16*
australiano,-a Australian *16*
el **autobús** bus; *estación de autobuses* bus station *3*
el **autógrafo** autograph *11*
automático,-a automatic; *escalera automática* escalator
el **auxiliar de vuelo, la auxiliar de vuelo** flight attendant *14*
el **ave** fowl, bird *7*
la **avenida** avenue
el **avión** airplane
el **aviso** printed advertisement *12*
¡ay! oh!
ayer yesterday
la **ayuda** help
ayudar to help
el **azafrán** saffron
la **azotea** flat roof *9*
los **aztecas** Aztecs
el **azúcar** sugar
la **azucarera** sugar bowl *8*
azul blue

B

bailar to dance
el **baile** dance, dancing *15*
bajo under
bajo,-a short (not tall), low; *planta baja* ground floor; *zapato bajo* low-heel shoe

balanceado,-a balanced
el **baloncesto** basketball
el **banco** bank
la **banda** band *6*
bañar(se) to bathe *1*
el **baño** bathroom; *baño de los caballeros* men's restroom; *cuarto de baño* bathroom; *traje de baño* swimsuit
barato,-a cheap
el **barco** boat, ship
barrer to sweep
el **barril** barrel
el **barrio** neighborhood *4*
basado,-a based
el **básquetbol** basketball
el **basquetbolista, la basquetbolista** basketball player
bastante rather, fairly, sufficiently; enough, sufficient
la **basura** garbage
el **baúl** trunk *4*
la **bebida** drink
el **béisbol** baseball
el **beso** kiss *9*
la **biblioteca** library
el **bibliotecario, la bibliotecaria** librarian *15*
la **bicicleta** bicycle, bike
bien well; *quedarle bien a uno* to fit, to be becoming
la **bienvenida** welcome *14*
bienvenido,-a welcome *5*
la **billetera** wallet
la **biología** biology
la **bisabuela** great-grandmother *9*
el **bisabuelo** great-grandfather *9*
blanco,-a white
la **blusa** blouse
la **boca** mouth *2*
la **boda** wedding
el **boleto** ticket *6*
el **bolígrafo** pen
Bolivia Bolivia
boliviano,-a Bolivian *5*
el **bolso** handbag, purse
el **bombero, la bombera** fire fighter *15*
la **bombilla** light bulb *9*
bonito,-a pretty, good-looking, attractive
borra: see *borrar*

el **borrador** eraser
borrar to erase; *borra (tú command)* erase; *borren (Uds. command)* erase
borren: see *borrar*
el **bosque** forest *6*
bostezar to yawn *11*
la **bota** boot
el **botones** bellhop *14*
el **Brasil** Brazil *16*
brasileño,-a Brazilian *16*
el **brazo** arm
la **broma** joke *9*
broncear(se) to tan *2*
el **buceo** scuba diving *15*
buen good (form of *bueno* before a *m., s.* noun); *hace buen tiempo* the weather is nice
bueno well, okay (pause in speech); hello (telephone greeting)
bueno,-a good; *buena suerte* good luck; *buenas noches* good night; *buenas tardes* good afternoon; *buenos días* good morning
la **bufanda** scarf
el **burro** burro, donkey *6*
buscar to look for

C

el **caballero** gentleman *3*; *baño de los caballeros* men's restroom
el **caballo** horse; *a caballo* on horseback
caber to fit (into) *7*
la **cabeza** head
cada each, every
la **cadena** chain
caer(se) to fall (down) *2*
café brown (color)
el **café** coffee
la **cafetera** coffee pot, coffee maker *10*
la **cafetería** cafeteria
la **caja** cashier's desk
el **cajero, la cajera** cashier *8*
el **calcetín** sock
el **calendario** calendar
la **calidad** quality
caliente hot

la **calmar(se)** to calm down *1*
el **calor** heat; *hace calor* it is hot; *tener calor* to be hot
calvo,-a bald
la **calle** street
la **cama** bed
la **cámara** camera *5*
el **camarero, la camarera** food server *3*
el **camarón** shrimp *7*
cambiar to change *10*
el **cambio** change; *en cambio* on the other hand
el **camello** camel *5*
caminar to walk
el **camino** road, path
el **camión** truck *7*
la **camisa** shirt
la **camiseta** jersey, polo shirt, undershirt *12*
el **campeonato** championship *12*
el **Canadá** Canada *16*
canadiense Canadian *16*
el **canal** channel *11*
la **canción** song
el **cangrejo** crab *7*
canoso,-a white-haired
cansado,-a tired
el **cantante, la cantante** singer *11*
cantar to sing
la **cantidad** quantity
la **capital** capital
el **capitán** captain
el **capítulo** chapter
el **capó** hood *4*
la **cara** face *2*
la **característica** characteristic, trait; *características de personalidad* personality traits; *características físicas* physical traits
¡caramba! wow!
cargar to charge *13*
el **Caribe** Caribbean
cariñoso,-a affectionate
el **carnaval** carnival
la **carne** meat; *carne de res* beef *7*
la **carnicería** meat market, butcher shop *3*
caro,-a expensive
el **carpintero, la carpintera** carpenter *15*
la **carta** letter; playing card
la **carrera** career *15*

la **carretera** highway *3*
el **carro** car; *en carro* by car
la **casa** home, house; *en casa* at home
el **casete** cassette
casi almost
la **catarata** waterfall
la **catástrofe** catastrophe *11*
la **catedral** cathedral *3*
catorce fourteen
la **cebolla** onion
la **cebra** zebra *5*
la **celebración** celebration *11*
celebrar to celebrate
la **cena** dinner, supper *1*
cenar to have dinner, to have supper *1*
el **centavo** cent
el **centro** downtown, center; *centro comercial* shopping center, mall
centroamericano,-a Central American *16*
cepillar(se) to brush *1*
el **cepillo** brush *1*
la **cerca** fence *9*
cerca (de) near
el **cereal** cereal *7*
cero zero
cerrado,-a closed; *vocales cerradas* closed vowels
la **cerradura** lock *10*
cerrar (ie) to close; *cierra (tú command)* close; *cierren (Uds. command)* close
el **césped** lawn, grass *4*
el **cesto de papeles** wastebasket, wastepaper basket
el **cielo** sky *6*
cien one hundred
la **ciencia** science
ciento one hundred (when followed by another number)
cierra: see *cerrar*
cierren: see *cerrar*
el **cigarrillo** cigarette *2*
cinco five
cincuenta fifty
el **cine** movie theater
el **cinturón** belt; *cinturón de seguridad* seat belt, safety belt *4*
el **circo** circus *6*

la **ciruela** plum *7*
la **cita** appointment, date *2*
la **ciudad** city
la **civilización** civilization
claro,-a clear *10*
¡claro! of course!
la **clase** class *14*
clasificar to classify
el **claxon** horn *4*
el **clima** climate
el **club** club *10*
la **cocina** kitchen
cocinar to cook
el **cocinero, la cocinera** cook *8*
el **coche** car *4*; *en coche* by car
el **codo** elbow *2*
el **cognado** cognate
la **colección** collection *15*
el **colegio** school
colgar (ue) to hang
la **colina** hill
colocar to put, to place *14*
Colombia Colombia
colombiano,-a Colombian *5*
la **colonia** colony
el **color** color
la **columna** column *12*
el **collar** necklace
combinar to combine
la **comedia** comedy, play *11*
el **comedor** dining room
el **comentarista, la comentarista** commentator *12*
comenzar (ie) to begin, to start *10*
comer to eat; *dar de comer* to feed
comercial commercial *11*; *anuncio comercial* commercial announcement, commercial, advertisement *11*; *centro comercial* shopping center, mall
comerse to eat up, to eat completely *2*
cómico,-a comical, funny
la **comida** food; dinner *1*
como like, since; such as *5*
¿cómo? how?, what?; *¿Cómo? What (did you say)?; ¿Cómo está (Ud.)?* How are you (formal)?; *¿Cómo están (Uds.)?* How are you (pl.)?; *¿Cómo estás (tú)?* How are

you (informal)?; *¡Cómo no!* Of course!; *¿Cómo se dice...?* How do you say...?; *¿Cómo se escribe...?* How do you write (spell)...?; *¿Cómo se llama (Ud./él/ella)?* What is (your/his/her) name?; *¿Cómo te llamas?* What is your name?

cómodo,-a comfortable

la **compañero, la compañera** classmate, partner

la **compañía** company 13

comparando comparing

el **compartimiento** compartment 14

compartir to share

la **competencia** competition

complacer to please 10

completa: see *completar*

completar to complete; *completa (tú* command) complete

completo,-a complete 13

la **compra** purchase; *ir de compras* to go shopping

comprar to buy

comprender to understand; *comprendo* I understand

comprendo: see *comprender*

la **computadora** computer (machine)

con with; *con (mucho) gusto* I would be (very) glad to; *con permiso* excuse me (with your permission), may I; *siempre salirse con la suya* to always get one's way 16

el **concierto** concert

el **concurso** contest, competition 11; *programa de concurso* game show

conducir to drive, to conduct, to direct 4

el **conejo** rabbit 6

la **conjunción** conjunction

conmigo with me

conocer to know, to be acquainted with, to be familiar with 4; to meet

conocido,-a known, famous

el **control remoto** remote control

conseguir (i, i) to obtain, to attain, to get

el **consejo** advice 8

la **contaminación** contamination, pollution; *contaminación ambiental* environmental pollution

contar (ue) to tell (a story); *cuenta (tú* command) tell; *cuenten (Uds.* command) tell

contento,-a happy, glad; *estar contento,-a (con)* to be satisfied (with)

contesta: see *contestar*

contestar to answer; *contesta (tú* command) answer; *contesten (Uds.* command) answer

contesten: see *contestar*

el **contexto** context

contigo with you (*tú*)

continúa: see *continuar*

continuar to continue; *continúa (tú* command) continue; *continúen (Uds.* command) continue

continúen: see *continuar*

la **contracción** contraction

convenir to be fitting, to agree 10

copiar to copy

el **corazón** heart 2; honey (term of endearment)

la **corbata** tie

cortar to cut, to mow 9

la **cortesía** courtesy

la **cortina** curtain 9

corto,-a short (not long)

correcto,-a right, correct

el **corredor** corridor, hallway 3

el **corredor, la corredora** runner

el **correo** mail; *oficina de correos* post office 3

correr to run

la **correspondencia** correspondence 15

la **corrida** bullfight 13

la **cosa** thing

la **costa** coast

Costa Rica Costa Rica

costar (ue) to cost

costarricense Costa Rican 5

la **costilla** rib 7

la **costura** sewing

crear to create

crecer to grow

el **crédito** credit; *a crédito* on credit; *tarjeta de crédito*

credit card

creer to believe

la **crema** cream 7; *crema de afeitar* shaving cream 1

el **crucero** cruise ship

cruzar to cross

el **cuaderno** notebook

la **cuadra** city block 3

el **cuadro** square 8; picture, painting 9; *a cuadros* plaid, checkered 8

¿cuál? which?, what?, which one?; *(pl. ¿cuáles?)* which ones?

la **cualidad** quality

cualquier, cualquiera any 8

cualquiera any at all 10

cuando when

¿cuándo? when?

¿cuánto,-a? how much?; *(pl. ¿cuántos,-as?)* how many?; *¿Cuánto (+ time expression) hace que (+ present tense of verb)...?* How long...?; *¿Cuántos años tienes?* How old are you?

cuarenta forty

el **cuarto** quarter; room, bedroom; *cuarto de baño* bathroom; *menos cuarto* a quarter to, a quarter before; *servicio al cuarto* room service 14; *y cuarto* a quarter after, a quarter past

cuarto,-a fourth

cuatro four

cuatrocientos,-as four hundred

Cuba Cuba

cubano,-a Cuban 5

los **cubiertos** silverware

cubrir to cover 11

la **cuchara** tablespoon

la **cucharita** teaspoon

el **cuchillo** knife

el **cuello** neck 2

la **cuenta** bill, check 8

cuenta: see *contar*

el **cuerno** horn 6

el **cuero** leather

el **cuerpo** body

el **cuidado** care 9; *tener cuidado* to be careful 9

cuidar(se) to take care of 2

culto,-a cultured, well-read 12

la **cultura** culture, knowledge *12*

el **cumpleaños** birthday; *¡Feliz cumpleaños!* Happy birthday!

cumplir to become, to become (+ number) years old, to reach; *cumplir años* to have a birthday

la **curva** curve *4*

cuyo,-a of which, whose

CH

el **champú** shampoo *1*

chao good-bye

la **chaqueta** jacket

charlando talking, chatting

el **cheque** check *13*

la **chica** girl

el **chico** boy, man, buddy

Chile Chile

chileno,-a Chilean *5*

la **chimenea** chimney, fireplace *9*

la **China** China *16*

chino,-a Chinese *16*

el **chisme** gossip

el **chiste** joke *7*

chistoso,-a funny *5*

el **chocolate** chocolate

el **chofer, la chofer** chauffeur, driver *15*

el **chorizo** sausage (seasoned with red peppers)

D

la **dama** lady

las **damas** checkers; women's restroom

dar to give; *dar de comer* to feed; *dar un paseo* to take a walk; *dé (Ud.* command) give

de from, of; *de acuerdo* agreed, okay; *de cerca* close up, from a short distance *4*; *¿de dónde?* from where?; *¿De dónde eres?* Where are you from?; *¿De dónde es (Ud./él/ella)?* Where are you (formal) from?, Where is (he/she/it) from?; *de habla*

hispana Spanish-speaking; *de ida y vuelta* round-trip *13*; *de la mañana* in the morning, A.M.; *de la noche* at night, P.M.; *de la tarde* in the afternoon, P.M.; *de nada* you are welcome, not at all; *de todos los días* everyday; *¿de veras?* really?; *¿Eres (tú) de...?* Are you from...?

dé: see *dar*

deber should, to have to, must, ought (expressing a moral duty)

decidir to decide *8*

décimo,-a tenth

decir to tell, to say; *¿Cómo se dice...?* How do you say...?; *di (tú* command) tell, say *2*; *díganme (Uds.* command) tell me; *dime (tú* command) tell me; *¡no me digas!* you don't say! *16*; *¿Qué quiere decir...?* What is the meaning (of)...?; *querer decir* to mean; *quiere decir* it means; *se dice* one says

el **dedo** finger, toe

el **defensor** defender *12*

dejar (de) to leave; to stop, to quit *2*; to let, to allow *9*

del of the, from the

el **delantero** forward *12*

delgado,-a thin

delicioso,-a delicious *8*

demasiado too (much)

demasiado,-a too many, too much *7*

la **democracia** democracy

la **demora** delay *4*

el **dentista, la dentista** dentist

el **departamento** department

el **dependiente, la dependiente** clerk *8*

el **deporte** sport

el **deportista, la deportista** athlete

deportivo,-a sporty *4*

la **derecha** right *3*; *a la derecha* to the right *3*

derecho straight ahead *3*

derecho,-a right *2*

desaparecido,-a missing

el **desastre** disaster

desayunar(se) to have breakfast *1*

el **desayuno** breakfast *1*

descansar to rest, to relax *2*

describe: see *describir*

describir to describe *7*; *describe (tú* command) describe

desde since, from; *desde luego* of course *1*

desear to wish

el **deseo** wish

el **desfile** parade *5*

el **desierto** desert

el **desodorante** deodorant *1*

la **despedida** farewell, good-bye *16*

despedir(se) (i, i) to say good-bye *2*

despegar to take off *14*

despertar(se) (ie) to wake up *1*

después afterwards, later, then; *después de* after

destacar(se) to stand out

desteñido,-a faded *8*

el **destino** destination *13*; destiny, fate

la **destreza** skill, expertise *6*

desvestir(se) to undress

detrás de behind, after *6*

di: see *decir*

el **día** day; *buenos días* good morning; *de todos los días* everyday; *todos los días* every day

el **diálogo** dialog

diario,-a daily

dibuja: see *dibujar*

dibujar to draw, to sketch; *dibuja (tú* command) draw; *dibujen (Uds.* command) draw

dibujen: see *dibujar*

el **dibujo** drawing, sketch

diciembre December

el **dictado** dictation

la **dicha** happiness *13*

diecinueve nineteen

dieciocho eighteen

dieciséis sixteen

diecisiete seventeen

el **diente** tooth *2*

diez ten

la **diferencia** difference

diferente different *8*

difícil difficult, hard; *ser difícil que* to be unlikely that *10*

diga hello (telephone greeting)

dígame tell me, hello (telephone greeting)

díganme: see *decir*

dime: see *decir*

el **dinero** money

la **dirección** instruction, guidance *3*; address *4*; direction *4*

el **director, la directora** director

diría would say, would tell

dirigir to direct

el **disco** record, disc; *disco compacto* compact disc

discutir to argue, to discuss *10*

divertido,-a fun

divertir (ie, i) to amuse *2*; *divertirse* to have fun *2*

doblar to turn (a corner) *4*

doble double *14*

doce twelve

el **doctor, la doctora** doctor (abbreviation: *Dr., Dra.*) *2*

el **dólar** dollar

doler (ue) to hurt *2*

domingo Sunday; *el domingo* on Sunday

dominicano,-a Dominican *5*

don title of respect used before a man's first name

donde where

¿dónde? where?; *¿de dónde?* from where?; *¿De dónde eres?* Where are you from?; *¿De dónde es (Ud./él/ella)?* Where are you (formal) from?, Where is (he/she/it) from?; *¿Dónde está...?* Where are you (formal)...?, Where is...?

dondequiera wherever *15*

doña title of respect used before a woman's first name

dormir (ue, u) to sleep; *dormirse* to fall asleep *2*

dos two

doscientos,-as two hundred

Dr. abbreviation for *doctor*

Dra. abbreviation for *doctora*

la **ducha** shower *1*

duchar(se) to shower *1*

dudar to doubt *10*

---

dudoso,-a doubtful *10*

la **dulce** sweet

el **dulce** candy *3*

la **dulcería** candy store *3*

durante during *6*

el **durazno** peach *7*

E

e and (used before a word beginning with *i* or *hi*)

la **ecología** ecology

la **economía** economy *12*

económico,-a economic *12*

el **Ecuador** Ecuador

ecuatoriano,-a Ecuadorian *5*

la **edad** age

el **edificio** building *3*

editorial editorial *12*

la **educación física** physical education

el **efectivo** cash; *en efectivo* in cash

egoísta selfish

el **ejemplo** example; *por ejemplo* for example

el **ejercicio** exercise *2*

el the *(m., s.)*

él he; him (after a preposition); *El se llama....* His name is....

El Salvador El Salvador

eléctrico,-a electric; *lavaplatos eléctrico* dishwasher (machine)

el **elefante** elephant *5*

elegante elegant *7*

ella she; her (after a preposition); *Ella se llama....* Her name is....

ello it, that (neuter form)

ellos,-as they; them (after a preposition)

la **emisora** radio station *12*

emocionado,-a excited *13*

emocionante exciting *6*

empatados: see *empate*

empatar to tie (the score of a game) *12*

el **empate** tie; *partidos empatados* games tied

empezar (ie) to begin, to start

el **empleado, la empleada** employee *15*

---

el **empleo** job *15*

la **empresa** business *15*

en in, on, at; *en* (+ vehicle) by (+ vehicle); *en cambio* on the other hand; *en carro* by car; *en casa* at home; *en coche* by car; *en cuanto* as soon as *10*; *en efectivo* in cash; *en medio de* in the middle of, in the center of *16*; *en resumen* in short; *en seguida* immediately *14*; *en vivo* live *12*

encantado,-a delighted, the pleasure is mine

encantar to enchant, to delight *10*

encargar (de) to make responsible (for), to put in charge (of) *9*; *encargarse (de)* to take charge (of) *9*

encender (ie) to light, to turn on (a light)

encima de above, over, on top of *6*

encontrar (ue) to find

la **encuesta** survey, poll *12*

la **enchilada** enchilada *3*

enero January

el **énfasis** emphasis

el **enfermero, la enfermera** nurse *2*

enfermo,-a sick

engordar to make fat *8*; *engordarse* to get fat *8*

la **ensalada** salad

enseñar to teach, to show

enterar(se) de to find out, to become aware, to learn about *12*

entonces then

entrar to go in, to come in

entre between, among

entregar to hand in *14*

la **entrevista** interview *12*

enviar to send

el **equipaje** luggage *14*; *equipaje de mano* carry-on luggage *14*

el **equipo** team

equivocar(se) to make a mistake *2*

eres: see *ser*

es: see *ser*

la **escala** stopover *14*

la **escalera** stairway, stairs; *escalera automática* escalator

escapar(se) to escape *6*

la **escena** scene

la **escoba** broom *9*

escoger to choose; *escogiendo* choosing

escogiendo: see *escoger*

escriban: see *escribir*

escribe: see *escribir*

escribir to write; *¿Cómo se escribe...?* How do you write (spell)...?; *escriban (Uds.* command) write; *escribe (tú* command) write; *se escribe* it is written

el **escritor, la escritora** writer *15*

el **escritorio** desk

escucha: see *escuchar*

escuchar to hear, to listen (to) *12*; *escucha (tú* command) listen; *escuchen (Uds.* command) listen

escuchen: see *escuchar*

la **escuela** school

ese, esa that

ése, ésa that (one) *1*

eso that (neuter form)

esos, esas those

ésos, ésas those (ones) *1*

el **espacio** space

la **espalda** back *2*

España Spain

el **español** Spanish (language); *Aquí se habla español.* Spanish is spoken here.; *Se habla español.* Spanish is spoken.

español, española Spanish *5*

especial special

especializado,-a specialized

el **espectáculo** showcase

el **espectador** spectator *12*

el **espejo** mirror *1*

esperar to wait (for) *1*; to hope *10*

la **esposa** wife

el **esposo** husband

el **esquí** skiing *15*

el **esquiador, la esquiadora** skier

esquiar to ski

la **esquina** corner *3*

está: see *estar*

el **establo** stable *6*

la **estación** season; station *3*; *estación de autobuses* bus station *3*; *estación del metro* subway station *3*; *estación del tren* train station *3*

el **estadio** stadium

el **Estado Libre Asociado** Commonwealth

los **Estados Unidos** United States of America

estadounidense something or someone from the United States *5*

están: see *estar*

estar to be; *¿Cómo está (Ud.)?* How are you (formal)?; *¿Cómo están (Uds.)?* How are you (pl.)?; *¿Cómo estás (tú)?* How are you (informal)?; *¿Dónde está...?* Where are you (formal)...?, Where is...?; *está* you (formal) are, he/she/it is; *está nublado,-a* it is cloudy; *está soleado,-a* it is sunny; *están* they are; *estar contento,-a (con)* to be satisfied (with); *estar de acuerdo* to agree *11*; *estar en oferta* to be on sale; *estar listo,-a* to be ready; *estás* you (informal) are; *estoy* I am

estás: see *estar*

este well, so (pause in speech)

el **este** east *4*

este, esta this; *esta noche* tonight

éste, ésta this (one) *1*

estimado,-a dear *15*

esto this *1*

el **estómago** stomach *2*

estos, estas these

éstos, éstas these (ones) *1*

estoy: see *estar*

estrecho,-a narrow

la **estrella** star *6*

la **estructura** structure

estudia: see *estudiar*

el **estudiante, la estudiante** student

estudiar to study; *estudia (tú* command) study; *estudien (Uds.* command) study

estudien: see *estudiar*

el **estudio** study

la **estufa** stove

estupendo,-a wonderful, marvellous

Europa Europe *16*

europeo,-a European *16*

evidente evident *10*

exagerar to exaggerate *9*

el **examen** exam, test

excelente excellent

el **excusado** toilet *1*

la **exhibición** exhibition *4*

exigente demanding *4*

el **éxito** success *11*; *tener éxito* to be successful, to be a success *11*

la **experiencia** experience *15*

explica: see *explicar*

la **explicación** explanation, reason

explicar to explain; *explica (tú* command) explain

el **explorador, la exploradora** explorer

la **exportación** exportation

exportador, exportadora exporting

expresar to express

la **expresión** expression

la **extensión** extension

extranjero,-a foreign *11*

extrañar to miss *15*

F

fácil easy; *ser fácil que* to be likely that *10*

la **facultad** school (of a university) *16*

la **falda** skirt

falso,-a false

la **familia** family

famoso,-a famous *11*

fantástico,-a fantastic, great

el **faro** headlight *4*; lighthouse

fascinante fascinating *5*

fascinar to fascinate *10*

el **favor** favor; *por favor* please

favorito,-a favorite

febrero February

la **fecha** date

felicitaciones congratulations

feliz happy *(pl. felices)*; *¡Feliz cumpleaños!* Happy birthday!

femenino,-a feminine

feo,-a ugly

feroz fierce, ferocious *(pl. feroces) 5*

el **ferrocarril** railway, railroad

la **fiesta** party

la **fila** line, row *6*

el **filete** fillet, boneless cut of beef or fish *7*

filmar to film *11*

la **filosofía** philosophy

el **fin** end; *a fin de que* so that *10*; *fin de semana* weekend; *por fin* finally *16*

la **finca** ranch, farm *6*

firmar to sign *14*

la **física** physics

el **flamenco** flamingo *5*; type of dance

el **flan** custard *7*

la **flauta** flute

la **flor** flower

la **florcita** small flower

la **florería** flower shop *3*

el **folleto** brochure *13*

la **forma** form

la **foto(grafía)** photo

el **fotógrafo, la fotógrafa** photographer *15*

fracasar to fail *11*

francés, francesa French *16*

Francia France *16*

la **frase** phrase, sentence

el **fregadero** sink

freír (i, i) to fry *7*

el **freno** brake *4*

la **fresa** strawberry

el **fresco** cool; *hace fresco* it is cool

fresco,-a fresh, chilly

el **frío** cold; *hace frío* it is cold; *tener frío* to be cold

frío,-a cold

la **fruta** fruit

la **frutería** fruit store *3*

fue: see *ser*

el **fuego** fire; *fuegos artificiales* fireworks *5*

fueron: see *ser*

fuerte strong *15*

fumar to smoke *2*

fundar to found

el **fútbol** soccer; *fútbol americano* football

el **futbolista, la futbolista** soccer player

el **futuro** future *15*

G

la **galleta** cookie, biscuit *4*

la **gallina** hen *6*

el **gallo** rooster *6*

la **gana** desire; *tener ganas de* to feel like

ganados: see *ganar*

ganar to win, to earn *9*; *los partidos ganados* games won

el **garaje** garage

la **garganta** throat *2*

el **gasto** expense *13*

el **gato, la gata** cat

el **género** gender

generoso,-a generous

la **gente** people

la **geografía** geography

la **geometría** geometry

el **gerente, la gerente** manager *15*

el **gerundio** present participle

el **gesto** gesture

el **gimnasio** gym

el **globo** balloon *5*; globe *5*

el **gobernador, la gobernadora** governor

el **gobierno** government

el **gol** goal *12*

la **golosina** tidbit, little food item *5*

gordo,-a fat

el **gorila** gorilla *5*

gozar to enjoy *13*

la **grabadora** tape recorder (machine)

grabar to record *11*

gracias thanks; *muchas gracias* thank you very much

el **grado** degree

gran big (form of *grande* before a *m., s.* noun); great *6*

grande big

el **grifo** faucet *1*

la **gripe** flu *2*

gris gray

gritar to shout *5*

el **grupo** group; *grupo musical* musical group

el **guante** glove

guapo,-a good-looking, attractive, handsome, pretty

el **guardabarros** fender *4*

Guatemala Guatemala

guatemalteco,-a Guatemalan *5*

la **guía** guidebook *13*

el **guía, la guía** guide *5*

el **guisante** pea

la **guitarra** guitar

gustar to like, to be pleasing to; *me/te/le/nos/vos/les gustaría...*I/you/he/she/it/we/they would like...

gustaría: see *gustar*

el **gusto** pleasure; *con (mucho) gusto* I would be (very) glad to; *el gusto es mío* the pleasure is mine; *¡Mucho gusto!* Glad to meet you!; *Tanto gusto.* So glad to meet you.

H

haber to have (auxiliary verb) *11*

había there was, there were *5*

la **habichuela** green bean

la **habitación** room *14*; bedroom

el **habitante, la habitante** inhabitant

habla: see *hablar*

el **habla (f.)** speech, speaking; *de habla hispana* Spanish-speaking

hablar to speak; *Aquí se habla español.* Spanish is spoken here.; *habla (tú* command) speak; *hablen (Uds.* command) speak; *Se habla español.* Spanish is spoken.

hablen: see *hablar*

hace: see *hacer*

hacer to do, to make; *¿Cuánto* (+ time expression) *hace que* (+ present tense of verb)...? How long...?; *hace buen (mal) tiempo* the weather is nice (bad); *hace fresco* it is cool;

hace frío (calor) it is cold (hot); *hace* (+ time expression) *que* ago; *hace sol* it is sunny; *hace viento* it is windy; *hacer aeróbicos* to do aerobics; *hacer falta* to be necessary, to be lacking; *hacer una pregunta* to ask a question; *hagan* (*Uds.* command) do, make; *haz* (*tú* command) do, make; *haz el papel* play the part; *hecha* made; *La práctica hace al maestro.* Practice makes perfect.; *¿Qué temperatura hace?* What is the temperature?; *¿Qué tiempo hace?* How is the weather?

hacia toward *4*

hagan: see *hacer*

el **hambre** (*f.*) hunger; *tener hambre* to be hungry

hasta until, up to, down to; *hasta la vista* so long, see you later; *hasta luego* so long, see you later; *hasta mañana* see you tomorrow; *hasta pronto* see you soon

hay there is, there are; *hay neblina* it is misting; *hay sol* it is sunny

haz: see *hacer*

hecha: see *hacer*

la **heladería** ice cream parlor *3*

el **helado** ice cream

la **herencia** heritage

la **hermana** sister

la **hermanastra** stepsister *9*

el **hermanastro** stepbrother *9*

el **hermano** brother

hermoso,-a beautiful, lovely *15*

el **hielo** ice; *patinar sobre hielo* to ice skate

la **hija** daughter

el **hijo** son

el **hipopótamo** hippopotamus *5*

hispano,-a Hispanic; *de habla hispana* Spanish-speaking

la **historia** history

el **hogar** home *9*

la **hoja** sheet; *hoja de papel* sheet of paper

hola hi, hello

el **hombre** man; *hombre de negocios* businessman *15*

el **hombro** shoulder *2*

Honduras Honduras

hondureño,-a Honduran *5*

la **hora** hour; *¿a qué hora?* at what time?; *¿Qué hora es?* What time is it?

el **horario** schedule

el **horno** oven *10*; *horno microondas* microwave oven *10*

horrible horrible

el **hotel** hotel *14*

hoy today

hubo there was, there were *7*

el **huevo** egg

el **huracán** hurricane *11*

I

la **idea** idea

la **ideal** ideal

la **iglesia** church *3*

ignorar to not know

la **iguana** iguana *5*

la **imagina:** see *imaginar(se)*

la **imaginación** imagination

imaginar(se) to imagine *5*; *imagina* (*tú* command) imagine

el **imperio** empire

el **impermeable** raincoat

implicar to imply

importante important

importar to be important, to matter

imposible impossible *10*

los **incas** Incas

el **incendio** fire *10*; *alarma de incendios* fire alarm, smoke alarm *10*

indefinido,-a indefinite

la **independencia** independence

indica: see *indicar*

la **indicación** cue

indicado,-a indicated

indicar to indicate; *indica* (*tú* command) indicate

indígena native

la **información** information *11*

informar to inform *11*

el **informe** report

el **ingeniero, la ingeniera** engineer *15*

Inglaterra England *16*

el **inglés** English (language)

inglés, inglesa English *16*

el **ingrediente** ingredient

inicial initial

inmenso,-a immense

la **inmigración** immigration *14*

insistir (en) to insist (on) *9*

la **inspiración** inspiration

inteligente intelligent

interesante interesting

interesar to interest *10*

internacional international *12*

interrogativo,-a interrogative

el **invierno** winter

la **invitación** invitation

invitar to invite *9*

ir to go; *ir a* (+ infinitive) to be going to (do something); *ir a parar* to end up *6*; *ir de compras* to go shopping; *irse* to leave, to go away *2*; *irse de viaje* to go away on a trip *2*; *¡vamos!* let's go!; *¡vamos a* (+ infinitive)!* let's (+ infinitive)!; *vayan* (*Uds.* command) go to; *ve* (*tú* command) go to

la **isla** island *16*

Italia Italy *16*

italiano,-a Italian *16*

el **itinerario** itinerary *13*

la **izquierda** left *3*; *a la izquierda* to the left *3*

izquierdo,-a left *2*

J

el **jabón** soap *1*

el **jamón** ham

el **Japón** Japan *16*

japonés, japonesa Japanese *16*

el **jardín** garden *9*; *jardín zoológico* zoo, zoological garden *5*

la **jaula** cage *6*

la **jirafa** giraffe *5*

joven young

la **joya** jewel *8*

la **joyería** jewelry store *8*

el **juego** game
jueves Thursday; *el jueves* on
Thursday
el **jugador, la jugadora** player
jugar (ue) to play; *jugar a*
(+ sport/game) to play
(+ sport/game)
el **jugo** juice *3*
julio July
junio June
junto,-a together

K

Kenya Kenya *16*
kenyano,-a Kenyan *16*
el **kilo(gramo)** kilo(gram) *7*

L

la the *(f., s.)*; her, it, you *(d.o.)*; *a
la una* at one o'clock
el **lado** side; *al lado de* next to,
beside; *por todos lados*
everywhere
ladrar to bark *6*
el **ladrillo** brick *9*
el **lago** lake *2*
la **lámpara** lamp
la **lana** wool
la **langosta** lobster
el **lápiz** pencil *(pl. lápices)*
largo,-a long
las the *(f., pl.)*; them, you *(d.o.)*;
*a las... at...*o'clock
la **lástima** shame, pity *10*; *¡Qué
lástima!* What a shame!, Too
bad!
lastimar(se) to injure, to
hurt *11*
la **lata** can
el **lavabo** bathroom sink *1*
el **lavadero** laundry room *9*
el **lavaplatos eléctrico**
dishwasher (machine)
lavar(se) to wash *1*
le (to, for) him, (to, for) her,
(to, for) it, (to, for) you
(formal) *(i.o.)*
lean: see *leer*
la **lección** lesson
la **lectura** reading

la **leche** milk
la **lechería** milk store, dairy
(store) *3*
la **lechuga** lettuce
lee: see *leer*
leer to read; *lean (Uds.
command)* read; *lee (tú
command)* read
lejos (de) far (from)
la **lengua** tongue *2*; language
lento,-a slow
el **león** lion *5*
les (to, for) them, (to, for) you
(i.o.)
la **letra** leter
levantar to raise, to lift *1;
levantarse* to get up *1;
levántate (tú command)* get
up; *levántense (Uds.
command)* get up
levántate: see *levantarse*
levántense: see *levantarse*
la **libertad** liberty, freedom
la **libra** pound
libre free; *al aire libre* outdoors
9
la **librería** bookstore
el **libro** book
la **licuadora** blender *10*
el **líder** leader
limitar to limit
el **limón** lemon, lime *7*
el **limpiaparabrisas** windshield
wiper *4*
limpiar to clean
limpio,-a clean
lindo,-a pretty
la **lista** list
listo,-a ready; smart; *estar
listo,-a* to be ready; *ser
listo,-a* to be smart
la **literatura** literature
lo him, it, you *(d.o.)*; *a lo mejor*
maybe *13; lo* (+ adjective/
adverb) how (+ adjective/
adverb) *6; lo más* (+ adverb)
posible as (+ adverb) as
possible; *lo menos* (+ adverb)
posible as (+ adverb) as
possible; *lo que* what, that
which; *lo siento* I am sorry;
lo siguiente the following;
por lo menos at least
loco,-a crazy

lógicamente logically
lógico,-a logical
los the *(m., pl.)*; them, you *(d.o.)*
luego then, later, soon; *desde
luego* of course *1; hasta luego*
so long, see you later; *luego
que* as soon as *10*
el **lugar** place
el **lujo** luxury *14*
la **luna** moon *6*
lunes Monday; *el lunes* on
Monday
la **luz** light *(pl. luces)*

LL

llama: see *llamar*
llamar to call, to telephone;
¿Cómo se llama (Ud./él/ella)?
What is (your/his/her)
name?; *¿Cómo te llamas?*
What is your name?;
llamaron they called
(preterite of *llamar*); *llamarse*
to be called *1; me llamo* my
name is; *se llaman* their
names are; *te llamas* your
name is; *(Ud./El/Ella) se
llama....* (Your [formal]/
His/Her) name is....
llamaron: see *llamar*
llamas: see *llamar*
llamo: see *llamar*
la **llanta** tire *4*
la **llave** key *10*
la **llegada** arrival *13*
llegar to arrive; *llegó* arrived
(preterite of *llegar*)
llegó: see *llegar*
lleno,-a full *8*
llevar to take, to carry; to
wear; to bring *12; llevarse* to
take away, to get along *2*
llover (ue) to rain
la **lluvia** rain

M

la **madera** wood *9*
la **madrastra** stepmother *9*
la **madre** mother
maduro,-a ripe

el **maestro** teacher, master; *La práctica hace al maestro.* Practice makes perfect.

magnífico,-a magnificent *16*

el **maíz** corn

mal badly; bad; *hace mal tiempo* the weather is bad

la **maleta** suitcase *13*

el **maletín** overnight bag, handbag, small suitcase, briefcase *14*

malo,-a bad

la **mamá** mother, mom *9*

mandar to order *9*

manejar to drive *4*

la **manera** manner, way

la **mano** hand; *equipaje de mano* carry-on luggage *14*

el **mantel** tablecloth

mantener to keep, to maintain *16*

la **mantequilla** butter

la **manzana** apple

mañana tomorrow; *hasta mañana* see you tomorrow; *pasado mañana* the day after tomorrow

la **mañana** morning; *de la mañana* A.M., in the morning; *por la mañana* in the morning

el **mapa** map

el **maquillaje** makeup *1*

maquillar to put makeup on (someone) *1*; *maquillarse* to put on makeup *1*

la **maquinita** little machine, video game

el **mar** sea *16*

maravilloso,-a marvellous, fantastic *5*

el **marcador** score *12*

marcar to score *12*

mariachi popular Mexican music and orchestra

el **marido** husband *9*

el **marisco** seafood *7*

martes Tuesday; *el martes* on Tuesday

marzo March

marroquí Moroccan *16*

Marruecos Morocco *16*

más more, else; *el/la/los/las (+ noun) más (+ adjective)* the most (+ adjective); *lo más (+ adverb) posible* as (+ adverb) as possible; *más de* more than *5*; *más (+ noun/adjective/adverb) que* more (+ noun/adjective/adverb) than; *más vale que* it is better that *10*

masculino,-a masculine

las **matemáticas** mathematics

el **material** material

máximo,-a maximum *12*; *pena máxima* penalty *12*

maya Mayan

los **mayas** Mayans

mayo May

la **mayonesa** mayonnaise *8*

mayor older, oldest; greater, greatest

la **mayoría** majority

la **mayúscula** capital letter

me (to, for) me *(i.o.)*; me *(d.o.)*; *me llaman* they call me; *me llamo* my name is

el **mecánico, la mecánica** mechanic *15*

la **medianoche** midnight; *Es medianoche.* It is midnight.

la **medicina** medicine *2*

el **médico, la médica** doctor

el **medio** means; middle, center *16*; *en medio de* in the middle of, in the center of *16*

medio,-a half; *y media* half past

el **mediocampista** midfielder *12*

el **mediodía** noon; *Es mediodía.* It is noon.

mejor better; *a lo mejor* maybe *13*; *el/la/los/las mejor/mejores (+ noun)* the best (+ noun)

mejorar to improve

el **melón** melon, cantaloupe *7*

menor younger, youngest; lesser, least

menos minus, until, before, to (to express time); less; *el/la/los/las (+ noun) menos (+ adjective)* the least (+ adjective + noun); *lo menos (+ adverb) posible* as (+ adverb) as possible; *menos (+ noun/adjective/adverb) que* less (+ noun/adjective/adverb) than; *menos cuarto* a quarter to, a quarter before; *por lo menos* at least

mentir (ie, i) to lie

la **mentira** lie

el **menú** menu *7*

el **mercado** market

el **merengue** merengue (dance music)

el **mes** month

la **mesa** table; *mesa de planchar* ironing board *10*; *poner la mesa* to set the table; *recoger la mesa* to clear the table

el **mesero, la mesera** food server *8*

la **mesita** tray table *14*

el **metro** subway; *estación del metro* subway station *3*

mexicano,-a Mexican *3*

México Mexico

mi my; *(pl. mis)* my

mí me (after a preposition)

el **micrófono** microphone *12*

el **miedo** fear; *tener miedo de* to be afraid of

el **miembro** member *9*

mientras (que) while *4*

miércoles Wednesday; *el miércoles* on Wednesday

mil thousand

mínimo,-a minimum

la **minúscula** lowercase

el **minuto** minute

mío,-a my, (of) mine *6*; *el gusto es mío* the pleasure is mine

mira: see *mirar*

mirar to look (at); *mira (tú* command) look; *mira* hey, look (pause in speech); *miren (Uds.* command) look; *miren* hey, look (pause in speech)

miren: see *mirar*

mismo right (in the very moment, place, etc.); *ahora mismo* right now

mismo,-a same

el **misterio** mystery *11*

el **modelo** model

moderno,-a modern *4*

molestar to bother *5*

la **moneda** coin, money *3*
el **mono** monkey *5*
la **montaña** mountain *5; montaña rusa* roller coaster *5*
montar to ride
el **monumento** monument *3*
morder (ue) to bite *11*
moreno,-a brunet, brunette, dark-haired, dark-skinned
morir(se) (ue, u) to die *11; morirse de la risa* to die laughing *11*
la **mostaza** mustard *8*
el **mostrador** counter *14*
mostrar (ue) to show *11*
la **moto(cicleta)** motorcycle
el **motor** motor, engine *4*
la **muchacha** girl, young woman
el **muchacho** boy, guy
muchísimo very much, a lot
mucho much, a lot, very, very much
mucho,-a much, a lot of, very; *(pl. muchos,-as)* many; *con (mucho) gusto* I would be (very) glad to; *muchas gracias* thank you very much; *¡Mucho gusto!* Glad to meet you!
mudar(se) to move *13*
el **mueble** piece of furniture *9*
el **muelle** concourse, pier *14*
la **mujer** woman; wife *9; mujer de negocios* businesswoman *15*
el **mundo** world; *todo el mundo* everyone, everybody
la **muralla** wall
el **muro** (exterior) wall *9*
el **museo** museum
la **música** music
muy very

N

nacer to be born *13*
la **nación** nation
nacional national *11*
nada nothing; *de nada* you are welcome, not at all
nadar to swim
nadie nobody
la **naranja** orange

la **nariz** nose *2*
narrar to announce, to narrate *12*
la **Navidad** Christmas
la **neblina** mist; *hay neblina* it is misting
necesario,-a necessary *7*
necesitar to need
negativo,-a negative
los **negocios** business *15; hombre de negocios* businessman *15; mujer de negocios* businesswoman *15*
negro,-a black
nervioso,-a nervous
nevar (ie) to snow
ni not even; *ni...ni* neither...nor
Nicaragua Nicaragua
nicaragüense Nicaraguan *5*
la **nieta** granddaughter
el **nieto** grandson
la **nieve** snow
ningún, ninguna none, not any
ninguno,-a none, not any
el **niño, la niña** child *2*
el **nivel** level
no no; *¡Cómo no!* Of course!; *No lo/la veo.* I do not see him (it)/her (it).; *¡no me digas!* you don't say! *16; No sé.* I do not know.
la **noche** night; *buenas noches* good night; *de la noche* P.M., at night; *esta noche* tonight; *por la noche* at night
el **nombre** name *13*
el **noreste** northeast *4*
normal normal *11*
el **noroeste** northwest *4*
el **norte** north *4; América del Norte* North America *5*
norteamericano,-a North American *16*
nos (to, for) us *(i.o.)*; us *(d.o.)*
nosotros,-as we; us (after a preposition)
la **noticia** news
novecientos,-as nine hundred
noveno,-a ninth
noventa ninety
la **novia** girlfriend
noviembre November
el **novio** boyfriend

nublado,-a cloudy; *está nublado* it is cloudy
nuestro,-a our, (of) ours *6*
nueve nine
nuevo,-a new; *Año Nuevo* New Year's Day
el **número** number; *número de teléfono* telephone number
nunca never

O

o or; *o...o* either...or
la **obra** work, play
el **obrero, la obrera** worker *15*
obvio,-a obvious *10*
la **ocasión** occasion *11*
el **océano** ocean *16*
octavo,-a eighth
octubre October
ocupado,-a busy, occupied
ocupar to occupy
ocurrir to occur *6*
ochenta eighty
ocho eight
ochocientos,-as eight hundred
la **odisea** odyssey
el **oeste** west *4*
la **oferta** sale; *estar en oferta* to be on sale
oficial official
la **oficina** office; *oficina de correos* post office *3*
ofrecer to offer *4*
el **oído** (inner) ear *2;* sense of hearing
oigan hey, listen (pause in speech)
oigo hello (telephone greeting)
oír to hear, to listen (to); *oigan* hey, listen (pause in speech); *oigo* hello (telephone greeting); *oye* hey, listen (pause in speech)
ojalá would that, if only, I hope *15*
el **ojo** eye *2*
olé bravo
la **olla** pot, saucepan
olvidar(se) to forget *2*
el **omelet** omelet *13*
la **omisión** omission

once eleven

opinar to give an opinion *11*; to form an opinion *11*

la oportunidad opportunity *12*

el opuesto opposite

la oración sentence

el orden order

ordenar to order *3*

la oreja (outer) ear *2*

la organización organization

organizar to organize *16*

el órgano organ

la orilla shore *16*

el oro gold

os (to, for) you (Spain, informal, *pl., i.o.*), you (Spain, informal, *pl., d.o.*)

el oso bear *6*; *oso de peluche* teddy bear *6*

el otoño autumn

otro,-a other, another (*pl. otros,-as*); *otra vez* again, another time

la oveja sheep *6*

oye hey, listen (pause in speech)

P

el Pacífico Pacific Ocean

el padrastro stepfather *9*

el padre father; *(pl. padres)* parents

la paella paella (traditional Spanish dish with rice, meat, seafood and vegetables)

pagar to pay

la página page

el país country

el paisaje landscape, scenery

el pájaro bird *6*

la palabra word; *palabra interrogativa* question word; *palabras antónimas* antonyms, opposite words

el pan bread

la panadería bakery *3*

Panamá Panama

panameño,-a Panamanian *5*

el pantalón pants

la pantalla screen *13*

la pantera panther *5*

las pantimedias pantyhose, nylons

el pañuelo handkerchief, hanky

la papa potato

el papá father, dad *9*

los papás parents

la papaya papaya *7*

el papel paper; role; *haz el papel* play the role; *hoja de papel* sheet of paper

la papelería stationery store *3*

para for, to, in order to; *para que* so that, in order that *10*

el parabrisas windshield *4*

el parador inn *14*

el paraguas umbrella

el Paraguay Paraguay

paraguayo,-a Paraguayan *5*

parar to stop *3*; *ir a parar* to end up *6*

parecer to seem; *¿Qué (te/le/les) parece?* What do/does you/he/she/they think? *8*

la pared wall

la pareja pair, couple

el pariente, la pariente relative

el parque park; *parque de atracciones* amusement park

la parte place, part *7*

participar to participate *11*

el partido game, match; *partidos empatados* games tied; *partidos ganados* games won; *partidos perdidos* games lost

el párrafo paragraph

pasado,-a past, last; *pasado mañana* the day after tomorrow

el pasaje ticket *13*

el pasajero passenger *14*

pásame: see *pasar*

el pasaporte passport *13*

pasar to pass, to spend (time); to happen, to occur; *pásame* pass me; *pasar la aspiradora* to vacuum; *¿Qué te pasa?* What is wrong with you?

el pasatiempo pastime, leisure activity

la Pascua Easter

el paseo walk, ride, trip; *dar un paseo* to take a walk

el pastel cake, pastry *10*

la pata paw *6*

el patinador, la patinadora skater

patinar to skate; *patinar sobre hielo* to ice skate

el patio courtyard, patio, yard

el pato duck *6*

el pavo turkey *6*

el payaso clown *6*

la paz peace *1*

el pecho chest *2*

pedir (i, i) to ask for, to order, to request; *pedir perdón* to say you are sorry; *pedir permiso (para)* to ask for permission (to do something); *pedir prestado,-a* to borrow

peinar(se) to comb *1*

el peine comb *1*

la película movie, film

pelirrojo,-a red-haired

el pelo hair *1*; *tomar el pelo* to pull someone's leg *8*

la pelota ball *12*

el peluquero, la peluquera hairstylist *15*

la pena punishment, pain, trouble; *pena máxima* penalty *12*

pensar (ie) to think, to intend, to plan; *pensar de* to think about (i.e., to have an opinion); *pensar en* to think about (i.e., to focus one's thoughts on); *pensar en (+ infinitive)* to think about (doing something)

peor worse; *el/la/los/las peor/peores (+ noun)* the worst (+ noun)

pequeño,-a small

la pera pear *7*

perder (ie) to lose; *partidos perdidos* games lost

perdidos: see *perder*

perdón excuse me, pardon me; *pedir perdón* to say you are sorry

perezoso,-a lazy

perfecto,-a perfect

el perfume perfume

el periódico newspaper

el **periodista, la periodista** journalist *11*

el **período** period

la **perla** pearl

el **permiso** permission, permit; *con permiso* excuse me (with your permission), may I; *pedir permiso (para)* to ask for permission (to do something)

permitir to permit

pero but

la **persona** person

el **personaje** character *11*

personal personal; *pronombre personal* subject pronoun

el **Perú** Peru

peruano,-a Peruvian *5*

el **perro, la perra** dog

la **pesca** fishing *15*

el **pescado** fish

pescar to fish *2; pescar (un resfriado)* to catch (a cold) *2*

el **petróleo** oil

el **piano** piano

el **pie** foot; *a pie* on foot

la **pierna** leg

la **pieza** piece *14*

el **pijama** pajamas

el **piloto** pilot *14*

el **pimentero** pepper shaker *8*

la **pimienta** pepper (seasoning)

el **pimiento** bell pepper

la **piña** pineapple *7*

la **pirámide** pyramid

la **piscina** swimming pool

el **piso** floor; *primer piso* first floor

la **pista** clue

la **pizarra** blackboard

la **placa** license plate *4*

el **placer** pleasure *14*

el **plan** plan *10*

la **plancha** iron *10*

planchar to iron *10; mesa de planchar* ironing board *10*

la **planta** plant; *planta baja* ground floor

el **plástico** plastic *5*

la **plata** silver

el **plátano** banana

el **plato** dish, plate; *plato de sopa* soup bowl

la **playa** beach

la **plaza** plaza, public square

la **pluma** feather *6;* pen

la **población** population

pobre poor *6*

poco,-a not very, little; *un poco* a little (bit)

poder (ue) to be able

el **policía, la policía** police (officer) *3*

políticamente politically

el **pollo** chicken

poner to put, to place, to turn on (an appliance); *poner la mesa* to set the table; *poner(se)* to put on *1*

popular popular

un **poquito** a very little (bit)

por for; through, by; in; along; *por ejemplo* for example; *por favor* please; *por fin* finally *16; por la mañana* in the morning; *por la noche* at night; *por la tarde* in the afternoon; *por teléfono* by telephone, on the telephone; *por todos lados* everywhere

¿por qué? why?

porque because

el **portero** goaltender, goalie *12*

el **Portugal** Portugal *16*

portugués, portuguesa Portuguese *16*

la **posibilidad** possibility

posible possible *8; lo más (+ adverb) posible* as (+ adverb) as possible; *lo menos (+ adverb) posible* as (+ adverb) as possible

la **posición** position *14*

el **postre** dessert

potable drinkable *14*

la **práctica** practice; *La práctica hace al maestro.* Practice makes perfect.

practicar to practice, to do *15*

el **precio** price

preciso,-a necessary *10*

preferir (ie, i) to prefer

la **pregunta** question; *hacer una pregunta* to ask a question

preguntar to ask; *preguntarse* to wonder, to ask oneself *2*

el **premio** prize *11*

la **prenda** garment *8*

preocupar(se) to worry *1*

preparar to prepare

el **preparativo** preparation

la **presentación** introduction

presentar to introduce, to present; *le presento a* let me introduce you (formal, s.) to; *les presento a* let me introduce you (pl.) to; *te presento a* let me introduce you (informal, s.) to

presente present

presento: see *presentar*

prestado,-a on loan; *pedir prestado,-a* to borrow

prestar to lend

la **primavera** spring

primer first (form of *primero* before a *m., s.* noun); *primer piso* first floor

primero first (adverb)

primero,-a first

el **primo, la prima** cousin

la **princesa** princess *13*

principal principle, main *7*

el **príncipe** prince *13*

la **prisa** rush, hurry, haste; *tener prisa* to be in a hurry

probable probable *7*

probar(se) (ue) to try (on) *8;* to test, to prove

el **problema** problem

produce produces

el **producto** product

el **profe** teacher

el **profesor, la profesora** teacher

el **programa** program, show; *programa de concurso* game show

el **programador, la programadora** computer programmer *15*

prometer to promise

el **pronombre** pronoun; *pronombre personal* subject pronoun

el **pronóstico** forecast

pronto soon, quickly; *hasta pronto* see you soon

la **pronunciación** pronunciation

la **propina** tip *8*

el **propósito** aim, purpose; *a propósito* by the way *16*

la **protesta** protest *11*

próximo,-a next *3*

la **publicidad** publicity

el **público** audience *11*
público,-a public
puede ser maybe *13*
el **puente** bridge *3*
el **puerco** pig *6*; pork *6*
la **puerta** door
el **puerto** port
Puerto Rico Puerto Rico
puertorriqueño,-a Puerto
Rican *5*
pues thus, well, so, then
(pause in speech)
el **pulpo** octopus, squid *7*
la **pulsera** bracelet
el **punto** point
la **puntuación** punctuation
el **pupitre** desk
puro,-a pure, fresh *9*

Q

que that, which; *lo que* what,
that which; *más* (+ noun/
adjective/adverb) *que* more
(+ noun/adjective/adverb)
than; *que viene* upcoming,
next
¿qué? what?; *¿a qué hora?* at
what time?; *¿Qué
comprendiste?* What did you
understand? *¿Qué hora es?*
What time is it?; *¿Qué quiere
decir...?* What is the
meaning (of)...?; *¿Qué tal?*
How are you?; *¿Qué (te, le,
les) parece?* What do/does
you/he/she/they think? *8*;
¿Qué quiere decir...? What is
the meaning (of)...?; *¿Qué te
pasa?* What is wrong with
you?; *¿Qué temperatura hace?*
What is the temperature?;
¿Qué (+ tener)? What is
wrong with (someone)?;
¿Qué tiempo hace? How is
the weather?
¡qué (+ adjective)! how
(+ adjective)!
¡qué (+ noun)! what a
(+ noun)!; *¡Qué lástima!*
What a shame!, Too bad!;
¡Qué (+ noun) tan

(+ adjective)! What (a)
(+ adjective) (+ noun)! *6*
quedar(se) to remain, to stay *1*;
quedarle bien a uno to fit, to
be becoming
el **quehacer** chore
quemar to burn *1*; *quemarse* to
get burned *1*
querer (ie) to love, to want, to
like; *¿Qué quiere decir...?*
What is the meaning (of)...?;
querer decir to mean; *quiere
decir* it means; *quiero* I love; I
want
querido,-a dear
el **queso** cheese
quien who, whom *11*
¿quién? who?; *(pl. ¿quiénes?)*
who?
quienquiera whoever *15*
quiere: see *querer*
quiero: see *querer*
la **química** chemistry
quince fifteen
quinientos,-as five hundred
quinto,-a fifth
quisiera would like
quitar(se) to take off *1*
quizás perhaps

R

el **rabo** tail *6*
el **radio** radio (apparatus)
la **radio** radio (broadcast)
rápidamente rapidly
rápido,-a rapid, fast
el **rascacielos** skyscraper
el **ratón** mouse *6*
la **raya** stripe *8*; *a rayas* striped *8*
rayado,-a scratched, striped *9*
la **razón** reason *8*; *tener razón* to
be right *8*
real royal; real *15*
la **realidad** reality *16*
realizar to attain, to bring
about
la **recepción** reception desk *14*
el **recepcionista, la recepcionista**
receptionist *14*
la **receta** recipe
recibir to receive

el **recibo** receipt *8*
recoger to pick up; *recoger la
mesa* to clear the table
recordar (ue) to remember
redondo,-a round
referir(se) (ie, i) to refer *9*
el **refresco** soft drink,
refreshment
el **refrigerador** refrigerator
el **regalo** gift
regañar to scold
regatear to bargain, to haggle
registrar to check in *14*
la **regla** ruler; rule *10*
regresar to return, to go back,
to come back *10*
regular average, okay, so-so,
regular
la **reina** queen *13*
reír(se) (i, i) to laugh *7*
la **reja** wrought iron window
grill *9*; wrought iron fence *9*
relacionado,-a related
el **reloj** clock, watch
remoto,-a remote
repasar to reexamine, to
review
el **repaso** review
repetir (i, i) to repeat; *repitan*
(*Uds.* command) repeat;
repite (*tú* command) repeat
repitan: see *repetir*
repite: see *repetir*
reportando reporting
el **reportero, la reportera**
reporter *11*
la **República Dominicana**
Dominican Republic
resbaloso,-a slippery *11*
la **reservación** reservation *13*
el **resfriado** cold *2*; *pescar un
resfriado* to catch a cold
resolver (ue) to resolve,
to solve
el **respaldar** seat-back *14*
responder to answer
la **respuesta** answer
el **restaurante** restaurant
el **resumen** summary; *en resumen*
in short
la **reunión** meeting, reunion *11*
reunir(se) to get together *2*
revisar to check *14*
la **revista** magazine

el **rey** king *13*
rico,-a rich, delicious *8*
el **riel** rail
el **río** river *16*
la **risa** laugh *11; morirse de la risa* to die laughing *11*
el **ritmo** rhythm
el **robo** robbery *11*
la **rodilla** knee *2*
rojo,-a red
romper to break, to tear *11*
la **ropa** clothing; *ropa interior* underwear
rosado,-a pink
el **rubí** ruby *8*
rubio,-a blond, blonde
la **rueda** wheel *4*
el **rugido** roar *6*
rugir to roar *6*
el **ruido** noise *14*
Rusia Russia *16*
ruso,-a Russian *16; montaña rusa* roller coaster *5*
la **rutina** routine

s

sábado Saturday; *el sábado* on Saturday
saber to know; *No sé.* I do not know.; *sabes* you know; *sé* I know
sabes: see *saber*
el **sabor** flavor *8*
saborear to taste, to savor *13*
saca: see *sacar*
el **sacapuntas** pencil sharpener
sacar to take out; *saca (tú command)* stick out *2*
la **sal** salt
la **sala** living room
la **salchicha** sausage *7*
el **salero** salt shaker *8*
la **salida** departure, exit *13*
salir to go out; *siempre salirse con la suya* to always get one's way *16*
la **salsa** salsa (dance music); *salsa de tomate* ketchup *8*
saltar to jump *6*
saludar to greet, to say hello
el **saludo** greeting
salvadoreño,-a Salvadoran *5*

salvaje wild *5*
el **sandwich** sandwich *7*
la **sangre** blood
el **santo** saint's day; *Todos los Santos* All Saints' Day
saudita Saudi, Saudi Arabian *16*
el **saxofón** saxophone
se *¿Cómo se dice...?* How do you say...?; *¿Cómo se escribe...?* How do you write (spell)...?; *¿Cómo se llama (Ud./él/ella)?* What is (your/his/her) name?; *se considera* it is considered; *se dice* one says; *se escribe* it is written; *Se habla español.* Spanish is spoken.; *se llaman* their names are; *(Ud./El/ Ella) se llama....* (Your [formal]/His/Her) name is....
sé: see *saber*
sea see *ser*
la **sección** section *12*
el **secretario, la secretaria** secretary *15*
el **secreto** secret *8*
la **sed** thirst; *tener sed* to be thirsty
la **seda** silk
seguir (i, i) to follow, to continue, to keep on; *sigan (Uds. command)* follow; *sigue (tú command)* follow
según according to
el **segundo** second
segundo,-a second
la **seguridad** safety *4; cinturón de seguridad* seat belt, safety belt *4*
seguro,-a sure *10*
seis six
seiscientos,-as six hundred
selecciona *(tú command)* select
la **selva** jungle *5; selva tropical* tropical rain forest
la **semana** week; *fin de semana* weekend; *Semana Santa* Holy Week
sencillo,-a one-way *13;* single *14*
sentar (ie) to seat (someone) *1; sentarse* to sit down *1;*

siéntate (tú command) sit down *2; siéntense (Uds. command)* sit down
sentir (ie, i) to be sorry, to feel sorry, to regret; *lo siento* I am sorry; *sentir(se)* to feel *2*
la **señal** sign *4*
señalar to point to, to point at, to point out; *señalen (Uds. command)* point to
señalen: see *señalar*
el **señor** gentleman, sir, Mr.
la **señora** lady, madame, Mrs.
la **señorita** young lady, Miss
septiembre September
séptimo,-a seventh
ser to be; *eres* you are; *¿Eres (tú) de...?* Are you from...?; *es* you (formal) are, he/she/it is; *es la una* it is one o'clock; *Es medianoche.* It is midnight.; *Es mediodía.* It is noon.; *fue* you (formal) were, he/she/it was (preterite of *ser*); *fueron* you (pl.) were, they were (preterite of *ser*); *puede ser* maybe *13; ¿Qué hora es?* What time is it?; *sea* it is; *ser difícil que* to be unlikely that *10; ser fácil que* to be likely that *10; ser listo,-a* to be smart; *son* they are; *son las* (+ number) it is (+ number) o'clock; *soy* I am
serio,-a serious *11*
la **serpiente** snake *5*
el **servicio** service *14; servicio al cuarto* room service *14*
la **servilleta** napkin
servir (i, i) to serve *8*
sesenta sixty
setecientos,-as seven hundred
setenta seventy
sexto,-a sixth
si if
sí yes
siempre always; *siempre salirse con la suya* to always get one's way *16*
siéntate: see *sentar*
siéntense: see *sentar*
siento: see *sentir*
siete seven

sigan: see *seguir*

el **siglo** century

los **signos de puntuación** punctuation marks

sigue: see *seguir*

siguiente following; *lo siguiente* the following

la **silabificación** syllabification

el **silencio** silence

la **silla** chair

el **sillón** armchair, easy chair *9*

el **símbolo** symbol

similar alike, similar

simpático,-a nice, pleasant

sin without; *sin embargo* however, nevertheless *16*

sino but (on the contrary), although, even though *4*

sintético,-a synthetic

la **situación** situation

sobre on, over; about; *patinar sobre hielo* to ice skate

la **sobrina** niece

el **sobrino** nephew

el **sol** sun; *hace sol* it is sunny; *hay sol* it is sunny

solamente only

soleado,-a sunny; *está soleado* it is sunny

soler (ue) to be accustomed to, to be used to *8*

solo,-a alone

sólo only, just

la **sombrerería** hat store *3*

el **sombrero** hat

son: see *ser*

el **sondeo** poll

el **sonido** sound

sonreír(se) (i, i) to smile *10*

soñar to dream *13*

la **sopa** soup; *plato de sopa* soup bowl

la **sorpresa** surprise

el **sótano** basement *9*

soy: see *ser*

Sr. abbreviation for *señor*

Sra. abbreviation for *señora*

Srta. abbreviation for *señorita*

su, sus his, her, its, your (*Ud./Uds.*), their

suave smooth, soft *15*

el **subdesarrollo** underdevelopment

subir to climb, to go up, to go up stairs, to take up, to bring up, to carry up; to get in *4*

el **suceso** event, happening *11*

sucio,-a dirty

el **sueño** sleep; dream *15*; *tener sueño* to be sleepy

la **suerte** luck *13*; *buena suerte* good luck

el **suéter** sweater

el **supermercado** supermarket

el **sur** south *4*; *América del Sur* South America *5*

suramericano,-a South American *16*

el **sureste** southeast *4*

el **suroeste** southwest *4*

el **surtido** assortment, supply, selection *8*

el **sustantivo** noun

suyo,-a his, (of) his, her, (of) hers, its, your, (of) yours, their, (of) theirs *6*; *siempre salirse con la suya* to always get one's way *16*

T

la **tabla** chart *12*

el **taco** taco *3*

tal such, as, so; *¿Qué tal?* How are you?

el **tamal** tamale *3*

el **tamaño** size

también also, too

el **tambor** drum

tampoco either, neither

tan so; *¡Qué (+ noun) tan (+ adjective)!* What (a) (+ adjective) (+ noun)! *6*; *tan (+ adjective/adverb) como (+ person/item)* as (+ adjective/adverb) as (+ person/item)

tanto,-a so much; *tanto,-a (+ noun) como (+ person/item)* as much/many (+ noun) as (+ person/item); *tanto como* as much as; *Tanto gusto.* So glad to meet you.

la **tapa** tidbit, appetizer

la **taquilla** box office, ticket office *6*

tardar to delay *4*; *tardar en (+ infinitive)* to be long, to take a long time *4*

la **tarde** afternoon; *buenas tardes* good afternoon; *de la tarde* P.M., in the afternoon; *por la tarde* in the afternoon

tarde late *1*

la **tarea** homework

la **tarifa** fare *13*

la **tarjeta** card; *tarjeta de crédito* credit card

el **taxista, la taxista** taxi driver *15*

la **taza** cup

te (to, for) you (*i.o.*); you (*d.o.*); *¿Cómo te llamas?* What is your name?; *te llamas* your name is

el **té** tea *7*

el **teatro** theater

el **techo** roof *9*

la **tela** fabric, cloth *8*

el **teléfono** telephone; *número de teléfono* telephone number; *por teléfono* by the telephone, on the telephone; *teléfono público* public telephone

la **telenovela** soap opera

la **televisión** television; *ver (la) televisión* to watch television

el **televisor** television set

el **tema** theme, topic

el **temblor** tremor *11*

temer to fear *10*

la **temperatura** temperature; *¿Qué temperatura hace?* What is the temperature?

temprano early

el **tenedor** fork

tener to have; *¿Cuántos años tienes?* How old are you?; *¿Qué (+ tener)?* What is wrong with (person)?; *tener calor* to be hot; *tener cuidado* to be careful *9*; *tener éxito* to be successful, to be a success *11*; *tener frío* to be cold; *tener ganas de* to feel like; *tener hambre* to be hungry; *tener miedo de* to be afraid; *tener (+ number) años* to be (+ number) years old; *tener prisa* to be in a hurry; *tener que* to have to; *tener razón* to be right 8; *tener sed* to be thirsty; *tener sueño* to be sleepy; *tengo* I have; *tengo (+ number) años* I am (+ number) years old; *tiene* it has; *tienes* you have

tengo: see *tener*

el **tenis** tennis

el **tenista, la tenista** tennis player

tercer third (form of *tercero* before a *m., s.* noun)

tercero,-a third

terminar to end, to finish

la **ternera** veal 7

ti you (after a preposition)

la **tía** aunt

el **tiempo** time; weather; verb tense; period, half 12; *a tiempo* on time 10; *hace buen (mal) tiempo* the weather is nice (bad); *¿Qué tiempo hace?* How is the weather?

la **tienda** store

tiene: see *tener*

tienes: see *tener*

la **tierra** land, earth

el **tigre** tiger 5

la **tina** bathtub 1

el **tío** uncle

típico,-a typical

el **tipo** type, kind 8

tirar to throw away 4

el **tiro** shot 12

el **titular** headline 12

la **tiza** chalk

la **toalla** towel 1

toca: see *tocar*

el **tocadiscos** record player

el **tocador** dresser 9

tocar to play (a musical instrument); to touch; *toca (tú command)* touch 2; *toquen (Uds. command)* touch

el **tocino** bacon 7

todavía yet; still

todo everything 7

todo,-a all, every, whole, entire; *de todos los días*

everyday; *por todos lados* everywhere; *todo el mundo* everyone, everybody; *todos los días* every day

todos,-as everyone, everybody

tolerante tolerant

tomar to drink, to have; to take; *tomar el pelo* to pull someone's leg 8

el **tomate** tomato; *salsa de tomate* ketchup 8

tonto,-a silly

el **tópico** theme

toquen: see *tocar*

el **toro** bull 6

la **toronja** grapefruit 7

la **tortilla** cornmeal pancake (Mexico) 3; omelet (Spain) 3

la **tortuga** turtle 5

la **torre** tower 3

trabajar to work; *trabajando en parejas* working in pairs

el **trabajo** work

traducir to translate 4

traer to bring

el **tráfico** traffic 4

el **traje** suit; *traje de baño* swimsuit

la **transmisión** transmission, broadcast 12

el **transporte** transportation

tratar (de) to try (to do something)

trece thirteen

treinta thirty

treinta y uno thirty-one

el **tren** train; *estación del tren* train station 3

tres three

trescientos,-as three hundred

la **tripulación** crew 14

triste sad

el **trombón** trombone

la **trompeta** trumpet

tu your (informal); *(pl. tus)* your (informal)

tú you (informal)

la **tumba** tomb

el **turismo** tourism

el **turista, la turista** tourist

turístico,-a tourist 13

tuyo,-a your, (of) yours 6

U

u or (used before a word that starts with *o* or *ho*)

ubicado,-a located

Ud. you (abbreviation of *usted*); you (after a preposition); *Ud. se llama....* Your name is....

Uds. you (abbreviation of *ustedes*); you (after a preposition)

último,-a last

un, una a, an, one; *a la una* at one o'clock

único,-a only, unique

unido,-a united, connected 15

la **universidad** university 15

uno one; *quedarle bien a uno* to fit, to be becoming

unos, unas some, any, a few

urgente urgent 10

el **Uruguay** Uruguay

uruguayo,-a Uruguayan 5

usar to use

usted you (formal, *s.*); you (after a preposition)

ustedes you *(pl.)*; you (after a preposition)

la **uva** grape

V

la **vaca** cow 6

las **vacaciones** vacation

la **vainilla** vanilla 7

valer to be worth 10; *más vale que* it is better that 10

¡vamos! let's go!; *¡vamos a (+ infinitive)!* let's (+ infinitive)!

la **variedad** variety 8

varios,-as several

el **vaso** glass

vayan: see *ir*

ve: see *ir*

el **vecino, la vecina** neighbor 4

veinte twenty

veinticinco twenty-five

veinticuatro twenty-four

veintidós twenty-two

veintinueve twenty-nine
veintiocho twenty-eight
veintiséis twenty-six
veintisiete twenty-seven
veintitrés twenty-three
veintiuno twenty-one
vencer to expire *13*
el vendedor, la vendedora salesperson *15*
vender to sell
venezolano,-a Venezuelan *5*
Venezuela Venezuela
vengan: see *venir*
venir to come; *vengan (Uds. command)* come
la ventana window
el ventilador fan *9*
veo: see *ver*
ver to see, to watch; *a ver* let's see, hello (telephone greeting); *No lo/la veo.* I do not see him (it)/her (it).; *veo* I see; *ver (la) televisión* to watch television; *ves* you see
el verano summer
el verbo verb
verdad true
¿verdad? right?
la verdad truth
verde green
la verdura greens, vegetables
vertical vertical *14*
ves: see *ver*
el vestido dress
el vestidor fitting room *8*
vestir (i, i) to dress (someone) *1*; *vestirse* to get dressed *1*
el veterinario, la veterinaria veterinarian *15*
la vez time *(pl. veces); a veces* sometimes, at times; *(number +) vez/veces al/a la (+ time expression)* (number +) time(s) per (+ time expression); *otra vez* again, another time
viajar to travel
el viaje trip; *agencia de viajes* travel agency *13*; *irse de viaje* to go away on a trip *2*
la vida life
viejo,-a old

el viento wind; *hace viento* it is windy
viernes Friday; *el viernes* on Friday
el vinagre vinegar
la visa visa *13*
la visita visit *5*
visitar to visit *2*
la vista view; *hasta la vista* so long, see you later
la vitrina store window *3*; glass showcase *3*
vivir to live
el vocabulario vocabulary
la vocal vowel; *vocales abiertas* open vowels; *vocales cerradas* closed vowels
el volante steering wheel *4*
volar (ue) to fly *6*
el volibol volleyball
volver (ue) to return, to go back, to come back
vosotros,-as you (Spain, informal, *pl.*); you (after a preposition)
la voz voice *(pl. voces)*
el vuelo flight *13; auxiliar de vuelo* flight attendant *14*
vuestro,-a,-os,-as your (Spain, informal, *pl.*)

Y

y and; *y cuarto* a quarter past, a quarter after; *y media* half past
ya already; now *12; ¡ya lo veo!* I see it!
yo I

Z

la zanahoria carrot
la zapatería shoe store *3*
el zapato shoe; *zapato bajo* low-heel shoe; *zapato de tacón* high-heel shoe
el zoológico zoo *5; jardín zoológico* zoological garden *5*

Vocabulary English/Spanish

A

a un, una; *a few* unos, unas; *a little (bit)* un poco; *a lot (of)* mucho, muchísimo; *a very little (bit)* un poquito
about sobre; acerca de *12*
above encima de *6*, arriba *9*
accent el acento
accepted aceptado,-a *15*
accident el accidente *11*
according to según
acrobat el acróbata, la acróbata *6*
activity la actividad *11*
actor el actor, la actriz *11*
actress la actriz *11*
to **add** añadir; agregar *8*
address la dirección *4*
adentro inside *9*
advertisement el anuncio (comercial) *11*; *printed advertisement* el aviso *12*
advice el consejo *8*
to **advise** aconsejar *8*
aerobics los aeróbicos; *to do aerobics* hacer aeróbicos
affectionate cariñoso,-a
afraid asustado,-a; *to be afraid of* tener miedo de
Africa el Africa *5*
African africano,-a *5*
after después de; detrás de *6*; *a quarter after* y cuarto; *the day after tomorrow* pasado mañana
afternoon la tarde; *good afternoon* buenas tardes; *in the afternoon* de la tarde, por la tarde
afterwards después
again otra vez
age la edad
agency la agencia; *travel agency* la agencia de viajes *13*
agent el agente, la agente *13*
ago hace (*+ time expression*) que
to **agree** convenir *10*, estar de acuerdo *11*
agreeable agradable *8*
agreed de acuerdo
ahead adelante *3*; *straight ahead* derecho *3*

air aéreo,-a *13*
air el aire *9*; *air conditioning* el aire acondicionado *9*; *pertaining to air* aéreo,-a *13*
airline la aerolínea *14*
airplane el avión; *by airplane* en avión
airport el aeropuerto *3*
alarm la alarma *9*; *fire alarm* la alarma de incendios *10*; *smoke alarm* la alarma de incendios *10*
algebra el álgebra
all todo,-a; *any at all* cualquiera *10*
to **allow** dejar (de) *9*
almost casi
alone solo,-a
along por; *to get along* llevarse *2*
already ya
also también
although sino *4*, aunque *10*
always siempre; *to always get one's way* siempre salirse con la suya *16*
America la América *5*; *Central America* la América Central *5*; *North America* la América del Norte *5*; *South America* la América del Sur *5*; *United States of America* los Estados Unidos
American americano,-a; *Central American* centroamericano,-a *16*; *North American* norteamericano,-a *16*; *South American* suramericano,-a *16*
to **amuse** divertir (ie, i) *2*
amusement la atracción; *amusement park* el parque de atracciones; *(amusement) ride* la atracción *5*
an un, una
ancient antiguo,-a *5*
and y; *(used before a word beginning with* i *or* hi) e
animal el animal *5*
to **announce** narrar *12*
announcement el anuncio *11*; *commercial announcement* el anuncio comercial *11*

another otro,-a; *another time* otra vez
answer la respuesta
to **answer** contestar
antique antiguo,-a *5*
any unos, unas; alguno,-a, algún, alguna; cualquier, cualquiera *8*; *any at all* cualquiera *10*; *not any* ninguno,-a, ningún, nunguna
anybody alguien
anyone alguien
anything algo
apartment el apartamento *3*
apparatus el aparato *10*
apple la manzana
appliance el aparato *10*; *to turn on (an appliance)* poner
appointment la cita *2*
April abril
aquatic acuático,-a *15*
Arab árabe
Argentina la Argentina
Argentinean argentino,-a *5*
to **argue** discutir *10*
arm el brazo
armchair el sillón *9*
around alrededor de *12*
to **arrange** arreglar
arrival la llegada *13*
to **arrive** llegar
art el arte
article el artículo *12*
artist el artista, la artista *15*
as tal, como; *as (+ adverb) as possible* lo más/menos (*+ adverb*) posible; *as (+ adjective/adverb) as (+ person/item)* tan (*+ adjective/adverb*) como (*+ person/item*); *as much as* tanto como; *as much/many (+ noun) as (+ person/item)* tanto,-a (*+ noun*) como (*+ person/item*); *as soon as* en cuanto *10*, luego que *10*
Asia el Asia *16*
Asian asiático,-a *16*
to **ask** preguntar; *to ask a question* hacer una pregunta; *to ask for* pedir (i, i); *to ask for permission (to do something)*

pedir permiso (para); *to ask oneself* preguntarse *2*

aspiration la aspiración *15*

assortment el surtido *8*

at en; *at home* en casa; *at night* de la noche, por la noche; *at... o'clock* a la(s)...; *at times* a veces; *at what time?* ¿a qué hora?

athlete el deportista, la deportista

to **attain** conseguir (i, i); realizar

to **attend** asistir a *15*

attic el ático *9*

attitude la actitud *16*

attraction la atracción *5*

attractive bonito,-a, guapo,-a

audience el público *11*

August agosto

aunt la tía

Australia Australia *16*

Australian australiano,-a *16*

autograph el autógrafo *11*

automatic automático,-a

autumn el otoño

avenue la avenida

average regular

avocado el aguacate

B

back la espalda *2*

bacon el tocino *7*

bad malo,-a; *Too bad!* ¡Qué lástima!

bakery la panadería *3*

bald calvo,-a

ball la pelota *12*

balloon el globo *5*

banana el plátano

band la banda *6*

bank el banco

to **bargain** regatear

to **bark** ladrar *6*

baseball el béisbol

basement el sótano *9*

basketball el básquetbol, el baloncesto; *basketball player* el basquetbolista, la basquetbolista

to **bathe** bañar(se) *1*

bathroom el baño, el cuarto de baño; *bathroom sink* el lavabo *1*

bathtub la tina *1*

to **be** ser; andar *7*; *to be a success* tener éxito *11*; *to be able to* poder (ue); *to be accustomed to* soler (ue) *8*; *to be acquainted with* conocer *4*; *to be afraid of* tener miedo de; *to be born* nacer *13*; *to be called* llamarse *1*; *to be careful* tener cuidado *9*; *to be cold* tener frío; *to be familiar with* conocer *4*; *to be fitting* convenir *10*; *to be glad* alegrarse (de) *10*; *to be going to (do something)* ir a (+ *infinitive*); *to be hot* tener calor; *to be hungry* tener hambre; *to be important* importar; *to be in a hurry* tener prisa; *to be lacking* hacer falta; *to be likely that* ser fácil que *10*; *to be long* tardar en (+ *infinitive*) *4*; *to be necessary* hacer falta; *to be (+ number) years old* tener (+ *number*) años; *to be on sale* estar en oferta *8*; *to be pleasing to* gustar; *to be ready* estar listo,-a; *to be right* tener razón *8*; *to be satisfied (with)* estar contento,-a (con); *to be sleepy* tener sueño; *to be smart* ser listo,-a; *to be sorry* sentir (ie, i); *to be successful* tener éxito *11*; *to be thirsty* tener sed; *to be unlikely that* ser difícil que *10*; *to be used to* soler (ue) *8*; *to be worth* valer *10*

beach la playa

bear el oso *6*; *teddy bear* el oso de peluche *6*

beautiful hermoso,-a *15*

because porque; *because of* a causa de

to **become** cumplir; *to become aware* enterar(se) de *12*; *to become (+ number) years old* cumplir

bed la cama; *to go to bed* acostarse (ue) *1*; *to put (someone) in bed* acostar (ue) *1*

bedroom el cuarto, la habitación

beef la carne de res *7*; *boneless cut of beef* el filete *7*

before antes de; *a quarter before* menos cuarto; *the day before yesterday* anteayer

to **begin** empezar (ie); comenzar (ie) *10*

behind detrás de *6*

to **believe** creer

bellhop el botones *14*

belt el cinturón; *safety belt* el cinturón de seguridad *4*; *seat belt* el cinturón de seguridad *4*

beside al lado (de)

besides además *8*

best mejor; *the best (+ noun)* el/la/los/las mejor/mejores (+ *noun*)

better mejor; *it is better that* más vale que *10*

between entre

bicycle la bicicleta

big grande; *(form of* grande *before a m., s. noun)* gran

bike la bicicleta

bill la cuenta *8*

biology la biología

bird el pájaro *6*, el ave *7*

birthday el cumpleaños; *Happy birthday!* ¡Feliz cumpleaños!; *to have a birthday* cumplir años

biscuit la galleta *4*

to **bite** morder (ue) *11*

black negro,-a

blackboard la pizarra

blender la licuadora *10*

blond, blonde rubio,-a

blouse la blusa

blue azul

to **board** abordar *14*

boat el barco

body el cuerpo

Bolivia Bolivia

Bolivian boliviano,-a *5*

boneless cut of beef or fish el filete *7*

book el libro

bookstore la librería

boot la bota

to **bore** aburrir *11*

bored aburrido,-a

boring aburrido,-a

to **borrow** pedir prestado,-a

to **bother** molestar *5*
box office la taquilla *6*
boy el chico, el muchacho
boyfriend el novio
bracelet la pulsera
brake el freno *4*
bravo olé
Brazil el Brasil *16*
Brazilian brasileño,-a *16*
bread el pan
to **break** romper *11*
breakfast el desayuno *1*;
to have breakfast
desayunar(se) *1*
brick el ladrillo *9*
bridge el puente *3*
briefcase el maletín *14*
to **bring** traer; llevar *12*; *to bring*
about realizar; *to bring up*
subir
broadcast la transmisión *12*
brochure el folleto *13*
broom la escoba *9*
brother el hermano
brown *(color)* café
brunet, brunette moreno,-a
brush el cepillo *1*
to **brush** cepillar(se) *1*
building el edificio *3*
bull el toro *6*
bullfight la corrida *13*
to **burn** quemar *1*
burro el burro *6*
bus el autobús; *bus station* la
estación de autobuses *3*
business la empresa, los
negocios *15*
businessman el hombre de
negocios *15*
businesswoman la mujer de
negocios *15*
busy ocupado,-a
but pero; *but (on the contrary)*
sino *4*
butcher shop la carnicería *3*
butter la mantequilla
to **buy** comprar
by por; *by airplane* en avión; *by*
car en carro, en coche; *by*
(+ vehicle) en *(+ vehicle)*; *by*
telephone por teléfono; *by the*
way a propósito *16*

C

cafeteria la cafetería
cage la jaula *6*
cake el pastel *10*
calendar el calendario
to **call** llamar
to **calm down** calmar(se) *1*
camel el camello *5*
camera la cámara *5*
can la lata
Canada el Canadá *16*
Canadian canadiense *16*
candy el dulce *3*; *candy store* la
dulcería *3*
cantaloupe el melón *7*
capital la capital; *capital letter*
la mayúscula
car el carro; el coche *4*; *by car*
en carro, en coche
card la tarjeta; *credit card* la
tarjeta de crédito; *playing*
card la carta
care el cuidado *9*; *to take care of*
cuidar(se) *2*
career la carrera *15*
Caribbean el Caribe
carpenter el carpintero, la
carpintera *15*
carpet la alfombra *9*
carrot la zanahoria
to **carry** llevar; *to carry up* subir
carry-on luggage el equipaje
de mano *14*
cash el efectivo; *in cash* en
efectivo
cashier el cajero, la cajera *8*;
cashier's desk la caja
cassette el casete
cat el gato, la gata
catastrophe la catástrofe *11*
to **catch** coger; *to catch (a cold)*
pescar (un resfriado) *2*
cathedral la catedral *3*
to **celebrate** celebrar
celebration la celebración *11*
center el centro; el medio *16*; *in*
the center of en medio de *16*;
shopping center el centro
comercial
Central America la América
Central *5*
Central American
centroamericano,-a *16*

century el siglo
cereal el cereal *7*
chain la cadena
chair la silla; *easy chair* el sillón *9*
chalk la tiza
championship el
campeonato *12*
change el cambio
to **change** cambiar *10*
channel el canal *11*
character el personaje *11*
to **charge** cargar *13*
chart la tabla *12*
chauffeur el chofer, la
chofer *15*
cheap barato,-a
check la cuenta *8*, el cheque *13*
to **check** revisar *14*; *to check in*
registrar *14*
checkered a cuadros *8*
checkers las damas
cheese el queso
chemistry la química
chess el ajedrez
chest el pecho *2*
chicken el pollo
child el niño, la niña *2*
Chile Chile
Chilean chileno,-a *5*
chilly fresco,-a
chimney la chimenea *9*
China la China *16*
Chinese chino,-a *16*
chocolate el chocolate
to **choose** escoger
chore el quehacer
Christmas la Navidad
church la iglesia *3*
cigarette el cigarrillo *2*
circus el circo *6*
city la ciudad; *city block* la
cuadra *3*
clam la almeja *7*
class la clase *14*
to **classify** clasificar
classmate el compañero, la
compañera
clean limpio,-a
to **clean** limpiar
clear claro,-a *10*
to **clear** limpiar; *to clear the table*
recoger la mesa
clerk el dependiente, la
dependiente *8*

to **climb** subir
clock el reloj
to **close** cerrar (ie)
close up de cerca 4
closed cerrado,-a
closet el armario 9
cloth la tela 8
clothing la ropa
cloudy nublado,-a; *it is cloudy* está nublado
clown el payaso 6
club el club 10
coat el abrigo
coffee el café; *coffee maker* la cafetera 10; *coffee pot* la cafetera 10
coin la moneda 3
cold frío,-a
cold el frío; el resfriado 2; *it is cold* hace frío; *to be cold* tener frío; *to catch (a cold)* pescar (un resfriado) 2
collection la colección 15
Colombia Colombia
Colombian colombiano,-a 5
color el color
column la columna 12
comb el peine 1
to **comb** peinar(se) 1
to **combine** combinar
to **come** venir; *to come back* regresar 10, volver (ue); *to come in* entrar
comedy la comedia 11
comfortable cómodo,-a
comical cómico,-a
commentator el comentarista, la comentarista 12
commercial comercial 11; *commercial announcement* el anuncio comercial 11
commercial el anuncio comercial 11
compact disc el disco compacto
company la compañía 13
compartment el compartimiento 14
competition la competencia; el concurso 11
complete completo,-a 13
to **complete** completar, acabar
computer la computadora; *computer programmer* el

programador, la programadora 15
concert el concierto
concourse el muelle 14
to **conduct** conducir 4
congratulations felicitaciones
connected unido,-a 15
contest el concurso 11
to **continue** continuar, seguir (i, i)
to **cook** el cocinero, la cocinera 8
to **cook** cocinar
cookie la galleta 4
cool el fresco; *it is cool* hace fresco
to **copy** copiar
corn el maíz
corner la esquina 3; *to turn (a corner)* doblar 4
cornmeal pancake (Mexico) la tortilla 3
correct correcto,-a
correspondence la correspondencia 15
corridor el corredor 3
to **cost** costar (ue)
Costa Rica Costa Rica
Costa Rican costarricense 5
cotton el algodón
counter el mostrador 14
country el país
couple la pareja
courtyard el patio
cousin el primo, la prima
to **cover** cubrir 11
cow la vaca 6
crab el cangrejo 7
crazy loco,-a
cream la crema 7; *ice cream* el helado; *ice cream parlor* la heladería 3; *shaving cream* la crema de afeitar 1
to **create** crear
credit el crédito; *credit card* la tarjeta de crédito; *on credit* a crédito
crew la tripulación 14
to **cross** cruzar
crossed atravesado,-a
Cuba Cuba
Cuban cubano,-a 5
culture la cultura 12
cultured culto,-a 12
cup la taza
cupboard el armario

curtain la cortina 9
curve la curva 4
custard el flan 7
customs la aduana 14
to **cut** cortar 9

D

dad el papá 9
dairy (store) la lechería 3
dance el baile 15
to **dance** bailar
dancing el baile 15
dark obscuro,-a; *to get dark* anochecer 8
dark-haired moreno,-a
dark-skinned moreno,-a
date la fecha; la cita 2
daughter la hija
day el día; *All Saints' Day* Todos los Santos; *every day* todos los días; *New Year's Day* el Año Nuevo; *saint's day* el santo; *the day after tomorrow* pasado mañana; *the day before yesterday* anteayer
dear querido,-a; estimado,-a 15
December diciembre
to **decide** decidir 8
to **decorate** adornar
defender el defensor 12
degree el grado
delay la demora 4
to **delay** tardar 4
delicious delicioso,-a, rico,-a 8
to **delight** encantar 10
delighted encantado,-a
demanding exigente 4
dentist el dentista, la dentista
deodorant el desodorante 1
department el departamento; *department store* el almacén 3
departure la salida 13
to **describe** describir 7
desert el desierto
desire la gana
desk el escritorio, el pupitre; *cashier's desk* la caja; *reception desk* la recepción 14
dessert el postre
destination el destino 13
destiny el destino

to **die** morir(se) (ue, u) 11; *to die laughing* morirse de la risa 11
different diferente 8
difficult difícil
dining room el comedor
dinner la comida 1, la cena 1; *to have dinner* cenar 1
to **direct** dirigir; conducir 4
direction la dirección 4
director el director, la directora
dirty sucio,-a
disaster el desastre
to **discuss** discutir 10
dish el plato
dishwasher el lavaplatos eléctrico
to **do** hacer; practicar 15; *to do aerobics* hacer aeróbicos
doctor el médico, la médica; el doctor, la doctora (*abbreviation:* Dr., Dra.) 2
dog el perro, la perra
dollar el dólar
Dominican dominicano,-a 5; *Dominican Republic* la República Dominicana
donkey el burro 6
door la puerta
double doble 14
to **doubt** dudar 10
doubtful dudoso,-a 10
down abajo 9
downstairs abajo 9
downtown el centro
to **draw** dibujar
drawing el dibujo
dream el sueño 15
to **dream** soñar 13
dress el vestido
to **dress (someone)** vestir (i, i) 1
dresser el tocador 9
dressing el aderezo 8
drink el refresco, la bebida; *soft drink* el refresco
to **drink** tomar
drinkable potable 14
to **drive** conducir 4, manejar 4
driver el chofer, la chofer 15; *taxi driver* el taxista, la taxista 15
drum el tambor
duck el pato 6

due to a causa de
during durante 6

E

each cada
ear *(inner)* el oído 2; *(outer)* la oreja 2
to **earn** ganar 9
early temprano
earring el arete
earth la tierra
east el este 4
Easter la Pascua
easy fácil; *easy chair* el sillón 9
to **eat** comer; *to eat completely* comerse 2; *to eat lunch* almorzar (ue) 1; *to eat up* comerse 2
economic económico,-a 12
economy la economía 12
Ecuador el Ecuador
Ecuadorian ecuatoriano,-a 5
editorial editorial 12
egg el huevo
eight ocho; *eight hundred* ochocientos,-as
eighteen dieciocho
eighth octavo,-a
eighty ochenta
either tampoco; *either...or* o...o
El Salvador El Salvador
elbow el codo 2
electric eléctrico,-a
elegant elegante 7
elephant el elefante 5
elevator el ascensor
eleven once
else más
empire el imperio
employee el empleado, la empleada 15
to **enchant** encantar 10
enchilada la enchilada 3
end el fin
to **end** terminar; *to end up* ir a parar 6
engine el motor 4
engineer el ingeniero, la ingeniera 15
England Inglaterra 16
English inglés, inglesa 16
English el inglés *(language)*

to **enjoy** gozar 13
enough bastante
to **erase** borrar
eraser el borrador
escalator la escalera automática
to **escape** escapar(se) 6
Europe Europa 16
European europeo,-a 16
even aun; *even though* sino 4; *not even* ni
event el acontecimiento 11, el suceso 11
every todo,-a, cada; *every day* todos los días
everybody todo el mundo, todos,-as
everyday de todos los días
everyone todo el mundo, todos,-as
everything todo 7
everywhere por todos lados
evident evidente 10
to **exaggerate** exagerar 9
exam el examen
example el ejemplo; *for example* por ejemplo
excellent excelente
excited emocionado,-a 13
exciting emocionante 6
excuse me perdón, con permiso
exercise el ejercicio 2
exhibition la exhibición 4
exit la salida 13
expense el gasto 13
expensive caro,-a
experience la experiencia 15
expertise la destreza 6
to **expire** vencer 13
to **explain** explicar, aclarar
explanation la explicación
(exterior) wall el muro 9
eye el ojo 2

F

fabric la tela 8
face la cara 2
faded desteñido,-a 8
to **fail** fracasar 11
fairly bastante
to **fall (down)** caer(se) 2; *to fall asleep* dormirse (ue, u) 2

family la familia; *family tree* el árbol genealógico

famous conocido,-a; famoso,-a *11*

fan el aficionado, la aficionada *12*; el ventilador *9*

fantastic fántastico,-a; maravilloso,-a *5*

far (from) lejos (de)

fare la tarifa *13*

farewell la despedida *16*

farm la finca *6*

farmer el agricultor, la agricultora *15*

farther on adelante *3*

to **fascinate** fascinar *10*

fascinating fascinante *5*

fast rápido,-a

to **fasten** abrochar(se) *14*

fat gordo,-a; *to get fat* engordarse *8*; *to make fat* engordar *8*

fate el destino

father el padre; el papá *9*

faucet el grifo *1*

favorite favorito,-a

fear el miedo

to **fear** temer *10*

feather la pluma *6*

February febrero

to **feed** dar de comer

to **feel** sentir(se) (ie, i) *2*; *to feel like* tener ganas de; *to feel sorry* sentir (ie, i)

fence la cerca *9*; *wrought iron fence* la reja *9*

fender el guardabarros *4*

ferocious feroz (*pl.* feroces) *5*

fierce feroz (*pl.* feroces) *5*

fifteen quince

fifth quinto,-a

fifty cincuenta

fillet el filete *7*

film la película

to **film** filmar *11*

finally por fin *16*

to **find** encontrar (ue); *to find out* enterar(se) de *12*

finger el dedo

to **finish** terminar, acabar

fire el fuego; el incendio *10*; *fire alarm* la alarma de incendios *10*; *fire fighter* el bombero, la bombera *15*

fireplace la chimenea *9*

fireworks fuegos artificiales *5*

first primero,-a; primero; *(form of* primero *before a m., s. noun)* primer; *first floor* el primer piso

fish el pescado; *boneless cut of fish* el filete *7*

to **fish** pescar *2*

fishing la pesca *15*

to **fit** quedarle bien a uno; *to fit (into)* caber *7*

fitting room el vestidor *8*

five cinco; *five hundred* quinientos,-as

to **fix** arreglar

flamingo el flamenco *5*

flat roof la azotea *9*

flavor el sabor *8*

flavoring el aderezo *8*

flight el vuelo *13*; *flight attendant* el auxiliar de vuelo, la auxiliar de vuelo *14*

floor el piso; *first floor* el primer piso; *ground floor* la planta baja

flower la flor; *flower shop* la florería *3*

flu la gripe *2*

flute la flauta

to **fly** volar (ue) *6*

to **follow** seguir (i, i)

following: the following lo siguiente

food la comida; *food server* el camarero, la camarera *3*, el mesero, la mesera *8*; *little food item* la golosina *5*

foot el pie; *on foot* a pie

football el fútbol americano

for por, para; *for example* por ejemplo

foreign extranjero,-a *11*

forest el bosque *6*

to **forget** olvidar(se) *2*

fork el tenedor

to **form** formar; *to form an opinion* opinar *11*

forty cuarenta

forward el delantero *12*

to **found** fundar

four cuatro; *four hundred* cuatrocientos,-as

fourteen catorce

fourth cuarto,-a

fowl el ave *7*

France Francia *16*

free libre

French francés, francesa *16*

fresh fresco,-a; puro,-a *9*

Friday viernes; *on Friday* el viernes

friend el amigo, la amiga

friendship la amistad *15*

from de, desde; *from a short distance* de cerca *4*; *from the* de la/del (de + el); *from where?* ¿de dónde?

fruit la fruta; *fruit store* la frutería *3*

to **fry** freír (i, i) *7*

full lleno,-a *8*

fun divertido,-a; *to have fun* divertirse *2*

funny cómico,-a; chistoso,-a *5*

furthermore además *8*

future el futuro *15*

G

game el partido, el juego; *game show* el programa de concurso; *games won* los partidos ganados; *to play (a game)* jugar a; *video game* la maquinita

garage el garaje

garbage la basura

garden el jardín *9*; *zoological garden* el jardín zoológico *5*

garlic el ajo

garment la prenda *8*

generous generoso,-a

gentleman el caballero *3*

geography la geografía

geometry la geometría

German alemán, alemana *16*

Germany Alemania *16*

to **get** conseguir (i, i); *to always get one's way* siempre salirse con la suya *16*; *to get along* llevarse *2*; *to get burned* quemarse *1*; *to get dark* anochecer *8*; *to get dressed* vestirse *1*; *to get fat* engordarse *8*; *to get in* subir *4*; *to get together* reunir(se) *2*;

to get up levantarse 1; to get used to acostumbrar(se) 2
gift el regalo
giraffe la jirafa 5
girl la chica, la muchacha
girlfriend la novia
to give dar; to give an opinion opinar 11
glad contento,-a; Glad to meet you! ¡Mucho gusto!; I would be (very) glad to con (mucho) gusto; So glad to meet you. Tanto gusto.; to be glad alegrarse (de) 10
glass el vaso; glass showcase la vitrina 3
globe el globo 5
glove el guante
to go ir; andar 7; to go away irse 2; to go away on a trip irse de viaje 2; to go back regresar 10, volver (ue); to go in entrar; to go out salir; to go shopping ir de compras; to go to bed acostarse (ue) 1; to go up subir; to go upstairs subir
goal el gol 12
goalie el portero 12
goaltender el portero 12
gold el oro
good bueno,-a, (form of bueno before a m., s. noun) buen; good afternoon buenas tardes; good luck buena suerte; good morning buenos días; good night buenas noches
good-bye adiós; to say good-bye despedir(se) (i, i)
good-bye la despedida 16
good-looking guapo,-a, bonito,-a
gorilla el gorila 5
gossip el chisme
government el gobierno
granddaughter la nieta
grandfather el abuelo
grandmother la abuela
grandson el nieto
grape la uva
grapefruit la toronja 7
grass el césped 4
gray gris
great fantástico,-a; gran 6

great-grandfather el bisabuelo 9
great-grandmother la bisabuela 9
greater mayor
greatest mayor
green verde; green bean la habichuela
greens la verdura
to greet saludar
grocery store el almacén 3
group el grupo; musical group el grupo musical
to grow crecer
Guatemala Guatemala
Guatemalan guatemalteco,-a 5
to guess adivinar
guidance la dirección 3
guide el guía, la guía 5
guidebook la guía 13
guitar la guitarra
guy el muchacho
gym el gimnasio

H

hair el pelo 1
hairstylist el peluquero, la peluquera 15
half medio,-a; half past y media
half el tiempo 12
hallway el corredor 3
ham el jamón
hand la mano; on the other hand en cambio
to hand in entregar 14
handbag el bolso; el maletín 14
handkerchief el pañuelo
handsome guapo,-a
to hang colgar (ue)
to happen pasar
happening el acontecimiento 11, el suceso 11
happiness la dicha 13
happy contento,-a, feliz (pl. felices), alegre; Happy birthday! ¡Feliz cumpleaños!; to make happy alegrar (de) 10
hard difícil
hat el sombrero; hat store la sombrerería 3
to have tomar, tener; (auxiliary verb) haber 11; to have a

birthday cumplir años; to have breakfast desayunar(se) 1; to have dinner cenar 1; to have fun divertirse 2; to have just acabar de (+ infinitive); to have lunch almorzar (ue) 1; to have supper cenar 1; to have to deber, tener que
he él
head la cabeza
headlight el faro 4
headline el titular 12
to hear oír; escuchar 12
heart el corazón 2
heat el calor
hello hola; (telephone greeting) aló, diga, oigo; to say hello saludar
to help ayudar
help la ayuda
hen la gallina 6
her su, sus; (d.o.) la; (i.o.) le; (after a preposition) ella; suyo,-a 6; (of) hers suyo,-a 6
here aquí
heritage la herencia
hey mira, miren, oye, oigan
hi hola
high-heel shoe el zapato de tacón
highway la carretera 3
hill la colina
him (d.o.) lo; (i.o.) le; (after a preposition) él
hippopotamus el hipopótamo 5
his su, sus; suyo,-a 6; (of) his suyo,-a 6
Hispanic hispano,-a
history la historia
hockey el hockey
home la casa; el hogar 9; at home en casa
homework la tarea
Honduran hondureño,-a 5
Honduras Honduras
honey miel; honey (term of endearment) corazón 2
hood el capó 4
hope la aspiración 15
to hope esperar 10
horn el claxon 4; el cuerno 6
horrible horrible

horse el caballo; *on horseback* a caballo
hot caliente; *it is hot* hace calor; *to be hot* tener calor
hotel el hotel *14*
hour la hora
house la casa
how (+ adjective)! ¡qué (+ *adjective*)!
how (+ adjective/adverb) lo (+ *adjective/adverb*) *6*
how? ¿cómo?; *How are you?* ¿Qué tal?; *How are you (formal)?* ¿Cómo está (Ud.)?; *How are you (informal)?* ¿Cómo estás (tú)?; *How are you (pl.)?* ¿Cómo están (Uds.)?; *How do you say...?* ¿Cómo se dice...?; *How do you write (spell)...?* ¿Cómo se escribe...?; *How is the weather?* ¿Qué tiempo hace?; *How long...?* ¿Cuánto (+ *time expression*) hace que (+ *present tense of verb*)...?; *how many?* ¿cuántos,-as?; *how much?* ¿cuánto,-a?; *How old are you?* ¿Cuántos años tienes?
however sin embargo *16*
hug el abrazo
hunger el hambre *(f.)*
hurricane el huracán *11*
hurry la prisa; *in a hurry* apurado,-a; *to be in a hurry* tener prisa
to **hurry up** apurar(se) *8*
to **hurt** doler (ue) *2*; lastimar(se) *11*
husband el esposo; el marido *9*

I

I yo; *I am sorry* lo siento; *I do not know.* No sé.; *I hope* ojalá *15*
ice el hielo; *ice cream* el helado; *ice cream parlor* la heladería *3*
to **ice skate** patinar sobre hielo
idea la idea
ideal ideal
if si; *if only* ojalá *15*
iguana la iguana *5*

to **imagine** imaginar(se) *5*
immediately en seguida *14*
immigration la inmigración *14*
to **imply** implicar
important importante; *to be important* importar
impossible imposible *10*
to **improve** mejorar
in en, por; *in a hurry* apurado,-a; *in cash* en efectivo; *in favor (of)* a favor (de) *12*; *in order to* para; *in order that* para que *10*; *in short* en resumen; *in the afternoon* de la tarde, por la tarde; *in the center of* en medio de *16*; *in the middle of* en medio de *16*; *in the morning* de la mañana, por la mañana
to **inform** informar *11*
information la información *11*
ingredient el ingrediente
inhabitant el habitante, la habitante
to **injure** lastimar(se) *11*
inn el parador *14*
(inner) ear el oído *2*
to **insist (on)** insistir (en) *9*
instruction la dirección *3*
intelligent inteligente
to **intend** pensar (ie)
to **interest** interesar *10*
interesting interesante
international internacional *12*
interview la entrevista *12*
to **introduce** presentar
invitation la invitación
to **invite** invitar *9*
iron la plancha *10*
to **iron** planchar *10*
ironing board la mesa de planchar *10*
island la isla *16*
it *(d.o.)* la, *(d.o.)* lo; *(neuter form)* ello; *it is better that* más vale que *10*; *it is cloudy* está nublado; *it is cold* hace frío; *it is cool* hace fresco; *it is hot* hace calor; *It is midnight.* Es medianoche.; *it means* quiere decir; *It is noon.* Es mediodía; *it is (+ number) o'clock* son las (+ *number*); *it is one o'clock* es la una; *it is sunny* está soleado, hay sol,

hace sol; *it is windy* hace viento; *it is written* se escribe
Italian italiano,-a *16*
Italy Italia *16*
itinerary el itinerario *13*
its su, sus; suyo,-a *6*

J

jacket la chaqueta
January enero
Japan el Japón *16*
Japanese japonés, japonesa *16*
jersey la camiseta *12*
jewel la joya *8*
jewelry store la joyería *8*
job el empleo *15*
joke el chiste *7*, la broma *9*
journalist el periodista, la periodista *11*
juice el jugo *3*
July julio
to **jump** saltar *6*
June junio
jungle la selva *5*
just sólo

K

to **keep** mantener *16*; *to keep on* seguir (i,i)
Kenya Kenya *16*
Kenyan kenyano,-a *16*
ketchup la salsa de tomate *8*
key la llave *10*
kilo(gram) el kilo(gramo) *7*
kind amable
kind el tipo *8*
king el rey *13*
kiss el beso *9*
kitchen la cocina
knee la rodilla *2*
knife el cuchillo
to **know** saber; conocer *4*; *I do not know.* No sé.
knowledge la cultura *12*
known conocido,-a

L

lady la señora, Sra., la dama; *young lady* la señorita

lake el lago 2
lamp la lámpara
land la tierra
to **land** aterrizar 14
landscape el paisaje
language la lengua, el idioma
last pasado,-a, último,-a; *last name* el apellido 14; *last night* anoche 7
late tarde 1
later luego, después; *see you later* hasta luego, hasta la vista
laugh la risa 11
to **laugh** reír(se) (i, i) 7
laundry room el lavadero 9
lawn el césped 4
lawyer el abogado, la abogada 15
lazy perezoso,-a
to **learn** aprender; *to learn about* enterar(se) de 12
least: the least (+ adjective + noun) el/la/los/las (+ noun) menos (+ adjective)
leather el cuero
to **leave** dejar; irse 2
left izquierdo,-a 2
left la izquierda 3; *to the left* a la izquierda 3
leg la pierna; *to pull someone's leg* tomar el pelo 8
lemon el limón 7
to **lend** prestar
less menos; *less (+ noun/ adjective/adverb) than* menos (+ noun/adjective/adverb) que
to **let** dejar (de) 9; *let me introduce you to (formal, s.)* le presento a, *(informal, s.)* te presento a, *(pl.)* les presento a
letter la carta, la letra; *capital letter* la mayúscula; *lowercase letter* la minúscula
lettuce la lechuga
let's (+ infinitive)! ¡vamos a (+ infinitive)!; *let's go!* ¡vamos!; *let's see* a ver
level el nivel
librarian el bibliotecario, la bibliotecaria 15
library la biblioteca
license plate la placa 4
lie la mentira

to **lie** mentir (ie, i)
to **lie down** acostarse 1
life la vida
to **lift** levantar 1
light la luz (*pl.* luces); *light bulb* la bombilla 9
to **light** encender (ie)
lighthouse el faro
like como 5
to **like** gustar; querer; *I/you/he/she/it/we/they would like...* me/te/le/nos/ vos/les gustaría...
lime el limón 7
line la fila 6
lion el león 5
list la lista
to **listen to** oír; escuchar 12
little poco,-a; *a little (bit)* un poco; *a very little (bit)* un poquito; *little food item* la golosina 5; *little machine* la maquinita
to **live** vivir
live en vivo 12
living room la sala
lobster la langosta
located ubicado,-a
lock la cerradura 10
to **lodge** alojar(se) 14
long largo,-a
to **look (at)** mirar; *to look for* buscar
to **lose** perder (ie)
love el amor
to **love** querer
lovely hermoso,-a 15
lowercase letter la minúscula
low-heel shoe el zapato bajo
luck la suerte 13; *good luck* buena suerte
luggage el equipaje 14; *carry-on luggage* el equipaje de mano 14
lunch el almuerzo; *to eat lunch* almorzar (ue) 1; *to have lunch* almorzar (ue) 1
luxury el lujo 14

M

machine la máquina; *little machine* la maquinita

magazine la revista
magnificent magnífico,-a 16
mail el correo
main principal 7
to **maintain** mantener 16
majority la mayoría
to **make** hacer; *to make a mistake* equivocar(se) 2; *to make fat* engordar 8; *to make happy* alegrar (de) 10; *to make responsible (for)* encargar (de) 9
makeup el maquillaje 1; *to put makeup on (someone)* maquillar 1; *to put on makeup* maquillarse 1
mall el centro comercial
man el hombre
manager el gerente, la gerente 15
many mucho,-a; *how many?* ¿cuántos,-as?; *too many* demasiado,-a 7
map el mapa
March marzo
market el mercado; *meat market* la carnicería 3
marvellous maravilloso,-a 5
match el partido
material el material
mathematics las matemáticas
to **matter** importar
maximum máximo,-a 12
May mayo
maybe a lo mejor 13, puede ser 13
mayonnaise la mayonesa 8
me *(i.o.)* me; *(d.o.)* me; *(after a preposition)* mí; *they call me* me llaman
to **mean** querer decir; *it means* quiere decir; *What is the meaning (of)...?* ¿Qué quiere decir...?
meat la carne; *meat market* la carnicería 3
mechanic el mecánico, la mecánica 15
medicine la medicina 2
to **meet** conocer; *Glad to meet you!* ¡Mucho gusto!
meeting la reunión 11
melon el melón 7
member el miembro 9

men's restroom el baño de los caballeros
menu el menú *7*
Mexican mexicano,-a *3*
Mexico México
microphone el micrófono *12*
microwave oven el horno microondas *10*
middle el medio *16; in the middle of* en medio de *16*
midfielder el mediocampista *12*
midnight la medianoche; *It is midnight.* Es medianoche.
milk la leche; *milk store* la lechería *3*
mine mío,-a; *(of) mine* mío,-a *6; the pleasure is mine* el gusto es mío
mineral water el agua mineral *(f.)*
minimum mínimo,-a
minus menos
minute el minuto
mirror el espejo *1*
to **miss** extrañar *15*
Miss la señorita, Srta.
mist la neblina
modern moderno,-a *4*
mom la mamá *9*
Monday lunes; *on Monday* el lunes
money el dinero; la moneda *3*
monkey el mono *5*
month el mes
monument el monumento *3*
moon la luna *6*
more más; *more (+ noun/ adjective/adverb) than* más (+ *noun/adjective/adverb*) que; *more than* más de *5*
morning la mañana; *good morning* buenos días; *in the morning* de la mañana, por la mañana
Moroccan marroquí *16*
Morocco Marruecos *16*
most: the most (+ adjective + noun) el/la/los/las (+ *noun*) más (+ *adjective*)
mother la madre; la mamá *9*
motor el motor *4*
motorcycle la moto(cicleta) *5*
mountain la montaña *5*
mouse el ratón *6*
mouth la boca *2*

to **move** mudar(se) *13*
movie la película; *movie theater* el cine
to **mow** cortar *9*
Mr. el señor, Sr.
Mrs. la señora, Sra.
much mucho,-a; mucho; *as much as* tanto como; *as much (+ noun) as (+ person/item)* tanto,-a (+ *noun*) como (+ *person/item*); *how much?* ¿cuánto,-a?; *too (much)* demasiado; *too much* demasiado,-a *7; very much* muchísimo
museum el museo
music la música
musical group el grupo musical
must deber
mustard la mostaza *8*
my mi, *(pl.)* mis; mío,-a *6; my name is* me llamo
mystery el misterio *11*

N

name el nombre *13; last name* el apellido; *my name is* me llamo; *their names are* se llaman; *What is your name?* ¿Cómo te llamas?; *What is (your/his/her) name?* ¿Cómo se llama (Ud./él/ella)?; *(Your [formal]/His/Her) name is....*(Ud./El/Ella) se llama....; *your name is* te llamas
napkin la servilleta
to **narrate** narrar *12*
narrow estrecho,-a
national nacional *11*
native indígena
near cerca (de)
necessary necesario,-a *7*, preciso,-a *10; to be necessary* hacer falta
neck el cuello *2*
necklace el collar
to **need** necesitar
neighbor el vecino, la vecina *4*
neighborhood el barrio *4*
neither tampoco; *neither...nor* ni...ni

nephew el sobrino
nervous nervioso,-a
never nunca
nevertheless sin embargo *16*
new nuevo,-a; *New Year's Day* el Año Nuevo
news la noticia
newspaper el periódico
next próximo,-a *3*, que viene; *next to* al lado (de)
Nicaragua Nicaragua
Nicaraguan nicaragüense *5*
nice simpático,-a, amable; agradable *8; the weather is nice* hace buen tiempo
nickname el apodo
niece la sobrina
night la noche; *at night* de la noche, por la noche; *good night* buenas noches; *last night* anoche *7*
nine nueve; *nine hundred* novecientos,-as
nineteen diecenueve
ninety noventa
ninth noveno,-a
no no
nobody nadie
noise el ruido *14*
none ninguno,-a, ningún, ninguna
noon el mediodía; *It is noon.* Es mediodía.
normal normal *11*
north el norte *4; North America* la América del Norte *5; North American* norteamericano,-a *16*
northeast el noreste *4*
northwest el noroeste *4*
nose la nariz *2*
not any ninguno,-a, ningún, ninguna
not even ni
not very poco,-a
notebook el cuaderno
nothing nada
November noviembre
now ahora; ya *12; right now* ahora mismo
number el número; *telephone number* el número de teléfono
nurse el enfermero, la enfermera *2*

O

to **obtain** conseguir (i, i)
obvious obvio,-a 10
occasion la ocasión 11
occupied ocupado,-a
to **occur** pasar; ocurrir 6
ocean el océano 16
o'clock a la(s)...; *it is (+ number) o'clock* son las (+ number); *it is one o'clock* es la una
October octubre
octopus el pulpo 7
of de; *of the* de la/del (de + el); *of course* desde luego 1; *of course!* ¡claro!, ¡Cómo no!; *(of) hers* suyo,-a 6; *(of) his* suyo,-a 6; *(of) mine* mío,-a 6; *(of) ours* nuestro,-a 6; *of which* cuyo,-a; *(of) yours* tuyo,-a 6
to **offer** ofrecer 4
office la oficina; *box office* la taquilla 6; *post office* la oficina de correos 3; *ticket office* la taquilla 6
official oficial
oh! ¡ay!
oil el aceite, el petróleo
okay de acuerdo, regular; *(pause in speech)* bueno
old viejo,-a; antiguo,-a 5; *How old are you?* ¿Cuántos años tienes? *to be (+ number) years old* tener (+ number) años; *to become (+ number) years old* cumplir
older mayor
oldest el/la mayor
omelet *(Spain)* la tortilla 3; el omelet 13
on en, sobre; *on credit* a crédito; *on foot* a pie; *on Friday* el viernes; *on horseback* a caballo; *on loan* prestado,-a; *on Monday* el lunes; *on Saturday* el sábado; *on Sunday* el domingo; *on the other hand* en cambio; *on the telephone* por teléfono; *on Thursday* el jueves; *on time* a tiempo 10; *on top of* encima de 6; *on Tuesday* el martes; *on Wednesday* el miércoles

one un, una, uno; *one hundred* cien, *(when followed by another number)* ciento
one-way sencillo,-a 13
onion la cebolla
only único,-a, sólo, solamente; *if only* ojalá 15
open abierto,-a
to **open** abrir; *open (command)* abre 2
opportunity la oportunidad 12
or o, *(used before a word that starts with o or ho)* u; *either...or* o...o
orange *(color)* anaranjado,-a
orange la naranja
to **order** pedir (i, i); mandar 9, ordenar 3
organ el órgano
to **organize** organizar 16
other otro,-a
ought deber
our nuestro,-a 6
outdoors al aire libre 9
(outer) ear la oreja 2
outside afuera 9
oven el horno 10; *microwave oven* el horno microondas 10
over sobre; encima de 6; *over there* allá
overnight bag el maletín 14

P

paella la paella
page la página
pain la pena
painting el cuadro 9
pair la pareja
pajamas el pijama
Panama Panamá
Panamanian panameño,-a 5
panther la pantera 5
pants el pantalón
pantyhose las pantimedias
papaya la papaya 7
paper el papel; *sheet of paper* la hoja de papel
parade el desfile 5
Paraguay el Paraguay
Paraguayan paraguayo,-a 5
pardon me perdón
parents los padres, los papás

park el parque; *amusement park* el parque de atracciones
part la parte 7
to **participate** participar 11
partner el compañero, la compañera
party la fiesta
to **pass** pasar; *pass me* pásame
passenger el pasajero 14
passport el pasaporte 13
past pasado,-a; *a quarter past* y cuarto; *half past* y media
pastime el pasatiempo
pastry el pastel 10
path el camino
patio el patio
paw la pata 6
to **pay** pagar
pea el guisante
peace la paz 1
peach el durazno 7
pear la pera 7
pearl la perla
pen el bolígrafo, la pluma
penalty la pena máxima 12
pencil el lápiz (*pl.* lápices); *pencil sharpener* el sacapuntas
people la gente
pepper la pimienta *(seasoning)*; *bell pepper* el pimiento; *pepper shaker* el pimentero 8
perfect perfecto,-a
perfume el perfume
perhaps quizás
period el tiempo 12
permission el permiso; *to ask for permission (to do something)* pedir permiso (para)
permit el permiso
to **permit** permitir
person la persona
personal personal
pertaining to air aéreo,-a 13
pertaining to water acuático,-a 15
Peru el Perú
Peruvian peruano,-a 5
philosophy la filosofía
photo la foto(grafía)
photographer el fotógrafo, la fotógrafa 15
physics la física

piano el piano
to pick up recoger
picture el cuadro 9
piece la pieza 14; *piece of furniture* el mueble 9
pier el muelle 14
pig el puerco 6
pilot el piloto 14
pineapple la piña 7
pink rosado,-a
pity la lástima 10
place el lugar, la posición; la parte 7
to place poner; colocar 14
plaid a cuadros 8
plan el plan 10
to plan pensar (ie)
plant la planta
plastic el plástico 5
plate el plato; *license plate* la placa 4
play la comedia 11
to play jugar (ue); *(a musical instrument)* tocar; *(a sport/game)* jugar a
player el jugador, la jugadora; *basketball player* el basquetbolista, la basquetbolista; *record player* el tocadiscos; *soccer player* el futbolista, la futbolista; *tennis player* el tenista, la tenista
playing card la carta
plaza la plaza
pleasant simpático,-a
please por favor
to please agradar 8, complacer 10
pleasing agradable 8; *to be pleasing to* gustar
pleasure el gusto; el placer 14; *the pleasure is mine* encantado,-a, el gusto es mío
plum la ciruela 7
plural el plural
point el punto
to point apuntar; *to point to (at, out)* señalar
police (officer) el policía, la policía 3
politically políticamente
poll la encuesta 12
pollution la contaminación ambiental

polo shirt la camiseta 12
poor pobre 6
popular popular
population la población
pork el puerco 6
port el puerto
Portugal el Portugal 16
Portuguese portugués, portuguesa 16
position la posición 14
possible posible 8; *as (+ adverb) as possible* lo más/menos (+ *adverb*) posible
post office la oficina de correos 3
pot la olla; *coffee pot* la cafetera 10
potato la papa
pound la libra
practice la práctica
to practice practicar 15
to prefer preferir (ie, i)
to prepare preparar
pretty bonito,-a, lindo,-a
price el precio
prince el príncipe 13
princess la princesa 13
principle principal 7
printed advertisement el aviso 12
prize el premio 11
probable probable 7
problem el problema
program el programa
to promise prometer
protest la protesta 11
to prove probar(se) (ue)
public público,-a; *public square* la plaza; *public telephone* el teléfono público
Puerto Rican puertorriqueño,-a 5
Puerto Rico Puerto Rico
to pull someone's leg tomar el pelo 8
punishment la pena
purchase la compra
pure puro,-a 9
purpose el propósito
purse el bolso
to put poner; colocar 14; *to put (someone) in bed* acostar (ue) 1; *to put in charge (of)* encargar (de) 9; *to put makeup on (someone)* maquillar 1; *to put*

on poner(se) 1; *to put on makeup* maquillarse 1

Q

quality la calidad
quarter el cuarto; *a quarter after, a quarter past* y cuarto; *a quarter to, a quarter before* menos cuarto
queen la reina 13
question la pregunta; *to ask a question* hacer una pregunta
quickly pronto
to quit dejar (de) 2

R

rabbit el conejo 6
radio *(apparatus)* el radio; *(broadcast)* la radio; *radio station* la emisora 12
rain la lluvia
to rain llover (ue)
raincoat el impermeable
to raise levantar 1
ranch la finca 6
rapid rápido
rapidly rápidamente
rather bastante
to reach cumplir
to read leer
reading la lectura
ready listo,-a; *to be ready* estar listo,-a
real real 15
reality la realidad 16
really? ¿de veras?
reason la razón 8
receipt el recibo 8
to receive recibir
reception desk la recepción 14
receptionist el recepcionista, la recepcionista 14
recipe la receta
record el disco; *record player* el tocadiscos
to record grabar 11
red rojo,-a
red-haired pelirrojo,-a
to refer referir(se) (ie, i) 9
referee el árbitro 12

refreshment el refresco
refrigerator el refrigerador
to regret sentir (ie,i)
regular regular
relative el pariente, la pariente
to relax descansar 2
to remain quedar(se) 1
to remember recordar (ue);
acordar(se) (de) (ue) 7
remote remoto,-a; *remote
control* el control remoto
to rent alquilar
to repeat repetir (i, i)
report el informe
reporter el periodista, la
periodista; el reportero, la
reportera 11
to request pedir (i,i)
reservation la reservación 13
to resolve resolver (ue)
respectfully atentamente 15
to rest descansar 2
restaurant el restaurante
to return volver (ue); regresar 10
reunion la reunión 11
to review repasar
rib la costilla 7
rice el arroz
rich rico,-a 8
ride el paseo; *(amusement) ride*
la atracción 5
to ride montar
right correcto,-a; derecho,-a 2;
right? ¿verdad?; *right now*
ahora mismo; *to be right*
tener razón 8
right la derecha 3; *to the right* a
la derecha 3
ring el anillo
ripe maduro,-a
river el río 16
road el camino
roar el rugido 6
to roar rugir 6
robbery el robo 11
roller coaster la montaña
rusa 5
roof el techo 9; *flat roof* la
azotea 9
room el cuarto; la habitación 14;
dining room el comedor;
laundry room el lavadero 9;
living room la sala; *room
service* servicio al cuarto 14

rooster el gallo 6
round-trip de ida y vuelta 13
row la fila 6
ruby el rubí 8
rug la alfombra 9
rule la regla 10
ruler la regla
to run correr
runner el corredor, la
corredora
rush la prisa
Russia Rusia 16
Russian ruso,-a 16

S

sad triste
safety la seguridad 4; *safety belt*
el cinturón de seguridad 4
saint's day el santo; *All Saints'
Day* Todos los Santos
salad la ensalada
sale la oferta; *to be on sale* estar
en oferta
salesperson el vendedor, la
vendedora 15
salt la sal; *salt shaker* el salero 8
Salvadoran salvadoreño,-a 5
same mismo,-a
sand la arena
sandwich el sandwich 7
Saturday sábado; *on Saturday*
el sábado
saucepan la olla
Saudi saudita 16; *Saudi Arabia*
Arabia Saudita 16; *Saudi
Arabian* saudita 16
sausage *(seasoned with red
peppers)* el chorizo; la
salchicha 7
to save ahorrar
to savor saborear 13
saxophone el saxofón
to say decir; *How do you say...?*
¿Cómo se dice...?; *one says* se
dice; *say (command)* di 2; *to
say good-bye* despedir(se)
(i, i) 2; *to say hello* saludar; *to
say you are sorry* pedir
perdón
scarf la bufanda
scenery el paisaje
schedule el horario

school el colegio, la escuela; *(of
a university)* la facultad 16
science la ciencia
to scold regañar
score el marcador 12
to score marcar 12
scratched rayado,-a 9
screen la pantalla 13
scuba diving el buceo 15
sea el mar 16
seafood el marisco 7
season la estación
seasoning el aderezo 8
to seat (someone) sentar (ie) 1
seat belt el cinturón de
seguridad 4
seat-back el respaldar 14
second el segundo; segundo,-a
secret el secreto 8
secretary el secretario, la
secretaria 15
section la sección 12
to see ver; *I do not see him (it)/her
(it).* No lo/la veo.; *I see it!*
¡ya lo veo!; *let's see* a ver; *see
you later* hasta luego, hasta
la vista; *see you soon* hasta
pronto; *see you tomorrow*
hasta mañana; *you see* ves
to seem parecer
selection el surtido 8
selfish egoísta
to sell vender
to send enviar
sense of hearing el oído
sentence la oración, la frase
September septiembre
serious serio,-a 11
to serve servir (i, i) 8
service el servicio 14; *room
service* servicio al cuarto 14
to set poner; *to set the table* poner
la mesa
seven siete; *seven hundred*
setecientos,-as
seventeen diecisiete
seventh séptimo,-a
seventy setenta
several varios,-as
sewing la costura
shame la lástima 10
shampoo el champú 1
to share compartir
to shave afeitar(se) 1

shaving cream la crema de afeitar 1

she ella

sheep la oveja 6

sheet la hoja; *sheet of paper* la hoja de papel

ship el barco

shirt la camisa; *polo shirt* la camiseta 12

shoe el zapato; *high-heel shoe* el zapato de tacón; *low-heel shoe* el zapato bajo; *shoe store* la zapatería 3

shopping center el centro comercial

shore la orilla 16

short *(not tall)* bajo,-a, *(not long)* corto,-a; *from a short distance* de cerca 4; *in short* en resumen

shot el tiro 12

should deber

shoulder el hombro 2

to shout gritar 5

show el programa; *game show* el programa de concurso

to show enseñar; mostrar (ue) 11

shower la ducha 1

to shower duchar(se) 1

shrimp el camarón 7

sick enfermo,-a

side el lado

sidewalk la acera 4

sign la señal 4

to sign firmar 14

silk la seda

silly tonto,-a

silver la plata

silverware los cubiertos

since desde, como

to sing cantar

singer el cantante, la cantante 11

single sencillo,-a 14

sink el fregadero; *bathroom sink* el lavabo 1

sir el señor, Sr.

sister la hermana

to sit down sentarse 1; *sit down (command)* siéntate 2

six seis; *six hundred* seiscientos,-a

sixteen dieciséis

sixth sexto,-a

sixty sesenta

size el tamaño

to skate patinar; *to ice skate* patinar sobre hielo

skater el patinador, la patinadora

sketch el dibujo

to sketch dibujar

to ski esquiar

skier el esquiador, la esquiadora

skiing el esquí 15

skill la destreza 6

skirt la falda

sky el cielo 6

skyscraper el rascacielos

sleep el sueño

to sleep dormir (ue, u)

slippery resbaloso,-a 11

slow lento,-a

small pequeño,-a; *small suitcase* el maletín 14

smart listo,-a; *to be smart* ser listo,-a

to smile sonreír(se) (i, i) 10

to smoke fumar 2

smoke alarm la alarma de incendios 10

smooth suave 15

snake la serpiente 5

snow la nieve

to snow nevar (ie)

so tal, tan; *So glad to meet you.* Tanto gusto.; *so long* hasta luego; *so that* a fin de que 10, para que 10

so-so regular

soap el jabón 1; *soap opera* la telenovela

soccer el fútbol; *soccer player* el futbolista, la futbolista

sock el calcetín

soft suave 15; *soft drink* el refresco

to solve resolver (ue)

some unos, unas; alguno,-a, algún, alguna

somebody alguien

someone alguien; *someone from the United States* estadounidense 5

something algo; *something from the United States* estadounidense 5

sometimes a veces

son el hijo

song la canción

soon luego, pronto; *as soon as* en cuanto 10, luego que 10; *see you soon* hasta pronto

soup la sopa; *soup bowl* el plato de sopa

south el sur 4; *South America* la América del Sur 5; *South American* suramericano,-a 16

southeast el sureste 4

southwest el suroeste 4

Spain España

Spanish el español *(language)*

Spanish español, española 5

Spanish-speaking de habla hispana

to speak hablar

speaking el habla *(f.)*

special especial

spectator el espectador 12

speech el habla *(f.)*

to spend (time) pasar

sport el deporte; *to play (a sport)* jugar a

sporty deportivo,-a 4

spring la primavera

square el cuadro 8; *public square* la plaza

squid el pulpo 7

stable el establo 6

stadium el estadio

stairway la escalera

to stand out destacar(se)

star la estrella 6

to start empezar (ie); comenzar (ie) 10

station la estación 3; *bus station* la estación de autobuses 3; *radio station* la emisora 12; *subway station* la estación del metro 3; *train station* la estación del tren 3

stationery store la papelería 3

to stay alojarse 14, quedar(se) 1

steering wheel el volante 4

stepbrother el hermanastro 9

stepfather el padrastro 9

stepmother la madrastra 9

stepsister la hermanastra 9

stick out (command) saca 2

still todavía

stomach el estómago 2

stop el alto *4*

to **stop** dejar (de) *2*; parar *3*

stopover la escala *14*

store la tienda; *candy store* la dulcería *3*; *dairy (store)* la lechería *3*; *department store* el almacén *3*; *fruit store* la frutería *3*; *hat store* la sombrerería *3*; *jewelry store* la joyería *3*; *milk store* la lechería *3*; *shoe store* la zapatería *3*; *stationery store* la papelería *3*; *store window* la vitrina *3*

stove la estufa

straight ahead derecho *3*

to **straighten** arreglar

strawberry la fresa

street la calle

stripe la raya *8*

striped a rayas *8*, rayado,-a *9*

strong fuerte *15*

student el estudiante, la estudiante

study el estudio

to **study** estudiar

subject la asignatura

subway el metro; *subway station* la estación del metro *3*

success el éxito *11*; *to be a success* tener éxito *11*

such tal; *such as* como *5*

sufficient bastante

sufficiently bastante

sugar el azúcar; *sugar bowl* la azucarera *8*

to **suggest** aconsejar *8*

suit el traje

suitcase la maleta *13*; *small suitcase* el maletín *14*

summer el verano

sun el sol

Sunday domingo; *on Sunday* el domingo

sunny soleado,-a; *it is sunny* está soleado, hay sol, hace sol

supermarket el supermercado

supper la cena *1*; *to have supper* cenar *1*

supply el surtido *8*

sure seguro,-a *10*

surname el apellido *14*

surprise la sorpresa

survey la encuesta *12*

sweater el suéter

to **sweep** barrer

sweet dulce

to **swim** nadar

swimming pool la piscina

swimsuit el traje de baño

synthetic sintético,-a

T

table la mesa; *to clear the table* recoger la mesa; *to set the table* poner la mesa; *tray table* la mesita *14*

tablecloth el mantel

tablespoon la cuchara

taco el taco *3*

tail el rabo *6*

to **take** tomar, llevar; *to take a long time* tardar en (+ *infinitive*) *4*; *to take a walk* dar un paseo; *to take away* llevarse *2*; *to take care of* cuidar(se) *2*; *to take charge (of)* encargarse (de) *9*; *to take off* despegar *14*, quitar(se) *1*; *to take out* sacar; *to take up* subir

tall alto,-a

to **tan** broncear(se) *2*

tape recorder la grabadora

to **taste** saborear *13*

taxi driver el taxista, la taxista *15*

tea el té *7*

to **teach** enseñar

teacher el profesor, la profesora

team el equipo

to **tear** romper *11*

teaspoon la cucharita

teddy bear el oso de peluche *6*

telephone el teléfono; *by telephone* por teléfono; *on the telephone* por teléfono; *public telephone* el teléfono público; *telephone number* el número de teléfono

to **telephone** llamar

television la televisión; *television set* el televisor; *to watch television* ver (la) televisión

to **tell** decir; *(a story)* contar (ue); *tell (command)* di *2*; *tell me (Ud. command)* dígame

temperature la temperatura; *What is the temperature?* ¿Qué temperatura hace?

ten diez

tennis el tenis; *tennis player* el tenista, la tenista

tenth décimo,-a

to **terminate** acabar

test el examen

to **test** probar(se) (ue)

thank you very much muchas gracias

thanks gracias

that que, ese, esa, *(far away)* aquel, aquella; aquello *1*; *(neuter form)* eso, ello; *that (one)* aquél, aquélla *1*, ése, ésa *1*; *that way* así *1*; *that which* lo que

the *(m., s.)* el, *(f., s.)* la, *(f., pl.)* las, *(m., pl.)* los; *to the* al

theater el teatro; *movie theater* el cine

their su, sus; suyo,-a *6*; *(of) theirs* suyo,-a *6*

them *(i.o.)* les; *(d.o.)* los/las; *(after a preposition)* ellos,-as

theme el tema, el tópico

then luego, después, entonces; *(pause in speech)* pues

there allí; *over there* allá; *there is* hay; *there are* hay; *there was* había *5*, hubo *7*; *there were* había *5*, hubo *7*

these estos, estas; *these (ones)* éstos, éstas *1*

they ellos,-as; *they are* son; *they were* fueron

thin delgado,-a

thing la cosa

to **think** pensar (ie); *to think about (i.e., to have an opinion)* pensar de; *to think about (i.e., to focus one's thoughts)* pensar en; *to think about*

(doing something) pensar en
(+ infinitive)

third tercero,-a; (form of tercero
before a m., s. noun) tercer

thirst la sed

thirteen trece

thirty treinta

thirty-one treinta y uno

this (m., s.) este, (f., s.) esta;
esto 1; this (one) éste, ésta 1

those esos, esas, (far away)
aquellos, aquellas; those
(ones) aquéllos, aquéllas,
ésos, ésas 1

thousand mil

three tres; three hundred
trescientos,-as

throat la garganta 2

through por

to **throw away** tirar 4

Thursday jueves; on Thursday
el jueves

thus pues; así 1

ticket el boleto 6; el pasaje 13;
ticket office la taquilla 6

tidbit la golosina 5

tie la corbata

to **tie (the score of a game)**
empatar 12

tiger el tigre 5

time el tiempo, la vez
(pl. veces); another time otra
vez; at times a veces; at what
time? ¿a qué hora?;
(number +) time(s) per
(+ time expression)
(number +) vez/veces al/a
la (+ time expression); on time
a tiempo 10; to spend (time)
pasar; to take a long time
tardar en (+ infinitive) 4;
What time is it? ¿Qué
hora es?

tip la propina 8

tire la llanta 4

tired cansado,-a

to **to** a; to the left a la izquierda 3;
to the right a la derecha 3

today hoy

toe el dedo

together junto,-a; to get together
reunir(se) 2

toilet el excusado 1

tomato el tomate

tomorrow mañana; see you
tomorrow hasta mañana; the
day after tomorrow pasado
mañana

tongue la lengua 2

tonight esta noche

too también; Too bad! ¡Qué
lástima!; too many
demasiado,-a 7; too (much)
demasiado; too much
demasiado,-a 7

tooth el diente 2

to **touch** tocar; touch (command)
toca 2

tourism el turismo

tourist turístico,-a 13

toward hacia 4

towel la toalla 1

tower la torre 3

traffic el tráfico 4

train el tren; train station la
estación del tren 3

to **translate** traducir 4

transmission la transmisión 12

transportation el transporte

to **travel** viajar

travel agency la agencia de
viajes 13

tray table la mesita 14

tree el árbol 6; family tree el
árbol genealógico

tremor el temblor 11

trip el paseo, el viaje; to go
away on a trip irse de viaje 2

trombone el trombón

trouble la pena

truck el camión 7

trumpet la trompeta

trunk el baúl 4

truth la verdad

to **try (on)** probar(se) (ue) 8; to try
(to do something) tratar (de)

Tuesday martes; on Tuesday
el martes

turkey el pavo 6

to **turn (a corner)** doblar 4; to turn
off apagar; to turn on
encender (ie); to turn on (an
appliance) poner; to turn to
dusk anochecer 8

turtle la tortuga 5

twelve doce

twenty veinte

twenty-eight veintiocho

twenty-five veinticinco

twenty-four veinticuatro

twenty-nine veintinueve

twenty-one veintiuno

twenty-seven veintisiete

twenty-six veintiséis

twenty-three veintitrés

twenty-two veintidós

two dos; two hundred
doscientos,-as

type el tipo 8

U

ugly feo,-a

umbrella el paraguas

umpire el árbitro 12

uncle el tío

under bajo

undershirt la camiseta 12

to **understand** comprender

underwear la ropa interior

to **undress** desvestir(se)

unique único,-a

united unido,-a 15; someone or
something from the United
States estadounidense 5;
United States of America los
Estados Unidos

university la universidad 15;
school (of a university) la
facultad 16

until hasta, (to express time)
menos

up arriba 9

upcoming que viene

upstairs arriba 9; to go upstairs
subir

urgent urgente 10

Uruguay el Uruguay

Uruguayan uruguayo,-a 5

us (i.o.) nos; (d.o.) nos; (after a
preposition) nosotros

to **use** usar

V

vacation las vacaciones

vacuum la aspiradora

to vacuum pasar la aspiradora
vanilla la vainilla 7
variety la variedad 8
veal la ternera 7
vegetable la verdura
Venezuela Venezuela
Venezuelan venezolano,-a 5
verb el verbo
vertical vertical 14
very muy, mucho,-a; *not very* poco,-a; *very much* muchísimo
veterinarian el veterinario, la veterinaria 15
video game la maquinita
vinegar el vinagre
visa la visa 13
visit la visita 5
to **visit** visitar 2
voice la voz (*pl. voces*)
volleyball el volibol

W

to **wait (for)** esperar 1
to **wake up** despertar(se) (ie) 1
walk el paseo
to **walk** caminar; andar 7; *to take a walk* dar un paseo
wall la pared, la muralla; *(exterior) wall* el muro 9
wallet la billetera
to **want** querer
wardrobe el armario 9
warehouse el almacén
to **wash** lavar(se) 1
wastebasket el cesto de papeles
wastepaper basket el cesto de papeles
watch el reloj
to **watch** ver; *to watch television* ver (la) televisión
water el agua (*f.*); *mineral water* el agua mineral (*f.*); *pertaining to water* acuático,-a 15
waterfall la catarata
way la manera; *to always get one's way* siempre salirse con la suya 16; *by the way* a propósito 16
we nosotros

to **wear** llevar
weather el tiempo; *How is the weather?* ¿Qué tiempo hace?; *the weather is nice (bad)* hace buen (mal) tiempo
Wednesday miércoles; *on Wednesday* el miércoles
week la semana
weekend el fin de semana
welcome bienvenido,-a 5; *you are welcome* de nada
welcome la bienvenida 14
well bien; *(pause in speech)* bueno, este, pues
well-read culto,-a 12
west el oeste 4
what? ¿qué?, ¿cuál?; *at what time?* ¿a qué hora?; *What do/does you/he/she/they think?* ¿Qué (te, le, les) parece? 8; *What is the meaning (of)...?* ¿Qué quiere decir...?; *What is the temperature?* ¿Qué temperatura hace?; *What is wrong with (someone)?* ¿Qué (+ tener)?; *What is wrong with you?* ¿Qué te pasa?; *What is your name?* ¿Cómo te llamas?; *What is (your/his/her) name?* ¿Cómo se llama (Ud./él/ella)?; *What time is it?* ¿Qué hora es?
what! ¡qué!; *What (a) (+ adjective) (+ noun)!* ¡Qué (+ noun) tan (+ adjective)! 6; *what a (+ noun)!* ¡qué (+ noun)!; *What a shame!* ¡Qué lástima!
wheel la rueda 4; *steering wheel* el volante 4
when cuando
when? ¿cuándo?
where donde; adonde 13
where? ¿dónde?; *from where?* ¿de dónde?; *(to) where?* ¿adónde?; *Where are you (formal)...?, Where is...?* ¿Dónde está...?; *Where are you from?* ¿De dónde eres?; *Where are you (formal) from?, Where is (he/she/it) from?* ¿De dónde es (Ud./él/ella)?
wherever dondequiera 15

which que; *of which* cuyo,-a; *that which* lo que
which? ¿cuál?; *which one?* ¿cuál?; *which ones?* ¿cuáles?
while mientras (que) 4
white blanco,-a
white-haired canoso,-a
who quien 11
who? ¿quién?, *(pl.)* ¿quiénes?
whoever quienquiera 15
whom quien 11
whose cuyo,-a
why? ¿por qué?
wife la esposa; la mujer 9
wild salvaje 5
to **win** ganar 9; *games won* los partidos ganados
wind el viento; *it is windy* hace viento
window la ventana; *store window* la vitrina 3
windshield el parabrisas 4
windshield wiper el limpiaparabrisas 4
winter el invierno
to **wish** desear
with con; *with me* conmigo; *with you* (tú) contigo
without sin
woman la mujer; *young woman* la muchacha
women's restroom damas
to **wonder** preguntarse 2
wonderful estupendo,-a
wood la madera 9
wool la lana
word la palabra
work el trabajo, la obra
to **work** trabajar
worker el obrero, la obrera 15
world el mundo
to **worry** preocupar(se) 1
worse peor
worst: the worst (+ noun) el/la/los/las peor/peores
would say diría
would tell diría
would that ojalá 15
wow! ¡caramba!
to **write** escribir; *How do you write...?* ¿Cómo se escribe...?; *it is written* se escribe

writer el escritor, la escritora *15*
wrought iron fence la reja *9*
wrought iron window grill la reja *9*

Y

yard el patio
to **yawn** bostezar *11*
year el año; *New Year's Day* el Año Nuevo; *to be (+ number) years old* tener (+ *number*) años
yellow amarillo,-a
yes sí
yesterday ayer; *the day before yesterday* anteayer
yet todavía
you *(informal)* tú; *(formal, s.)* usted (Ud.); *(pl.),* ustedes (Uds.); *(Spain, informal, pl.)* vosotros,-as; *(after a preposition)* ti, usted (Ud.), ustedes (Uds.), vosotros,-as; *(d.o.)* la, lo, las, los, te; *(Spain, informal, pl., d.o.)* os; *(formal, i.o.)*le; *(pl., i.o.)* les; *(Spain, informal, pl., i.o.)* os; *(i.o.)* te; *Are you from...?* ¿Eres (tú) de...?; *you are* eres; *you (formal) are* es; *you don't say!* ¡no me digas! *16; you (pl.) were* fueron
young joven; *young lady* la señorita; *young woman* la muchacha
younger menor
youngest el/la menor
your *(informal)* tu; *(informal, pl.)* tus; su, sus (Ud./Uds.), *(Spain, informal, pl.)* vuestro,-a,-os,-as; suyo,-a *6;* tuyo,-a *6; (of) yours* suyo,-a *6*
yours truly atentamente *15*

Z

zebra la cebra *5*
zero cero
zoo el jardín zoológico *5;* el zoológico *5*

zoological garden el jardín zoológico *5*

Index

a
 personal 39, 145
 verbs followed by 28, 39, 145, 380, 382
acabar de + infinitive 28
adjectives
 after *lo* 214, 256
 agreement with nouns 63, 199-200, 203-204, 207, 211, 344
 comparative forms 30-32
 demonstrative 78, 203
 ending in -*ísimo* 199-200
 indefinite 203
 of nationality 190, 454
 of quantity 203
 position 203-205, 211-212
 possessive, long form 211-212, 213
 possessive, short form 211
 superlative forms 30-32
 used as nouns 207
 used to form adverbs 257
 used with ¡*qué* (+ noun) *tan*...! 215
adverbs
 after *lo* 214
 comparative forms 30-31
 formation 257
 superlative forms 30-31
affirmative expressions 48
andar
 in progressive tenses 253
 preterite tense 240
-*ar* verbs (see *verbs*)
articles
 definite 71, 213
 with adjectives to replace nouns 207
body (parts) 88, 90
caber
 conditional tense 402
 future tense 389, 446
 preterite tense 240
caer(se)
 present participle 93
 present tense 93
 preterite tense 93, 232
cognates 3
commands
 affirmative formal singular (*Ud.*) 130-131, 134
 affirmative informal singular (*tú*) 122-123, 130

affirmative plural (*nosotros/as*) 136
affirmative plural (*Uds.*) 130-131
indirect 283, 284, 291, 293, 448
irregular forms 123, 131, 136, 151
negative formal singular (*Ud.*) 151, 154
negative informal singular (*tú*) 151, 154
negative plural (*nosotros/as*) 151, 154
negative plural (*Uds.*) 151, 154
with pronouns 123, 131, 136, 154
with spelling changes 122, 134, 280
conditional of probability 409
conditional tense
 formation 398
 irregular verbs 402
 uses 398
conducir
 present tense 148
 preterite tense 240
conocer
 present tense 145
 preterite tense 233
 vs. *saber* 145
conseguir
 present tense 9
 preterite tense 232
 subjunctive 281
countries 452-453, 454
dar
 command 131
 present tense 5
 preterite tense 44, 232
 subjunctive 288
decir
 command 123
 conditional tense 402
 followed by *que* and the subjunctive 284
 future tense 389, 446
 past participle 337
 present participle 35
 present tense 5
 preterite tense 44, 232
definite articles 71, 213
demonstrative adjectives 78, 203
demonstrative pronouns 79

diminutives 202, 287
direct object pronouns
 forms 53
 placement 53, 55, 58, 123, 131, 136, 154, 251, 283, 335, 352
 used with indirect object pronouns 58, 123
doler
 present tense 84
 subjunctive 281
-*er* verbs (see *verbs*)
estar
 command 131
 followed by a past participle 344
 in progressive tenses 35, 251, 253
 present tense 5
 preterite tense 44, 232
 subjunctive 288
 vs. *ser* 192
family members 16, 287
foods and condiments 26, 75, 126, 128-129, 237, 243, 260, 376, 378
freír
 present tense 238
 preterite tense 240
future of probability 385, 446
future tense
 formation 382, 387, 446
 irregular verbs 389, 446
 uses 382, 446
future with *ir a* + infinitive 28, 380, 382
haber
 imperfect tense 178, 236, 352, 432
 past perfect tense 352, 432
 present perfect tense 334-335, 341, 432
 present tense 236, 334-335, 341, 432
 preterite tense 236, 432
 subjunctive 434
hace + time + *que* + present tense 12, 259
hacer
 command 123
 conditional tense 402
 future tense 389, 446
 past participle 337
 present tense 5

preterite tense 44, 232
    uses 12, 259, 262, 293
hacía + time + *que* + imperfect tense
    262
-iar verbs 9
imperfect progressive tense 251, 253
imperfect tense
    formation 177-178, 184, 236, 432
    uses 180, 185, 234, 251, 262
    vs. preterite tense 234
impersonal expressions
    followed by the indicative 307
    followed by the subjunctive
      307, 448
impersonal *se* 74, 357
indirect commands 283, 284, 291,
    293, 448
indirect object pronouns
    forms 56
    placement 56, 58, 97, 123, 131,
      136, 154, 251, 283, 293, 335,
      352
    se as a replacement for *le/les* 58
    used with direct object
      pronouns 58, 123
infinitives
    after indirect commands 293
    after prepositions 39, 99-100
    used with *acabar de* 28
    used with *ir a* 28, 39, 380, 382
    used with object pronouns 55,
      58, 335
    used with reflexive pronouns
      67, 100, 341
interrogative words 203
ir
    command 123, 131, 136, 151
    imperfect tense 184
    present tense 5, 28, 380, 382
    preterite tense 44, 232
    subjunctive 288
ir a + infinitive 28, 39, 380, 382
-ir verbs (see *verbs*)
-ísimo 199-200
-ito 202
leer
    present participle 35
    preterite tense 93, 232, 240
lo + adjective 256
lo + an adjective or an adverb + *que*
    214
más de 189
-mente ending for adverbs 257
months of the year 8
nationalities 190, 454

negative expressions 4, 48
nouns
    agreement with adjectives 63,
      199-200, 203-204, 211, 344
    diminutives 202, 287
    used with ¡*qué...!* 215
numbers
    cardinal 203
    cardinal and ordinal in one
      sentence 204
    ordinal 204
object pronouns
    direct 53, 55, 58, 123, 131, 136,
      154, 251, 283, 335, 352
    indirect 56, 58, 97, 123, 131, 136,
      154, 251, 283, 293, 335, 352
    two in one sentence 58, 123,
      131, 136, 154, 251
    used with commands 123, 131,
      136, 154
    used with indirect commands
      283, 293
    used with infinitives 55, 58,
      335, 352
    used with past participles 335,
      352
    used with present participles
      55, 56, 58, 251
occupations 426, 427, 428
oír
    present participle 35
    present tense 5
    preterite tense 232
participles
    past 334-335, 337, 341, 344, 352,
      358, 432, 434
    present 35, 55, 56, 58, 67, 93,
      251, 253
passive voice
    true passive 358
    with *se* 357
past participles 334-335, 337, 341,
    344, 352, 358, 432, 434
past perfect tense 352, 432
personal *a* 39, 145
poder
    conditional tense 402
    future tense 389, 446
    present participle 35
    present tense 9
    preterite tense 240
    subjunctive 281
poner
    command 123
    conditional tense 402

    future tense 389, 446
    past participle 337
    present tense 5
    preterite tense 240
por 358
possession with *de* 211
possessive adjectives 211-212, 213
possessive pronouns 213
prefixes 356
prepositions
    before infinitives 39, 99-100
    forms 99
present participle
    formation 35, 93
    used with *estar* 35, 251, 253
    used with object pronouns 55,
      56, 58, 251
present perfect subjunctive 434
present perfect tense 330, 334-335,
    341, 432
present progressive tense 35, 251,
    253
present subjunctive (see *subjunctive*)
present tense
    caer(se) 93
    conducir 148
    conocer 145
    conseguir 9
    dar 5
    decir 5
    doler 84
    estar 5
    freír 238
    haber 236, 334-335, 341, 432
    hacer 5
    -iar verbs 9
    ir 5
    irregular verbs (see individual
      verbs or Appendices)
    ofrecer 148
    oír 5
    poner 5
    reflexive verbs 66-67, 68
    regular *-ar* verbs 5
    regular *-er* verbs 5
    regular *-ir* verbs 5
    reír(se) 238
    saber 5, 145
    salir 5
    seguir 9
    ser 5
    stem-changing verbs 5, 9
    tener 5
    to indicate future time 27, 382
    traducir 148

traer 5
-*uar* verbs 9
used with *hace* to express time 12, 259
venir 5
ver 5
verbs with spelling changes 122, 148
preterite tense
   andar 240
   caber 240
   caer(se) 93, 232
   conducir 240
   conocer 233
   dar 44, 232
   decir 44, 232
   estar 44, 232
   freír 240
   haber 236, 432
   hacer 44, 232
   ir 44, 232
   irregular verbs (see individual verbs or Appendices)
   leer 93, 232, 240
   oír 232
   poder 240
   poner 240
   querer 240
   reflexive verbs 73, 93
   regular -*ar* verbs 42, 232
   regular -*er* verbs 42, 232
   regular -*ir* verbs 42, 232
   reír(se) 240
   saber 240
   seguir 232
   ser 44, 232
   stem-changing verbs 44, 232
   tener 44, 232
   traducir 240
   traer 240
   uses 233, 234
   venir 240
   ver 44, 232
   verbs with spelling changes 44, 232
   vs. imperfect tense 234
progressive tenses
   imperfect 251, 253
   present 35, 251, 253
pronouns
   demonstrative 79
   direct and indirect in one sentence 58, 123, 131, 136, 154, 251

direct object 53, 55, 58, 123, 131, 136, 154, 251, 283, 335, 352
indirect object 56, 58, 97, 123, 131, 136, 154, 251, 283, 293, 335, 352
possessive 213
reflexive 66-67, 73, 100, 123, 131, 136, 154, 341, 352, 387
used with commands 123, 131, 136, 154
used with indirect commands 283
used with infinitives 55, 58, 67, 335, 352
used with past participles 335, 352
used with present participles 55, 56, 58, 67, 251
que
   after *hace* + time 12, 259
   after *hacía* + time 262
   after *lo* + an adjective or an adverb 214
   followed by the subjunctive 283, 284, 291, 293, 303, 305, 307
   in indirect commands 283, 284, 291, 293
¡qué...! + noun + *tan* + adjective 215
querer
   conditional tense 402
   followed by *que* and subjunctive 284
   future tense 389, 446
   present tense 9
   preterite tense 240
   subjunctive 281
reflexive pronouns
   forms 66, 73
   placement 67, 100, 123, 131, 136, 154, 341, 352, 387
reflexive verbs 66-67, 68, 70, 71, 73, 91, 93, 100, 341, 387
reír(se)
   present tense 238
   preterite tense 240
   subjunctive 281
saber
   command 131
   conditional tense 402
   future tense 389, 446
   present tense 5, 145
   preterite tense 240
   subjunctive 288

   vs. *conocer* 145
salir
   command 123
   conditional tense 402
   future tense 389, 446
   present tense 5
se
   as an indirect object pronoun 136
   as a replacement for *le/les* 58
   impersonal 74, 357
   used for passive voice 357
   used in reflexive construction 66-67, 357
seasons of the year 8
seguir
   in progressive tenses 253
   present tense 9
   preterite tense 232
   subjunctive 281
ser
   command 123, 131
   followed by a past participle 344
   followed by a possessive adjective 212
   imperfect tense 184
   present tense 5
   preterite tense 44, 232
   subjunctive 288
   vs. *estar* 192
   with the passive voice 358
spelling changes
   in adjectives 200
   in verbs 44, 122, 134, 148, 232, 280
sports 355, 360, 361, 437
stem-changing verbs 5, 9, 35, 44, 122, 130, 136, 232, 281
subjunctive
   in adjectival clauses 314, 449
   in adverbial clauses 312, 449
   present, formation 280
   present, irregular verbs 288
   present, regular -*ar* verbs 280
   present, regular -*er* verbs 280
   present, regular -*ir* verbs 280
   present, spelling changes 280
   present, stem-changing verbs 281
   present perfect, formation 434
   uses 280, 283, 284, 291, 293, 303, 305, 307, 312, 314, 439, 448-449

with causal verbs 284, 291, 293, 448

with *creer* and *pensar* 303

with expressions of doubt 439, 448-449

with impersonal expressions 307, 448

with indirect commands 283, 284, 291, 293, 448

with verbs of doubt 303, 448

with verbs of emotion 303, 305, 448

tener
command 123
conditional tense 402
future tense 389, 446
present tense 5
preterite tense 44, 232

time
asking for and giving 23, 404
twenty-four-hour clock 395
with *hace* 12, 259
with *hacía* 262

traducir
present tense 148
preterite tense 240

traer
present participle 35
present tense 5
preterite tense 240

travel 376, 379, 386, 391, 394, 401, 444, 452-453, 454

-uar verbs 9

venir
command 123
conditional tense 402
future tense 389, 446
in progressive tenses 253
present participle 35
present tense 5
preterite tense 240

ver
imperfect tense 184
past participle 337
present tense 5
preterite tense 44, 232

verbs
after prepositions 39, 99-100
causal 284, 291, 293, 448
commands 122-123, 130-131, 134, 136, 151, 154, 280
conditional tense 398, 402, 409
future tense 382, 385, 387, 389, 446

-iar 9

imperfect progressive tense 251, 253

imperfect tense 177-178, 180, 184, 185, 234, 236, 251, 262, 432

irregular (see individual verbs or Appendices)

past participles 334-335, 337, 341, 344, 352, 358, 432, 434

past perfect tense 352, 432

present participles 35, 93, 251, 253

present perfect subjunctive 434

present perfect tense 330, 334-335, 341, 432

present progressive tense 35, 251, 253

present subjunctive 280-281, 283, 284, 288, 291, 293, 303, 305, 307, 312, 314, 434, 439, 448-449

present tense 5, 9, 27, 93, 122, 145, 148, 236, 238, 382, 432

preterite tense 42, 44, 73, 93, 232, 233, 234, 236, 240, 432

reflexive 66-67, 68, 70, 71, 73, 91, 93, 100, 341, 357, 387

regular *-ar* 5, 35, 42, 130, 136, 232, 280

regular *-er* 5, 35, 42, 130, 136, 232, 280

regular *-ir* 5, 35, 42, 130, 136, 232, 280

stem-changing 5, 9, 35, 44, 122, 130, 136, 232, 281

-uar 9

with spelling changes 44, 122, 134, 148, 232, 280

weather expressions 8

Credits

Acknowledgments

The authors wish to thank the many people of the Caribbean Islands, Central America, South America, Spain and the United States who assisted in the photography used in the textbook and videos. Special thanks go to Christine Stubstad for photo research. Also helpful were *La fundación ecuatoriana de promoción turística*, the *Dirección General de Turismo del Paraguay*, the Tourist Office of Spain and the Peru Tourism Office, Inc.

The authors also express their gratitude to the following professionals whose efforts were instrumental in creating *Somos así 2:* Chris Wold Dyrud (illustrations); Ned Skubic (design, layout and keylining); Cyril John Schlosser (design); Christine M. Gray (desktop publishing); Eileen Slater, Sarah Vaillancourt and Sharon O'Donnell (editorial assistance); Annette M. Ramos and John F. Wilhite (proofreading); and Bill Salkowicz (color maps).

The following is a list of teachers whose insights, comments and suggestions contributed to the publication of *Somos así:*

Owen Chastain, Putnam County Schools, Palatka, Florida; Eleanor Coladonato, Laurel High School, New Castle, Pennsylvania; Michelle A. Daniels, First Coast High School 265, Jacksonville, Florida; Marilyn DeMasso, Moon Senior High School, Coraopolis, Pennsylvania; Eileen Driscoll, Libby Senior High School, Libby, Montana; Jeffrey T. Ellis, Piqua High School, Piqua, Ohio; Dihanna L. Fedder, Pine City High School, Pine City, Minnesota; Brad Fetterer, Bradley/Bourbonnais Central High School, Bradley, Illinois; Arthur D. Fisher, West Aurora High School, Aurora, Illinois; Carmen C. Gil, Williams Marion Raines Senior High School, Jacksonville, Florida; Bibiana Golfin-Greer, Douglas Anderson School of the Arts, Jacksonville, Florida; Joan Hallam, Unity College, Unity, Maine; Mary Beth Harner, Schuylkill Valley School District, Leesport, Pennsylvania; Jerry Harper, Carson-Newman College, Jefferson City, Tennessee; Virginia Hickey, Arlington Junior High School, Jacksonville, Florida; Maryellen Holden, St. Margaret's-McTernan School, Waterbury, Connecticut; Deana James, Bishop Hogan High School, Kansas City, Missouri; Gale E. Jones, Robert E. Lee High School, Jacksonville, Florida; Sarena Kauk, Hammon High School, Hammon, Oklahoma; Paul W. Kearney, Memorial High School, Manchester, New Hampshire; Sharon K. Koller, Schuylkill Valley High School, Leesport, Pennsylvania; Jolene Kopena, Genoa High School, Genoa, Ohio; Mary Louise Landry, Leland Public School, Leland, Michigan; Nancy Marmion, St. Mark's School of Texas, Dallas, Texas; Mary Martin, Seneca High School, Seneca, Illinois; Timothy Mason, Newton Middle School, Littleton, Colorado; Janet Lloyd Mau, Herscher High School, Herscher, Illinois; Robert A. Miller, Roseville High School, Roseville, Connecticut; Jerry Navarra, Morrison High School, Morrison, Illinois; Julieta Ojeda, Fisher Junior College, Boston, Massachusetts; Rosemarie Paredes, Our Lady of Perpetual Help Elementary School, Brooklyn, New York; Claudia M. Prosack, Linden Hall School for Girls, Lititz, Pennsylvania; Richard J. Powell, Bishop Chatard High School, Indianapolis, Indiana; Dalila Sanger, A.P. Randolph Campus High School, New York, New York; John P. Shurla, St. Joseph High School, Kenosha, Wisconsin; Keri Spaulding, Encinal High School, Alameda, California; Debra Starkey, Mitchell High School, Mitchell, Nebraska; Amy L. Taylor, The Benjamin School, North Palm Beach, Florida; Janie L. Webb, Mount Hope High School, Mount Hope, West Virginia; Jerry West, Wynford High School, Bucyrus, Ohio; Sister Gonda Marie Will, Notre Dame Academy, Toledo, Ohio; Gerri Wrege, Mellen High School, Mellen, Wisconsin; A. J. Yerkish, Covina High School, Covina, California

Photo Credits

Aaron, Richard E./RO-MA Stock: 173 (c), 218, 431 (b)
Aitchison, Stewart/D. Donne Bryant Stock: 172 (bl), 215
AP/Wide World Photos: 347
Armstrong, Rick: 18 (tr), 19 (t), 27 (b), 28 (l), 36, 99, 137 (b), 153, 161 (c)
Augustin, Byron/D. Donne Bryant Stock: 21, 97 (l)
Bachman, Bill/Leo de Wys: 1 (tl), 22 (t), 285, 293

Barlow, Mike/Dembinsky Photo Assoc.: 103 (b), 195 (b)

Benedicto, Nair/D. Donne Bryant Stock: 177 (b)

Bider, Vic/Leo de Wys: 203

Blankenburg, Ben/Leo de Wys: 9

Boschung, Danilo/Leo de Wys: xix, 424 (t)

Bourgeois, Steve: 202, 205

Braud, Dominique/Dembinsky Photo Assoc.: 216 (t)

Bronsky, Marcelo/D. Donne Bryant Stock: 10 (b), 275 (b)

Brooks, James: xii (r), 230 (r), 231 (t, b), 250 (br)

Bryant, D. Donne/D. Donne Bryant Stock: 10 (t), 17, 18 (l, br), 24, 30, 35, 38 (r), 40, 41 (l), 43 (t), 50, 55 (t), 65 (tl, tc), 83 (tr), 87 (tr), 91, 93, 112, 161 (t), 171, 274 (tl), 294 (l), 328 (tr), 349, 359 (l), 387 (t, b), 441

Bublitz, Gary/Dembinsky Photo Assoc.: 25, 28 (r), 39, 86 (br), 356 (t)

Bumgarner, Gay/Tony Stone Images: 290

Cezus, Frank/Tony Stone Images: 55 (b), 179 (t)

Comnet/Leo de Wys: 451 (b)

Craighead, Joe/Cyr Color Photo Agency: 97 (r), 166

Cummings, Sharon/Dembinsky Photo Assoc.: 73 (l), 209 (c), 213 (b)

Daemmrich, Robert/Tony Stone Images: 22 (b), 60 (tr), 68 (b), 79, 82 (r), 96 (t)

Damm, Fridmar/Leo de Wys: 121 (tl), 410, 455

D'Antonio, Nancy: 133, 161 (b), 167 (t), 225, 242, 269, 272, 278 (c, bl), 279 (t, bl, br), 298, 301, 302 (br), 310 (l, r), 382, 404 (t), 433, 440, 442, 447 (t, b), 448

de Wys, Leo/Leo de Wys: 185

Dempster, Dan/Dembinsky Photo Assoc.: 51 (l)

Dewitt, Vince/D. Donne Bryant Stock: 53 (t)

Diez, Laura/Leo de Wys: 250 (c)

Dinse, Duane/Dembinsky Photo Assoc.: 424 (br)

Dratch, Howard/Leo de Wys: 20

Edwards, Greg/Captured Moments: 83 (tl), 105, 136

Ehlers, Chad/Tony Stone Images: 114 (b)

Everett, Michael/D. Donne Bryant Stock: 176 (t), 177 (t), 198 (tr)

Ferguson, Marleen/Tony Stone Images: 6

Frazier, David R./Tony Stone Images: 159

Frerck, Robert/Tony Stone Images: 57, 72, 74, 76, 90, 92, 103 (t), 115 (b), 129 (br), 142 (tl), 162, 180 (b), 275 (t)

Fried, Robert: iv, vi, xii (l), 31, 43 (b), 46 (t, b), 64 (tl, b), 73 (r), 82 (l), 86 (t, bl, bc), 102, 111, 128 (c, bl), 139 (b), 143 (t), 144, 169, 183 (t, b), 184 (t), 186 (t, b), 190, 200 (t), 207 (t), 209 (r), 212, 216 (b), 224, 226 (l), 227 (t), 229, 232, 233, 234, 253, 259, 261, 262, 263, 265 (r), 280 (r), 281 (t), 284, 287 (t), 288, 319 (b), 320 (t), 321, 323, 328 (tl), 329 (bl), 335 (t), 337 (t, b), 339 (r), 356 (b), 361, 374 (tr), 398 (b), 399, 400 (t), 402, 404 (b), 406 (bl), 409 (b), 411, 434 (r), 458 (r), 459

Garg, Arvind: xv (l), 1 (br), 85 (t), 125 (b), 129 (bl), 165, 198 (bl, br), 199, 303, 305 (b), 327, 328 (b), 331 (bl, br), 342, 392 (b)

Gerda, Paul/Leo de Wys: 424 (bl)

Graham, Donald/Leo de Wys: 241

Greenberg, Jeff: 61 (t), 100 (b), 149 (b), 181, 306 (r)

Groskin, Betty/Preferred Stock: 193

Haas, Ken/Leo de Wys: 432

Hausner, Clifford/Leo de Wys: xv (r), 95, 357

Helbig/Leo de Wys: 420

Henion, Thomas/Preferred Stock: 142 (bl)

Hill, Justine: 60 (c, b), 64 (tr), 65 (tr, bl), 87 (tl), 108, 127 (b), 129 (t), 130, 143 (bl, br), 247

Hille, W./Leo de Wys: 4 (t), 274 (tr), 314

Hiller, Geoffrey/Leo de Wys: 45 (t)

Hunn, Max and Bea/D. Donne Bryant Stock: 198 (tl)

Hustwitt, Arthur/Leo de Wys: 13

Kahan, Eric/Leo de Wys: 227 (b)

Kazmers, M., SharkSong/Dembinsky Photo Assoc.: 425 (t)